全国高等院校人力资源与社会保障管理专业“十二五”规划系列教材

绩效管理

主　编　云　鹏　尹海燕
副主编　孙　玲　王春胜

中国商业出版社

图书在版编目(CIP)数据

绩效管理/云鹏，尹海燕主编. —北京：中国商业出版社，2016.9

ISBN 978-7-5044-9064-3

Ⅰ.①绩… Ⅱ.①云… ②尹… Ⅲ.①企业绩效-企业管理-高等学校-教材 Ⅳ.①F272.5

中国版本图书馆 CIP 数据核字(2015)第 169864 号

责任编辑：蔡凯

中国商业出版社出版发行

010-63180647 www.c-cbook.com

(100053 北京广安门内报国寺1号)

新华书店总店北京发行所经销

涿州市华建印刷有限公司印刷

* * * * *

开本：787×1092 毫米 1/16 印张：17 字数：280 千字

2016 年 9 月第 1 版 2016 年 9 月第 1 次印刷

定价：39.80 元

* * * *

(如有印装质量问题可更换)

内容简介

本书是目前国内最新的绩效管理教材。教材分概述篇、流程篇、技术篇和实务篇四篇内容，系统论述了绩效管理的理念、方法和实务。第一章绩效管理概述，第二章绩效管理的未来和展望，第三章绩效管理的基本流程，第四章绩效计划与指标体系的构建，第五章绩效管理过程控制，第六章绩效考核与评价，第七章绩效反馈，第八章绩效改进与考核结果的应用，第九章绩效考核指标体系的构建，第十章关键绩效指标方法的运用，第十一章平衡记分卡方法的运用，第十二章标杆管理法的运用，第十三章 EVA 方法的运用，第十四章不同类型人员的绩效管理。每章都包括学习要点、小结和案例分析，帮助学习者系统理解和掌握章节知识。全书理论和实践结合紧密，强调实际运用，适合高校人力资源管理及相关经济管理专业师生作为教材使用，也可作为企业管理人员的参考书。

本书在编写过程中突出以下原则和特点。一是注重理论和实践相结合。全书按照基本原理、流程、方法和实务的顺序，逐步推进，不仅使学习者能够对全书有一个系统完整的认识，而且能够在学习原理的基础上强化运用能力。同时在章节安排上，每个章节都安排有导入案例和章节最后的案例分析，使学习者伴随着问题思考进行学习。二是注重内容的前沿性。针对绩效管理领域电子绩效管理、EVA、平衡计分卡等最新理念和方法，有针对性地选取进行细致的介绍。三是实践注重本土化导向。避免翻译教材案例难以让学习者有强烈的文化情境，本教材注重国内企业实践中的鲜活案例的整理和选取，使实践更贴近学习想者理解的情景。本教材设计每章都包括学习要点、小结和案例分析，帮助学习者系统理解和掌握章节知识。

本书由云鹏拟写大纲，尹海燕、孙玲、王春胜参与编写。人员具体分工是：云鹏编写了第一章、第二章、尹海燕编写了第三章、第四章、第五章、第六章，孙玲编写了第七章、第八章、第九章、第十四章，云鹏、尹海燕、孙玲、王春胜共同编写了第十章、第十一章、第十二章、第十三章。最后由云鹏总纂定稿。

在本书的编写过程中，我们参考了大量的国内外专家学者的研究成果，并从中借鉴和吸收了许多有价值的理论和观点。对于这些研究成果，有的已在参考文献中列出，但仍有不少遗漏，在此，我们向所有借鉴的作者一并表示由衷的感谢。

由于作者的水平和所掌握的资料有限，书中尚存许多不足和缺点，恳请广大读者和专家批评指正。

编　者

2016 年 9 月

目 录

第一章　绩效管理概述

▶本章学习要点

1. 掌握绩效的定义和特点
2. 掌握绩效考核的定义和类型
3. 掌握绩效管理的概念和特征
4. 掌握绩效管理的环节构成
5. 掌握绩效管理和绩效考核的关系
6. 理解绩效管理的作用和目的
7. 理解绩效管理在组织和人力资源管理系统中的定位

导入案例

天外伺郎语出惊人：绩效主义毁了索尼

2006 年索尼公司迎来了创业 60 年。过去它像钻石一样晶莹璀璨，而今却变得满身污垢、暗淡无光。因笔记本电脑锂电池着火事故，世界上使用索尼产锂电池的约 960 万台笔记本电脑被召回，估计更换电池的费用将达 510 亿日元。*PS*3 游戏机曾被视为索尼的“救星”，在上市当天就销售一空。但因为关键部件批量生产的速度跟不上，索尼被迫控制整机的生产数量。2007 年 3 月进行年度结算时，游戏机部门的经营亏损将达 2000 亿日元。多数人觉察到索尼不正常恐怕是在 2003 年春天。当时据索尼公布，一个季度就出现约 1000 亿日元的亏损。市场上甚至出现了“索尼冲击”，索尼公司股票连续两天跌停。坦率地说，作为索尼的旧员工，我当时也感到震惊。但回过头来仔细想想，从发生“索尼冲击”的两年前开始，公司内的气氛就已经不正常了。索尼连续 4 年亏损，去年更亏损 63 亿美元。为什么？绩效主义毁了索尼！因实行绩效主义，职工逐渐失去工作热情。在这种情况下是无法产生“激情集团”的。

“激情集团”消失了

首先，“激情集团”不存在了。所谓“激情集团”，是指我参与开发 *CD* 技术时期，公司那些不知疲倦、全身心投入开发的集体。在创业初期，这样的“激情集团”接连开发出了具有独创性的产品。索尼当初之所以能做到这一点，是因为有井深大的领导。井深大最让人佩服的一点是，他能点燃技术开发人员心中之火，让他们变成为技术献身的“狂人”。在刚刚进入公司时，我曾和井深大进行激烈争论。井深大对新人并不是采取高压态度，他尊重我的意见。为了不辜负他对我的信任，我当年也同样潜心于研发工作。比我进公司更早，也受到井深大影响的那些人，在井深大退出第一线后的很长一段时间，仍以井深大的作风影响着全公司。当这些人不在了，索尼也就开始逐渐衰败。与此相反就是“外部的动机”，比如想赚钱、升职或出名，即想得到来自外部回报的心理状态。如果没有发自内心的热情，而是出于“想赚钱或升职”的世俗动机，那是无法成为“开发狂人”的。

“挑战精神”消失了

今天的索尼职工好像没有了自发的动机。为什么呢？我认为是因为实行了绩效主义。绩效主义就是:“业务成果和金钱报酬直接挂钩，职工是为了拿到更多报酬而努力工作。”如果外在的动机增强，那么自发的动机就会受到抑制。如果总是说“你努力干我就给你加工资”，那么以工作为乐趣这种内在的意识就会受到抑制。从 1995 年左右开始，索尼公司逐渐实行绩效主义，成立了专门机构，制定非常详细的评价标准，并根据对每个人的评价确定报酬。但是井深大的想法与绩效主义恰恰相反，他有一句口头禅:“工作的报酬是工作。”如果你干了件受到好评的工作，下次你还可以再干更好的工作。在井深大的时代，许多人为追求工作的乐趣而埋头苦干。但是，因实行绩效主义，职工逐渐失去工作热情。在这种情况下是无法产生“激情集团”的。为衡量业绩，首先必须把各种工作要素量化。但是工作是无法简单量化的。

因为要考核业绩，几乎所有人都提出容易实现的低目标，可以说索尼精神的核心即“挑战精神”消失了。因实行绩效主义，索尼公司内追求眼前利益的风气蔓延。这样一来，短期内难见效益的工作，比如产品质量检验以及“老化处理”工序都受到轻视。

“老化处理”是保证电池质量的工序之一。电池制造出来之后不能立刻出厂，需要放置一段时间，再通过检查剔出不合格产品。这就是“老化处理”。至于“老化处理”程序上的问题是否是上面提到的锂电池着火事故的直接原因，现在尚无法下结论。但我想指出的是，不管是什么样的企业，只要实行绩效主义，一些扎实细致的工作就容易被忽视。

索尼公司不仅对每个人进行考核，还对每个业务部门进行经济考核，由此决定整个业务部门的报酬。最后导致的结果是，业务部门相互拆台，都想方设法从公司的整体利益中为本部门多捞取好处。

团队精神消失了

2004 年 2 月底，我在美国见到了“涌流理论”的代表人物奇凯岑特米哈伊教授，并聆听了他的讲演。“建立公司的目的:建设理想的工厂，在这个工厂里，应该有自由、豁达、愉快的气氛，让每个认真工作的技术人员最大限度地发挥技能。”这正是索尼公司的创立宗旨。索尼公司失去活力，就是因为实行了绩效主义。绩效主义企图把人的能力量化，以此做出客观、公正的评价。但我认为事实上做不到。它的最大弊端是搞坏了公司内的气氛。上司不把部下当有感情的人看待，而是一切都看指标、用“评价的目光”审视部下。

《绩效主义毁了索尼》这篇文章，相信不少朋友都看过，反对和支持文章观点的争议到现在为止还没停止，作者是索尼前常务理事土井利忠（文章署的是他的笔名“天外次郎”）。他的主要观点是，20 世纪 90 年代中期之后，索尼引入美国式的绩效主义，扼杀了索尼的创新精神，最终导致索尼在数字时代的失败。那么绩效究竟是什么，索尼的绩效管理观为什么会失败，未来企业还需要绩效管理吗？通过思考这样的问题，我们进入对绩效管理课程的学习。

第一节　绩效、绩效考核与绩效管理

一、绩效的含义

著名的哲学家亚里士多德曾经讲过，世上最难的工作莫过于下定义了，但有时下定义又是一切工作的前提，英文“*performance*”的解释是“执行、履行、表现、成绩”（《牛津现代高级汉语辞典》）。这个界定本身就不很清晰，实际上对于绩效的含义，直至今日，不同的人仍有不同的理解。因此，要理解绩效的全部内涵，不但要关注它的理论发展，还要结合在实践运用中的演变。

（一）不同视角下的绩效

1. 管理学视角

从管理学的角度看，绩效是组织期望的结果，是组织为实现其目标而展现在不同层面上的有效输出，包括个人绩效和组织绩效三个方面。组织绩效是组织最终经营管理的结果，组织绩效是建立在个人绩效实现的基础上，但个人绩效的实现并不一定保证组织是有绩效的。如果组织的绩效按一定的逻辑关系被层层分解到每一个组织成员的时候，只要每一个人都达成了组织的要求，组织的绩效就实现了。但是组织战略的失误可能造成个人绩效的目标偏离组织的绩效目标，从而导致组织的失败。

2. 经济学视角

从经济学的角度看，绩效与薪酬是员工和组织之间的对等承诺关系，绩效是员工对组织的承诺，而薪酬是组织对员工所作出的承诺。一个人进入组织，必须对组织所要求的绩效做出承诺。这种对等承诺关系的本质，体现了等价交换的原则，而这一原则正是市场经济运行的基本规则。

3. 社会学视角

从社会学的角度看，绩效意味着每一个社会成员按照社会分工所确定的角色承担他的那一份职责。他的生存权利是由其他人的绩效保证的，而他的绩效又保障其他人的生存权利。因此，出色地完成他的绩效是他作为社会一员的义务，他受惠于社会就必须回馈社会。

（二）绩效的定义

随着管理实践深度和广度的不断增加，人们对绩效概念和内涵的认识也在不断变化。

1. 三种绩效观

目前在理解绩效的内涵上主要有三种观点：结果论、过程论和潜能论。

（1）结果论

结果论是将绩效视为结果，主张用工作的实际产出说话，注重绩效的客观性和明确性。但是，如果人们无法控制行为的过程，那么行为导致的工作结果就不可靠，而且过分强调结果，就可能导致员工为达到目的而不择手段，导致组织成员之间恶性竞争，追求短期效益，最终伤害组织的整体利益和绩效。

（2）过程论

过程论将绩效视为一个实现目标而采取行动的过程，即“绩效”=“行为”。过程论的基本假设是:行为必然导致结果，只要控制了行为就能够控制结果。过程论认为绩效是行为，通过对员工行为的标准化、职业化塑造，能建立起标准、规范的行为体系。

Borman & Mortowidlo(1993)等人在过程论的基础上深入研究，提出了绩效的二维模式，即绩效是由任务绩效和周边绩效构成的。任务绩效指所规定的行为或与特定的具体职务的工作内容密切相关的，同时也和个体的能力、完成任务的熟练程度和工作知识密切相关的行为；周边绩效指与绩效的组织特征密切相关的行为或非特定的工作熟练有关的行为。这些行为虽然对于组织技术核心的维护和服务没有直接的关系，但是它对企业的运营环境和企业的长远战略发展有重要的意义。周边绩效概念的提出对深化人们对组织绩效的认识具有重要意义。

(3)潜能论

知识经济时代，评价并管理知识型员工的绩效变得越来越重要。由于知识型工作和知识型员工给组织绩效管理带来的新挑战，越来越多的企业将以素质为基础的员工潜能列入绩效考核的范围，对绩效的研究也不再仅仅关注于对过去的反应，而是更加关注员工的潜在能力，更加重视素质与高绩效之间的关系。*McCloy*, *Campbell & Cudeck*(1994)的研究认为，能够使一些人的绩效优于其他人的因素是陈述性知识、程序性知识以及动机。陈述性知识是关于事实和事情的信息，它包括关于某一既定任务的要求、说明、原则以及目标等方面的信息。程序性知识是知道应该做什么以及知道如何去做这方面知识的结合，它包括认知、身体、知觉、动力以及人际关系等方面的技能。动机包括以下三种类型的选择:选择是否付出努力(例如，“我今天要去上班”);选择努力的程度(例如，是“我将尽自己最大努力去工作”还是“我不会太卖力气”);选择是否坚持付出某种水平的努力(例如，是“过一会儿我就会松点劲”还是“无论如何我都会坚持下去”)。(表1－1对陈述性知识、程序性知识和动机的组成进行了总结)为了使绩效达到较高的水平，上述三个绩效决定因素都必须同时具备。换句话说，这三个决定因素之间有一种相乘的关系。因此:

绩效=陈述性知识×程序性知识×动机

表1－1　绩效的决定因素

陈述性知识	程序性知识	动机
事实	认知技能	选择是否付出努力
原则	精神运动技能	努力的程度
目标	生理技能	努力的持续性
	人际关系技能	

2. 绩效在实践中的含义

在具体实践中，对绩效的理解可能是以上三种认识中的一种，也可能是对各种绩效概念的综合平衡。一般而言，人们在实践中对绩效有以下五种理解。

(1)绩效是“工作任务”

工作任务本身十分明确清晰，任务的完成受外界条件的制约不大，任务承担者与他人和团队之间的依赖程度也不高，这时完成工作任务本身就是绩效。这种理念适用对象是生产一线的工人和体力劳动者。这种界定在传统的绩效考核中曾经盛行一时。但是，它对于企业中的管理层和知识型员工来说，由于任务界定的模糊化而缺乏针对性。

(2)绩效就是“工作产出”或“结果”

岗位职责决定了某一工作职位或部门应承担的为实现组织或部门目标必须完成的任务，特定的工作岗位决定了被考核者应有的知识、技能、态度和综合这些因素所能做出的实际贡献，所以，绩效被定义为“产出”或“结果”。这种界定包含着对被考核者责任认知的考核、能力考核和态度考核。但由于“产出”或“结果”经常是由某些不可控的因素决定，而个体的考核信息却不能准确地反映这些因素。因此，工作“产出”或“结果”的绩效观受到质疑。

(3)绩效就是“行为”

“行为说”认为许多工作结果可能由与工作毫无关系的其他原因引起的，结果的产生可能包括许多个体无法控制的因素，过分重视结果会忽视重要的程序因素和人际关系因素。因此，相比之下，尽管行为也要受外界因素的影响，但它更多还是取决于个体的直接控制和调整。

(4)绩效是“行为”(如何做)+“结果”(做了什么)的统一体

作为结果和过程的绩效观各有其优点和缺点，从实际运用的角度来看，不同的侧重都是有偏颇的，因此将两种观点结合起来是一种比较全面的绩效观。具体到实践中，高速发展的企业或行业，一般更重视“结果”；发展相对平稳的企业或行业，则更重视“过程”；强调反应速度、注重灵活、创新工作文化的企业，一般更强调“结果”；强调流程、规范，注重规则工作文化的企业，一般更强调“过程”；企业的不同类别的人员、不同层次的人员，层级越高越以结果为主，层级越低越以过程或行为为主。

表 1-2　不同绩效观的优缺点比较

比较	优点	缺点
注重“结果”“产出”	鼓励大家重视产出 具有鼓舞性和奖励性 容易在组织中营造结果导向的文化和氛围 员工成就感强	在未形成结果前不能发现不正当行为 当出现责任人不能控制的外界因素时，评价失效 无法获得个人活动信息，不能进行指导和帮助 容易导致短期效益
注重“过程”“行为”	能及时获得个人活动信息 有助于指导和帮助员工 能够使员工“正确地去做事” 有助于提高员工的职业化程度	对行为的理解有较大差异 成功的创新者难以容身 过分地强调工作的方法和步骤 有时忽视实际的工作成果

(5)绩效是“做了什么”(实际收益)+“能做什么”(预期收益)

将员工个人的知识、技能、素质、潜能等要素都纳入到绩效中的界定非常适合知识型员工的管理和从事大量创新性工作的企业，而且也体现了建立绩效考核体系的根本目的，就是要促使企业的目标得以顺利地实现。要顺利实现组织的目标，最重要的不是过去做了什么和哪些没有做成，而是企业将来还能够做什么和如何从失败中吸取教训。所以，这种绩效观念是开放式的，在时间和空间上更为包容。

表 1－3　绩效定义适用情况对照表

绩效涵义	适应的对象	适应的企业阶段
绩效是“工作任务”	体力劳动者 事务性或例行性工作人员	
绩效是“工作产出”或“结果”	高层管理者 销售、售后服务等可量化工作性质的人员	高速发展的成长型企业，强调快速反应，注重灵活、创新的企业
绩效是“行为”	基层员工	发展相对缓慢的成熟型企业，强调流程、规范，注重规则的企业
“行为”＋“结果”的统一体	普遍适用于各类人员	
“做了什么”＋“能做什么”	知识工作者，研发人员	

（三）绩效的特点

1. 绩效的多因性

绩效的优劣不是由单一因素决定的，它受到主客观多种因素的制约和影响，一个员工的绩效是其自身素质和工作环境交互作用的结果。因此，绩效的第一个特点是它的多因性。不同的学者提出了形式不同的绩效函数，虽只是在自变量的数目和分类方法上有所区别，但其内涵是相同的，即绩效是员工能力水平、行为激励、机会和环境条件等因素相互作用的结果，可以用以下的函数式表示：

$$P=F(A、M、O、E)$$

函数式中 P(*performance*)——绩效，A(*ability*)——能力，M(*motivation*)——激励，O(*opportunity*)——机会，E(*enviorment*)——环境。

能力是指员工的基本素质和专业技能的水平。尽管一个人能力的高低与个人智力、天赋、受教育的程度和经历有关，但是他的能力并不是固化的、凝滞的，完全可以通过及时有针对性的培训，不断提高其能力水平，从而提高工作绩效。

员工行为激励是指员工的工作态度、积极性、主动性和创造性的状态和水平。行为激励的状态是实现绩效目标提高工作业绩的心理条件和心理基础。激励本身又取决于员工的需要层次、个性、感知、学习过程与价值观等个人特点，其中需要层次影响最大，员工在谋生、安全与稳定、友谊与温暖、尊重与荣誉、自为与自主以及实现自身潜能层次的需要方面，各有其独特的强度组合，企业中的管理者要善于运用多种激励措施和手段，激发员工的工作积极性、主动性、创造性。

机会是指员工个人或企业所面临的机遇，以及发展的可能性。这是外部的客观环境和条件的变化所引起的，有些人善于把握机遇，好风凭借力，送我上青天；有些人优柔寡断，没有及时抓住发展的良机，使机会与自己擦肩而过。机遇是变化的条件，内因是变化的依据，有时机遇再好，如果自身缺乏主动性、创造性，也很难取得良好的业绩。机会具有偶然性，实际上，在现实的绩效考核中不可能做到真正的彻底而完全的平等，机会对绩效来说是一个不可控制的变量。

环境是指员工进行工作的客观条件，如物质条件(生产、技术、组织、资本等条件)、企业文化、制度环境、人际关系等要素。企业内部的客观条件是环境因素中最基本的要素，如工作场所的物质条件、设施设备、原材料的供应以及工作程序等，而上级的领导作风、监控方式、组织结构、规章制度、工资福利以及企业文化等要素也是不容忽视的。此外，环境因素还包括某些起间接作用的因素，如社会政治和经济状况、市场竞争强度及劳动力市场状况等。这些要素对员工或企业的绩效有重要的制约和影响作用，在绩效管理的活动中应引起足够的重视。

2. 绩效的多维性

绩效是员工工作成果的总称，它涉及到事前、事中、事后等多个方面，因此，绩效的另一特点是它的多维性，即需要从多种维度去分析与考核。例如一名工人的绩效，除了有产品产量的实际完成指标外，还包括产品质量、材料能源消耗、出勤率、工时利用率等考核指标，甚至劳动纪律、团结互助、服从命令、听从指挥等软性指标也成为绩效考核的重要参数。即使是一名部门经理，其绩效水平也需要从多方面来衡量，如其所主管部门的经营指标和贡献率，对其下属的监控、指导的情况，本职位工作的创新度，各个下属业绩提高的水平和幅度等等。因此，工作绩效的多维性，要求绩效管理者应当从多种维度、多个方面去综合考虑评估，只有这样全面、深入地分析和考核员工或企业的绩效，才能获得真实有效的结果。

3. 绩效的动态性

绩效的第三个特点是它的动态性，即员工的绩效随着时间的推移会发生变化。在绩效管理中，对员工的绩效考核，其考察的内容只是过去一段时间内工作情况的反映。由于能力水平、激励状态以及机遇、环境因素的变化，绩效差的员工可能会随着时间的推移提高自己的绩效水平，而绩效好的员工却有可能降低自己的绩效水平。

二、绩效考核的含义

(一)绩效考核的定义

绩效会因时间、空间、工作任务的条件和环境等相关因素的变化而不同，从而呈现出明显的多样性、多维性与动态性，这也就决定了对绩效考核必须是多角度、多方位和多层次的。

对于绩效考核，不同的人有不同的认识，从较早期的观点看，有以下几种描述：对组织中成员的贡献进行排序；对员工的个性、资质、习惯和态度以及对组织的相对价值进行有组织的、实事求是地考评，它是考评的程序、规范、方法的总和；对员工现任职务状况的出色程度以及担任更高一级职务的潜力，进行有组织的、定期的并且是尽可能客观的考核；人事管理系统的组成部分，由考核者对被考核者的日常职务行为进行观察、记录，并在事实的基础上，按照一定的目的进行的考核，达到培养、开发和利用组织成员能力的目的；定期考核和考察个人或团队工作业绩的一种正式制度。

综合以上观点，可以从三个角度理解绩效考核。

1. 绩效考核是从企业经营目标出发对员工工作进行考核，并使考核结果与其他人力资源管理职能相结合，推动企业经营目标的实现。

2. 绩效考核是人力资源管理系统的组成部分，它运用一套系统的和一贯的制度性规范、程序和方法进行考核。

3. 绩效考核是对组织成员在日常工作中所表现的能力、态度和业绩，进行以事实为依据的评价。

归纳起来，绩效考核是指考核主体对照工作目标或绩效标准，采用科学的考核方法，评定员工的工作任务完成情况，员工的工作职责履行程度和员工的发展情况，并且将评定结果反馈给员工的过程。

（二）绩效考核的类型

根据不同的目的，绩效考核可以分为判断型绩效考核和发展型绩效考核。

1. 判断型绩效考核。判断型绩效考核是以鉴定和验证员工绩效为目的的绩效考核，主要强调员工过去的工作成绩，常被用来控制员工的工作行为，主要特点是将考核结果与工资、晋升或其他经济利益联系起来。

2. 发展型绩效考核。发展型绩效考核是以提高员工将来的工作绩效为目的的绩效考核，主要着眼于今后的绩效。常被用来决定员工的培训和发展机会，找到排除工作障碍的办法，以及提出改进工作绩效的方法与设想。

（三）绩效考核带来的消极影响

绩效考核的消极影响主要包含：员工改善绩效的动力来源于利益的驱使和对惩罚的惧怕；过分依赖制度而削弱了组织各级管理者对改善绩效方面的责任；单纯依赖定期的绩效考核而忽略了对各种过程的控制和督导；管理者的角色是警察，考核就是要挑员工的毛病，因此造成管理者与被管理者之间的冲突和对立；不利于培养缺乏经验和工作能力的资历较浅的员工，当员工发现无法达到工作标准时，自暴自弃，放弃努力，或归因于外界或其他人；在工作标准不能确切衡量时，导致员工规避责任；产生对业绩优秀者的抵触情绪，使得成绩优秀者成为被攻击的对象等。

三、绩效管理的含义

随着经济全球化和网络时代的到来，为了提高自己的竞争能力和适应能力，许多企业都在探索提高生产力和改善组织绩效的有效途径，组织结构调整、组织裁员、组织扁平化、组织分散化成为当代组织变革的主流趋势。但是，实践证明，尽管上述组织结构的调整能够减少成本，但却并不一定能改善绩效，只是提供了一个改善绩效的机会，而真正能促使组织绩效提高的是组织成员行为的改变。在这样一个背景下，研究者在总结绩效考核不足的基础上，拓展了绩效的内涵，于20世纪70年代后期提出了“绩效管理”的概念。如，*Nickols*（1997）发表题为《不要设计你们公司的绩效评估体系，去掉它》的文章，*Nickols* 认为，从绩效考核到绩效管理有赖于以下四个原则：一是必须设定目标，目标必须为管理者和员工双方所认同；二是测量员工是否成功达到目标的尺度必须被清晰地表达出来；三是目标本身应该是灵活的，应该足够反映经济和工作场所环境的变化；四是员工应该把管理者不仅当做考核者，还应当做指导者，帮助他们达到成功。而 *Tom Coen&Mary Jenkins*（1997）文章《废止绩效评估：为什么会发生，用什么代替?》则认为从绩效评估到绩效管理应该是一个组织整体文化的变化，包括指导、反馈、薪酬和晋升决定以及法律上的阐述。这里面就存在系统的观点，包括了现在公认的绩效管理的大部分内容。

（一）绩效管理思想发展

在绩效管理思想发展的过程中，出现了三种不同的观点：

1. 绩效管理是管理组织绩效的系统

这种观点的核心在于确定企业战略并加以实施，雇员并不是绩效管理的重心。该管理系统通常由计划、改进和考察三个过程组成。首要环节是明确企业愿景、战略目标以及绩效指标；接着通过业务流程再造和改进，并辅以全面质量管理等活动实现既定的目标；最后对结果进行全面衡量和评估。总体上看，该观点所构想的绩效管理系统更像是战略或事业计划，个体的因素由于其多变和复杂的特性并没有成为主要关注点。

2. 绩效管理是管理员工绩效的系统

这种观点的核心在于将绩效管理看作是组织对于其成员的工作成绩或发展潜力的评估和奖惩。该系统一般通过一个循环过程来实现——由绩效计划建立、认同目标到对于绩效的客观和主观的评估，再通过交互反馈的方式形成正确适用的行为，从而完善和改进原来的绩效计划。如此反复循环，使管理者和被管理者在行为目标和绩效期望上逐渐达成共识，相互促进，共担责任，进而提升员工的绩效水平和能力。

3. 绩效管理是管理组织和员工绩效的综合系统

这种观点可以看做是以上两种观点的结合，核心在于对组织内各个层次的绩效都要进行管理。因此，如何从组织战略的角度进行思考，逐渐将组织绩效改进转化为个体绩效的管理、控制和提升就成为这个综合系统的核心理念。

（二）绩效管理的概念和特征

从本质上看，绩效管理是理念和思想的统一，应贯穿于整个管理流程的所有环节，渗透到企业管理的各个方面，包括企业战略、人力资源管理、企业文化、统计与控制等。从人力资源管理的角度而言，绩效管理是指通过持续开放的监控和沟通过程来开发团队和个体的潜能，从而实现组织目标所预期的利益、产出的管理思想和具有战略意义的、整合的管理流程及方法。绩效管理的特征包括：

1. 系统性

绩效管理是一个完整的系统，在这个系统中，管理人员和员工全部参与进来并通过沟通的方式，将企业的战略规划和经营目标、管理人员的职责、管理的方式和手段以及员工的绩效目标等管理的基本内容确定下来。在持续不断沟通的前提下，管理人员帮助员工清除工作过程中的障碍，提供必要的支持、指导和帮助，与员工一起共同达成绩效目标，从而实现企业的远景规划和战略目标。

2. 目标性

绩效管理与目标管理很好地结合使得绩效管理更有成效。目标管理的一个最大的好处就是员工明白自己努力的方向，管理人员明确如何更好地通过员工的目标对员工进行有效管理，提供支持帮助。同样，绩效管理也强调目标管理，只有绩效管理的目标明确了，管理人员和员工的努力才会有方向，才会更加地团结一致，共同致力于绩效目标的实现，更好地服务于企业的战略规划和远景目标。

3. 强调沟通

沟通在绩效管理中起着决定性的作用。设定绩效目标要沟通，帮助员工实现目标要沟通，期末考核要沟通，分析原因寻求进步要沟通。绩效管理的过程就是员工和管理人员持续不断沟通的过程。离开了沟通，企业的绩效管理将流于形式。许多管理活动失败的原因都是因为沟通出现了问题，绩效管理就是致力于管理沟通的改善，全面提高管理者的沟通意识和沟通技巧，进而提高企业的管理水平。

（三）绩效管理流程

绩效管理是一个动态持续循环的完整的系统，这个系统包括几个重要的组成部分：目标（计划）、辅导（教练）、评价（检查）、回报（反馈）。这些构件共同组成了一个管理循环。针对以上循环，我们可以将绩效管理程序划分为五个阶段：绩效计划、绩效的监控与辅导、绩效考核、绩效反馈、绩效改进与考核结果的运用。

第二节　绩效管理与绩效考核的比较

一、概念层面的区别和联系

从概念上看，绩效管理是指为了达成组织目标，通过实施持续开放及双向互动的沟通过程，明确组织目标和相关的绩效标准，由管理双方共同努力维持、完善和提高员工绩效、部门绩效、组织绩效的过程式管理。绩效考核是这一过程中的一个环节。如果要赋予其明确的定义，可以将绩效考核看作是一套正式的结构化的制度，用来衡量、评价并影响与员工工作相关的特性、行为和结果，考察员工的实际绩效，了解员工可能发展的潜力，以期获得员工与组织的共同发展。综上，绩效考核是事后考核工作的结果，而绩效管理是事前计划、事中管理和事后考核所形成的三位一体的系统，二者是不能等同和替代的。

当然，二者是紧密联系的两个概念。首先，绩效管理概念的提出本身就是源于认识到了绩效考核的片面性和孤立性，从一种鼓励的管理手段发展到了系统的管理过程。其次，绩效管理理念的完善伴随着绩效考核方法的发展，在关键绩效指标、平衡计分卡和目标管理等绩效考核技术的出现和推进中，绩效管理的流程化、系统化、战略化的理念逐步形成。最后，绩效考核是完整的绩效管理过程的一个十分重要的环节，也代表绩效管理水平的核心技术。绩效考核的成功与否不仅取决于评估本身，很大程度上还取决于与评估相关联的整个绩效管理过程。

二、实践层面的区别和联系

（一）绩效考核与绩效管理的目的

对于传统的绩效考核来说，企业人力资源管理的目的往往关注于通过一系列制度、指标和标准来评判不同员工的劳动支出、努力程度和贡献份额，有针对性地支付薪酬、给予奖励，最大限度地利用人力资源来实现组织目标。由于实践中人们常常将绩效考核从完整的绩效管理中割裂开来，从而会误导绩效管理的目的。绩效管理的目的包括三个方面，即战略目的、管理目的和开发目的。一个有效的绩效管理系统首先要根据公司的战略目标制定各部门和员工的目标；其次绩效管理系统应贯彻指导、评价、区分、激励、沟通等管理措施，使管理有效；最后绩效管理应着眼于人力资源的开发，使员工持续成长，绩效持续改善。

（二）绩效考核与绩效管理的基本假设

企业在单纯运用绩效考核技术时实际上已然假设所有的考核主客体对于组织目标、绩效指标、绩效标准以及绩效的有效实现方式都是了解和熟悉的，并且对于整个管理过程是基本认可的。也就是说，绩效考核仅对员工的行为表现和工作成果做评判，至多调整和完善管理过程中的局部环节。但是，这样的假设在人力资源管理实践中显然不现实和不充分。因此，实施完整的绩效管理过程必须从企业管理的各个方面做准备，包括文化、战略、组织、领导、激励、决策支持和控制等。

（三）绩效考核与绩效管理的运作思路

绩效管理是人力资源管理体系中的核心内容，而绩效考核只是绩效管理过程中的关键环节，两者在实践中的运作思路是有根本差异的。

1. 过程的系统性和前瞻性

企业不仅要完整地看待绩效管理的全过程，而且要树立绩效管理是基本的管理过程的理念，并围绕此理念展开绩效管理的各项活动。

（1）绩效管理是一个完整的系统，绩效考核是这个系统的一部分。

（2）绩效管理是一个过程，注重过程管理，而绩效考核是一个阶段性的总结。

（3）绩效管理具有前瞻性，能帮助企业和管理者前瞻性地看待问题，有效规划企业和员工的未来发展，而绩效考核是回顾过去的一个阶段的成果，不具备前瞻性。

2. 二者的侧重点及结果

绩效考核在改善员工绩效方面不能孤立地发生作用。如果相应的基础和配套环境未建设好，绩效考核或评估就不能起到很有效的作用，而常常会流于形式，无法实现初衷。

（1）绩效管理有着完善的计划监控的手段和方法，而绩效考核只是提取绩效信息的一个手段。

（2）绩效管理注重能力的培养，而绩效考核只注重成绩的大小。

（3）绩效管理能建立考核者与被考核者之间的绩效合作伙伴关系，而绩效考核则使考核者与被考核者站到了对立的两面，甚至会制造紧张的气氛。

三、绩效考核在绩效管理中的地位

绩效考核在整个绩效管理活动中主要承担两种职能：一种是绩效评价职能，指通过绩效考核获得员工工作的真实信息，以对绩效突出、表现优异的员工进行奖励，对成绩平平、表现不佳的员工进行惩戒；另一种是信息提供职能，指通过绩效考核获得员工工作的真实信息，有针对性地开发员工各种潜能，并为组织提供员工在晋升、调动、加薪或培训方面做决策时的全面信息。

表 1-4　　绩效考核的作用

管理方面	发展方面
衡量个人优缺点 工作效果好坏 记录个人决策 确定个人工作 薪酬管理 决定晋升、调任或解聘 帮助工作目标实现 评价目标完成情况	确定企业培训需求并加以实施 制定人力资源短期与长期规划 确定企业长期发展需要 建立评价员工的有效体系

第三节　绩效管理的目的和作用

一、绩效管理的目的

绩效管理的目的是设计绩效管理系统的出发点和基础，是检验一个组织绩效管理系统设计和实施有效性的纲领。归纳起来，绩效管理的目的主要包括战略的目的、管理的目的和开发的目的，只有三个目的同时实现，才能保证组织绩效管理活动的科学性和有效性。

(一)战略的目的

绩效管理的最终目标就是保证企业的所有子系统以一种优化的方式在一起工作以获得企业希望的结果，也就是实现企业的战略规划和远景目标。运用绩效管理实现战略目标时，应首先明晰组织的战略，通过战略目标的承接与分解，将组织的战略目标逐层落实到部门和员工个人，并在此基础上制定相应的绩效评价指标体系，设计相应的评价和反馈系统，通过绩效评价指标体系，鼓励并驱动企业发展所需要的工作行为，使员工的努力与组织战略保持高度一致，保证企业各种目标的圆满实现。

(二)管理的目的

主要体现在，一方面，绩效管理有明确的目标、详尽的计划，通过它的实施可以规范管理者的行为，保证员工个体行为与团队组织整体目标相适应，减少工作中的随意性和盲目性，使管理趋于科学化和规范化。另一方面，企业在薪资管理、晋升、岗位调整、保留——解雇、对个人绩效的承认等多项人事决策中都要使用到绩效管理信息，通过设计科学、规范的绩效管理系统保障绩效考核结果的公平性和有效性，从而不断地提高员工的工作绩效和组织管理水平，确保绩效目标的达成。

(三)开发的目的

绩效管理开发的目的主要是指管理者通过绩效管理过程来发现员工存在的不足，以便对其进行有针对性的培训，使其能够更加有效地完成工作。实践中，绩效管理系统并不仅仅是要指出员工绩效不佳的方面，同时还要找出导致绩效不佳的原因所在，比如存在技能缺陷、动机问题或者是某些障碍抑制了员工提高绩效等，然后寻求改善的途径。

二、绩效管理的作用

（一）有效地弥补绩效考核的不足

传统的绩效考核对绩效的判断通常是主观的、和凭印象的；不同管理者的评定不能比较；反馈延迟会使员工因好的绩效没有得到及时的认可而产生挫折感等缺点。通过绩效管理，可以帮助企业实现绩效的持续发展；促进形成一个以绩效为导向的企业文化；激励员工，使他们的工作更投入；提高员工工作满意感；增强团队凝聚力，改善团队绩效；通过不断地沟通和交流，发展员工与管理者之间的建设性、开放的关系；给员工提供表达自己工作愿望和期望的机会。

（二）有效地促进质量管理

组织绩效可以表现在数量和质量两个方面。近年来，质量已经成为组织绩效的一个重要方面，质量管理已经成为人们关注的热点。*Kathleen Guin*（1992）提出“绩效管理过程可以加强全面质量管理（*TQM*）。因为，绩效管理可以给管理者提供‘管理’*TQM* 的技能和工具，使管理者能够将 *TQM* 看做组织文化的一个重要组成部分”。可以说，一个设计科学的绩效管理过程本身就是一个追求“质量”的过程——达到或超过内部、外部客户的期望，使员工将精力放在质量目标上。

（三）绩效管理有助于适应组织结构调整和变化

多数结构调整都是对社会经济状况的一种反应，其表现形式多种多样，如：减少管理层次、较少规模、适应性、团队工作、高绩效工作系统、战略性业务组织、授权等。组织结构调整后，管理思想和风格都要相应地改变，如：给员工更多的自主权，以便更快更好地满足客户的需求；给员工更多的参与管理机会，促进他们对工作的投入，提高他们的工作满意感；给员工更多的支持和指导，不断提高他们的胜任能力等。而所有这一切都必须通过建立绩效管理系统才能得以实现。

（四）有效地避免管理人员与员工之间的冲突

当员工认识到绩效管理是一种帮助而不是责备的过程时，他们会更加积极合作与坦诚相处。绩效管理不是讨论绩效低下的问题，而是讨论员工的工作成就、成功和进步，这是员工和管理人员的共同愿望。有关绩效的讨论不应仅仅局限于经理考核员工，应该鼓励员工自我评价以及相互交流双方对绩效的看法。发生冲突和尴尬的情况常常是因为管理者在问题变得严重之前没有及时处理，问题发现的越早，越有利于问题的解决，经理的角色是通过观察发现问题，去帮助他们评价、改进自己的工作，共同找出答案。如果把绩效管理看作是管理双方的合作过程，将会减少冲突，增强合作。

（五）有效地节约管理时间成本

绩效管理可以使员工明确自己的工作任务和目标，他们会知道领导希望他们做什么，可以做什么样的决策，必须把工作做到什么样的地步，何时需要领导指导。通过赋予员工必要的知识来帮助他们进行合理的自我决策，减少员工之间因职责不明而产生的误解。通过帮助员工找到错误和低效率原因的手段来减少错误和差错，通过找出通向成功的障碍，以免日后付出更大的代价，领导就不必介入到所有正在从事的工作的具体细节管理中，从而有效降低时间成本。

（六）有效地促进员工的发展

通过绩效管理，员工对自己的工作目标确定了效价，也了解自己取得了一定成绩后会得到什么样的奖励，因此会努力提高自己的期望值，比如学习新知识、新技能、以提高自己胜任工作的能力，取得理想的绩效，同时个人也得到了进步。所以也可以认为，绩效管理是一种为促进员工发展而进行的人力资本投资。

第四节　绩效管理在组织管理中的定位

一、在构建组织核心竞争力中的定位

绩效管理是实现组织战略目标、培养核心竞争力的重要手段。在运用绩效管理手段提升企业核心竞争力的实践中要准确地把握好以下几个问题。

一是确定绩效考核计划时要注意从培养企业核心竞争力的角度出发，将核心竞争力分解成下一个层次的竞争力要素，这样层层分解，直到落实到具体的工作岗位上。制定计划，评定考核指标的过程就是对企业进行竞争力分析的过程。

二是企业核心竞争力的培养是一个从上到下的渐进过程，只能在拥有运用资源能力的基础上才能逐步形成，因此核心竞争力的培养必须从基础工作入手。在制定绩效管理规划时要整体考虑，不仅有管理者的考核指标，还要有一般员工的考核标准，使核心竞争力的培养成为全体员工的共同行动。

三是外部环境的变化对企业的核心竞争力要求会有变化，因此企业的绩效考核标准要随着环境变化和自身发展要求而及时改变，不同时期有不同的标准。

四是企业的竞争力往往是基于竞争和比较的，因此绩效考核结果要即时分析反馈，使企业管理者和员工清楚与竞争者的差距，明确竞争策略。

二、在人力资源管理系统中的定位

绩效管理在企业的人力资源管理系统中占据着核心地位，发挥着重要作用，需要与人力资源管理系统中的其他模块实现对接。

（一）绩效管理与职位分析的关系

绩效管理的重要基础是职位分析。职位分析的目的就是要确定组织架构中每一个职位的工作职责以及它所提供的重要工作产出，据此制定对这个职位进行绩效考核的关键绩效指标，而这些关键绩效指标就为我们提供了评价该职位任职者的绩效标准。可以说，职位分析提供了绩效管理的一些基本依据。

（二）绩效管理与薪酬激励的关系

越来越多的企业将员工的薪酬与其绩效挂钩，而不是向传统的薪酬体系中更多强调工作本身的价值。目前实践领域流行的薪酬管理 3*P* 模型，就是综合职位价值、绩效和任职者的胜任力决定薪酬。因此，绩效是决定薪酬的一个重要因素。在不同的组织中，采用不同的薪酬

体系，对不同性质的职位而言，绩效所决定的薪酬成分和比例有所区别。通常来说，职位价值决定了薪酬中比较稳定的部分，绩效则决定了薪酬中变化的部分，如绩效工资、奖金等，将业绩与薪酬挂钩更加体现薪酬的激励性，形成浓厚的绩效文化。

（三）绩效管理与人员甄选的关系

人员甄选通常采用各种人才测评手段，针对人的素质模型中“冰山”以下部分的潜质内容进行考核，以此推断被测评者在未来的情景中可能表现出来的行为特征。而绩效考核主要针对人的外显特征进行评估，侧重考察人表现出来的业绩和行为是对表现的评估。绩效管理通过与员工甄选的效度与该过程发生联系。甄选中某些测试标准的效度，需要通过实际的绩效表现来确定。而甄选方法和内容是否合适，又可以放在绩效管理中验证。

（四）绩效管理与培训开发

绩效管理的主要目的是为了了解目前员工的绩效状况，发现问题，进而改进和提高绩效，因此培训开发是在绩效考核之后的重要工作，是对考核结果的运用。在绩效考核之后，主管人员需要根据被考核者的绩效现状，结合被评估者个人发展愿望，与被评估者共同制定改进计划和未来发展计划。人力资源部门则根据员工绩效考核的结果和面谈结果，设计整体的培训开发计划，并帮助主管和员工共同实施培训开发。

（五）绩效管理与劳动关系管理

人是生产力中最重要的因素，而劳动关系是生产关系中的重要组成部分，规范和维护和谐稳定的劳动关系是人力资源活动中的重要内容。劳动关系管理与员工的利益密切相关，是直接影响员工工作积极性和工作满意度的重要因素。通过劳动关系管理可以提升员工的组织认同感和忠诚度，提高员工的工作热情和投入程度，营造和谐共进的组织氛围，从而可以确保员工对绩效管理工作的支持和配合，促进员工个人绩效的改善和组织整体绩效目标的实现。绩效管理对于劳动关系管理也十分重要。科学有效的绩效管理可以加强管理者与员工之间的沟通和理解，有效避免或缓和矛盾和冲突，促进双方意见的达成和统一，确保员工的合法利益得到保护，促使劳动关系更加和谐。

（六）绩效管理与职业生涯管理的关系

随着绩效管理的不断深入，绩效管理正在从传统意义上的监督考核机制向与战略管理紧密结合的激励机制转变，这使得员工更加关注自身工作与组织发展之间的关系，注重将个人的职业生涯发展道路与组织的未来发展相结合，因而有利于员工工作绩效的提升；同时，这也促使管理者在绩效管理的过程中注意发现员工个人发展的需要，帮助员工进行职业生涯规划，并将员工个人职业生涯发展规划与组织整体的人力资源规划联系起来，从而确保在推动员工职业生涯发展的同时促进组织绩效管理目标的实现。职业生涯管理也促使管理者和员工在绩效管理过程中角色发生变化。管理者由过去的“监督者”、“消息传播者”、“领导者”变成了“帮助者”、“合作伙伴”、“辅导员”。同时，员工不再是绩效管理过程中的“被监督者”、“被领导者”，而是变成自己绩效的主人。职业生涯管理促使每个员工成为自己的绩效管理专家，能够清楚地了解如何为自己设定绩效目标，如何有效地实现自己的职业目标，并知道如何在目标实现过程中提高自我绩效管理的能力，从而使组织的绩效管理工作能够得到员工最大的理解和支持。

(七)绩效管理与员工流动管理的关系

员工流动通常是指人员的流出、流入和组织内所发生的人员变动，它影响组织人力资源的有效配置。合理的员工流动可以不断改善员工的素质和结构，帮助组织长期保持活力与增强竞争优势。员工流动管理是强化绩效管理的一种有效形式。通过晋升、解雇等员工流动管理的方法可以激励员工不断地提高工作绩效，努力达成绩效考核目标，促进绩效管理工作的顺利进行。同时，绩效管理的结果也会影响员工流动管理的相关决策。在绩效管理过程中发现员工无法胜任现有工作时，绩效管理的结果便可能成为职位变动或解雇、退休的依据。当从绩效管理的结果中发现员工的长处时，也可以根据各个职位对人员的不同要求为其选择更合适的职位，同时还可以通过绩效管理的结果来检验员工流动决策是否达到了预期的效果。

本章小结

从不同视角来审视绩效会有不同的结论，管理学认为绩效是组织期望的结果，经济学认为绩效与薪酬是员工和组织之间的对等承诺关系，而社会学认为绩效意味着每一个社会成员按照社会分工所确定的角色承担他的那一份职责。目前在理解绩效的内涵上主要有三种观点:结果论、过程论和潜能论。在具体实践中，对绩效有以下五种理解，分别是:绩效是“工作任务”绩效就是“工作产出”或“结果”;绩效就是“行为”;绩效是“行为”(如何做)+“结果”(做了什么)的统一体;绩效是“做了什么”(实际收益)+“能做什么”(预期收益)。绩效具有多因性、多维性和动态性等特征。

绩效考核是指考核主体对照工作目标或绩效标准，采用科学的考核方法，评定员工的工作任务完成情况，员工的工作职责履行程度和员工的发展情况，并且将评定结果反馈给员工的过程。根据不同的目的，绩效考核可以分为判断型绩效考核和发展型绩效考核。

在绩效管理思想发展的过程中，出现了三种不同的观点:绩效管理是管理组织绩效的系统，绩效管理是管理员工绩效的系统，绩效管理是管理组织和员工绩效的综合系统。从本质上看，绩效管理是理念和思想的统一，应贯穿于整个管理流程的所有环节，渗透到企业管理的各个方面。绩效管理的特征包括:系统性、目标性、强调沟通。绩效管理程序划分为五个阶段:绩效计划、绩效辅导、绩效考核、绩效反馈、绩效结果的运用。

从概念上看，绩效管理是由管理双方共同努力维持、完善和提高员工绩效、部门绩效、组织绩效的过程式管理。绩效考核是事后考核工作的结果，而绩效管理是事前计划、事中管理和事后考核所形成的三位一体的系统，二者是不能等同和替代的。当然，二者是紧密联系的两个概念。首先，绩效管理概念的提出本身就是源于认识到了绩效考核的片面性和孤立性，从一种鼓励的管理手段发展到了系统的管理过程。其次，绩效管理理念的完善伴随着绩效考核方法的发展。最后，绩效考核是完整的绩效管理过程的一个十分重要的环节，也代表绩效管理水平的核心技术。

绩效管理的目的主要包括战略的目的、管理的目的和开发的目的，在组织管理中，绩效管理能够有效地发挥弥补绩效考核的不足，促进质量管理，适应组织结构调整和变化，避免管理人员与员工之间的冲突，节约管理时间成本，促进员工的发展等作用。

绩效管理是实现组织战略目标、培养核心竞争力的重要手段。要注意从培养企业核心竞争力的角度出发，将核心竞争力分解成下一个层次的竞争力要素，使核心竞争力的培养成为全体员工的共同行动，绩效考核标准要随着环境变化和自身发展要求而及时改变，绩效考核结果要即时分析反馈，使企业管理者和员工清楚和竞争者的差距。同时，绩效管理在企业的人力资源管理系统中占据着核心地位，发挥着重要作用，需要与人力资源管理系统中的其他模块实现对接。

案例分析

从组织到员工:惠普的双层绩效管理

一、组织绩效管理:五个步骤

惠普的组织绩效管理有两个关键点:一是绩效管理循环，二是关键绩效指标(*KPI*)。

惠普的绩效管理循环包括五个步骤:企业战略的制定、关键绩效指标和目标的制定、绩效计划的制定与执行、监控与绩效评估、奖励与绩效改进。

(一)企业战略的制定

企业战略的制定是惠普绩效管理循环的基础。企业战略的制定为企业的发展提供了明确的目标，绩效管理循环中的其他环节都是为了达成企业战略目标服务的。惠普根据其愿景和价值观确定战略目标及达成战略目标的关键成功要素，从而为关键绩效指标和目标的制定提供了方向和基础。

(二)关键绩效指标和目标的制定

关键绩效指标和目标的制定是惠普绩效管理循环的起点和核心。关键绩效指标是根据企业所设定的各项战略目标而制定的可量化目标，一旦战略目标确定，关键绩效指标就可以为惠普提供明确而直观的方法，以衡量各项战略目标达成与否。惠普关键绩效指标和目标的制定采取自上而下的方法，从而确保每个部门、流程都在为实现总体战略目标而努力。同时，惠普管理层需要对关键绩效指标和目标进行定期复审，针对公司的发展战略目标和存在问题，作出相应调整。

(三)绩效计划的制定与执行

为了达到绩效目标，惠普绩效管理循环的第三步是制定绩效计划。绩效计划不仅为各层级提供具体的行动计划，也为每一个绩效目标的最后达成作阶段性分解。同时，绩效计划为现有资源的分配和未来资源的投入提供了基础。

(四)监控与绩效评估

监控与绩效评估是根据绩效目标对各部门和流程的实际绩效表现进行衡量和考核，及时了解企业内部的运行情况和发现存在的问题。为了均衡各项绩效目标，使绩效管理能公平地反映每一个评估单位的绩效情况，有必要采用平衡计分卡作为监控与绩效评估的工具之一。平衡计分卡设定的重点是确定各项绩效目标在某一评估单位中的权重。权重的选择，是惠普管理层把握企业整体发展、鼓励部门和员工正确行为的重要手段。

(五)奖励与绩效改进

奖励与绩效改进是惠普绩效管理循环的最后一个环节。通过奖励，鼓励惠普内部的正确行为，激励惠普员工为达到企业目标而共同努力。同时，通过绩效改进对惠普内部运作中出现的问题进行绩效改进和纠正，以推动企业的整体进步。惠普用四个关键绩效指标来衡量组织绩效管理，分别是财务指标、客户指标、流程指标和员工指标。

二、员工业绩管理：四个步骤

惠普的员工绩效管理框架包括绩效计划的制定与执行、监控与绩效评估、奖励及绩效改进、关键绩效指标和目标的制定四个步骤，通过这四个步骤的循环，惠普员工绩效管理最后要达到的目标是：造氛围（培养绩效文化）、定计划（运筹制胜业绩）、带团队（建设高效团队）、促先进（保持激发先进）、创优绩（追求卓越成果）。

为了达到这五个目的，惠普的员工绩效管理又可分为以下五个关键点：

（一）制定上下一致的计划

惠普要求公司每个层面的人员都要作各自的计划。股东和 *CEO* 要制定战略计划，各业务单位和部门要制定经营计划，部门经理和其团队要制定行动计划，通过不同层面人员的相互沟通，公司上下就能制定出一致性很高的计划，从而有利于发展步骤的实施。

（二）制定业绩目标

对于员工的业绩指标，惠普用六个英文字母来表示：*SMTABC*。具体的解释是：*S*（*Specific*，具体性），要求每一个指标的每一个实施步骤都要具体详尽；*M*（*Measurable*，可衡量），要求每一个指标从成本、时间、数量、和质量等四个方面作综合的衡量；*T*（*Time*，定时），业绩指标需要指定完成日期；*A*（*Achievable*，可实现性），员工业绩指标需要和老板、事业部及公司的指标相一致且易于实施；*B*（*Benchmark*，以竞争对手为标杆），指标需要有竞争力，需要保持领先对手的优势；*C*（*Customer oriented*，客户导向），业绩指标要能够达到客户和股东的期望值。

（三）授权

“以人为本”的惠普之道特别重视经理如何向员工授权。惠普强调的是因人而异的授权方式，根据不同的员工类型、不同的部门类型和不同的任务，惠普把授权方式分为五种，分别是：*Act on your own*（斩而不奏）、*Act and ad－vise*（先斩后奏）、*Recommend*（先奏后斩）、*Ask what to do*（问斩）、*Wait until told*（听旨）。

（四）绩效评估

在评定员工业绩时，惠普要综合考虑以下一些指标：个人技术能力，个人素质，工作效率，工作可靠度，团队合作能力，判断力，客户满意度，计划及组合能力，灵活性创造力和领导才能。在评定过程中，惠普会遵循九个步骤：协调评定工作，检查标准，确定期望，确定评定时间，进行员工评定，确定工作表现所属区域，检查分发情况得到最终许可，最后将信息反馈给员工。

（五）分类激励

根据员工的“工作意愿”和“工作能力”，惠普把员工分成五个类型，分别采用不同的方法进行教导。第一类，最好的员工既有能力又有意愿，对于这样的员工，惠普公司的管理层只是对他们做一些微调和点拨，并且很注重奖励，以使员工保持良好的状态；第二类，是工作能力强但工作意愿弱，这样的员工，公司主要对他们做思想上的开导和鼓励，解决思想问题；第三类，员工工作意愿强但能力弱，公司教导的重点就在教育和训练上；第四类，员工能力和意愿都处在中等，这样的员工，公司需要就事论事地对他们作出教导，使他们在能力和意愿上都有提高；第五类，最坏的员工是既无能力又无意愿的，公司要对这样的员工作出迅速的处理，要么强迫他们提高能力或增长意愿，要么毫不犹豫地开除。

组织绩效管理和员工绩效管理二者在程序上大同小异，均要经过*PDCA*（计划、执行、评估和改进）四个周而复始的阶段。由于管理要素不同，组织绩效管理主要从财务、客户、流程和员工四个层面上定义绩效指标和目标，而员工绩效管理从价值观、能力和绩效三个层面上综合评定。

问题：

1. 惠普开展绩效管理的目的是什么？
2. 惠普绩效管理系统的特色是什么？
3. 惠普的绩效管理对国内企业有何借鉴作用。

思考题：

1. 什么是绩效？试从不同角度对绩效的概念进行界定。
2. 什么是绩效考核，有哪些类型？
3. 简要分析绩效管理的目的。
4. 绩效管理和绩效考核的区别是什么？
5. 绩效管理在组织和人力资源管理中的定位是什么？

第二章　绩效管理的历史和未来展望

▶本章学习要点

1. 理解绩效管理思想的演变
2. 掌握绩效管理的发展趋势
3. 理解我国绩效管理实践历程和存在问题
4. 理解电子绩效管理概念
5. 理解电子绩效管理系统和内容

导入案例

某银行基本情况与绩效管理现状

F 城市商业银行位于华中某城市，成立于 1997 年。目前下设有六家支行和十九个网点，总部设有办公室、党群人事部、科技发展部、市场营销部、计划财务部、稽核监控办公室和资产保全部等七个部门，职工人数 260 多人。*F* 城市商业银行（以下简称 *F* 行）成立后，肩负着支持当地经济、促进社会发展的重任，同时面临着当地四大国有商业银行和众多股份制商业银行分支机构激烈竞争的严峻形势。作为新兴的地方性股份制商业银行，其前身是城市信用社，虽然机制比较灵活、服务态度较好，但由于总体规模较小、资产质量欠佳、员工素质参差不齐、管理手段落后等不足，竞争能力亟待提高。

随着竞争的加剧，*F* 行的领导逐渐认识到人力资源对于企业发展的重要性。为了迅速扩大企业规模，提高经营业绩，*F* 行决定首先从加强绩效管理入手，*F* 行制定了一整套绩效考核和激励措施。党群人事部根据本行不同部门和岗位的职责与特点，分别对中高层管理人员、一线业务人员和职能管理部门制定了相应的考核指标和考核管理办法。同时在年终专门由高层领导和中层干部组成绩效考核领导小组领导开展绩效考核工作，各部门负责人牵头组织本部门绩效考核，相关部门相互协作。全行上下投入了大量时间和精力进行平时和年终绩效考核工作，但是实施结果却并不尽如人意：高层管理者觉得最终考核结果没有很好地区分员工业绩的优劣，不能为激励和职业发展提供很好的支持和依据；中层管理人员（尤其是职能部门）觉得考核指标量化不够，不容易操作；员工觉得考核结果不能真实全面反映个人工作实绩，不够公平，直接影响了工作态度和情绪。又到年末了，党群人事部负责人老李又开始着手组织年度绩效考核工作，对员工最近一年的业绩进行总结和评价。但是一想到去年考核的结果和效果，老李不禁忧心忡忡。这一切到底是怎么回事呢？今年会不会又是这样呢？

绩效管理应该怎么做，是如何发展到现在的管理思想和理论体系的，我国企业绩效管理实践存在的问题是什么，应该如何改进？通过本章学习，我们应该能够对绩效管理有更深入的认识。

第一节　绩效管理的发展过程与趋势分析

一、绩效管理思想和内容的演变

绩效管理是由绩效考核开始的，绩效考核的思想是随着人类生产活动的发展而产生的，并随着人类生产方式和生产活动的变化而日益丰富，现代意义的绩效管理则是随着企业的发展而产生的。随着管理实践与理论的发展，组织绩效实践与思想经历了从绩效考核到绩效管理再到战略性绩效管理的发展演变过程。

（一）绩效考核时期

绩效考核是考核主体应用一定的方法对评价对象在一定时期内的绩效进行评判的过程。20 世纪 70 年代之前的漫长时期，都是绩效考核的主导时期。绩效评价自古有之，不过早期主要应用于军队和政府组织中，那是因为军队和政府组织规模庞大，地理位置分散，具有官僚科层制结构，必须通过绩效评价把那些工作表现出色的官员甄别出来，将之提拔到高层岗位上。例如，我国早在战国秦汉时期就采用上计制考核官员政绩，即地方官员定期向朝廷呈送上计文书，报告辖区内的治理状况，古代组织的绩效评价基本都是非正规性评价，具有很大的主观随意性。

19 世纪后现代公司制企业的发展，随之而来的是所有权和经营权的分离，绩效考核才真正出现。在这一时期，绩效考核的主体、内容和方法都随时代发展发生较大变化，主要经历了以下三个阶段：

1. 观察性绩效考核阶段

纺织工厂主罗伯特·欧文在 19 世纪初，最先将绩效考核引入苏格兰，他在经营管理企业的过程中，为了检验工人的劳动效果，创造了一种简单而有效的绩效考核方法。他把一小块涂着不同颜色的四方木块挂在每个雇员的劳动岗位上，管理者每天按照自己的评价来旋转木块的色彩面，以表示雇员前一天的劳动效果：黑色表示劣等；蓝色表示一般；黄色表示良好；白色表示优秀，这就是西方近代企业早期的绩效考核。罗伯特·欧文的绩效考核方法即是简单的观察性绩效考核。在当时，企业的规模相对较小，因此，评价的重点不多，意义也不大，考核评价主要根据管理者所观察到的情况，并按照自己的判断去评价。

2. 统计性绩效考核阶段

工业革命以后，出现了现代公司制企业，为了加强公司的内部控制和所有权的控制，企业绩效考核得到了较快的发展。这个阶段的考核指标是统计性的，如产值和产量等指标。特别是科学管理理论的创始人泰勒及其追随者“动作研究之父”弗兰克·B·吉尔布雷思等人对绩效评价进行了有目的、有计划地探索和实践。为了提高工人的劳动生产率，他们对工人的工作及动作进行细致科学地分析，获得最佳唯一的工作方法，并将之固化下来，形成规范的工作制度，要求工人严格遵照执行；而且，重视评价工人的工作产量，实施计件工资制，以加强对员工的激励，根据工人经绩效评价后的实际工作表现，而不是按工作类别来支付工资。19 世纪 50 年代，工业革命推动了绩效考核方式和方法的发展，为了解决不同区域分支机构的相互协调问题，美国铁路公司加强了组织内部各管理阶层的责任，提出了加强管理的六个原则，其中一个重要的原则就是建立一套考核方法，用于考核各管理阶层是否较好的履行了责任，并创造性的设计了财务和统计报表用于评价和监督。

3. 财务性绩效评价阶段

进入 20 世纪以来，随着企业所有权与经营权的分离和资本市场的发展，投资人和债权人开始关注企业的经营状况和财务状况，从而使企业绩效考核的内容得到了进一步的深化。美国学者亚历山大·沃尔在 20 世纪初首先提出了信用能力指数的概念，通过统计销售净利率等 7 个指标来考核企业的盈利能力和偿债能力。第二次世界大战后，绩效考核的重点转向了有效组织生产力和提高雇员的积极性上，目标管理由此产生，形成组织目标与雇员目标相一致的系统管理过程。英国管理学家罗斯 1932 年提出了评价企业部门绩效的思想，通过访谈的方式了解企业的绩效情况，对各项指标进行打分，并将得分情况与该公司行业标准和历史业绩指标进行对比，从而判断公司的绩效水平。1950 年杰克逊·马丁德尔设计了一套更加全面的考核指标体系。在 20 世纪 80 年代，美国管理会计委员会基于财务的视角颁布了“计量企业绩效说明书”，制定了 8 项计量企业经营绩效的指标。

早期绩效评价的功利主义价值取向一味追求工作效率的做法，最后导致了工人的不满和厌烦，罢工此起彼伏。第二次世界大战后，随着世界经济的复苏及管理实践的发展，绩效考核也迅速发展，主要体现在两个方面：一是有规律地实施绩效评价的组织大幅增加。研究数据表明，到 50 年代早期，美国已经有 61% 的组织有规律地实施绩效考核，远远地超过二战刚结束时的 15% 的比例，而且有 50% ~75% 的大公司实施了绩效评价；而在欧洲，实施绩效评价的大公司的比例也于 60 年代达到了 50% ~75%。二是绩效评价的对象也从仅重视员工评价向同时重视员工和组织两方面考核方向发展，组织绩效考核成为绩效考核的另一个重点。然而问题是，绩效评价仍以效率评价为主线，而且侧重于财务指标的考核这种片面狭隘的绩效考核越来越跟不上社会经济发展的步伐。而事实上，早期绩效考核见钱不见人的做法及其危害已引起有关方面的关注，尤其是管理学家和心理学家一直在探寻解决问题的良方，也正是这种探索过程，促使绩效管理思想逐渐萌芽和产生。

（二）绩效管理阶段

70 年代之后，随着经济全面复苏与繁荣，世界开始转型和发生巨大变化，社会环境也日益复杂，仅侧重于财务指标的秋后算账式的传统绩效评价已明显不能适应新形势下社会与经济发展的需要。因此，绩效管理日益受到管理研究者及实践者们的重视。绩效管理是指识别衡量及开发个人团队和组织绩效，并使之与组织目标保持一致的一个持续性过程。显然，绩效管理是在绩效评价的基础上产生的，两者既有联系，又有区别。绩效管理是一个完整的管理过程，注重信息的沟通和绩效目标的达成，伴随管理活动的全过程。在绩效管理阶段，绩效评价不仅没有被抛弃，反而得到了发展，这主要体现为：一是在保留财务指标的同时，开始引入非财务指标；二是探索与组织战略建立联系。例如 80 年代出现的关键绩效指标就是尝试以战略为导向，通过承接和分解依次构建组织部门及个人绩效指标，以实现绩效评价与组织战略之间的协同从绩效评价发展到绩效管理，是组织绩效实践及思想的重大进步，但是由于受管理理念及工具的制约，绩效管理仍存在一定的局限性 它虽然已经开始尝试与组织战略建立联系，以提高自身战略地位，但是还不能实现与组织战略之间的无缝联接，仍局限在运营管理范围之内，主要还是侧重于事务性管理或任务管理。

（三）战略性绩效评价阶段

90 年代以来，随着知识经济时代的来临，全球化程度不断加深，科学技术突飞猛进，信息网络广泛应用，社会经济快速发展，市场竞争日趋激烈，无形资产的作用日渐凸显，不确定复杂因素持续增多。组织必须高度关注战略管理，统筹协调人、财、物、时间及信息等各种资源，聚焦并服务于核心战略的实施，才能持续提升组织竞争优势，许多学者对于战略绩效管理开展研究。1990 年哈佛商学院的教授罗伯特 · *S.* 卡普兰和大卫 · *P.* 诺顿提出了“全方位绩效看板”研究计划，并最终形成了影响力最广的“平衡计分测评法”，其中包括财务、顾客满意度、内部业务流程以及学习与成长等四个层面，丰富和拓展了绩效评价指标。此后，两位大师不断完善和发展平衡计分卡理论，陆续出版了五部专著，促使其从最初只用于绩效评价，后来用于绩效管理，至今再发展成为一套能够将战略与运营有效联系起来的综合战略管理体系。1993 年 *Fitzgerald* 将企业绩效的考核内容确定为财务、竞争、服务质量、革新、灵活性、资源利用等方面。西蒙教授 提出了战略评价模型，即根据质量、数量和无形资产等指标同企业使命的优先关系，评价战略和排列战略。*Markides* 和 *Williamson* 对核心能力、战略资产与企业绩效的关系进行了研究，提出了企业绩效评价时应该注重对战略资产的考核，并设计了战略指标体系来具体进行评价。

从绩效考核到绩效管理，再到现在的战略性绩效管理，组织绩效实践及思想经历了从非正规到正规、从经验到科学、从封闭到开放、从片面到全面、从分化到融合的变革过程，组织绩效管理思想越来越深刻，符合绩效管理规律。

二、绩效管理的发展趋势

（一）绩效管理发展演变的总体趋势是战略性绩效管理

德鲁克提出，在 21 世纪的管理领域，战略是新的必然趋势。组织需要通过战略将自己有关组织业务、发展目标、客户需求和价值的经营假设转变为现实绩效。他认为，如果没有战略，“机会”也就不能成为机会。我们也就无法知道什么真正推动了组织实现预期的成效，什么占用了资源，什么分散了资源。但是在一个千变万化的不确定环境中，如何才能明确战略和实现战略呢？这就需要组织通过绩效管理手段来对模糊的战略假设进行诠释，将其转化为具体的组织绩效目标、部门绩效目标、团队绩效目标和个人绩效目标，以及各种财务和非财务指标，并通过对不同主体的决策和行为进行有效的计划、监控、评价和反馈，确实保障战略落到实处。

（二）绩效管理体系将贯通战略管理和运营管理

战略管理和运营管理的相互分离是导致组织战略失败和运营不力的根本原因。传统的绩效管理体系采取将战略目标细化为运营计划的方式对两者进行衡量和管理，这种合二为一的做法看似实现了战略与运营的有效连接，实际上因战略与运营相互之间的定位和关系模糊容易导致管理迷失。未来的绩效管理必将有效贯通组织的战略管理和运营管理，形成一个层次分明但高度整合的管理体系，将战略层面的关键业务流程和运营层面的关键成功因素相关节点通过绩效连接起来。既能对战略绩效和运营绩效分别进行计划、监控、评价和反馈，又能确保战略与运营高度整合、协调一致。

（三）无形资产因素将成为绩效管理的重点对象

在知识经济时代，组织赖以生存和发展的价值来源发生了实质性的变化，组织之间的竞争不仅取决于有形资产，而且更多地依靠人力资源、技术、品牌、文化等无形资产的贡献，无形资产日益成为组织构建核心竞争能力的决定性因素。因此，无形资产必将成为组织未来绩效管理的重点对象。基于这一趋势，传统的绩效管理体系也会随之结束和重组。由于无形资产必须依附于有形资产并与战略保持协调才能创造高价值，因此未来的绩效管理将更加注重理顺价值创造的结果和驱动关系，更加注重平衡组织的长短期利益，在绩效衡量上也会兼顾财务指标和非财务指标，以实现组织的可持续发展。

（四）人的能动性将在绩效管理中得到加强

人力资源是组织价值创造的来源，是最重要的无形资产。但是，传统的绩效管理中，人的能动性还没有得到充分发挥。未来的组织将由知识工作者构成劳动力主体，员工的自我管理意识和能力将逐步提高。同时，网络、信息、自动化、大数据处理等领域的技术变革和发展，将改变员工的工作地点、时间和方式。这些因素将共同作用于未来的绩效管理体系，使组织中的每一个人，包括体系的设计者、管理者、组织者和执行者，都有机会发挥自己的能动性和创造力。

（五）更加关注团队绩效

未来，越来越多的组织趋向于以团队为基础来构建组织结构，因此需要注意改变原有的以个人为基础的绩效管理体系。这就需要考虑以下一些问题。如何评价相关个人的贡献？如何才能知道某个特定的人为团队结果的达成做出了多大贡献？如何避免搭便车现象？如何在个人绩效和团队绩效之间找到平衡？如何基于团队使命和目标来设计团队成员的激励？如何确定团队和个人的绩效衡量指标？应该有何侧重？显然上述这些问题不太好解决，但是将团队绩效纳入企业绩效管理体系可以有以下原则，包括：确保组织有真正的团队；确保对衡量团队绩效的投入；清晰地界定衡量绩效的目的，从而决定考虑的不同变量；采用多种方法衡量绩效；同时关注过程和结果；衡量长期性的变革。

（六）绩效辅导

从20世纪90年代中期开始，绩效辅导成为一种流行的组织活动。至少三个因素不断促进该项组织活动的深入实施。一是人本文化在许多组织尤其是正规化组织中的确立，越来越多的企业把人放在重要位置，为其创造更多价值和实现自我提供帮助。二是组织越来越关注绩效的持续提升，绩效的持续提升除了裂变式的（但会带来破坏和冲击），更多的是基于现状的改进。三是建立良好劳资关系和全面薪酬激励的有效途径。因此，学术界对绩效辅导的兴趣也迅速上升。实现对员工的绩效辅导，首先要建立良好的绩效辅导关系，辅导者要认真倾听，充分理解被辅导者。其次，员工是自我变革的源头和主导者。第三，员工是完整和独特的，辅导者应帮助被辅导者以更有意义的方式构建个人生活与工作体验之间的联系。第四，教练是员工成长的助推器，包括提供建议、指导、支持，增强被辅导者责任感和信心，提升胜任能力等。

（七）妥善处理绩效管理与法律的关系

过去，由于法制建设不完善，企业在绩效管理中常常不存在违法成本的问题，因此不少企业在管理中很大胆，游走在违法的边界，比如非法歧视、作伪证、随意解雇等。随着法制化的进程，违法成本越来越高，导致的代价也越来越大。某种程度上，守法就是节约成本。而且，通常情况下，一套能让员工感到公平并且接受的绩效管理体系在法律上也必须是经得起考验的。未来，与绩效管理体系实施有关的违法行为中，包括组织在任何时候随意终止雇佣关系；没有遵照组织规定的绩效管理制度执行带来对员工的不利影响；公开披露导致员工声誉受损的不真实的负面绩效信息；提供虚假的有利信息，而这些信息会产生对别人的某种伤害和风险；非故意性歧视，在绩效管理体系内无意中对某一受保护阶层产生了不利的影响；评价者根据与绩效无关的因素对不同类别的员工进行不同的绩效考核。

（八）电子绩效管理将得到全面实施

随着企业信息化建设的全面落实和 *e－HR* 系统的建设，电子化绩效管理系统也将得到全面实施。电子绩效管理能够提供轻松、快捷的在线信息访问和业务处理方式，大大优化组织的绩效管理业务流程。由于采取了基于网络的方式实现，有利于采取易于使用的程序使组织成员方便、快捷地通过网络提交各种绩效信息，并访问有关绩效管理的内部站点，及时获取组织绩效管理政策。而且，由于采用了个人账户登录的方式，可以设计个性化的绩效帮助，从而使每个人享受"一站式"的优质服务。更重要的是，绩效管理系统所采用的这种实现方式进一步提高了人力资源部门的工作效率，使人力资源部门优化业务处理流程和信息访问方式，加快了事务处理速度，并且缩短了其他部门以及其他地域的成员向人力资源部门提交信息的时间，使人力资源工作更加关注高价值工作内容。此外，这种基于网络的方式使企业的运行更多地体现在访问网络站点，减少纸质文档打印，节约了费用。

第二节　我国绩效管理实践

一、我国企业绩效管理发展历程

我国企业绩效评价大体上经历了三个阶段：20 世纪 70 年代以前的以实物产量为主的绩效评价、80 年代以产值和利润为主的绩效评价、90 年代以来以投资报酬率为核心的绩效评价。

（一）20 世纪 70 年代以前以实物产量为主的绩效评价

计划经济时期，政企不分，企业没有经营自主权，国家对企业的评价不重视价值和成本的考核，只从实物和产出的角度来评价。如 1975 年国家拟定的"工业企业八项技术经济考核指标"，包括产量、品种、成本、质量、流动资金、原材料燃料动力消耗、利润和劳动生产率，从上述八项评价指标可以看出，绩效考核的主要内容是质量和产量，而考核的方法是将实际的产出同计划生产目标和行业生产技术标准进行比较。

（二）20 世经 80 年代以产值和利润为主的绩效评价

改革开放后，国家对企业开始实施放权让利式改革，逐步扩大了企业经营自主权。国家从价值的角度开始强调经济效益，开始注重企业的利润、成本、产值等价值指标的考核，并以企业的利润完成情况决定企业的报酬和激励方式。1982 年，国家经委、国家计委等六部委制定了包括总产值和增长率、上缴利润和增长率、产值利税率和增长率等 16 项主要经济效益指标作为考核企业的主要依据。80 年代后期，承包制成为深化企业改革的主要形式被广泛采用。

（三）20 世纪 90 年代以投资报酬率为核心的绩效评价

1991 年中央提出将经济工作的重点转移到调整结构和提高经济效益上来，在考核上要淡化产值指标，强化效益指标。1992 年，国家计委、国务院生产办和国家统计局提出了 6 项考核工业企业经济效益的指标，主要是从企业各项生产要素的投入产出对比关系以及工业产品满足社会需要等方面设计的。1993 年财政部颁布《企业财务通则》和《企业会计准则》，规定了 8 项财务评价指标，分别从偿债能力、营运能力和盈利能力三个方面来评价财务状况和经营成果。1995 年财政部根据国有企业监管要求，公布了一套包括销售利润率、总资产报酬率、资本收益率等 10 项指标的企业经济效益评价指标体系。1997 年国家统计局会同国家计委、国家经贸委对 1992 年颁布的工业经济效益评价体系进行了调整，由原来的 6 项指标调整为 7 项指标。1999 年 6 月，财政部等 4 部委颁发了《国有资本金绩效评价规则》，规定评价内容包括财务效益、资产营运、偿债能力和发展能力四个方面，采用 24 项定量指标和 8 项定性指标评价企业绩效。这标志着我国企业全面正式启动了绩效管理工程。许多企业都实施了绩效管理，并且基本上所有企业都设置了绩效专员或绩效主管等相关专业管理岗位，这些绩效管理人员基本能够熟悉并运用目标管理法、*MBO* 关键绩效指标法、*KPI* 平衡计分卡 *BSC* 等工具。

2002 年 3 月，财政部等五部委对《国有资本金绩效评价操作细则》进行了修订，将原来的 32 个指标减为 28 个，其合理性、可操作性和适应性有了较大改进。此后在同年 6 月，财政部又发布了《企业集团内部绩效评价指导意见》和《委托社会中介机构开展企业绩效评价业务暂行办法》，该评价体系相比较《国有资本金绩效评价规则》更加完善，运用了科学的考核方法，评价主体也较为广泛，主要包括政府、投资人、债权人等。2003 年 11 月，国资委出台了《中央企业负责人经营业绩考核暂行办法》，该办法运用了绩效管理的一些方法和内容，主要以投资回报和资产保值增值为考核评价的重点，同时尝试根据国有企业所在的不同行业实施分类考核，尤其是政策性较强的国有企业、军工生产企业以及实施兼并破产的企业等。该办法的主要特点是将国有资产的保值增值和资本收益作为考核评价的重点，考核的主要内容是企业负责人的年度经营业绩和任期经营业绩，并将考核评价结果同激励约束机制紧密联系。该套考核评价办法在实际运用过程中得到了中央企业的认可，具有一定的科学性和可操作性，但也存在着一些不足，主要是评价方法依然是基于目标管理的一种方法，没有体现价值增值的概念，而且企业横向之间无法比较。

国务院国资委于 2006 年 5 月重新修订并颁布了《中央企业综合绩效评价管理暂行办法》，进一步规范了国有企业综合绩效评价的方式和方法，加强了对中央企业的财务监督和控制，增强了企业资本回报意识，综合反映了国有企业的经济效益和效率。

二、我国企业绩效管理当前实践探索

（一）引入经济增加值(*economic value added*, *EVA*)

经济增加值是指从企业的的税后经营业利润中扣除包括股权和债务的全部投入资本成本后的所得。其基本假设是股东对企业的资本投入是有成本的，企业的盈利只有高于资本成本（包括股权成本和债务成本）时才会为股东创造价值。在经济增加值出现前，传统的衡量企业业绩的指标仅仅是简单的收入减成本，即会计利润。但会计利润并不能很好地衡量企业真正带给股东的价值回报。企业的终级财务目标是股东价值的最大化，这就要求衡量企业经营业绩的指标必须准确反映企业为股东创造的价值。*EVA* 很好地迎合了这一要求，能够使企业聚焦股东价值的创造，而不是账面利润的多少。*EVA* 在我国的应用也越来越广泛，包括青岛啤酒、宝钢、中化国际、李宁体育等在内的企业都应用了该方法。

（二）应用全面质量管理和精益生产

全面质量管理是以质量为中心，以广泛的员工参与为基础，以让顾客满意为最终目的的管理方式。全面质量管理中的“全面”强调的是全过程、全员和全方位。全面质量管理遵循 *PDCA* 循环，即戴明环，包括计划、执行、检查和处理。

精益生产最初发轫于日本汽车工业，形容日本汽车企业对高质量和低成本的追求。精益生产的目的是消除生产中的任何细微的资源浪费，通过持续的流程改进来提升产品的质量，并使生产时间和成本也得到降低。我国企业尤其是生产制造类企业纷纷采用这些质量改进的思想指导绩效管理工作的开展。如，在绩效计划过程中对绩效目标与指标的设定要以产品和服务质量为核心，绩效监控过程中要将质量作为监控重点，绩效评价过程中要对改进质量的行为进行奖励，绩效反馈中要紧紧围绕如何改进质量进行沟通，等等。

（三）运用先进的绩效管理工具

目前，目标管理、标杆管理、关键绩效指标、平衡计分卡等绩效管理工具都在企业的运用过程中得到检验与发展。我国企业在应用这些绩效管理工具时都进行了批判性吸收，将理论工具与具体实际相结合，取得了较好效果。

（四）建设以绩效为导向的企业文化

优秀的企业文化能够引导员工树立与组织目标一致的个人奋斗目标，实现个人成长与组织发展共赢；能为员工营造一种积极的工作氛围、共享的价值观念和管理机制，对企业的绩效产生强大的推动作用。我国企业已经逐步建立了以绩效为导向的企业文化，使绩效观念和责任意识深入到每一个组织成员的灵魂深处，从而有利于战略性绩效管理的推行和组织目标的实现。比如，华为公司的“以奋斗者为本”，海尔的“人单合一，速战速决”，万科集团的“效率为先”等理念，都是以绩效为导向的企业文化的代表。

三、我国绩效管理实践中存在的主要问题

（一）绩效管理与组织战略脱节

组织战略是组织管理系统的关键。绩效管理体系的设计和运行要围绕组织战略来展开。但现实中组织的绩效管理与战略脱节现象比比皆是。表现在：一是组织没有明确战略，因此

无从将绩效管理系统与战略相连接，导致绩效管理系统既没有组织战略的引导，也无法对组织战略的实现起到支撑的作用；二是组织有明确战略，但是战略管理和绩效管理是相互独立的脱节的系统，没有形成很好的衔接，这既不利于战略的落地，也会导致绩效管理失去方向。

(二)将绩效考核等同于绩效管理

尽管绩效管理理念确立很多年了，但现实中很多企业对绩效管理的认识和实践还是停留在绩效考核层面，忽视绩效计划、绩效监控、绩效反馈等环节，导致绩效管理系统的作用仅限于一种工具的作用。有些管理者还存在只重视评价指标体系的构建和考核，忽视绩效监控和沟通，不重视绩效管理与其他人力资源管理职能的衔接，出现绩效考核与其他绩效管理环节脱钩，绩效管理系统由于流于形式而无法发挥应有作用。

(三)绩效管理体系缺少系统观念

在绩效管理体系的内容上没有按照系统观将组织战略转化为组织、部门和个人层面的目标、指标以及行动方案，尤其在组织协同上措施不够，往往采取指标分解的简单做法，导致组织、部门和个人层面的绩效无法对组织战略的实现提供有效支撑。

(四)缺乏有效的绩效沟通和辅导

绩效沟通和辅导是绩效管理体系顺利实施的重要保证，是组织绩效持续提升的重要保证。绩效计划阶段缺乏沟通，就容易使管理者和员工在绩效周期内要做什么、为什么做、做到什么程度、何时做完等一些列问题上产生分歧，进而影响整个绩效管理体系的运转。绩效监控阶段也需要上下级之间持续不断地沟通，对出现的问题予以即时辅导和纠偏。绩效评价阶段涉及绩效信息的收集、分析和处理，及时有效的沟通非常必要。绩效反馈是一个正式的绩效沟通过程，在这个阶段，应该让被考核者充分了解考核结果，获得下一阶段改进的建议。但是，实践中管理者对绩效沟通和辅导要么不关注，采取“设定目标——秋后算账”的管理方式，要么与绩效管理系统联系不紧密，沟通与辅导带有随意性。

(五)绩效管理缺乏有力的支持

绩效管理工作是一项系统性工作，需要组织内所有成员的共同努力才能取得成功。但在实践中，一方面问题是，绩效管理往往被认为是人力资源管理部门的事情，缺乏高层领导和部门经理的支持，导致绩效管理工作难以在组织内部得到良好开展；另一方面问题是，企业缺乏具有人力资源管理专业背景的人员来组织开展绩效管理工作，导致专业性不强，不利于战略性绩效管理的实施。

(六)重短期绩效轻长期绩效

战略性绩效管理要求组织应以战略为导向，有效平衡组织的短期目标和长期目标，并以此为依据调配人财物资源，从而实现组织的可持续发展。然而，急功近利的思想在我国企业的一些管理者头脑中根深蒂固，或者迫于市场需求、股东期望、竞争格局等客观因素，或者处于个人和团队的利益诉求，牺牲长期绩效以获得短期利益，严重干扰了组织的整体战略布局。

(七)重指标轻目标

在战略性绩效管理系统中，目标是为了实现战略要做的重点工作或预期达到的结果，是连接战略与指标的桥梁，相互之间具有因果联系。而指标则是衡量目标实现程度的标尺，相互间有相关性。但在实践中，由于考核的内容是指标而不是目标，一些组织会出现唯指标论的现象，只关注具体指标的完成，忽视目标是否达成。

(八)重结果轻过程

现阶段许多组织只关注绩效周期结束时的考核，而对绩效取得的过程重视不够。只有年度的考核，缺少对平时工作的监控管理。这种做法无法对绩效过程进行实时监控与调整，无法及时发现并解决问题。

(九)对考核结果的运用不够充分

绩效管理的作用发挥的好坏在于考核结果的运用能否落到实处。目前，考核结果与绩效改进的关系在许多企业中都不够紧密，许多组织没有充分利用绩效考核结果来寻找组织、部门和个人层面存在的绩效差距与绩效问题，并以此契机改进与提升绩效水平。同时，也还存在绩效考核与晋升、培训、招募等人力资源管理职能关系不紧密的问题。

第三节　电子化绩效管理及其应用

进入21世纪，互联网、电子商务、大数据技术等新兴技术的出现与普及，为企业新时代的管理提供了强大支持，人力资源管理的理念和手段都有巨大变化，人力资源管理进入电子人力资源管理阶段(*e*－*HR*阶段)，电子绩效管理(*e*－*PM*)也应运而生。

一、电子绩效管理概述

(一)电子绩效管理的含义

电子绩效管理是由互联网时代所提供理念和技术支持得以实现、适应经济全球化需要的新型绩效管理系统。具体来说，它是基于最新的绩效管理思想、先进的软件、高速大容量硬件，借助于互联网络及其资源、大数据技术等来实现对企业与人员的新型绩效管理模式，通过集中式的信息库、自动处理信息、人员自助服务、外协以及服务共享，达到降低成本、提高效率、改善企业绩效管理水平的目的。电子绩效管理包括以下三层含义：

1. 电子化是管理理念的电子化

e－*PM*并不只是购置一套绩效管理信息系统，其背后真意是管理理念的电子化，是整个组织流程的再造和管理效率的提升，是企业中高层管理者和员工对电子化的认知、接受和支持。因电子化而引出的企业再造不仅是组织流程的再造，更是企业文化的再造，尤其是对管理层行为模式的再造，如果管理人员习惯看实体文件而非通过网络来审核文件，习惯询问而非自己通过网络来寻找企业内部信息，或者不习惯使用电子邮件沟通，抗拒网络工作环境，则绩效管理电子化就无法实现。

2. 电子化是实现高效率的手段

e－*PM*中的*e*包含有*electronic*的意思，即电子化的绩效管理。电子化把有关绩效的分散信息集中化并进行分析，优化绩效管理流程，实现绩效管理全面自动化，与企业内部的其他系统进行匹配。

3. 提高效率是实施电子绩效管理的根本目的

e－*PM*中的*e*还包含*efficiency*含义，即高效率的绩效管理。借助信息技术的应用，不仅可实现无纸化办公，而且可以大大节省费用和时间，显著提高效率，使绩效管理从大量、繁

琐、低效的事务中解脱出来。

（二）*e－PM* 的特点

电子绩效管理是将先进的技术力量运用于绩效管理，为企业建立了绩效服务的网络系统，使绩效管理流程电子化。

1. 工作定量化

在电子绩效管理系统中，绩效管理小组会把企业考核的项目提供给企业各层人员，把反馈式管理变为前馈式管理，使工作量化可以高质量执行。电子绩效管理把量化工作内容发布给部门和员工，各个部门和员工可以做到每天都可以对工作进行量化：工作记录、生产报表、事故报告等。公司里的每一个人都可以对自己或本部门的各期工作和绩效考核进行反馈，使绩效管理小组和主管领导可以随时掌握企业和员工的绩效情况，具体到每期、每件事情。

2. 开放性与动态性

电子绩效管理与企业的生产管理、财务管理、营销管理等工作有着千丝万缕的联系，这就说明电子绩效管理系统不是封闭式系统而是一个开放式系统。电子绩效管理系统实现绩效管理的 *B2C*（*Business to Consumer* 缩写），*B2C* 是企业直接针对消费者的电子商务行为模式。在电子绩效管理系统中，每位员工的地位和身份都是相同的，唯一不同是工作分工的不同。每位员工在电子绩效管理系统的指导下提升绩效，并参与到绩效管理的过程中，体现绩效管理部门视员工为内部顾客的思想。这个开放的系统使员工自发地不断学习和创新，从而使企业获得持续发展的核心竞争力。在设计绩效管理的制度时，员工就可以参与到绩效管理制度的制定的过程中。绩效管理部门把绩效管理的制度发布到电子绩效管理系统中，所有的员工都可以直接参与，进行讨论，提出合理的修改意见。同时员工可以方便地获得有关自己的工作记录、绩效考核、绩效提升建议等信息，进行自我维护的同时还可以实现在线申诉、查询等。对于企业管理者来说，可以迅速、准确地获得有关组织和人员的信息，这对于进行正确的企业经营决策具有重要的意义，并且有利于提高企业和员工绩效水平。同时，由于企业内外环境是不断变化的，电子绩效管理系统也要随着企业内外环境的不断变化进行相应的调整，因此具有动态性特征。

3. 具有兼容性

电子绩效管理不但会使绩效管理工作更加科学，也可以使其他的管理系统发挥更大的作用。电子绩效管理系统把绩效管理融入到企业管理的各个方面。电子绩效管理系统是一个兼容的系统，它与所有的专业软件系统和一切借助计算机的技术手段都不冲突。以财务部门为例，财务管理软件可以轻松地植入到电子绩效管理系统的终端。在对人员的绩效进行奖励时，财务部门可以轻松把数据导入到财务软件的工资结算中去，并且可以通过电子绩效管理把员工的绩效情况以保密的形式反馈给员工进行确认。

4. 聚焦于企业的发展

按照电子绩效管理观点，企业所提出的战略目标和对每个员工的具体目标，都属于基本工作职责，而不是绩效管理的全部。电子绩效管理应用的目的就是在完成基本工作的基础上，超额完成工作任务、高质量完成工作计划、可持续超额高质量地提高绩效、持续发展未来业绩。电子化绩效管理可以缩短管理周期，减少绩效管理工作流程的重复操作，使工作流程自动化，减少不必要的人为干扰因素，使最终用户自主选择绩效信息和服务，加速实现事务性工作和日常服务的外包。另外，电子绩效管理系统还可以随时随地向管理层提供决策支持，可以向绩效专家提供分析工具和建议，可以建立支持管理部门积累知识和管理经验的体系。

二、典型的电子绩效管理系统

e-PM 是利用电子技术和互联网来改进、革新绩效管理，因此必须处理好绩效计划、绩效实施与监控、绩效考核、绩效反馈与沟通、决策分析等绩效管理的基本业务。因此，*e-PM* 是一个系统的工程，需要实施企业内部与企业外部的各种资源，保证 *e-PM* 业务的顺利实施。一个典型的 *e-PM* 模型一般包括五个组成部分。

（一）*e-PM* 实施策略

实施 *e-PM* 最基本的也是起着指导作用的内容，就是企业必须首先确定自身实施 *e-PM* 的计划，它决定着 *e-PM* 能否适合企业的实际需要。其次是根据企业的情况决定企业通过实施 *e-PM* 要达到的目标，比如减少管理部门的日常行政事务工作，建立高效率绩效管理模型；*e-PM* 实施的步骤；确定实施的广度和深度等。

（二）企业网络

e-PM 是基于 *Internet/Intranet* 基础上的绩效业务管理。通过网络，企业内部的各个部门的管理者和员工可以充分、及时地进行信息沟通和交流，提高企业内部信息的利用效率和反应速度。因此，理想的情况是每位员工都拥有实现联网支持的电脑和相应的软件。

（三）门户站点

e-PM 为企业内部不同工作性质的人员提供不同的服务界面和工具，经理界面一般包含本部门和本部门员工的信息，基层员工可以在自己的界面上了解有关自己个人的信息，而绩效管理员的界面上显示的是企业全体员工的信息，并可以进行大量的绩效管理业务操作。

（四）*e-PM* 功能服务

这是 *e-PM* 的核心内容。企业实施 *e-PM* 的目的本身就是为了处理绩效管理相关的业务，因此，企业可以根据自身实际选择 *e-PM* 需要实现的绩效管理功能服务，比如工作分析、绩效计划安排、绩效实施监控、绩效考核、决策分析、在线学习等。*e-PM* 的核心理念就是员工自助，通过系统，员工可以自己完成一系列的业务，比如个人信息修改、考核打分、请假及主管的批准等。

（五）运作服务支持

从资源整合上优化绩效管理信息系统不仅仅要考虑企业内部的资源，同时还必须充分利用、整合企业外部的各种资源。现在社会的一个明显的特征就是专业化的分工合作，一个企业不可能也没有必要具备所有的资源，尤其是对广大规模不是很大的企业来讲更是如此。因此 *e-PM* 必须还要包含着外部机构的支持，比如管理咨询公司、企业实施 *e-PM* 的核心软件的供应商等。

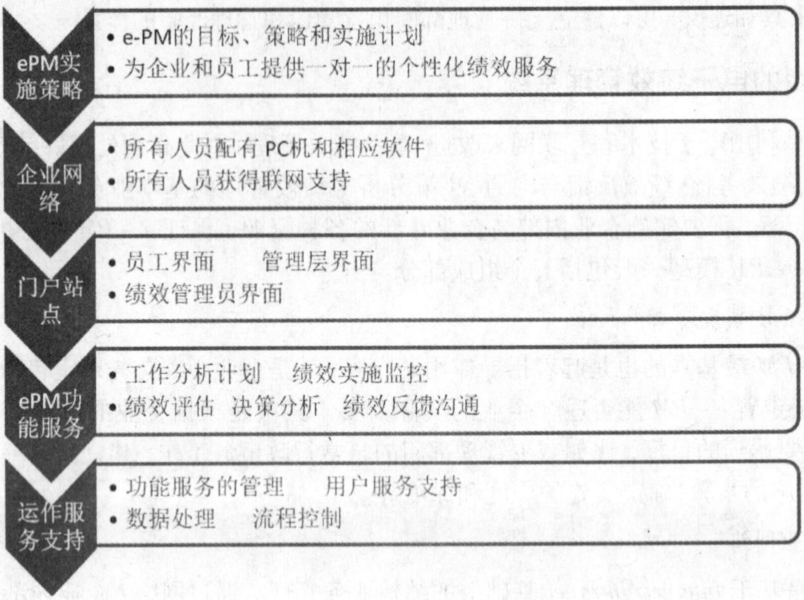

图2－1　电子绩效管理模型构成

三、*e－PM* 系统的衡量标准

电子绩效管理系统不仅要满足企业当前绩效管理的需求，还应能引导企业绩效理念的提升，使企业的绩效战略与管理理念能够通过网络平台的支撑而予以更好的落实。这正是 *e－PM* 项目的战略意义所在。同时，随着各行业市场竞争的加剧，企业的内外部经营环境在不断发生着变化，绩效管理的需求也势必不断发生变化，系统应从技术上解决“随需而变”的问题，使得系统能跟着企业一起成长发展。同时系统还应具备友好的用户界面和简易的操作流程，如果系统维护难度越大，用户需要投入的维护力量就需要越多，维护周期越长，这就使得维护成本大大增加；而且系统人性化不好，将会导致用户需要接受更多的培训，甚至会因为系统易用性不佳而使得用户对系统产生畏难与抵触情绪，降低了系统应用的效率，就不能有效地发挥系统的价值，也无形中增大了系统的使用成本。电子绩效管理系统在企业中不是一个孤立的系统，而是要与其他相关系统实现应用集成。因此，一个理想的电子绩效管理系统，应该从以下几个方面进行衡量：

（一）经济规范性

综合考虑公司的实际财力状况，采用高性价比的软、硬件配置以及网络通讯方案，做到经济实用、易于推广。*e－PM* 系统是整个企业绩效管理信息化管理软件，要具有一定的权威性、规范性、代表性，满足本企业和各部门的管理需要，适应各自的现状以及未来发展变化的需求。

（二）完整集成性

系统基本涵盖绩效管理的所有功能，并对每个业务功能都是基于完整而标准的业务流程与大量配套表格来设计，是用户日常工作的信息化管理平台。对数据的输入工作只需进行一次，其他模块即可共享，减少大量重复录入工作。

(三)开放性

作为现代企业内部信息系统的一部分，e－PM 必须与企业内部的其他信息系统互通。因此，e－PM 系统另外一个关键的技术需求是系统的开放性，系统从技术上保证必须可以与其他相关的应用进行交互。为了解决不同信息系统之间的交互，国际上已经发布了很多技术标准，比如规定数据存储格式的 XML 技术，规定数据访问接口的 LDAP，ODBC 标准等，此外，很多应用系统和数据库系统还提供了数据交换工具，都可以实现不同系统之间的交互。

(四)前瞻性

现代信息科学技术发展异常迅猛，再加上绩效管理制度也处于大力改革阶段，因此，e－PM 系统必须具备一定的前瞻性，以满足企业自身发展变化的需要以及国家相关政策的改变需求，尽量延长 e－PM 系统的生命周期，提高 e－PM 系统的可维护性、开放性，保证 e－PM 系统的可持续发展。

(五)稳定、易操作

e－PM 系统要求性能稳定、简单易用。另外，界面要友好简洁，直观体现人力资源管理者的主要工作内容，且能引导用户按照优化的人力资源管理流程进行操作。基本没有弹出式对话框，一个界面就能显示所有相关信息，并操作所有功能。

(六)准确、安全

e－PM 系统在各种业务处理过程中，必须保证数据流转的正确性、无差错性，保证信息在交换、处理期间的信息安全，保证企业信息的机密性。

(七)智能化

系统的自动邮件功能可直接批量通过电子邮件发送信息给相关人员。系统设置大量的提醒功能，以便用户定时操作，使得绩效管理变被动为主动，能有效地提高员工对绩效管理工作的满意度。

(八)强大的报表输出和图形统计分析功能

系统要提供灵活报表生成器，可快速完成各种条件报表的设计，能随时进行设计更改。同时提供完善的图形统计分析功能，输出的统计图形可直接导入办公软件文字处理系统中，快速形成工作报告。

四、企业 e－PM 的基本内容

(一)信息管理与自助服务

e－PM 的信息管理功能是整个系统的基础，包括公司、部门及个人信息的录入、计算、修改、查询和报表打印等，而各周期的工作目标、绩效考核结果、绩效结果统计分析数据和公司历年的各项报表数据全部都是信息管理的对象。信息提供的异地、多级、分层的数据管理功能，使得日常管理不受物理位置限制，企业高层领导、绩效管理员或是系统管理员可在任何联网计算机上经身份验证后进行管理操作。

从职能层面来讲，e－PM 强调员工的自助服务，如果员工的个人信息发生了变化，员工本人就可以去更新自己的信息，经过一定的批准程序即可生效。同样，对于培训、申诉请求、绩效沟通等日常的行政事务也可作类似处理。这样不仅减轻了企业管理人员用于数据采集、确认和更新的工作量，也较好地保证了数据的质量和数据更新的速度。由于 *Internet* 不受时间和地理位置的限制，方便了企业的远程管理，也方便在授权范围内在线查看企业、部门及下属员工的绩效考核信息，处理其员工的各种申请，分析企业战略目标，审核各绩效指标，制定各考核周期的工作计划，考核员工业绩。同时，企业的各种政策、制度、通知和培训资料也可通过这种渠道来发布，有效地改善了公司内部沟通途径。

（二）工作计划与分配

首先，将战略分解为具体的任务或目标，落实到各个部门和岗位上，对各个部门或岗位进行相应的工作分析、人员资格条件分析。其次，根据工作的性质作事前登记和事后登记，对于一些日常固定的工作放到事后登记，不进入工作分配，在年终直接进入工作质和量的统计模块；其余工作归为事前登记，这类工作主要来源于企业领导下达的任务和部门领导下达的任务，都要经过网络传送到主管领导那里进行工作分配。再次，工作分配。对登记的工作，提出要求和完成时限由网络分配到具体的人，工作没有完成之前处于待处理状态，并通过管理层与员工的双向沟通进行确认，以便管理层监控。

（三）绩效实施监控与考核

在工作的过程中，工作人员或部门完成工作后把工作结果进行纪录，并反馈给主管领导，相应的管理者要对所属人员或部门的工作进行指导和监督，对发现的问题及时予以解决，并随时根据实际情况对绩效计划进行调整。

在绩效期结束时，管理者根据绩效计划与绩效信息，对企业、部门和人员绩效目标的完成情况进行评定。系统在实现考核的过程中具有以下四个功能：一是动态地调整人员、部门考核人员。依据 360 度考核法对企业人员和部门进行绩效考核，但在实际运用过程中，需要针对不同的部门和被考核者，可能是 90 度考核、180 度考核、270 度考核等等，不能一概而论。二是考核人员动态地调整考核方式。一般说来，对于目标越明确的工作，对于过程的考核应该越少。不同考核者适用的考核方法是不一样的。三是按照年度、季度、月份和不定期等按时间按时段评测员工业绩。四是保留考核的日志。

（四）决策分析

首先完成工作质和量的统计，以便在考核周期末，可以从数据库中调出人员、部门及企业完成工作的质和量，进行数据分析。

其次是绩效数据分析。一方面对绩效考核情况比较分析，包括考核企业或个人的横向优劣比较分析和纵向趋势比较分析。企业横向比较模块能够实现同一日期企业与其他同行业公司总资产和总收入等信息的比较，并计算出企业所占的比例，用表格和图表显示出来。如：净利润是一个重要的财务指标，为了了解企业历年的净利润状况，在系统中设置了用表格和图表显示企业历年净利润的发展轨迹，用于进行企业自身的横向比较。而个人绩效考核通过横向、纵向的统计，找出个人的薄弱环节和突出能力，作为人员培训、人员配置以及引进人才的重要依据。另一方面是对标比较，就是将近期设定的战略目标和工作目标录入数据库，作为标杆，再将本期绩效结果与标杆进行比较，以便于发现差距，寻找原因。

（五）绩效反馈、沟通与辅导

企业管理层或是绩效管理员通过 *BBS*、网上留言或是电子邮件与员工或是部门领导进行一次甚至多次沟通交流，将绩效考核结果反馈给员工或是部门负责人。通过绩效反馈与沟通，员工或部门负责人可以了解自己或所在部门的绩效，了解到有待改进的方面与提升建议；并且，员工或部门负责人也可以提出申诉请求或绩效实施困难，请求上级的批准与指导。

案例分析：M公司的电子绩效管理系统的设计

一、M公司基本情况

M公司筹建于1992年，1997年正式投产，是我国第一座主要依靠国内力量自行设计施工的铜闪速冶炼厂。公司的生产规模为年产高纯阴极铜40万吨、硫酸100万吨以及一定数量的金、银等冶炼副产品。M公司在采用世界上最先进的闪速炼铜工艺技术和管理模式的同时，应用了现代信息技术，来实现其新技术、新机制、高效率、优质量、无公害、低能耗，建设具有世界一流水平和一流竞争力的铜冶炼企业。

M公司的信息化建设最突出的特点在于过程控制和管理调节一体化，其整个信息系统由过程控制系统、ERP、管理信息系统和网络通讯系统组成。由网络通讯系统搭起一个过程控制系统与管理信息系统的信息交流和共享的平台。为有效实施管控一体化，突破传统的生产信息和管理信息脱节现象，M公司建立了实时数据库网站，采用了美国最新的管控一体化技术，通过Internet浏览器，在公司局域网上准确实时地了解各装置的生产过程参数，生产状况；分析生产装置历史数据；管理人员可以时刻掌握生产工艺装备的各方面信息，即时发现和解决问题，为快捷准确地做出安全生产管理决策提供支持。与此同时，由于管控一体化的实施，其管理信息系统打破了传统的部门分割、信息分散的管理状态，将各部门尤其是各功能子系统的信息统一协调起来，并且M公司结合自身的实际情况，逐步开发建立了财务管理、备品备件管理、实验室管理、物资材料管理、设备管理、质量计量管理等管理信息功能子系统。公司现有的信息化建设为e-PM的实施奠定了较好的网络基础，提高了e-PM建设的效果。

二、M公司建立e-PM的原因

M公司从建立初期就开始建立绩效管理，并且每年进行修订，对于促进公司又好又快的发展起到了重要的作用。但是，公司当前也存在许多问题，急需要将绩效管理作为提升管理水平的切入点。

（一）过程监控不够到位

过程监控不够，全程实时动态监控机制没有形成。指标监控采取“月分析、季调度、年检查”的管理模式，忽视了对全过程的监管；缺乏对责任单位平时工作积累的制约机制，年终一次性检查考核难以系统、细致、全面，容易出现弄虚作假等现象。

（二）考核对象不全面

费用控制力度不够，未对日常修理和临时劳务用工和绩效进行全面合理考核，未能调动岗位员工自主管理作用。

（三）考核体系不够完善

考核体系不够完善，考核结果的公平、公正、公开性体现不足。考核标准过于简单、笼统，忽略了对部门工作量和难易程度等方面的考虑；权重划分不够细致，每类指标设置大权重的作法不利于细化考核；指标完成与否除财政收入等部分经济指标具有可比性和刚性外，其他指标完成情况大部分来源于责任单位自报，考核的客观公正性不够；需多个部门齐抓共管的专项工作，由主责部门将其分解下达到各协作部门，并对各协作单位进行专项考核，缺乏对主责部门本身的制约；考核手段比较落后，考核的全过程没有完全实现公开透明。

（四）指标设置不够科学

原有指标设置不够科学，发展的思路和理念未能得到充分体现，指标设置导向不突出，不够全面，忽视对经济质量的控制；部分指标设置虚化，不易考核和操作；指标设置争先创优体现不够，对责任单位或个人的工作在全公司的位次缺乏综合评价；主要职能指标的考核点选取不够准确。

正是为了完善绩效管理，解决上述存在的问题，*M* 公司才不断调整工作思路，寻找突破口和着力点，借助现代管理理念和信息技术创新绩效管理工作。采用怎样的措施去推进这个工作，使得绩效管理电子化发挥最大的作用，是绩效管理电子化建设的关键。

三、*M* 公司 *e*－*PM* 的建立

（一）基本思路

根据 *M* 公司 *e*－*PM* 系统门户站点各服务界面（员工、管理层、绩效管理员）的数据需求，绩效考核的内容包括组织绩效和员工绩效。组织绩效是公司整体生产运营的过程和效果，员工绩效是指员工的工作成果及达到成果的过程，绩效周期分为月度和年度。

（二）具体内容

M 公司电子绩效管理系统的建设工程在公司绩效小组的统一领导下，按照统一规划、统一明确工作指标和内容的原则，在现有公司内网基础上，优化整合资源，开发、建立统一的绩效管理系统，加强了公司绩效管理，提高了整体管理水平。*M* 公司的 *e*－*PM* 系统采用核模块化设计，共选用了六个功能模块：系统管理模块、公司及人员信息管理模块、工作计划模块、绩效考核模块、决策分析模块、反馈与沟通模块。

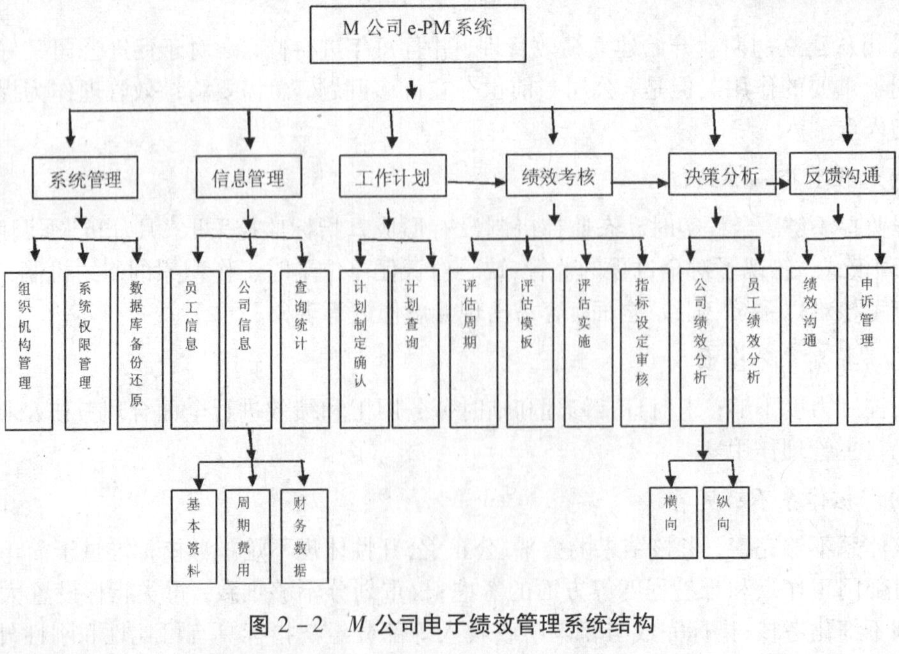

图 2－2　*M* 公司电子绩效管理系统结构

1. 系统管理

对系统进行日常的管理和维护，主要功能包括：

（1）组织机构管理：考虑到了公司组织机构管理的变迁，采用完全可定制的组织机构设计工具：使用树型结构描述一个企业的组织结构，用机构树上的节点表示子机构，用机构树的枝条表示子机构与它的母机构之间的从属关系，通过添加、删除、移动子节点来更改组织机构，以适应不断随市场需要变化的企业组织体系。

（2）系统权限管理：支持分层操作，不同层次的人员（绩效管理员、公司经理、部门负责人、一般员工）在自己操作权限内，可实现信息的查看与绩效考核。

（3）数据库的备份、还原：支持系统数据的备份和数据的恢复，确保了系统数据的安全性。

2. 信息管理

信息管理模块是 *e－PM* 系统的核心，系统中所有的模块都以它为基础，并与之实时相连。

（1）公司信息管理：包括公司基本数据管理、经营数据管理、公司年度月度工作分析数据管理、公司客户管理信息等。

（2）员工信息管理：输入员工的档案、个人历史记录等信息。

（3）查询和统计：在模块中随时可以查到各部门的年度总方针、分目标，并对科室、部门、班组等各级方针、目标的录入和权限做了明确规定，实现逐级管理的目的。根据需要随时列出公司目前的人员实际情况，并可自制报表，如正式职员表，非正式职员表，新进职员表，离职职员表，职员岗位变动表，职员类型分布统计和部门人数表等。

3. 工作计划

计划作为绩效管理的起点，是 *e－PM* 系统中的重要内容。从动态的角度，工作计划是确定员工在绩效期内应该完成什么工作和达到什么程度的过程。

（1）绩效管理员：在每一绩效考核期初，绩效管理员根据公司的工作分析、公司发展目标和上一期的绩效考核建议制定该期的工作计划，包括工作任务分配、工作目标、考核内容等。

（2）部门负责人：系统以流程的形式，各部门将本部门的各年度计划以从下到上的顺序从网上上报给负责单位，然后负责单位再将其整理后上报上级领导审批，然后计划生效。用户能够及时浏览、录入、查询各部门计划的各项内容和提交情况，在流程流转中，针对不同单位和部门及时提醒录入和提交期限，以确保各年度计划工作顺利进行。

（3）公司员工：期初每个员工在自己网上确认系统已经设定好的工作计划，并由其主管在网上进行审核。

4. 绩效考核

绩效考核是一个按事先确定的工作目标及其衡量标准，考察公司及人员的实际完成情况的过程。

（1）考核指标：包括指标设定、指标审核和指标查询，其中又分为公司考核指标和人员考核指标。绩效指标的设定要根据工作分析进行设定，所以考核指标应当随着时间和环境的转移有所调整。当然，一套比较科学的考核指标在一段时期应保持其相对稳定性。

（2）考核模板：对于已经设置好的绩效考核表，如果以后还会用相同的指标进行考核，就可以将其设定为模板，下一期绩效考核工作开始，选择指标的时候就可以直接从模板中选择，这样既方便快捷，又可以减少绩效管理员的工作量。

(3)考核实施:公司绩效考核由绩效考核小组根据考核指标和模板进行综合绩效考核。部门考核是绩效管理员从指标库中调用考核数据，通过网络以工作流的方式发到各个部门，由该部门进行汇总、计算，再发给绩效考核小组审批。人员绩效考核采用360度绩效考核法。在考核中，先由绩效管理员用电子邮件向员工发送考核时间及考核信息，信息中包括行使考核权利的员工名单，而评分人员的名单则可以由员工在系统数据库中进行选择。考核时，各考核者按照规定尺度，对被考核者进行打分。为确保考核进程顺利进行，网络系统还要对某些具体内容、电子邮件交流的措辞、反馈报告的操作统一线路的说明等。在实际运用360度绩效考核时还要合理界定考核者和被考核者，并非所有人都必须由员工自己、上司、同事、下属、顾客等全方位进行考核。原则上考核者必须了解熟悉被考核者的工作，不应让与被考核者无任何业务往来的不相关者成为考核者。

5. 决策分析

运用定量分析方法和图表分析工具统计出公司、人员方面的总体及分项绩效情况，并与以往的绩效浮动情况对比，发现工作中的不足，建立涵盖公司和人员的问题库，保障公司安全、生产等工作的顺利开展。对表现差的单位及个人提出整改措施，对表现好的单位和个人进行表扬，以此来提升企业管理，使公司的整体绩效始终处于监控状态。

(1)公司及部门绩效分析:系统通过折线图、柱状图以及考核报表的方式进行公司绩效结果的直观显示;部门绩效分析可以生成按照部门全体员工考核结果的分布生成的柱状图等，部门经理根据关键绩效指标的考核结果，给部门员工写出评语，评语包括对被考核人的绩效改进要点、建议培训课程等方面的建议。

(2)员工个人绩效分析:生成按照各指标考核成绩以及该指标是否具有关键绩效指标和预警指标而生成的折线图，员工还可以查询到月度或者年度内每个关键绩效指标考核得分、多次考核结果对比、绩效改进要点和建议。

6. 反馈沟通

通过沟通，管理者与员工一起讨论今后的发展目标，确定下一个考核期限的目标，指出他们在绩效考核中反映出的问题和不足，帮助他们加以改正和克服，同时对他们在工作中的突出表现加以表扬，以激励他们的进取心。并且，员工也可以提出在绩效实施过程中遇到的困难，请求上级的指导。考核结果公布后，如果考核者与被考核者的意见有分歧，经过双方沟通仍不能达成一致时，双方可以通过申诉进行反映，请求对考核结果进行复核。而相关负责人或相关部门在接到申诉后要及时对考核的结果进行复核，并做出公正的裁决。

(1)绩效沟通:在每一期考核结束时，由绩效考核小组将公司和员工绩效考核中反映出的问题和改进措施分别发送给公司管理人员和个人，并予以嘉奖或批评。

(2)申诉管理:公司个人对本人或是部门绩效考核结果有异议或是不解，可以向绩效考核小组或是本部门负责人提出申诉请求，要求对考核结果进行复核。

问题:

1. *M*公司建立电子绩效管理系统的原因是什么?

2. *M*公司电子绩效管理系统包含哪些内容?

3. 从*M*公司的时间来看，与传统绩效管理方式，*e-PM*的优势是什么?还有哪些问题需要注意?

本章小结

绩效管理是由绩效考核开始的，20 世纪 70 年代之前的漫长时期，都是绩效考核的主导时期，主要经历了观察性绩效考核阶段、统计性绩效考核阶段和财务性绩效评价阶段。70 年代之后，绩效管理日益受到管理研究者及实践者们的重视，但是主要还是侧重于事务性管理或任务管理。90 年代以后，绩效管理进入战略性绩效管理阶段。

从趋势看，绩效管理发展演变的总体趋势是战略性绩效管理，绩效管理体系将贯通战略管理和运营管理，无形资产因素将成为绩效管理的重点对象，人的能动性将在绩效管理中得到加强，更加关注团队绩效和绩效辅导，要妥善处理绩效管理与法律的关系，在技术方面电子绩效管理将得到全面实施。

我国企业绩效评价大体上经历了三个阶段：20 世纪 70 年代以前的以实物产量为主的绩效评价、80 年代以产值和利润为主的绩效评价、90 年代以来以投资报酬率为核心的绩效评价。我国绩效管理实践中存在的主要问题是绩效管理与组织战略脱节，将绩效考核等同于绩效管理，绩效管理体系缺少系统观念，缺乏有效的绩效沟通和辅导，绩效管理缺乏有力的支持，重短期绩效轻长期绩效，重指标轻目标，重结果轻过程，考核结果的运用不够充分等。

电子绩效管理是由互联网时代所提供理念和技术支持得以实现适应经济全球化需要的新型绩效管理系统。电子绩效管理包括以下三层含义：电子化是管理理念的电子化，实现高效率的手段，提高效率是实施电子绩效管理的根本目的。*e－PM* 的特点包括工作定量化、动态性、具有兼容性、聚焦于企业的发展等特征。一个理想的电子绩效管理系统，应注重经济规范性、完整集成性、开放性、技术前瞻性、稳定易操作、准确、安全、智能化以及强大的报表输出和图形统计分析功能 。

思考题：

1. 简要论述绩效管理思想的演变。
2. 分析我国绩效管理存在的问题。
3. 绩效管理未来的发展趋势是什么？*e－PM* 的优势是什么？

第三章　绩效管理的基本流程

▶本章学习要点

1. 掌握绩效管理的流程
2. 掌握绩效计划的重要性
3. 理解绩效管理各流程的有效整合

导入案例：

罗云和老马的故事

罗云在航空食品公司担任地区经理近一年。她是 *MBA*，在本公司总部干过四年多职能性管理工作。目前分管十家供应站，每站有一位主任，负责向一定范围的客户销售和服务。

该公司不仅为航空公司服务，也向成批订购盒装餐的单位提供服务。该公司雇请所有厨房工作人员，采购全部原料，按客户要求烹制食品，不搞分包供应。供应站主任主要负责计划，编制预算，监控指定客户的销售服务员等工作。

罗云上任的第一年，主要是巡视各供应站，了解业务，熟悉各站的工作人员。获得不少信息，信心大增。

罗云手下的十个主任中，资历最老的是老马。老马只念过一年大专，从厨房代班长干起，三年后当上这个主任。

老马很善于和他重视的人，包括部下搞好关系。他的客户都是铁杆，三年来没有一个转向竞争对手那里去订货的，他招来的部下，经过他的指点培养，好几位被提升，当上了其他地区的经理。

不过，老马不良的饮食习惯严重影响了健康，身体过胖，心血管加胆囊结石，这 1 年请了三个月假。医生早有警告，他置若罔闻。另外，他太爱表现自己，做了一点小事，也要向罗云表功。他打给罗云的电话超过其他九个主任的电话总数。罗云还没遇到过这种人。

由于业务扩展，需要给罗云添一名副手。

老马公开说过，自己资格最老，地区副经理非他莫属。

但罗云觉得老马若来当副手，实在令人受不了。两个人的管理风格太悬殊；而且老马的行为一定会惹怒地区和公司的工作人员。

年终绩效评估到了。总体而言，老马这一年干得不错。评估表是 10 级制：最优 10；良好

7－9；合格5－6；较差3－4；最差1－2。

罗云不知道该给几分：高了，老马更认为自己该提了；太低了，老马肯定会发火，会吵闹对自己不公平。

老马自我感觉良好，认为与别的主任比，他是鹤立鸡群。他性格豪迈，爱去走访客户，也喜欢跟手下人打成一片。他最得意的是指导部下某种新操作方法，卷起袖子亲自下厨，示范手艺。

老马跟罗云谈过几次后，就知道罗云讨厌他事无巨细打电话表功，有时1天2～3次。不过，老马还是想让她知道自己干的每项战绩。他也知道罗云对他不听医生劝告，饮食无节制有看法。但也认为罗云跟自己比，实际经验少多了，只是学了点理论，到基层干，未必能玩得动。他为自己的学历不高，但成绩斐然而自豪，觉得副经理非他莫属，而这只是他实现抱负过程中的一个台阶而已。罗云考虑再三，决定给老马打了6分。她认为这是有足够理由的：他不注意卫生，病假3个月。

罗云知道这个分数远远低于老马的期望，但她要用充分的理由来支持自己的评分。然后她开始给老马的各项考评指标打分，并准备怎样跟老马面谈，向老马传达所给的考评结果。

罗云和老马的故事，相信不少朋友都看过，支持和反对罗云的各有人在。那么，罗云对老马的绩效考评是否合理？为什么？罗云对老马的绩效管理缺少了哪些流程？如果你是罗云，会怎样对老马进行绩效考评？通过对这些问题的思考，我们进入对绩效管理基本流程的学习。

第一节　绩效管理的流程

绩效管理的流程可以用图3－1表示。

绩效管理的流程通常被看做是一个循环，这个循环分为五步：绩效计划、绩效过程监控与辅导、绩效考核、绩效反馈面谈、绩效改进与考核结果的应用。

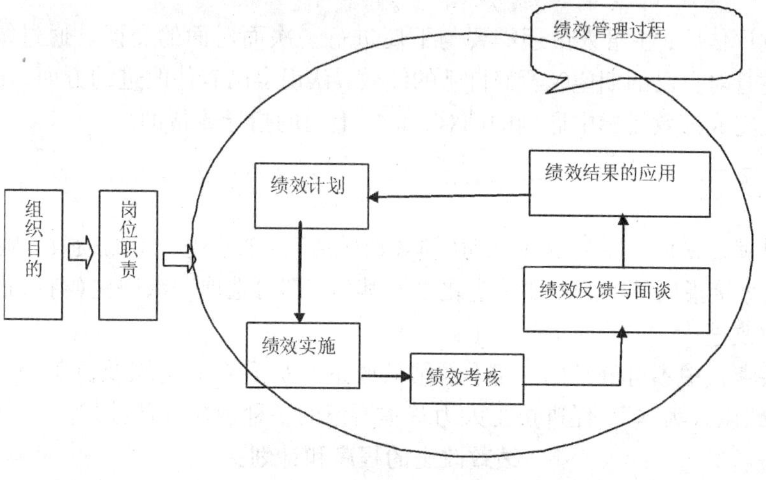

图3－1　绩效管理流程

一、绩效计划

绩效计划是绩效管理流程中的第一个环节，发生在新的绩效期间的开始。制订绩效计划的主要依据是工作目标和工作职责。绩效计划并不是在制定后就一成不变，随着工作的开展，会根据实际情况不断调整工作计划。在绩效计划阶段，管理者和被管理者之间需要在对被管理者绩效的期望问题上达成共识。在共识的基础上，被管理者对自己完成工作目标做出承诺。管理者和被管理者共同的投入和参与是进行绩效管理的基础。绩效管理是一项协作性活动，由工作执行者和管理者共同承担。并且绩效管理的过程是连续的过程，而不是在一年内只进行一两次的活动。

二、绩效过程监控与辅导

制订了绩效计划之后，被评估者就开始按照计划开展工作。在工作的过程中，管理者要对被评估者的工作进行指导和监督，对发现的问题及时予以解决，并对绩效计划进行调整。在整个绩效期间内，都需要管理者不断地对员工进行指导与反馈即进行持续的沟通。这种沟通是一个双方追踪进展状况、找到影响绩效的障碍以及得到使双方成果所需信息的过程。持续的绩效沟通能保证管理人员和员工共同努力，及时处理出现的问题，修订工作职责，上级在平等的交往中相互获取信息，增进了解，联络感情，从而保证员工的工作能正常地开展，使绩效实施的过程顺利进行。

三、绩效考核

在绩效期结束的时候，依据预先制定好的计划，主管人员对下属的绩效目标完成情况进行考核。绩效考核的依据就是在绩效期间开始时双方达成一致意见的关键绩效指标，同时，在绩效实施与管理过程中，收集到的能够说明被考核者绩效表现的数据和事实，可以作为判断被考核者是否达到关键绩效指标要求的证据。

四、绩效反馈面谈

完成绩效评估后，主管人员还需要与下属进行一次面对面的交谈。通过绩效反馈面谈，使下属了解主管对自己的期望，了解自己的绩效，认识自己有待改进的方面；并且，下属也可以提出自己在完成绩效目标中遇到的困难，请求上司的指导或帮助。

五、绩效改进

绩效改进就是采取一系列具体行动（绩效辅导活动）来改进员工的绩效。通常，在绩效反馈面谈时，须直接指出员工的需要改进之处。其后，即可选取一次缺失（待改进的项目）率先开始进行绩效改进。

作为绩效考核中不可分割的一部分，绩效改进是提升企业组织及员工绩效的重要环节，也是企业倡导“以人为本”，促进员工人力资本增值的一种现代管理方式。

绩效改进的程序和计划：

1. 工作绩效评估要素和技能要求
2. 工作绩效分析与实例
3. 工作绩效计划
4. 与员工进行讨论

第二节　绩效管理系统中各环节的有效整合

绩效管理是一个循环的动态的系统，绩效管理系统所包括的几个环节紧密联系、环环相扣，任何一环的脱节都将导致绩效管理的失败，所以在绩效管理过程中应重视每个环节的工作，并将各个环节有效地整合在一起，力求做到完美。绩效管理各个环节关系如图 3－2 所示：

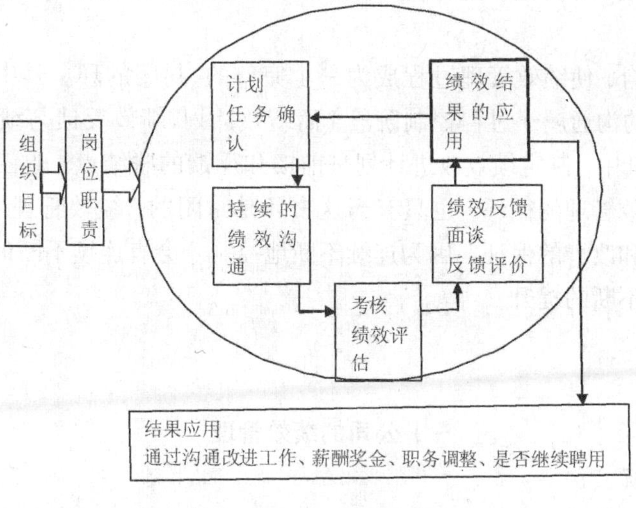

图 3－2　绩效管理各环节关系图

绩效计划是主管与员工合作，对员工下一年应该履行的工作职责、各项任务的重要性等级和授权水平、绩效的衡量、经理提供的帮助、可能遇到的障碍及解决的办法等一系列问题进行探讨，并达成共识的过程。因此，绩效计划在帮助员工找准工作路线、认清目标方面具有一定的前瞻性。它是整个绩效管理系统中最基本的环节，也是必不可少的环节。

持续不断的绩效沟通是指管理者与员工在共同工作的过程中分享各类与绩效有关的信息的过程，或将持续的绩效沟通理解为对提高员工绩效有益的各类管理者与员工的沟通。随着生产方式的变化和科技的进步，绩效沟通的重要性越发突出。过去，工作场所比较固定，外部环境变化缓慢，员工可以在一年或更长时间内做同一种工作。但在科技迅猛发展、信息日益膨胀的今天，人们的工作性质已发生了重大变化，竞争的加剧迫使企业不断地调整战略、优化组织结构、再造业务流程和管理流程、改变生产和经营的模式，工作说明书的内容更新、调整速度越来越快，企业不得不面对随时会发生的变化，对员工的工作方式、工作内容和工作目标进行相应的调整。在这种情况下，管理者和员工都需要通过沟通来解决各自所面临的问题。

绩效考核本身也是一个动态的持续的过程，所以，不能孤立地进行绩效考核，而应将绩效考核放在绩效管理系统中考虑，重视考核前期与后期的相关工作。绩效计划和持续的沟通是绩效考核的基础，只有做好绩效计划和沟通工作，绩效考核工作才能顺利进行。因为只要平时认真执行了绩效计划并做了绩效沟通工作，考核结果就不会出乎考核双方的意料，最终考核产生分歧的可能性会很小，也就减少了员工与主管在考核方面的冲突。

绩效反馈和绩效考核结果的应用是绩效考核的后继工作。绩效考核的一个重要目的是发现员工工作中的绩效问题并进行改进，所以考核工作结束后，要针对考核结果进行反馈，分析问题，提供工作改进的方案以供员工参考，帮助员工改进绩效。另外，在考核中还应将当前评估与过去的绩效联系起来，进行纵向比较，只有这样才可能得出客观准确的结论。

管理人员和员工就当期绩效提出绩效改进计划后，整个绩效管理又回到了起点：再计划阶段。此时，绩效管理的一轮工作就基本完成了。应在本轮绩效管理的基础上进行总结，制定下一轮的绩效管理工作计划，使得绩效管理能持续进行下去，达到企业绩效再上一个台阶的目的。

这些环节的整合，使绩效管理过程成为一个完整的、封闭的环。其中，绩效计划属于前馈控制阶段，持续的沟通属于过程控制阶段，而绩效计划、绩效反馈与绩效改进的实施则属于反馈控制阶段，其中，制定绩效改进计划是前馈和反馈的联结点。这三个阶段的整合，形成了一个完整的绩效管理的循环，也只有当这个环是封闭的，绩效管理才是可靠和可控的，同时也是不断提升和改善的保证。因为连续不断地控制才会有连续不断的反馈，连续不断的反馈才能保证连续不断的提升。

案例分析

*Y*公司的绩效管理

(一)*Y*公司概况

*Y*公司成立于1973年，是中国专业硬质合金生产基地之一。主要从事硬质合金及相关产品的研制、生产和销售，具有40余年的硬质合金研制、生产历史，拥有各类具有国际国内一流水平的生产和检测设备280余台。其主要产品包括金刚石压机生产用顶锤、矿用凿岩钎片、地质勘探煤矿及页岩油气、采掘工具、盾构刀具、数控金属切削工具、硬质合金圆棒及异型产品等。产品广泛适用于铸铁、有色金属、印刷线路板的钻、铣、绞、切等精加工，其中地质矿山类产品拥有二十余种牌号的地质矿山工具用硬质合金，主要包括冲击凿岩用钎头，电钻和风钻用钻头，截煤机截齿，潜孔钻头，油井钻头，地质钻探、打井用钻头等。其耐磨产品是其优势产品，未来可进一步发挥耐磨产品方面的优势，开发和生产采掘设备和耐磨产品部件及设备。*Y*公司生产的硬质合金属国家科规划中重点开发的新材料，被列入高新技术产业，产品科技含量较高，是节能、环保型产品，万元产值能耗居先进水平。近年来，该公司大力推进科技创新，加快科技创新成果产业化，取得了显著的企业效益和社会效益，企业自主研制开发的多项产品，先后被国家科技部，经贸委认定为国家级新产品、国家重点新产品并获名牌产品称号。根据中国钨业协会硬质合金分会的统计，*Y*公司按照2012年底的产量统计在国内排在前十位，在硬质合金行业地位领先。企业凭借以诚为本的经营理念和独具特色的高端产品，积极参与国际竞争，其生产的硬质合金及相关制品，性能优良，品质卓越，在国内外市场有很高的声誉，产品远销美国、加拿大、意大利、英国及东南亚、中东等20多个国家和地区，年出口额500多万美元，且出口创汇逐年递增。

该公司现有在职职工650人，其中，工程技术人员208人，高级工程师29人，固定资产6000多万元。一直以来，企业生产经营保持了良好的成长性，连续10年每年以25%以上的幅度递增，年生产硬质合金750吨，完成销售收入2亿元，生产经营规模位居全国同行业前列。

该公司注重“以人为本”的企业文化建设,坚持“爱企敬业,结成一家人”的企业文化理念,倡导“艰苦奋斗,勤俭办企业”的企业精神。企业先后被命名为X市“AAA”级信誉企业,市思想政治工作优秀企业,市“文明单位”,A省“富民兴鲁”劳动奖状和A省“文明单位”称号。该公司以其突出的科技创新实力,精细的企业管理倍受行业关注,自80年代初以来,连续当选为全国硬质行业副理事长单位。

(二)Y公司绩效管理的现状

Y公司刚成立初期只有员工十几人,现在公司规模扩大后员工已650多人,管理及各项规章制度也逐步建立与完善。成立初期并没有进行绩效管理,只是在近几年,公司扩大,员工人数增加后才开始建立实施的绩效考核。绩效考核的制定目的是想通过对员工们工作完成情况的考核,以便了解他们的工作状态及其发展潜力,增加他们的劳动积极性,增大个人产值,以更好的实现企业的发展壮大。由于Y公司目前还处于成长期,绩效考核制度不是很完善。总体来讲,Y公司的绩效管理经历了两个阶段:

第一阶段,在Y公司成立初期,由于员工较少,组织结构简单,绩效考核没有得到重视,还处于简单的“一把手说了算”的阶段。作为一个高科技企业,Y公司的领导一直对技术的研发和市场的开拓上较为注重,但是对人力资源方面的管理却没有引起重视。成立初期,Y公司没有成立独立的人力资源部,人事方面的工作由办公室主任兼任。由于人员少,组织结构简单,对于各部门和人员的工作相互还比较了解,当哪个员工做出成绩或是失误时,领导们都能及时发现和了解。员工工作绩效的好坏很大程度上取决于公司领导主观上的印象。因此,成立初期的阶段,绩效管理是没有具体判断标准的,而是完全凭借领导者的主观印象,人情化色彩过于浓重。

第二阶段,随着Y公司快速的发展,规模的扩大,员工人数的增加,在公司的管理上也规范化了一些。成立了人力资源管理部,但近几年来看,员工们的工作积极性不高,个人产值也一直提不上去。因此公司领导决定实行绩效管理,期望可以改变目前企业现状。但总体说来,该公司的绩效管理很不规范,很不科学。具体的情况如下:

(一)指标的制定。Y公司的绩效考核工作由人力资源管理部负责组织。对于每个岗位的岗位职责说明书是参考其他公司制定的,然后由相关部门负责人与人力资源部负责人制定考核指标,期间员工不参与指标的制定。

(二)考核内容。Y公司制定的各部门负责人和员工的考核内容基本相同。考核模式采用“德、能、绩、勤”四个方面,考核重点是员工的业绩方面。“德”包括道德品质、工作作风及大局意识;“能”包括学习能力、专业技术能力及执行能力;“绩”包括工作完成度、工作质量及完成时限情况;“勤”包括出勤情况、工作责任心、纪律性等方面。

(三)评分标准。人力资源部制定考核等级分值。总分值为100分,占分值情况是:

“绩”占40分,“勤、德、能”各占20分,具体详细《Y公司绩效考核评价表》(如下表所示)

Y公司绩效考核表格

考核项目	考核内容	分值	得分
德(20)	良好的道德素质,团结同志,具有团队合作精神	10	
	处事的原则性和公平性	5	
	大局意识	5	
能(20)	学习能力---善于学习专业知识,学习新知识,新理论	10	
	执行能力-不怕困难,勇于承担责任	10	
勤(20)	出勤率	5	
	工作责任心	5	
	遵守规章制度	5	
	勤奋敬岗精神	5	
绩(40)	工作计划完成度	15	
	工作计划完成时限	10	
	工作计划完成质量	15	
总分			

(四)考核周期与程序。每个月的一号,由人力资源部负责打印出考核表,分别派发给各部门的负责人。在当月的最后两天,由各部门负责人先对本部门的员工进行打分,之后员工签字,员工签完字后交还给负责人,再由负责人交付上级副总经理处审核,最后副总经理审核完后交人力资源部归档。

(五)考核的标准。"德、能、绩、勤"各单项评定结果分别为:大于等于八十五分属于优秀,八十五分与七十分之间属于良好,七十分与六十分之间属于合格,低于六十分属于不合格。根据综合的评定结果用来定"年度考核"等级为:优秀(不得高于10%)、称职、基本称职及辞退或留待查看(不得低于3%)。

(六)考核结果的应用。人力资源部汇总每个月的考核结果,存档后用作年度考核的依据。标准是以员工工资的百分之十作为绩效工资。另外,绩效考核结果也做为年底评选优秀员工的依据。

问题:

一、Y公司的绩效管理存在哪些问题?

二、Y公司的绩效管理在流程上缺少了哪个环节?

三、如果你是Y公司人力资源管理部门的负责人,应怎样改善该公司的绩效管理?

本章小结

绩效管理的过程是一个循环,这个循环包括五个步骤:绩效计划、绩效实施、绩效考核、绩效反馈与面谈以及绩效结果的应用。

绩效计划作为绩效管理流程的第一个环节,是绩效管理实施的关键和基础所在。绩效计划制定的科学与否,直接影响着绩效管理流程实施的效果;绩效管理的过程控制需要管理者不断地对员工进行指导和反馈——即进行持续的绩效沟通。绩效考核是一个按事先确定的工作目标及其衡量标准，考察员工实际完成的绩效情况的过程；而绩效反馈面谈则是使员工了解主管领导对自己的期望，了解自己的绩效，认识自己的优点和不足，并且员工也可以提出自己在完成绩效目标的过程中遇到的困难，请求上级的支持和帮助。

绩效管理是一个动态的循环，该循环所包含的这五个环节紧密联系、环环相扣，任何一个环节出了问题都将导致绩效管理的失败，所以在绩效管理过程中应重视每个环节的工作，并将各个环节有效地整合在一起，力求做到完美。

思考题：

1. 绩效管理的基本流程是什么？
2. 目前我国企业普遍缺失的是哪些环节，有什么后果？
3. 怎样有效整合绩效管理系统中的各个环节？

第四章 绩效计划与指标体系的构建

▶本章学习要点

1. 掌握绩效计划的概念
2. 掌握绩效计划的重要作用
3. 掌握如何进行绩效计划

导入案例

A 公司绩效经理的烦恼

作为家电行业的领导厂家之一，*A* 公司长期依靠对产品质量、销售（包括广告）和生产的投入取得成功，随着竞争的加剧，近年来在新产品研发上的投入也不断加大，构建了一定规模的研发队伍，并引入经过不同行业验证的 *IPD* 研发模式。但是，在绩效管理上，*A* 公司还是继续采用以前的模式……

每年的年底和次年的年初，都是公司绩效经理石先生最紧张和头疼的时期，总经理将绩效管理工作完全授权给人力资源部下属的绩效管理科。在 2 ~3 个月时间内，石先生要根据总经理对下年度总体目标的指示，经过自己的理解，将公司目标分解为市场系统、研发系统、生产系统、财务系统等的分目标，并要和这些体系的主管副总、各个职能部门经理分别进行一对一沟通，达成一致，最后总经理拍板。在各大主要系统的绩效目标制定中，市场、生产和财务体系相对容易，研发是最难的。

为了达成公司目标（公司目标没有书面文件，有时候也不是太明确），哪些指标是最重要的？哪些是次要的？各占多少权重？指标值设定多少才合适？跨部门的目标如何处理？研发体系很多东西很难量化，如何设定目标？很多部门对石先生提出的指标有异议，甚至以人力资源部门不懂业务为由拒绝接受。

这些都是整天萦绕在石先生脑子中的问题。虽然，这几年石先生花了不少时间来了解各个部门的业务，包括产品和技术、*IPD* 研发管理体系、市场营销、供应链等业务知识，但还是被各个部门主管认为是外行。绩效目标的达成率影响部门的考评，并直接和各个部门的工资、奖金挂钩，所以各个副总和部门经理对选取什么指标以及目标值设定都非常重视，都从自己部门的角度出发对指标的合理性进行“可行性研究”，尽量避免设定过高的绩效目标导致本部门最终的绩效考核分数不高。

但是，这些指标最终要石先生来综合衡量，以便和公司最终目标一致，虽然总经理有一些指示，但都是零散和不系统的，指标全靠石先生和各部门的“诸侯”经讨价还价确定。有时候明明知道研发部门避重就轻地选择一些好量化、容易达到的指标，比如“出勤率”、“客户问题解决率”、“新产品开发周期”等，而将一些指标以不好衡量、难以量化、不确定性程度太高为由推卸掉，比如“关键技术掌握程度”、“员工能力培养”、“产品领先度”、“新产品竞争力”等，但苦于自己专业知识不足，拿不出足够的理由来反驳。

还好，绩效目标终于定下来。对于这份自己都不太满意的计划，各个副总、部门经理总算没有意见。总经理公务缠身，没有太多时间参与绩效计划的制定，在各副总和各部门都达成一致情况下，大笔一挥签字同意，由人力资源部门下达给各部门执行。各个部门再根据同样的方法往下传递。各大部门都有自己的行政管理办，他们会用各自的方法搞定，和公司绩效管理部门的关系不大。

每到季度考核和年度考核，石先生的工作是采集各种绩效数据，计算出各大系统和部门的绩效考核结果，和目标对比打分。通常情况下，各个部门都能达到目标，相应地每年的工资和奖金都稳步增长。一切都表明，绩效管理制度似乎运行不错，指标完成率在90% ~110%之间，并且每年的计划准确率都在提高。但是公司总体目标却总是达不到，总经理非常不满意。一些目标，比如技术积累、新产品竞争力、竞争地位等“软性目标”，反倒感觉和竞争对手的差距越来越大。

通过对案例的学习，大家思考：A 公司绩效计划制定过程中存在哪些问题，如果你是石先生，你会怎样制定下一周期绩效目标的？怎样改进 A 公司的绩效计划？带着这些问题我们进入对绩效计划的学习。

第一节　绩效计划概述

一、绩效计划的概念

绩效计划是一个确定组织对员工的绩效期望并得到员工认可的过程。作为绩效管理的起点，绩效计划是绩效管理循环中最为重要的环节。从静态的角度看，绩效计划就是一个关于工作目标和标准的契约；从动态的角度看，绩效计划就是管理者和员工共同讨论以确定员工评估期内应该完成什么工作和达到什么样的绩效的过程。在绩效计划阶段，管理者和员工应该经过充分的沟通，明确为了实现组织目标，员工在评估期内应该做什么工作以及必须将工作做到什么程度，也就是说确定员工的绩效目标，约定员工的成功标准。从具体的表现形式看，绩效计划是用于指导员工行为的一份计划数。通过制定这样一份计划书，员工可以了解本绩效周期的工作安排和目标，并了解将会遇到的障碍和可能的解决办法。

绩效计划的制定是一个自上而下的目标确定过程，从公司最高层开始，将绩效目标层层分解到各部门，最终落实到个人。绩效计划作为绩效管理的一种有力工具，它体现了上、下级之间承诺的绩效指标的严肃性，使决策层能够把精力集中在对公司价值最关键的经营决策上，确保公司总体战略的逐步实施和年度目标的实现，有利于在公司内部创造一种突出绩效的企业文化。

二、绩效计划在绩效管理系统中的作用

1. 绩效计划是绩效管理系统中最重要的环节

绩效管理是一个完整的系统，这个系统包括五个重要的环节：绩效计划、绩效的过程监督与辅导、绩效考核、绩效反馈、绩效改进与考核结果的应用，这几个环节往复循环，最终实现组织和员工绩效的改进。如果管理者仅仅盯住绩效管理系统中的某一个环节，那么，绩效管理是不能很好地发挥作用的。不完善的绩效管理系统甚至还会阻碍企业的发展。绩效计划是绩效管理的起点，是进行绩效管理的基础和依据，同时也是对绩效管理全面的系统设计。

2. 绩效计划可保证员工和组织目标的顺利实现

简单地说，绩效计划就是制定目标、明确责任，为管理和考核工作提供目标、标准和依据。因此，如果没有有效的绩效计划，在绩效管理系统的实施和辅导阶段，员工的工作就是失去了目标，而管理者的管理活动和考核活动也失去了目标、依据和标准，绩效反馈的面谈也失去了针对性，组织目标和员工目标都将无法实现。

绩效计划是通过以下程序来保证组织和员工目标顺利实现的。首先通过绩效计划，组织目标被层层分解，落实到每个部门和每个岗位，确保员工的工作目标和组织目标的协调一致。其次，通过绩效计划，管理者和员工进行双向沟通，员工能更好地理解组织对自己的期望、工作目标。

3. 科学、合理的绩效计划有利于节约时间

我国有句古语“凡事预则立，不预则废”，就说明了计划的重要性。绩效管理作为一个系统，必须要有科学、合理的绩效计划。做计划不是在浪费时间，而是在节省时间、提高效率。凡是认真进行计划的管理者和员工都会有明确的方向和目的，即使行动偏离了方向，损失也会减至最小，这就是计划过程本身的价值。

4. 绩效计划制定的原则

无论是组织还是个人，在制定绩效计划时都应注意以下原则：

(1) 价值驱动原则

绩效计划的制定，要与提升企业价值和追求股东回报最大化的宗旨相一致，突出以价值创造为核心的企业文化。

(2) 流程系统化原则

绩效计划的制定，要与战略规划、资本计划、经营预算计划、人力资源管理等管理程序紧密相连，配套使用。

(3) 与企业发展战略和年度绩效计划相一致的原则

设计绩效计划的最终目的，是为了保证企业发展战略和年度生产经营目标的实现，因此，在考核指标、考核标准的确定上，一定要紧紧围绕企业的发展目标，自上而下逐层进行分解、设计和选择。

(4) 突出重点原则

员工负责的工作职责越多，所对应的相应工作成果也越多。但在设定考核指标时，切忌面面俱到，而是要突出重点，选择那些与企业价值关联度较大、与职位职责结合更紧密的绩

效指标。

（5）可行性原则

绩效指标与工作目标，一定是要员工能够控制的，要界定在员工职责和权力控制的范围之内，也就是说要与员工的工作职责和权利相一致，否则就难以实现绩效计划所要求的目标。

（6）全员参与原则

在绩效计划的设计过程中，一定要积极争取并坚持员工、管理者等多方面的参与。

（7）客观公正原则

要保持绩效透明性，实施客观、公正的绩效考核和沟通。对工作性质和工作难度基本一致的员工制定大体相同的绩效标准和考核方法。

第二节　绩效计划制定的步骤

一、准备阶段

绩效计划通常是管理者和员工进行双向沟通后所得到的结果，这种计划的设定需要经过一些必要的准备，对管理者和员工来说均是如此，否则就难以得到理想的结果，这些准备包括：

组织展开和发展规划。绩效计划来源于组织战略的落地。制定绩效计划的目的就是为了提升员工和组织的整体绩效，最终实现组织的战略。如果绩效计划所设定的目标方向与组织战略背道而驰，则不仅无益于组织的发展，还会给组织带来严重的影响甚至使其走向绝境。

年度企业经营计划。组织的战略是面向长远发展方向的，可能会让员工觉得比较遥远，而遥远的目标总是难以让人觉得现实和具有强烈的影响力。这时就需要结合企业的年度经营计划来制定绩效计划。因为年度经营计划是以一年为周期的，属于短期计划，这样的目标更加真实，更接近实际，从而使得绩效计划在确定员工方向方面的作用更加突出。

业务单元的工作计划。这个计划是直接从企业年度经营计划中分解出来的、它直接与业务单元的职能相联系。从而也和各单元员工的绩效标准结合更紧密。

团队计划。团队这种形式的采用使得小单元内的目标责任更加明确和具体，这也更有利于个人绩效计划的设定。

个人的职责描述。个人的职责描述规定了员工在自己的职责上应该干什么，而绩效计划指出了这些任务完成应该达到的标准，两者是紧密相连的。

员工上一个绩效周期的绩效考核结果。如果员工在上一个绩效考核周期内，所有绩效计划表上所列的目标都达到标准的话，这一期的绩效计划就需提出新的目标；如果上一期的目标没有完成或没有全部完成的话，就应该将它们转到当期的绩效计划里来，作为继续考核的标准。这也体现了绩效管理的连续性，它并不是走走样子，而是真正要把目标 实现。

除了上述的信息需要被准备以外，对于绩效计划的沟通方式也需要认真斟酌。这主要是看组织的文化氛围是什么样的、所面对的员工有什么样的特点以及要达到的工作目标的特点。

二、沟通阶段

在这个阶段，管理者和员工要进行充分的交流和沟通，以便和员工就其在这个绩效周期内的工作目标和计划达成共识。这个阶段需要注意以下几个问题：

创造有利于绩效沟通的环境,确定最恰当的时间。最恰当的时间就是双方都能腾出来的时间。这样大家才能静下心来,充分地进行交流,而不会受到其他事情的干扰。应当避免以下时间:刚下班、快上班或明显时间不够的时间段内;星期五、节假日的前一天等。选择最佳的场所,单独的一间办公室,是最理想的地方,办公室的门要能关上,不宜让别人看到里面进行的面谈过程。

注意倾听。在进行绩效沟通时,作为主管,首先要培养自己的倾听素质,倾听是一种双向式沟通,倾听的目的是为了做出最贴切的反应,通过倾听去了解别人的观点、感受。要将自己放在一个和员工平等的地位上来讨论问题,不能高高在上,把自己的意志强加于员工身上。我们应将员工看成他所从事的职位上的专家,多听取他的意见。

沟通过程。首先是需要回顾一下会面前所准备的信息,然后在组织经营目标的基础上,每个员工需要设立自己的工作目标和关键业绩指标。所谓关键业绩指标,是指针对工作的关键点产生出来确定评估的指标和标准。注意,这些标准必须是具体而可衡量的,并且应该有时间限制。在制定计划的阶段中,管理者就有必要向员工承诺提供解决问题和困难的支持与帮助。

沟通形式。每月或每周同每名员工进行一次简短的情况通气会;定期召开小组会、让每位员工汇报他完成任务和工作的情况;每位员工定期进行简短的书面报告,当出现问题时,根据员工的要求进行专门的沟通。沟通形式根据具体情况进行选择。

案例分析

石城公司绩效考核如何做

石城公司是一家以开发、生产和销售电动工具为主要业务的公司。在1998年以前,它主要是从事出口贸易,即从国内有关厂家采购产品卖到国外。随着欧美市场的开拓和出口量的逐年增加,为保证产品质量、供货及时和降低采购成本,该公司相继成立了产品设计开发部门和生产制造厂,企业发展势头很好,人员也从最初的几十人发展到三百多人。随着企业规模的扩大和复杂性的增加,公司管理遇到了一些问题,其中比较突出的就是考核问题。

该公司以前没有系统的绩效评估制度,到了年底,各部门让员工回顾一下本年度的工作,并每人写一个书面总结,然后有部门主管就每个人的小结签个意见(尽管有“优”、“良”、“中”、“差”的等级,但大多数人得的都是“良”),最后交给人力资源管理部就算完事。至于奖金的多少,基本都是总经理张三平一人说了算。原先人少的时候也相安无事,一是他对每个人的情况都了解,评价大体还算公正;二是原先只有贸易这一块,大家干的差不多,矛盾并不突出;三是虽然声称奖金发放是根据贡献,可实际上主要还是依据每个人的资历和职务,而且相差也不大。尽管张三平要求大家不要相互打听各自的奖金数,可私底下都心知肚明。这种方法实行了几年。虽然对他都不满意,但大家也不太把它当回事。不过随着近几年企业规模的扩大、部门的增多,考核的问题变得突出起来。首先是各个部门都对现行的考核方法有意见,都觉得对自己不公平,而且常常为此闹矛盾;其次是各个层面的人都对考核和奖金的发放不满。去年年底接连发生骨干跳槽的事,有人甚至公开说:“什么贡献业绩,干好干坏还不都是老板一句话,没想到这里的大锅饭比国企还厉害。”

张三平觉得这样下去不行,于是找来了新上任的人力资源部经理王海丽:“你了解一下目前公司考核的主要问题到底在哪里,然后搞一套绩效评估方案。要求是三个,一是能够测量每个人工作的真实情况并作出实事求是的评价;二是能调动大伙儿的积极性,拉开差距;三是要让各部门主管有压力，别把矛盾都交到我这儿。”

王海丽刚刚 *MBA* 毕业，虽然才到公司，对情况不大了解，但凭着以往对企业的了解和在学校学的知识，她对做好这项工作还是有信心的。为了使考核方案有针对性，她决定先做一番调查。

她首先来到公司的设计部。她知道这是公司的核心部门，也是老板最重视的部门之一。可最近这里跳槽的人不少，成了老板的一块心病。设计部主任李刚一听她的来意就发起了牢骚：“咱们公司的考核制度早就该改了，再不改人都跑光了。”王海丽笑着说：“不改对你有什么影响，谁不知道设计部的红包是全公司最大的。”李刚说：“你以为多发钱就没事了？怎么发钱才是最重要的，我给你举个例子，我们设计部共有 5 个设计师，王欢年龄最小，进公司最晚，工资也最低。但是去年一年他就开发了 4 个新产品，是全设计部最多的，市场反映也都很好。年底发奖金的时候大家都一样，我去找老板，老板说这已经对他破例了，如果根据级别和进公司的年限他还拿不到这么多。你说这是什么话？王欢现在提出辞职，要不然就涨工资。你说我怎么办？”王海丽说：“那就按照每个人设计的新产品数量发奖金得了……”“没这么简单”，李刚打断她的话，“产品设计不能光看数量，还得看市场销量，看它带来的利润，综合评价起来很复杂。还有，咱们公司是低工资 + 高奖金，表面看起来刺激力度很大，但是这么低的工资水平很难找到好的设计师。我这里现在都是大学生，招聘的时候他们最看重基本工资是多少，与其他公司相比又没有竞争力。工资低就把奖金看得特别重，如果奖金波动太大，大家无法接受；可拉不开差距，分配不公平又难以留得住人，你是 *MBA*，帮我们出个主意吧。”

王海丽哑然了，她一时还真想不出该怎么办。

从设计部出来，王海丽找到了生产部经理老宋。老宋原来是一家大型国企的副厂长，抓生产很有一套。他说：“我现在统一采取计件工资制，一个月考核一次，对排名前 10% 的给予双奖，排名后 5% 的黄牌警告，连续两次都在最后的就淘汰，实行末位淘汰制。实行下来效果不错，还是民营企业机制好，辞退人没那么多麻烦。多劳多得，不劳不得，谁都无话可说。”他大手一挥，很自信的样子。王海丽知道老宋的绰号是“大吹”，便长了个心眼，又去找了生产部的几个班组长和工人了解情况，谁知大伙对目前的考核办法都是一肚子意见。班组长的意见主要集中在工时定额上。石城公司产品的特点是多品种、小批量，以出口为主，一旦有订单，工期就特别紧。要确定每个产品、每道工序的工时定额特别麻烦，有时根本来不及。标准定高了，工人不接受；定低了，老板不满意，弄得班组长两头受气，各工种还经常为此闹矛盾。工人们的意见则又加上一条：“实行计件工资制度，奖金占了很大一块，可又没有活干，根本不取决于我们。忙的时候忙死，闲的时候闲死，而且各个工序、班组情况也不一样，都用一个标准衡量，还搞什么末位淘汰制，不仅不合理，而且工人压力也大。”

“这事你们向老宋反映过吗？”王海丽问。“反映过，可没用。为定额的事情找到老宋，他就随便应付一下，但考核时一样卡得很死，让人无法接受。”

“那你们说应该怎么办？”王海丽接着问，大伙儿面面相觑，似乎也没什么好办法。

王海丽带着一堆问号离开了生产部，她开始感到老板交办的事情并不像想象的那么简单。她知道，公司副总兼国际部经理许宁是当年与张三平一起打天下的元老，对公司的情况最清楚，或许他能给自己出些主意。为使谈话有的放矢，王海丽决定先找国际部其他人了解情况。

国际部对外称石城贸易公司，有 30 多人。内部又分为欧洲部、北美部、亚洲部及澳洲部等。公司的客户大部分在欧洲和美国，近年来由于产品开始打入美国的连锁超市，出口量增长很快，去年的出口额达到3000多万美元，其中大部门产品是从国内采购的，只有少部分是自己生产的。因此国际部门的人很“牛”，觉得公司有今天主要是靠他们。国际部除一些销售经理外，还有不少文员负责传真信函、联系客户、接听电话、打字录入等工作。按说国际部的收入是全公司最高的，可跳槽最多的也是他们。这两年，有好几个骨干跳槽，或是到竞争对手那里，或是自己成立公司，这是让张三平最头疼的。王海丽曾私下问过那些跳槽的人究竟为什么离开公司，得到的答案归结起来主要有：一是国际部的收入虽然在公司内部算高的，但与其他公司相比并不高；其次，对现行的考核方式不满，不知道评价的依据是什么，既不是根据各部门的业绩（比如欧洲部、北美部的销售额是全公司最高的，但年终奖和其他部门的差距不大），好像又不是看每个人的辛苦程度（比如加班加点，公司根本没有加班这种说法）；还有他们没有说出口，但却是促使他们离开的主要原因。那就是公司的主要领导都是有公司股份的，而他们辛辛苦苦干了这么多年，只拿工资和奖金，心理上不平衡。“我不知道自己在这里干究竟为什么？”一个离开公司的骨干这么说。

王海丽把了解到的情况向许宁做了汇报，许宁听了笑笑说：“他们说的是有些道理，但你想过没有，我们公司的市场主要在欧美，客户比较稳定，而其他市场还处在开拓阶段，销售量很小，如果考核完全根据销售额，谁愿意做市场开拓工作呢？说到没有加班费也是这样，由于时差关系，我们的许多工作必须在晚上进行，白天可能没什么事干，我们只是要求员工在规定时间完成工作任务，每天工作时间的长短倒不重要。还有一点我可以告诉你，正是因为欧美市场特别重要，我们投入的时间和精力也最多，老实说主要的市场和客户都是张总和我在跑，一些大订单也是我们亲自谈的，而他们只是做一些联络、单据等方面的辅助工作，你说业绩究竟是该算他们的还是我们的？这就是我们在考核和奖金发放上一直采取模糊办法的原因，要是考核太细未必效果就好。至于股份，这好像不属于考核问题，其他部门的情况我也不是太了解，不好说什么。不过现在的绩效考核方法确实有问题，是应该做些调整，你先拿出个方案我们再商量。”

王海丽转了一大圈，觉得公司问题多多，谁的话似乎都有道理，但又好像都有偏颇，究竟怎样才能制定一个合理和有效的绩效评估系统，完成老板交给的任务呢？她一时有些茫然。

石城公司的绩效考核究竟存在什么问题？应该如何着手解决呢？王海丽应该怎样考虑和设计石城公司的绩效计划？

本章小结

作为绩效管理的起点，绩效计划是绩效管理循环中最为重要的环节。在绩效计划阶段，管理者和员工应该经过充分的沟通，明确为了实现组织目标，员工在评估期内应该做什么工作以及必须将工作做到什么程度，也就是说确定员工的绩效目标。绩效计划的制定是一个自上而下的目标确定过程，从公司最高层开始，将绩效目标层层分解到各部门，最终落实到个人。

绩效计划的制定遵循战略相关性和可测量性两个原则。在绩效计划中，不仅管理者要向员工清楚地表达组织对员工的期望，也允许员工向管理者表达自己在完成绩效目标过程中遇到的问题以及需要寻求的帮助，只有进行了充分的双向沟通，计划的可行性和客观性才能得到保障。

从表现形式上看，绩效计划主要包括工作计划和绩效指标两种形式。制定绩效指标与标准往往是一起进行的，绩效指标是指企业要从哪些方面对工作产出进行衡量或评估；绩效标准是指企业在各个指标上应该分别达到什么样的水平。

思考题：

1. 什么是绩效计划？制定绩效计划的原则是什么？
2. 制定绩效计划的步骤是什么？

第五章　绩效过程监控与辅导

▶本章学习要点

1. 掌握绩效沟通的目的
2. 掌握绩效沟通的技巧
3. 理解在绩效信息收集过程中，需要注意什么问题
4. 熟悉绩效信息收集的主要方法是什么

导入案例

王贝是公司销售部经理，黄刚是该部门负责东北地区的销售员，三年前由一个小公司加入到本部门工作。前两年黄刚都未能完成销售任务，只是把精力用于发展客户关系，但对客户的业务需求了解很肤浅，对产品的了解也很有限。根据这些表现，王贝给黄刚的业绩评定连续两年都是及格。

今年，东北地区突然决定做项目 *A*，王贝和技术部经理立即组织力量投标，经几轮奋战，最终拿到了合同。作为销售员的黄刚，在项目期间工作很努力，以建立各种关系为重点，成为项目组的骨干。由于项目 *A* 的成功，黄刚的销售业绩达到了 130%。

但同时，王贝注意到黄刚在与技术工程师合作时，关系处理得非常紧张。工程师们抱怨黄刚不能准确地提供用户需求，没有计划，也不与大家沟通，造成几次方案重新设计。大家都不愿与他合作。另外，黄刚没有在事先预报项目 *A*，使得订货、交货期都有问题。

综合以上考虑，王贝决定给黄刚良好的业绩考核成绩。王贝约了黄刚做本年度的业绩考核面谈。王贝应该怎样对黄刚绩效进行反馈，才能使黄刚愉快地接受考核成绩？怎样才能对黄刚的绩效进行有效地控制？

第一节　绩效沟通

沟通在管理活动中居于极其重要的地位，作为一个企业或公司领导，如果不能与下属或员工进行行之有效的沟通，了解员工的需求，发现员工的优点和特长，那么这个管理者起码不是一个称职的管理者，或者说不应该是一个管理者。在绩效管理方面，沟通是企业与员工

共同发展的前提。绩效管理是一个持续沟通的过程，绩效管理意味着企业管理者和员工之间持续的双向沟通，沟通的成败直接影响到绩效管理结果的成败，因此，绩效沟通是绩效管理的重中之重。

一、绩效沟通的目的

（一）及时调整绩效计划

在绩效计划阶段，虽然管理者与被管理者之间通过双向沟通，制定了具体的工作目标和实现目标的途径、方法和步骤，但管理者也不能就此高枕无忧，因为外部环境变化太快，特别是在如今的工作环境下，竞争日益加剧，影响员工工作绩效因素的数量以及这些因素的变化速度都在明显增加，在急剧变化的环境中，绩效管理周期开始时制定的绩效计划，很可能随着环境的变化而变得不切实际，甚至根本无法实现。在绩效实施与辅导的过程中，进行绩效沟通的第一个目的就是根据环境的变化，及时对原计划进行调整。

（二）为员工提供及时的帮助

在绩效管理过程中，不论绩效计划阶段制定的工作目标如何具体、工作方案如何详细，在实施的过程中都会遇到事先未曾预料的新情况和新问题，所以在实施的过程中不断进行沟通，能及时给员工提供必要的帮助和支持。

（三）绩效沟通是一种重要的激励手段

霍桑试验证明，每个人都有被关注和被认可的需要，这种需要得不到满足会严重挫伤员工的士气。在绩效实施和辅导过程中，管理者与员工之间的沟通能满足这种需求。特别是当员工在工作中遭受到挫折和失败，或感到工作压力巨大时，管理者的关心和支持会使员工备受鼓舞。

（四）员工需要工作结果的反馈

一般来说，员工都希望在工作过程中能及时得到关于自己绩效的反馈信息，以便不断地改进自己的绩效和提高自己的能力。通过沟通，员工可以及时了解到自己哪方面干得比较好，哪些方面没有达到上级的期望和要求。因此，这种反馈既是对员工出色工作的肯定，其本身对员工也会产生极大的激励作用，同时也能使绩效不佳的员工及时了解和发现自己工作中存在的缺点和不足，以便及时采取改进措施。

二、绩效沟通的内容

对管理者和员工来说，绩效沟通的最终目的都是提高员工的工作绩效。但是，对于他们来说，通过绩效沟通所要了解的信息内容却是不同的。

对管理者而言，他们需要得到有关下属员工工作情况的各种信息，以帮助他们更好地协调员工的工作。另外他们还需要了解工作进展情况，以便及时向上级汇报。如若不能掌握最新的情况，管理者可能会面临许多不必要的麻烦。管理者还应收集绩效评价和绩效反馈时需要的信息，这些信息将帮助管理者更好地履行他们在绩效评价中担负的职责。

对员工而言，他们也需要有关信息。通过与管理者的沟通，员工可能了解到自己的表现获得了什么样的评价，以便保持工作积极性，并且更好地改进工作。另外，员工还需要通过这种沟通了解管理者是否知道自己在工作中遇到的各种问题，并从中获得有关如何解决问题的信息。当工作发生变化时，员工能够通过绩效沟通了解自己下一步应该做什么，或者应该着重做什么。总之，这些信息应该能够帮助员工更好地完成他们的工作，从而应对工作中遇到的各种变化和问题。

因此，我们可以简单地认为，绩效沟通的目的就是保证在任何时候，每个人都能够获得改善工作绩效所需的各类信息。为了进行有效的绩效沟通，管理者首先要确定双方之间应沟通的具体内容。我们可以通过回答以下两个问题来确定沟通的具体内容：

1. 作为管理者，为了更好地履行职责，必须从员工那里获得什么信息？

2. 作为普通员工，为了更好地完成工作职责，需要了解哪些信息？

通过对这两个问题的回答，管理者能够更好地明确绩效沟通的目的，这是确定绩效沟通内容的一个非常实用的思路。通过绩效沟通，管理者和员工应该能够回答以下问题：

(1)工作进展情况如何？

(2)绩效目标和计划是否需要修正？如何需要，如何进行修正？

(3)工作中哪些方面进展顺利？为什么？

(4)工作中出现了哪些问题？为什么？

(5)员工遇到了哪些困难？应如何帮助他们克服困难？等等。

上面的问题只是给我们提供了一个思路。在具体情况面前，我们还要充分考虑到工作中面临的种种变化。值得注意的是，双方之间应就什么问题进行沟通也应该成为沟通的话题。

三、绩效沟通的方式

(一) 按沟通渠道划分

绩效管理中按照沟通渠道的不同，绩效沟通可以分为:正式沟通和非正式沟通。

所谓正式沟通是指在组织系统中，根据组织的相关规定和原则进行的信息的传递，一般来讲，正式沟通形式主要有书面报告、管理者和员工的定期面谈、管理者参与的小组会议或团队会议、咨询和进展回顾几种。下面分别进行介绍：

1. 正式的书面报告

书面报告是指员工通过文字或表格的形式，定期向主管报告工作进展情况、遇到的问题、所需支持以及计划变更等问题的一种沟通方法。这种方法的优点是可以培养员工理性、系统地考虑问题，提高逻辑性和书面表达能力，同时还提供了记录，减少额外的文字工作;但是最大的缺点就是缺乏双向的信息交流且信息没有在团队中实现共享。表5-1列举了书面报告的优缺点。

对于表中所列的这些缺点，我们通常可以采取一些其他的措施来配合使用以减少这种影响。比如，我们可以辅之以面谈、电话沟通等方式使单向信息流动变为双向沟通;可以省去繁杂的文字叙述，而用简单的表格或图形来反映情况;也可以采用现代化的网络设施，使信息在团队成员间得以共享。这样的话就有效地配合了书面报告。

表 5－1　书面报告的优缺点

优点	缺点
1. 节约管理者的时间 2. 解决了管理者和员工不在同一地点的问题 3. 培养员工边工作边总结，进行系统思考的能力 4. 培养员工的书面表达能力 5. 可以在短时间内收集大量信息	1. 信息单向流动，从员工到管理者 2. 容易流于形式，员工厌烦写报告 3. 适用性有限，不适合以团队为工作基础的组织，信息不能共享

2. 一对一正式面谈

正式面谈对于及早发现问题，找到和推行解决问题的方法是非常有效的；可以使管理者和员工进行比较深入的探讨，可以讨论不易公开的观点；使员工有一种被尊重的感觉，有利于建立管理者和员工之间的融洽关系。但面谈的重点应放在具体的工作任务和标准上，鼓励员工多谈自己的想法，以一种开放、坦诚的方式进行谈话和交流。

3. 定期的会议沟通

会议沟通可以满足团队交流的需要；定期参加会议的人员相互之间能掌握工作进展情况；通过会议沟通，员工往往能从上司口中获取公司战略或价值导向的信息。但应注意明确会议重点；注意会议的频率，避免召开不必要的会议。

正式沟通的优点主要有：具有良好的沟通效果，具有严肃性和保密性，并且在沟通过程中具有一定的目标和约束力。一般来讲，在企业组织中，重要信息和文件的传达以及有关组织决策的事项都采用正式沟通的方式。正式沟通的缺点主要是信息的传递过程刻板而缺乏灵活性，沟通的速度较为缓慢，而且经过层层传递，容易造成信息的失真。

而所谓的非正式沟通是指员工私下的交谈、传闻以及小道消息等沟通方式，例如，企业员工私人聚会时谈论某些事情、下午茶时间的闲聊等都属于非正式沟通的方式。在现代企业管理中，非正式沟通方式引起了普遍的关注，一方面它不受时间和空间的限制，不受组织的监督；另一方面它为员工提供了随心所欲、畅所欲言的机会，可以反映员工的真实想法。企业内部沟通中必须正视非正式沟通的重要性，并利用非正式沟通的方式，了解员工的真实想法，为企业决策提供必要的补充依据。非正式沟通能够发挥作用的基础是组织中良好的人际关系。基于这种假设，非正式沟通的优点主要有：提供正式沟通无法了解的员工的真实想法，沟通形式多种多样且直接明了，沟通速度快等。其缺点主要表现在：不受组织监督和控制，容易导致传递的信息不准确或者失真，影响组织的凝聚力等。在现代组织公共关系中，部分组织建立了“高度的非正式沟通”，也就是消除时间和空间的限制，利用各种场合和渠道，排除拘束感和谨慎感，以保持组织内部成员之间的充分沟通。

（二）按沟通语言划分

按照绩效沟通中使用的沟通语言的不同，绩效沟通分为言语沟通和非言语沟通。

所谓言语沟通是指运用语言文字来传达信息的方式。虽然每一个社会都会有共同认可和共同理解的语言，但是，任何一种文字都包含内涵和外延两部分意义。在不同的情景下，这两种意义会有所变化，从而给沟通带来一定的困难或障碍。

非言语沟通，分为狭义的和广义的两个概念。狭义的非言语沟通是指身体语言的沟通。

常见的非言语沟通有肢体语言、语音、语调以及面部表情等。广义的非言语沟通是指除了身体语言以外，还包括其他的环境因素等，例如沟通情景内的环境，家具摆设，沟通双方的文化背景和感情因素等。

(三)按沟通信息流动方向划分

按照沟通过程中沟通信息的传递方向和流动方向的不同，绩效沟通可以分为三种，即下行沟通、上行沟通和平行沟通。

下行沟通就是指上级与下级之间就绩效管理中的相关问题所进行自上而下的指令式的沟通；上行沟通为员工向上级汇报情况或提出建议的沟通；平行沟通是组织内部同一层级的员工之间的横向沟通。一般来说，组织内部自上而下的沟通渠道有很多，并且管理人员通常拥有较多的发表意见的机会，因此，在组织内部沟通中，下行沟通是比较容易实现且经常进行的。相对来讲，上行沟通和平行沟通就不是那么频繁且容易进行的了。虽然目前很多企业都在提倡民主管理，但是效果却差强人意，从根本上来看，企业内部的上行沟通依然是企业沟通中的薄弱环节。在建立现代企业管理制度的过程中，我们更应该重视上行沟通和平行沟通的重要作用，在企业中提倡和鼓励上行沟通和平行沟通，增强员工的参与感，提高沟通的效率。

(四)按沟通方法划分

绩效沟通按照沟通的方法不同，可以划分为书面沟通和口头沟通。

书面沟通的优点是信息不容易失真且可以永久保存。它的缺点就是沟通的速度比较慢，降低了时效性，特别是遇到紧急问题的时候，无法及时地反馈。

口头沟通的优点是信息传递与反馈及时且效果明显。它的缺点是信息传递过程中容易出现对信息的传递错误，导致信息失真。研究发现，有效的绩效沟通最好是同时使用书面沟通和口头沟通两种方式；其次才是单独使用书面方式；最后是只使用口头沟通的方式。

(五)按沟通过程信息反馈划分

按照在过程中是否存在信息的反馈过程，绩效沟通可以分为单向沟通和双向沟通。

所谓单向沟通，指信息发送者以命令的方式向信息接收者传递信息，信息发送者只发送信息，而信息接收者只接收信息，双方在单向沟通过程中都不需要进行信息的反馈。

例如，典型的单向沟通有上级对下级发送指令以及做报告等。

所谓双向沟通，指信息发送者以双方共同讨论的态度面对信息接收者，信息发出以后还需要有信息反馈的过程，沟通双方及时听取反馈意见，并且根据反馈意见信息发送者和信息接收者进行多次重复商议沟通，直到双方达成一致为止。常见的双向沟通有一对一面谈、听取情况汇报、协商谈判等。

单向沟通与双向沟通相比，两者各有优劣，具体表现为：

第一，与双向沟通相比，单向沟通更加快捷、迅速。由于双向沟通要有信息反馈的过程，需要就反馈意见进行多次商议沟通，因此，相对于单向沟通来讲，信息传递速度缓慢。

第二，与双向沟通相比，单向沟通传递的信息准确度较低。由于单向沟通中的信息传递的过程是上级向下级传达指示命令，无论下级即信息接收者是否理解都必须执行，这样就使得信息的译码不准确，造成信息的准确度较低。相对来讲，双向沟通在信息的传递过程中，由于信息发送者与信息接收者之间有沟通反馈的过程，可以共同讨论，因此，更容易正确理解和把握信息。

第三，与双向沟通相比，单向沟通过程比较刻板和严肃。单向沟通过程往往是由上级说了算，而下级没有表达意见的机会，因此，当下级无法认同该命令时，容易产生消极的情绪，从而影响沟通效果。相对来讲，双向沟通容易使人产生参与感和认同感，有利于双方互相理解、互相信任，从而有利于信息的沟通。

第四，与双向沟通相比，单向沟通中信息的传递者的压力较小。这是因为双向沟通中，信息发送者不仅要在信息发送前做好事前准备，而且要在信息反馈中回答信息接收者的问题，因此双向沟通要比单向沟通的压力大。

四、绩效沟通的过程

一般来讲，一个完备的绩效沟通全过程主要是由沟通前的准备阶段，沟通过程中操纵阶段和沟通后的跟踪阶段三部分构成。而且这三部分是紧密相连，构成了一个具有较强逻辑性的循环圈。

（一）准备工作阶段

取得理想效果的绩效沟通是离不开前阶段的周密准备工作的。可以说，离开了周密的准备，那整个绩效沟通就失去了开展沟通的稳固基础。具体来讲，准备阶段的工作主要包括如下几方面：

1. 沟通对象的分类

实施沟通的人员第一步就应依据考评表和考评结果所反映出的信息将被考核者实施分类。将同一部门的考评表集中在一起，然后又从同一部门的考评表中依据考评结果又分为好、中、差三类。那正规绩效考评表从横向层次就被归入了各部门，从纵向层次上则分为了好、中、差三类。将考评表分类的过程实际上也是一个对沟通对象快速解读的过程，这样做一方面既有利于从全局上了解和把握企业的整体绩效状况，也便于对员工进行有针对性的分门别类的沟通，从而提高沟通的效率。

2. 绩效沟通的总目标和分目标的定位

任何沟通都离不开目标的导向。若是缺失了沟通目标，那整个沟通就有可能与沟通原定的功能和意义发生偏离。只有在正确的沟通目标的引导下，并围绕目标需求展开话题，获取支撑目标达成的信息，才能使沟通真正产生效果。就绩效沟通来讲，绩效沟通的总目标是通过与员工开展沟通来提高员工的工作绩效，从而带动企业战略目标的达成。我们在确定了这个绩效沟通的总目标后，当然也不能忽视了支持总目标的分目标的确立。从本质上说，总目标实际上就是各个分目标的提炼和汇总。确立绩效管理的分目标实际上也就是针对每次具体沟通所拟定的一个沟通期望。如通过这次沟通我要向员工传递什么信息？沟通之后要达成怎样的沟通效果等一些较为具体详细的目标。但要注意确立分目标一定要有针对性，要从评估表和工作分析表中提炼出依据信息。

3. 全面解读绩效考评结果

只有认真全面解读了绩效考评结果，真正获取结果所反映出的信息，才具有与沟通对象展开沟通的“共同语言”基础，否则彼此之间沟通将会存在不同程度的隔膜。解读绩效考评结果应完成四个问题：第一，沟通对象应该做什么；第二，沟通对象已经做了什么；第三，沟通对象为什么会得到这样的考评结果；第四，沟通对象应该朝什么方向改进。通过对这四个问题的思考，实施沟通的人员就会对沟通对象有了一个初步的了解，沟通也就会有的放矢的进行，沟通的语言基础也就具备了。

4. 合适的场所和时间的选择

所谓合适的场所和时间就是指进行绩效沟通时要注意时机和场所环境的选择，绝不能马虎了事。毕竟在不同的时间和沟通场所所进行的沟通产生的效果是不一样的。恰当的时机和舒悦的沟通环境将有助于使沟通达到"事半功倍"的效果。那么何谓恰当的沟通时机呢？企业的绩效沟通最好安排在绩效考评结果公布的第一时刻进行。记得一家外资企业董事长习惯性的做法就是在考评结果公布后，其本人立刻亲自邀请考评成绩靠后的20名员工共进晚餐，共同开展绩效沟通。这种做法颇得企业员工的称赞，沟通效果也较为明显。因为由于考评结果的差异性对每个考评对象的影响性不尽相同。同时也可能有些员工对绩效考评结果和考评机制本身存在异议，这些情况的存在也就使得绩效沟通应当快速展开。值得注意的细节是沟通不宜安排在临近下班时间。因为双方的注意力有可能由于下班这个干扰因素的存在而受到干扰。

至于舒悦的沟通环境应具备两个特征：第一，具有正规性和权威性。一般可以选择在会议室或专门的办公室进行，让沟通对象意识到企业对本次沟通的重视；其二，不具备干扰性因素的存在。舒悦的沟通环境应该使沟通能够不受干扰，如人员的进出，电话铃声等。这都需要工作人员妥善的准备和布置。

5. 制定沟通提纲

如果将沟通目标当作指挥者，那沟通提纲就是向导。成功的绩效沟通是离不开沟通提纲的"向导作用"的。具体来讲，沟通提纲应分为两类，一类是沟通计划，其主要是对沟通全过程的一个事先安排，如什么时候开展沟通，在哪里进行沟通，沟通应由哪些人员参加等；另一类就是面谈提纲，其主要是细化到对一个具体沟通对象的沟通安排，如问什么样的问题，如何记录，首先问哪些问题等。制定沟通提纲要注意有针对性和有选择性，一方面要使绩效沟通达到好的效果，另一方面又要注意沟通的效率。

（二）沟通操纵阶段

有了周密的准备，整个绩效沟通就成功了一半。但绩效沟通的实质性操纵阶段也不容忽视，否则会造成前功尽弃的局面出现。在沟通过程中应注意以下四方面的问题：

1. 站稳自己正确的立场

站稳自己正确的立场实际上包含两方面的信息：第一，你要保证你的立场是正确的而非不公平或错误的。这就需要绩效管理人员从全局和整体方向上把握，冷静地分析考评表，理性的对待每一位参与沟通的员工，并从中提炼出一个公平公正的立场，避免由于主观思维扩大化导致立场出现偏差；第二，在保证自己的立场正确的前提下就要稳固地坚持自身的立场。在绩效沟通中，有些员工可能对绩效结果的公正性、公平性持有怀疑的态度，甚至采取对抗的态度，根本就不认同绩效管理人员的观点和立场。在面对这种情况出现时，作为企业的管理方一方面要认真倾听员工的言论并认真记录，使员工感觉到企业对其重视；另一方面要稳住自己正确的立场，切忌出现立场不坚定或混乱，从而保证此次沟通的有序性。毕竟员工所反映信息的真实性是值得事后商榷的。

稳住自己的立场要注意两方面的问题：第一，通过稳住自己的立场，并将之传递给员工，使沟通实现顺利有效进行的目标。第二，在面对员工反驳时，应充分给予员工机会，并认真做好记录。切忌粗暴地打断员工或与员工针锋相对的展开辩论。

2. 围绕已定目标展开沟通

在沟通的准备阶段，绩效管理人员就已经为沟通制定了总目标和具体的分目标。在沟通的执行阶段就是如何完成这些目标的问题。相对于总目标的实现来讲，其关键之处就是要从总体和全局的观念上来把握，绝不能因为某个部分或局部出现了偏差而使总目标也人为地发生偏差。绩效管理的总目标是通过沟通来带动企业整体绩效的改善，那么在沟通中就要注意搜集、把握不同沟通对象所反映的共性信息。至于具体的分目标的实现，实际上就是完成已定的工作任务。如通过这次沟通我要获取哪些信息？要向沟通对象传达哪些信息？既然确定这些任务和目标之后，那沟通也自然需要围绕这些任务展开沟通。

3. 灵活应对突发事件

在任何活动进行的过程中都有可能发生意料之外的突发事件。绩效沟通当然也不例外。如企业一方由于某种原因使沟通演变成了说教，员工完全成为了一个“忠实”的听众。又如遇到内向型的员工，整个沟通根本就不能进展下去等一系列的突发事件。在面对这些突发事件时，作为代表企业一方的人员首先就是要摆正心态，快速冷静思考，找出应对之策。如若遇到沟通演变成说教的突发事件，企业一方在意识到这一点之后就应及时将自己转换为倾听者，并适当延长原定的沟通时间，以避免由此带来的负面效果产生。其次，企业也可以主动地向员工“道歉”，拉近彼此之间的距离，防止突发危机扩大化。

4. 重在探讨解决问题的应对之策

如果说改善员工及企业的绩效是沟通的出发点，那么探讨解决问题的对策则是沟通的落脚点。与员工展开绩效沟通若是未能探讨出解决问题的对策，那从根本上说绩效沟通是失败的，或称之为“无意义”。因此，在进行绩效沟通之时应重在探讨解决问题的对策。在开展绩效沟通时探讨应对之策有两方面的意义：其一，它可以借助企业一方的智慧帮助员工谋求应对之策；其二，它也集合了员工的智慧，使探讨出的应对之策更具有可操作性和现实性的意义。

（三）沟通跟踪阶段

一个完善的绩效沟通机制当然也离不开沟通后的跟踪观察阶段。在完成了绩效沟通后，绩效管理人员应对沟通对象进行跟踪观察，及时了解沟通对象的工作动态，并从中提炼出沟通效果和沟通目标达成程度的信息，为后阶段“调试”企业沟通机制和绩效管理机制提供参考依据。具体可请求沟通对象所在的相关部门和人员给予帮助和配合。

绩效沟通在人力资源管理活动中既是一项重要的活动，又是一项不易把握，较为复杂的活动。面对绩效沟通时，管理者务必要摆正心态，认真准备，灵活操控，妥善对待，切勿轻视了之。否则，极容易陷入绩效沟通的恶性循环的怪圈之中去。

五、绩效沟通的作用

绩效管理过程需要持续的沟通，绩效管理的计划阶段、实施阶段、评估阶段以及反馈阶段等，都需要通过管理者与员工之间的持续不断的沟通来实现。可以说缺乏沟通的绩效管理从某种意义上来讲就不是完整的绩效管理。

在绩效管理中，持续不断的绩效沟通是一个关键因素，具有不可替代的作用；持续不断的绩效沟通对企业来说有着非常重要的作用。

第一，实施有效的绩效沟通，是落实企业发展战略的前提。

企业组织中的行为不仅由个人构成，还表现为各种小群体的行为。作为明智的管理者和领导者，应当鼓励群体中的所有成员对于决策、方案等敢于怀疑和批评，提倡直言和直率，使领导者成为乐于接受批评的范例，这是企业全面落实发展策略中，确保发展策略推进的前提。

第二，实施有效的沟通管理，是推进企业发展稳定的良药。

绩效管理的第一环节就是设定得到管理者和员工共同认可的绩效目标，要想设定得到管理者和员工共同认可的绩效目标必须通过绩效沟通才能实现，否则设定的绩效目标就可能得不到管理者和员工的共同认可。

只有通过绩效沟通才能解决员工在企业中的角色设定的问题，使员工明白他在企业中的作用是什么，需要承担什么样的职责，为了完成这些职责需要提高哪些方面的能力等，进而使员工对自己有个清晰的认识，从而在实现绩效目标的过程中有努力的方向和动力。同时，管理者在进行绩效管理中可以更好地得到员工的认可，符合客观实际，才能进一步促进整个企业绩效目标的实现，推进企业的稳定发展。

第三，绩效沟通质量的高低决定了绩效管理能否发挥作用。

在绩效管理过程中实施有效的绩效沟通，才能促进绩效目标的顺利实现。当绩效目标在实施过程中向有利的方向发展时，通过持续的沟通，一方面，管理者能够及时了解员工在绩效目标实施过程中可以提升的业绩空间以及员工在实施过程中的需求和期望;另一方面，也有利于员工及时地反馈工作进度，从上级管理者那里得到必要的帮助，从而更好、更快的实现绩效目标。

反之，当绩效目标在实施过程中向不利的方向发展时，持续有效的绩效沟通更是发挥着不可替代的作用。对企业来讲，它可以有效的降低负面影响，及时地阻止损失不断上升，甚至于全面清除对企业的负面影响和损失，起到重新提升企业整体业绩的重要作用;对员工来讲，有效的沟通有助于员工改进工作方法，提高工作业绩，为企业整体业绩的提升贡献力量。同样的，绩效沟通对员工来讲也有着重要意义，这主要体现在以下方面:

第一，明确绩效目标，提高员工满意度

通过双向互动的绩效沟通，管理者与员工达成了一致的绩效目标，员工对绩效目标有了更加全面具体的认识，并产生了认同感，从而使员工体会到工作的意义和乐趣，最大限度地激发了员工的工作热情，提高员工的满意度。

第二，及时解决问题，确保工作的动态性

在绩效辅导阶段进行持续不断的沟通，管理者可以掌握员工的目标完成状况，及时协助员工解决工作中存在的问题，使目标的执行始终沿着双方期望的方向进行。绩效沟通能够使企业根据环境的变化，对绩效目标和任务做出相应的调整，从而保证整个工作过程的动态性和有效性。

第三，接纳考核结果，形成良性绩效管理循环

通过绩效管理过程中的信息反馈，员工可以得到自己在工作中的绩效信息，从而及时地进行绩效改进。通过有效的绩效沟通，可以使员工充分认识到自己在企业中担任的角色和其对企业发展的重要作用，消除与管理者之间的误会和隔阂，树立为组织绩效目标努力工作的信念。同时，通过绩效沟通，管理者也可以随时了解绩效管理实施情况和工作进展，及时发现问题、解决问题，保证绩效管理的顺利进行，最终形成良性的绩效管理循环。

总之，离开了绩效沟通的绩效管理是不可能取得成功的。因为只有充分认识绩效管理的实质和目标，并且考虑到组织的实际情况和组织成员的意见，才能够最大程度地消除绩效管理的障碍，使绩效管理得到有效的实施。

第二节　绩效信息的收集

一、信息收集的方法

信息记录和收集是绩效管理的一项基础工作，做好这项工作对于监控绩效实施情况将发挥重要作用，收集绩效信息的方法有工作记录法、定期抽查法、检查扣分法、关键事件记录法等。

对于生产、销售、服务的数量、质量、时限等指标，按照规定由相关人员填写原始记录单，并定期进行汇总统计获得绩效考核的有关信息，这是工作记录法。为了保证上述信息的真实有效性，管理者可以对上述信息进行抽查，保证记录的真实性，这是定期抽查法。

检查扣分法是针对关键业绩指标中出现的错误进行扣分事项进行检查登记，发现一次，记录一次，以便为期末绩效考核提供原始信息。

关键事件记录法是针对员工特别突出或异常失误的情况进行记录，关键事件的记录有助于管理者对员工的突出业绩进行及时的激励，对员工存在的问题进行及时的反馈和纠偏。

二、信息收集的内容

信息收集不可能将员工所有的绩效表现都记录下来，应该确保所收集的信息与关键业绩指标密切联系。从信息来源不同，信息可以分为以下几种：(1)来自业绩记录信息，例如，工作目标或工作任务完成情况的信息；(2)管理者观察到的信息，例如，工作绩效优异或低下的突出行为表现；(3)以及来自其他人评价的信息，例如，客户反馈的积极(消极)信息等。

为了使绩效数据收集制度化，人力资源部门汇总各个部门提供的考核指标信息，在绩效期末，相关部门应该及时提供相关信息，保证绩效考核的顺利进行。

三、绩效信息收集注意事项

1. 员工应该参与信息收集的过程

绩效管理主要目的是为了提高员工的工作绩效，是管理者和员工共同的责任，因此员工应该自己收集相关绩效信息或者参与相关信息的收集过程。员工参与了信息收集过程，一方面可以及时对工作进行调整，以利于绩效目标的完成；另外管理者依据员工参与收集的信息与员工进行沟通的时候，他们会容易接受这些事实。

对于某些信息，可以由员工自己收集记录，最后报管理者抽查审核；还有一些信息是管理者发现并掌握的，例如工作出现差错等信息，这时管理者应及时将这些信息向相关员工进行通报，一方面对员工的工作及时进行辅导纠正，另一方面绩效期末员工也易于接受这些绩效信息。

2. 要有目的的收集信息

信息收集是一项耗时、费力的工作，要占用大量的人力、物力和时间，因此一定要搜集那些对绩效管理非常有必要的信息；而有些过程中的信息，我们可以不去关注过程而直接关注最终结果。信息收集可以针对关键业绩指标中的相关内容组织相关人员进行记录、收集。

3. 抽查是核对信息真实性的好办法

很多信息是员工自己记录的，而且管理者也没有太多的时间精力来做信息的记录与收集工作，因此员工在做工作记录或收集绩效信息的时候往往会有选择的记录和收集信息，甚至会提供虚假信息。制约员工这种行为倾向的好办法就是抽查，而且对抽查中发现员工故意提供虚假信息的行为要进行严厉的惩罚。

4. 信息记录应把事实与推测区分开来

应该记录事实的绩效信息，而不应记录对事实的推测。通过观察可以记录员工的行为，但行为背后的动机和原因往往是推测的，很可能是不可靠的。例如，员工近期工作经常迟到、早退，而且效率低下，不能按期完成任务。上述内容就是事实记录，但是如果进行推测记录员工积极性降低、业务水平不高就是简单推测，因为很有可能是因为其它原因。

第三节　绩效管理过程控制中的误区

绩效管理不但需要有前期的绩效计划、绩效指标的确立，和后期的绩效反馈，其间的绩效控制起着承上启下的重要作用。没有对绩效管理的过程进行周密、认真地控制，前期所做的绩效计划必然付之东流，而绩效反馈也就无从谈起。但在现阶段，许多实施绩效管理的企业仅仅是做一些绩效计划，在绩效实施过程中又急功近利，缺乏记录，沟通不足，导致缺乏控制而使得绩效管理的成果付之东流。

(一)过于强调近期绩效

如果一个管理者不是收集整个评估阶段的资料，发生在早期的事情会被其淡忘，这样管理者将会把测评的着眼点放在近一两个月员工的绩效表现上。

不是说管理者有忘记前几个月之前发生的事情的倾向。事实上，员工自己也是更容易记得发生在一两个月之内的事而非十个月之前的事，或者他们把“遥远的”过去看得已不相干，毫无疑问，这种倾向会导致不准确的评估。

另外，如果碰巧员工在绩效评估将要结束时遇到一些困难，而管理者在年初没有对他们的绩效给予足够的重视，这也是引起评估不准确的原因。在这两种情况下，管理者过分强调某个特定时间，这会产生误会。

能够抵消这种心理倾向的唯一方法就是管理者在一年中认真记录，然后根据记录对员工进行评估，而不是仅仅通过员工近期表现来评估。具有挑战性的是知道要寻找什么，以及采取什么方法在整个评估周期内收集并记录信息。

(二)误解或混淆绩效标准

即使已经制定了一套清晰的绩效标准，管理者也明白对每位员工的期望是什么，但是员工可能不理解这些标准，因为管理者没有把标准正确地解释给员工。在这种情况下员工很容易误解或混淆原来的绩效标准。

如果在绩效考核的过程中，用来评估员工的标准没有对员工进行很好的解释说明，那么年末的评估结果即使是正确的，也会被认为是不公平的。有些员工感觉被欺骗，大多数员工不可能很好地完成工作，也会被认为是不公平的。有些员工感觉被欺骗，大多数员工不可能很好地完成工作，因为没有一个明确的目标来指引他们。好的管理者在一年中要对其员工进行培训、指导、监督并使其能力得到提升。为员工制定出明确的目标和清晰的标准，使他们把目标牢记在心，而这些并不难做到，只是需要多做一些工作。

（三）根据自我感觉，感情用事

管理者自己的感觉与员工的绩效或行为是相关联的。一般情况，管理者都会对员工的能力如何、工作努力程度如何有个整体感觉，这是没有错的，但是，这些感觉从其本质上来讲是不可靠的，严格意义上来讲站不住脚的。在对员工反馈中没有太多用处。管理者应该说出这样的话，"我不认为你在工作中尽了全力，这有证据，事实上你并没有达到我们在年初制定的工作标准。"

必须有足够的证据去支持感觉，否则，员工将对管理者做出的结论产生质疑，尤其是员工甚至不知道考核者在说什么。事实上，即使自我感觉是正确的，它也不会带来任何益处。有时，通过证据，员工的一些不正确的自我感觉会自然被事实修正。

（四）缺少足够的、清晰的绩效记录资料

很显然，管理者若不是希望靠直觉和记忆去评估，那么充分的证明文件将是必不可少的。出现没有书面证明的错误大都是因为以下两个原因：

一是管理者常常没有时间和精力去关心那些琐事，因为发生在一年里的绩效评估远不如最近发生的事重要。从这方面说，绩效评估与别的工作一样需要注意细节并进行认真记录。

二是管理者对绩效评估过程是一个整体这点不清楚。他们不愿意对员工的不佳表现做记录，即使他们会毫不犹豫地去和员工谈他工作中所出现的问题。他们总是想："为什么要记下来？为什么要让他一直呆在员工记录中，只要员工不离开这个企业，它将会一直伴随着员工？"问这些问题就相当于问绩效评估是否有必要进行。

我们对这些问题的意见是，事实上对员工优缺点做出准确记录的绩效记录会比那些有意识忽略缺点的记录更公平、更准确，它也是制定员工职业发展规划所必须的。

管理者在根据绩效评估暂停一个员工的工作之前，应该考虑这个结果可能对组织内其他员工产生的影响。很显然，如果不严格区分符合要求的绩效表现和不符合要求的绩效表现，那么对其他员工是很不公平的。毫无疑问，如果一个员工因"不能胜任"工作而被解雇，然后以此与公司对簿公堂，一个准确的绩效记录是非常重要的。假设一个管理者发现应该对某个员工的行为给以纪律处分，如果绩效记录中只有这个员工在过去三四年中"很有效"或"很成功"的记录，那么管理者该如何让处分合理化呢？

不完整的绩效记录文件也可能阻碍一个员工的晋升。如果组织中有一个晋升的机会，那么部门管理者会查看每个候选人的材料。如果员工的特点没被清晰和准确地记录在文件中，那么他或她可能不会被考虑。

（五）管理者说得太多

有人会说，绩效评估讨论的要点不是让员工知道他或她做得如何，所以就应该管理者说得多一些。事实上，如果管理者想充分利用讨论并从中得到更多东西，他不只需要说，还需要听。讨论是一个了解绩效问题产生根源的机会，并使评估更有激励作用。管理者需要知道员工的感觉，并仔细倾听员工的心声，所以管理者需要具备好的访谈和演讲技能。

如果管理者说得太多，那么他对员工能了解多少呢？绩效评估过程也同样如此。如果你说得太多，就只是在做总结。如果你能够让员工给予回应，可能会发现员工只是勉强同意或接受你的意见，其实他或她并不愿去听。你可以得到员工对他行为的解释，然后你可以一起制定让双方都满意的计划。因此，管理者需要员工的参与，让员工说得更多而不是更少。

（六）没有足够的时间进行讨论

如果只是制作一些表格然后逐字地读给员工，或把表格发下去，然后说："请阅读这些表格并填好。"当然，这种绩效评估不会花很多时间，省时省力，但效果可想而知。如果绩效管理或评估系统希望成功地发展员工，就需要去帮助他们提高当前的工作水平，应该腾出足够的时间去深入地讨论员工的绩效表现，就评估的含义与员工进行双向对话，而不是仅仅给员工一个评估的结果。

（七）缺少后续行动和计划

作为一个管理者，如果已经做好了每件事情，但没有后续行动和计划，也很难实现目标。绩效控制是环环相扣的，为管理别人的绩效（或当一个人正在考虑他自己的绩效时）制定一项提高绩效的计划（最好是书面形式的）是非常重要的。还应该制定另外一项计划去帮助员工提高他们的其他能力，使员工为将来的挑战做好充分准备。

案例分析

如何做好持续不断的有效沟通

事件1

小李是公司新任的市场部经理，个人业务能力很强，刚上任就根据公司的要求制定好了每个员工的销售指标，并通过口头或书面通知了他们，要求他们在规定的时间内完成。之后，他就不再过问员工的工作情况，只等到考核期末时再考核员工的业绩。从刚开始的几个月看，市场部的销售业绩比较稳定，然而员工的工作满意度不断下降，有一部分员工还有离职倾向。原因是他们觉得销售指标定得不合理，在工作中没有获得应有的关心和认可，遇到困难也得不到相应的帮助。小李却认为，管理者主要的工作就是分配任务和检查结果，对于中间的过程则不应过多干预。

事件2

小张自担任公司人力资源部经理以来，很重视绩效考核结果的反馈。他一改该公司原先的绩效考核结果不公开的做法，年末将考核分数反馈给员工，让员工知道考核成绩是进步还落后，同时也让员工知道自己离公司要求的差距还有多少，希望提高员工的努力程度。但是，该机制运行一段时间后，并没有起到积极作用，反而使员工之间相互攀比，不满情绪不断滋生，有一部分考核成绩比较低的员工则直接跑到人力资源部质问由来，小张陷入了苦恼之中。

问题：上面两个公司的问题究竟出在哪里？

本章小结

传统意义上的考核，组织往往单纯依赖定期的、既成的绩效考核方法，考核更多的是关注结果和形式，忽略了对过程的控制和督导，而这种不问过程的考核会带来很多弊病，这就要求无论是管理者还是员工都需要进行持续的沟通。

在绩效管理方面，沟通是企业与员工共同发展的前提。绩效管理是一个持续沟通的过程，绩效管理意味着企业管理者和员工之间持续的双向沟通，沟通的成败直接影响到绩效管理结果的成败，因此，绩效沟通是绩效管理的重中之重。为使绩效沟通真实有效，就需要管理者和员工掌握相应的信息，在搜集信息时应注意员工应该参与信息搜集的过程，并保证信息搜集的真实有效。管理者掌握足够的信息，在进行绩效沟通的过程中才能做到有的放矢，在整个的绩效管理过程中才能避免出现误区。

思考题：

1. 绩效沟通的方式有几种，各种方式的优缺点是什么？
2. 绩效沟通的作用是什么？
3. 收集信息的方法有哪几种？
4. 绩效管理与实施中的常见误区有哪些？

第六章 绩效考核

▶本章学习要点

1. 掌握考核方法的分类
2. 掌握排序法的分类
3. 掌握行为锚定评价量表法
4. 掌握图尺度量表法的使用
5. 掌握绩效考核中常见的问题
6. 掌握如何提高绩效考核的有效性

导入案例

这种考核方法为什么行不通?

某公司又到了年终绩效考核的时候了，从主管人员到员工每个人都忐忑不安。公司采用的是强迫分布式的末位淘汰制，到年底，根据员工的表现，将每个部门的员工划分为 *A*、*B*、*C*、*D*、*E* 五个等级，分别占 10%、20%、40%、20%、10%，如果员工有一次被排在最后一级，工资降一级;如果有两次排在最后一级，则下岗进行培训(培训期间只领取基本生活费)，培训后根据考察的结果再决定是否上岗;如果上岗后还排在最后一级，则被淘汰。主管人员与员工对这种绩效考核方法都很有意见。财务部主管老高每年都为此煞费苦心，该部门是职能部门，大家都没什么错误，工作都完成得很好，把谁评为 *E* 档都不合适。去年，小田因家里有事请了几天假，有几次迟到了，但是也没有耽误工作，老高没办法只好把小田报上去了，为此小田到现在还耿耿于怀。今年又该把谁报上去呢? 本章主要讲述绩效考核技术和方法，通过本章的学习，掌握科学的绩效考核方法就不会出现老高那样的困局。

第一节 绩效考核技术

尽管绩效管理的思想日益得到重视，但是在整个循环的过程中，如何进行绩效考核，即如何就员工的绩效表现进行评价，依然是绩效管理的重点和关键。绩效考核在整个绩效管理循环中发挥着重要作用，没有绩效考核，也就没有绩效考核结果，也无法对员工过去的绩效表现进行总结，发现过去工作中存在的问题，以及找到改善绩效的方法，明确绩效考核的重要性，有助于员工和管理者正视绩效考核，并以积极的态度参与这项工作。另外，绩效考核是与组织的战略相连的，它的有效实施将有利于把员工的行为统摄和导向到战略目标上来。整个绩效考核体系的有效性还对组织整合人力资源、协调控制员工关系具有重要意义。不准确或不符合实际的绩效考核可能不会起到真正的积极的激励效果，反而会给组织人力资源管理带来重重障碍，使员工关系紧张、团队精神遭到损害。因此不论是管理者还是员工，都应该看到绩效考核的意义所在。

一、绩效考核技术

(一)排序法

排序法是指根据被评估员工的工作绩效进行比较，从而确定每一员工的相对等级或名次。等级或名次可从优至劣或由劣到优排列。比较标准可根据员工绩效的某一方面(如:出勤率、事故率、优质品率)确定，一般情况下是根据员工的总体工作绩效进行综合比较。

排序法简单、明确，易于理解和执行，对于某个因素上绩效有问题的员工，可以作为在该方面培训的对象。排序法可分为简单排序法和交替排序法。

1. 简单排序法

简单排序法也称序列评定法，是指管理者把本部门的所有员工从绩效最高者到绩效最低者(或从最好者到最差者)进行排序，即对一批考核对象按照一定标准排出“1、2、3、4……”的顺序。

该方法也应用在工作评价上，由负责工作评价的人员，根据其对企业各项工作的经验认识和主观判断，对各项工作在企业中的相对价值进行整体的比较，并加以排队。在对各项工作进行比较排序时，一般要求工作评价人员综合考虑以下各项因素:工作职责、工作权限、岗位资格、工作条件、工作环境等。权衡各项工作在各项因素上的轻重程度并排定顺序后，将其划入不同的工资等级内。

简单排序法简便易行，具有一定的可信性，可以完全避免趋中倾向或宽严误差;但是考核的人数不能过多，以 5 ~ 15 人为宜，而且只适用于考核同类职务的人员，应用范围受限，不适合在跨部门人事调整方面应用。

2. 交替排序法

交替排序法则是指管理者对被评估员工的名单进行审查后，从中找出工作绩效最好的员工列为第一名，并将其的名字从名单上划去。然后从剩下的名单中找出工作绩效最差的员工排为最后一名，也把其名字从名单中划去。随后，在剩下的员工中管理者再找出一名工作绩效最好的员工将其排为第二名，找出一名最差的员工列为倒数第二名，以此类推，直到将所有的员工排序完。

(二)配对比较法

配对比较法也称相互比较法、两两比较法、成对比较法或相对比较法。就是将所有要进行评价的职务列在一起，两两配对比较，其价值较高者可得 1 分，最后将各职务所得分数相加，其中分数最高者即等级最高者，按分数高低顺序将职务进行排列，即可划定职务等级，由于两种职务的困难性对比不是十分容易，所以在评价时要格外小心。

配对比较法使得排序型的工作绩效评价法变得更为有效。其基本的作法是:将每一位雇员按照所有的评价要素与所有其他雇员进行比较。在运用配对比较法时首先要列出一个如图

6-1 这样的表格，其中要标明所有需要被评价的雇员姓名及需要评价的所有工作要素。然后将所有雇员依据某一类要素进行配对比较，然后用加和减也就是好和差标明谁好一些，谁差一些。最后，将每一位雇员得到的好的次数相加。

表 6-1　　配对比较法操作示意图

被比较 / 比较职务	A	B	C	D	E	F	G	得分合计
A		1	1	0	1	1	1	5
B	0		0	0	1	0	1	2
C	0	1		0	1	1	1	4
D	1	1	1		1	1	1	6
E	0	0	0	0		0	0	0
F	0	1	0	0	1		1	3
G	0	0	0	0	1	0		1

配对比较次数的一般表达公式为：

比较次数 $= n(n-1) \div 2$（$n =$ 被评估员工总人数）

假定需要对 5 位员工（A、B、C、D、E）进行绩效评估，在运用配对比较法时，应按每一绩效评估要素列出一个表格来，其中要标明所有需要被评估员工的姓名以及需要评估的所有工作要素，然后将所有员工根据某一类要素进行配对比较，再用“好”和“差”标明谁好一些，谁差一些，最后将每一位员工得到的“好”的次数相加。

配对比较法的优点是员工之间谁做得好比较一目了然，缺点是如果只比较其中的一项因素，会有很大的局限性而且很可能带有上级的倾向性，很难客观公正，所以这一方法也很少被单独使用。

（三）强制分布法

强制分布法也称为“强制正态分布法”、“硬性分配法”，该方法是根据正态分布原理，即俗称的“中间大、两头小”的分布规律，预先确定评价等级以及各等级在总数中所占的百分比，然后按照被考核者绩效的优劣程度将其列入其中某一等级。

为了克服强制正态分布考评方法的缺陷，同时也将员工的个人激励与集体激励更好地结合起来，可以使用团体考评制度以改进硬性分配的效果。实施这种考评方法的基本步骤：

第一步，确定 A、B、C、D 和 E 各个评定等级的奖金分配的点数，各个等级之间点数的差别应该具有充分的激励效果。

第二步，由每个部门的每个员工根据业绩考核的标准，对自己以外的所有其他员工进行百分制的评分。

第三步，对称地去掉若干个最高分和最低分，求出每个员工的平均分。

第四步，将部门中所有员工的平均分加总，再除以部门的员工人数，计算出部门所有员工的业绩考核平均分。

第五步，用每位员工的平均分除以部门的平均分，就可以得到一个标准化的考评得分。

那些标准分为1(或接近)的员工应得到中等的考评,而那些标准分明显大于1的员工应得到良甚至优的考评,而那些考评标准分明显低于1的员工应得到及格甚至不及格的考评。在某些企业中,为了强化管理人员的权威,可以将员工团体考评结果与管理人员的考评结果的加权平均值作为员工最终的考评结果。但是需要注意的是,管理人员的权重不应该过大。各个考评等级之间的数值界限可以由管理人员根据过去员工业绩考核结果的离散程度来确定。这种计算标准分的方法可以合理地确定被考核的员工的业绩考评结果的分布形式。

第六步,根据每位员工的考评等级所对应的奖金分配点数,计算部门的奖金总点数,然后结合可以分配的奖金总额,计算每个奖金点数对应的金额,并得出每位员工应该得到的奖金数额。其中,各个部门的奖金分配总额是根据各个部门的主要管理人员进行相互考评的结果来确定的。

为了鼓励每位员工确保客观准确地考评自己的同事,最终结果的排列次序最接近的若干名员工应该得到提升考评等级同等形式的奖励。另外,员工的考评结果不应在考评当期公开,同时,奖金发放也应秘密给付,以保证员工的情绪。但是各个部门的考评结果应该是公开的,以促进部门之间的良性竞争。

强制分布法优点:

1. 等级清晰、操作简便。等级划分清晰,不同的等级赋予不同的含义,区别显著;并且,只需要确定各层级比例,简单计算即可得出结果。

2. 刺激性强。“强制分布法”常常与员工的奖惩联系在一起。对绩效“优秀”的重奖,绩效“较差”的重罚,强烈的正负激励同时运用,给人以强烈刺激。

3. 强制区分。由于必须在员工中按比例区分出等级,会有效避免评估中过严或过松等一边倒的现象。

强制分布法缺点:

1. 如果员工的业绩水平事实上不遵从所设定分布样式,那么按照考评者的设想对员工进行硬性区别容易引起员工不满。

2. 只能把员工分为有限的几种类别,难以具体比较员工差别,也不能在诊断工作问题时提供准确可靠的信息。

3. 个别组织为了应对强制分布法,想出办法就是“轮流坐庄”,“老好人”战略,这样不能体现强制分布法的真正用意。

(四)图尺度评价量表法

图尺度评价量表法是绩效评价中最简单和运用最普遍的方法。它是以表格的形式列举出了一些绩效构成要素,如工作质量、生产效率、勤勉性、独立性等。此外,还需列举出跨越范围很宽的工作绩效等级,如杰出(在所有各方面的绩效都十分突出)、很好(工作绩效的大多数方面明显超出职位的要求)、好(绩效水平达到了工作标准)、需要改进(在绩效的某一方面有缺陷)、不满意(工作绩效水平无法让人接受)。

在进行工作绩效评价时,首先针对每一位下属雇员从每一项评价要素中找出最能符合其绩效状况的分数。然后将每一位雇员所得到的所有分值相加,即得到其最终的工作绩效评价结果。

许多企业在实际应用中,不仅仅停留在一般性绩效要素的评价上,而是依照工作职责进行进一步分解。如将秘书工作分解为打字、接待、工作安排、文件管理、办公室一般事务等内容,而每一项内容又是十分具体的,如打字的速度是每分钟多少。然后,对每一项职责的工作情况进行分级或打分。

表6－2是一个比较典型的图尺度绩效考核法的应用，在使用图尺度评价量表设计的考核表格中，列出了绩效构成的考核要素，同时对工作绩效进行了分级，从“优秀”、“良好”、“合格”、“有待改进”到“差”。这五个等级对应的分数分别是“5分”、“4分”、“3分”、“2分”和“1分”。

表6－2　　图尺度评价量表法

工作绩效考核		
员工姓名：　　　　　岗位名称：		
部门：		
绩效考核原因：季度理性考核　年度理性考核　使用期结束　绩效不佳　晋升　其他		
员工任现职时间：		
说明：请根据员工岗位的要求，对照员工在工作岗位的实际表现认真进行考核。请仔细阅读所有绩效等级的说明，然后为员工的每个绩效考核要素评出一个分数。所有考核要素的分数经过平均，就是绩效考核的总分数。		
评价等级说明： 优秀（5分）工作所有方面的绩效都非常突出，大大超过要求的工作标准 良好（4分）工作所有方面的绩效比较突出，多数超过工作标准 合格（3分）工作所有方面的绩效都达到合格标准要求 有待改进（2分）工作绩效有的方面存在缺陷，需要改进 差（1分）工作绩效多方面都存在缺陷，达不到合格要求，基本不能胜任当前工作		
一般工作考核要素	评价尺度	考核实施依据或评语
1. 工作质量	优秀	
工作的准确性、任务完成率	良好	
	合格	
	有待改进	
	差	
2. 生产率	优秀	
在本考核期间所产生的产品数量和效率	良好	
	合格	
	有待改进	
	差	
3. 工作知识	优秀	
	良好	
	合格	
	有待改进	
	差	
4. 独立性	优秀	
	良好	
	合格	
	有待改进	
	差	

在有的公司，绩效考核是以岗位为基础进行的，使用图尺度评价量表法进行绩效考核，绩效考核要素的具体内容就是工作职责的内容。而且各个考核要素被赋予了一定的权重，考核总分数是各要素得分计算加权平均获得的。类似的图尺度绩效考核法的应用如表6－3所示。

表6－3　图尺度评价量表法

岗位名称:秘书		部门:办公室	
工作职责与内容	权重	评价等级分数	评语
撰写公文和应用文: 负责撰写报告、请示、计划、信函等各式公文集总结等应用文稿的写作，并对相关人员撰写的公文进行审查	60%	5 4 3 2 1	
处理有关来信、来电: 负责上级下发的各类公文信件的等级、存档、上传下达，以及各类来电的处理、记录、通知	10%	5 4 3 2 1	
会议召集与记录: 协助各种会议的召集，记录会议内容，就会议精神上传或者下达到相关部门、岗位	10%	5 4 3 2 1	
准备宣传材料: 搞好企业形象设计、宣传策划，包括准备、整理信息资料，以及重要事件文件的存档工作，并协助准备宣传用图像资料	20%	5 4 3 2 1	

图尺度评价量表法的变式很多，有的设计时留出空白处，让评价者填写绩效考核的事实依据，有的则没有。有的考核表采用5分值，有的则采用7分制。为了计算方便和便于理解，人们通常将评价的原始总分转变成百分制分数，有的则在考核表中直接给出原始分对应的百分制分数范围，让评分者直接按照百分制评出绩效分数。

图尺度评价量表法的特征是：列出绩效考核的维度或者考核要素，并给出评价尺度。图尺度评价量表法假设不同评价等级是等距的，所以，图尺度评价量表法的评价尺度可以被视为等距量表，评价等级分数可以进行加减乘除计算。

图尺度评价量表使用起来较为方便；能为每一位雇员提供一种定量化的绩效评价结果。通过绩效管理，组织能够科学准确地评价各个部门和员工的价值贡献，据此确定薪酬分配和激励措施。经过多年的发展，绩效管理系统的理论和各种工具、方案都比较成熟。图尺度评价量表法最大的不足是不能够有效地指导行为，它只能给出考评的结果而无法提供解决问题的方法。它不能提供一个良好的机制以提供具体的、非威胁性的反馈。这种方法的准确性不高。由于评价量表上的分数未给出明确的评分标准，所以很可能得不到准确的评定，常常凭主观来考评。

注意事项：

一是注意在用图尺度评价法使用中缺乏明确的工作绩效评价标准。没有绩效评价标准，只能凭主管人员的主观的印象或感觉，这就很难得到客观的工作绩效评价结果。

二是注意使用图尺度评价法对工作绩效评价标准可操作性差或主观性太强。工作绩效评价标准应当建立在对工作进行分析的基础之上，只有这样才能确保绩效评价标准是与实际工作密切相关的。

三是注意工作绩效评价标准的可衡量性太差。工作绩效评价如果要具有客观性和可比性，就必须使实际绩效相对于标准的进展程度或者标准的完成情况是可以衡量的。可以衡量的绩效标准既包括数量上的标准，也包括质量上的标准，如秘书的打字速度从数量上是每分钟多少个，从质量上应规定差错率是多少。

（五）关键事件法

关键事件法是由美国学者福莱·诺格（*John C. Flanagan*）和伯恩斯（*Baras*）在1954年共同创立的的，它是由上级主管者纪录员工平时工作中的关键事件：一种是做的特别好的，一种是做的不好的。在预定的时间，通常是半年或一年之后，利用积累的纪录，由主管者与被测评者讨论相关事件，为测评提供依据。它包含了三个重点：

第一，观察；

第二，书面记录员工所做的事情；

第三，记录有关工作成败的关键性的事实。

其主要原则是认定员工与职务有关的行为，并选择其中最重要、最关键的部分来评定其结果。它首先从领导、员工或其他熟悉职务的人那里收集一系列职务行为的事件，然后，描述"特别好"或"特别坏"的职务绩效。这种方法考虑了职务的动态特点和静态特点。对每一事件的描述内容，包括：

1. 导致事件发生的原因和背景；
2. 员工的特别有效或多余的行为；
3. 关键行为的后果；

4. 员工自己能否支配或控制上述后果。

在大量收集这些关键事件以后，可以对他们做出分类，并总结出职务的关键特征和行为要求。关键事件法既能获得有关职务的静态信息，也可以了解职务的动态特点。

依据 *STAR* 原则记录关键事件，可以有效把握关键事件的本质和核心。*STAR* 原则是由四个英文单词的第一个字母表示的一种方法，由于 *STAR* 英文翻译后是星星的意思，所以又叫“星星原则”。星星就像一个十字形，分成四个角，记录一个关键事件也要从四个方面来进行：“*S*”是 *Situation*——情境，记录事件发生的情境；“*T*”是 *Target*——目标，记录事件发生的原因和目标；“*A*”是 *Action*——行动，记录员工当时所采取的行为；“*R*”是 *Result*——结果，记录员工行为所导致的后果

（六）行为锚定评价量表法

行为锚定评价量表法是以图尺度评价量表法和关键行为事件法为基础开发出来的考核方法。在关键行为事件法中，绩效考核的内容仅仅涉及特别好的积极工作和特别差的消极工作行为。而在行为锚定评价量表法中，考核量表不仅包括极端行为，还包括中间层次的行为，这样，每个考核维度都包含从最高绩效的优秀行为到一般绩效的中间行为，直至不良绩效的不适当行为。而且，每个行为层次都给予一个分数。如图 6－1 所示。

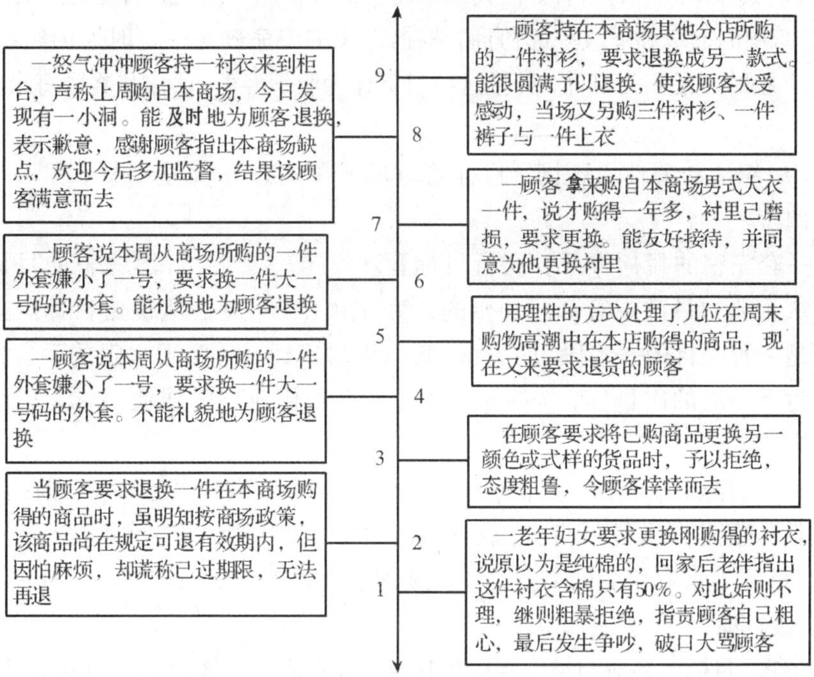

图 6－1　考评商场售货员处理顾客退货行为的锚定量表

为了设计行为锚定考核方法，首先要识别考核维度，搜集大量有代表性的优秀工作行为和无效工作行为的关键事件，然后根据这些关键事件对工作行为的描述，确定不同的绩效水平。

考核工具设计好之后，管理者的任务就是根据每个绩效维度来观察员工的行为表现，然后确定每个绩效维度中哪些关键事件与员工的行为最相符。

行为锚定评价量表的优点是：通过全面、准确的绩效维度的定义来提高绩效考核的信度，绩效考核结果反馈的信息非常明确，员工清楚地知道自己的表现有什么不足以及今后的努力方向。

（七）目标管理法

“目标管理”的概念是管理专家彼得·德鲁克（*Peter Drucker*）1954 年在其名著《管理实践》中最先提出的，其后他又提出“目标管理和自我控制”的主张。德鲁克认为，并不是有了工作才有目标，而是相反，有了目标才能确定每个人的工作。所以“企业的使命和任务，必须转化为目标”，如果一个领域没有目标，这个领域的工作必然被忽视。因此管理者应该通过目标对下级进行管理，当组织最高层管理者确定了组织目标后，必须对其进行有效分解，转变成各个部门以及个人的分目标，管理者根据分目标的完成情况对下级进行考核、评价和奖惩。

目标管理提出以后，便在美国迅速流传。时值第二次世界大战后西方经济由恢复转向迅速发展的时期，企业急需采用新的方法调动员工积极性以提高竞争能力，目标管理的出现可谓应运而生，遂被广泛应用，并很快为日本、西欧国家的企业所仿效，在世界管理界大行其道。

目标管理的具体形式各种各样，但其基本内容是一样的。所谓目标管理乃是一种程序或过程，它使组织中的上级和下级一起协商，根据组织的使命确定一定时期内组织的总目标，由此决定上、下级的责任和分目标，并把这些目标作为组织经营、评估和奖励每个单位和个人贡献的标准。

由于各个组织活动的性质不同，目标管理的步骤可以不完全一样，但一般来说，可以分为以下四步。

1. 建立一套完整的目标体系。实行目标管理，首先要建立一套完整的目标体系。这项工作总是从企业的最高主管部门开始的，然后由上而下地逐级确定目标。上下级的目标之间通常是一种“目的—手段”的关系；某一级的目标，需要用一定的手段来实现，这些手段就成为下一级的次目标，按级顺推下去，直到作业层的作业目标，从而构成一种锁链式的目标体系。

制定目标的工作如同所有其他计划工作一样，非常需要事先拟定和宣传前提条件。这是一些指导方针，如果指导方针不明确，就不可能希望下级主管人员会制定出合理的目标来。此外，制定目标应当采取协商的方式，应当鼓励下级主管人员根据基本方针拟定自己的目标，然后由上级批准。

2. 明确责任。目标体系应与组织结构相吻合，从而使每个部门都有明确的目标，每个目标都有人明确负责。然而，组织结构往往不是按组织在一定时期的目标而建立的，因此，在按逻辑展开目标和按组织结构展开目标之间，时常会存在差异。其表现是，有时从逻辑上看，一个重要的分目标却找不到对此负全面责任的管理部门，而组织中的有些部门却很难为其确定重要的目标。这种情况的反复出现，可能最终导致对组织结构的调整。从这个意义上说，目标管理还有助于搞清组织机构的作用。

3. 组织实施。目标既定，主管人员就应放手把权力交给下级成员，而自己去抓重点的综合性管理。完成目标主要靠执行者的自我控制。如果在明确了目标之后，作为上级主管人员还像从前那样事必躬亲，便违背了目标管理的主旨，不能获得目标管理的效果。当然，这并不是说，上级在确定目标后就可以撒手不管了。上级的管理应主要表现在指导、协助。提出问题，提供情报以及创造良好的工作环境方面。

4. 检查和评价。对各级目标的完成情况，要事先规定出期限，定期进行检查。检查的方法可灵活地采用自检、互检和责成专门的部门进行检查。检查的依据就是事先确定的目标。对于最终结果，应当根据目标进行评价，并根据评价结果进行奖罚。经过评价，使得目标管理进入下一轮循环过程。

目标管理法的优点是：目标管理法的评价标准直接反映员工的工作内容，结果易于观测，所以很少出现评价失误，也适合对员工提供建议，进行反馈和辅导。由于目标管理的过程是员工共同参与的过程，因此，员工工作积极性大为提高，增强了责任心和事业心。目标管理有助于改进组织结构的职责分工。由于组织目标的成果和责任力图划归一个职位或部门，容易发现授权不足与职责不清等缺陷。

目标管理法的缺点是：目标管理法没有在不同部门，不同员工之间设立统一目标，因此难以对员工和不同部门之间的工作绩效横向比较，不能为以后的晋升决策提供依据。

第二节　绩效考核中常见的误区及其控制

由于绩效考核对企业发展具有极其重要的促进作用，很多企业都将这一机制引入到了自己的管理实践中，以期实现对人力资源的充分开发和利用。但是在具体的实施过程中，相当一部分企业绩效考核实施的效果却不是很理想，并没有达到预期的目的。国务院发展研究中心企业研究所做了一项调查，调查报告显示，只有72.2%的企业建立了定期的绩效考核制度，实施人员绩效考核的企业比例为67.3%，其中约一半（占总体32.7%）执行不力，考核效果也不理想。在1044家实施人员绩效考核企业中，59.1%的企业选择效果“一般”，选择“非常好”和“很好”的比例合计才20%，选择考核效果“非常好”的企业只有18家，占1.7%。

一、绩效考核中常见的误区

（一）绩效考核标准不清

工作绩效考核标准不清是造成绩效考核工具失效的常见原因之一。表6－4是某网络公司技术部员工年度评估表，看上去似乎很客观，但它却很可能会导致不公正的评估。这是因为这张表对每一评估要素及其好坏程度的解释是开放式的，但是不同评估者可能会对“好”、“中”等绩效标准作出非常不同的解释。对于“工作质量”和“创造性”这些要素，不同评估者也同样会产生异议。

表 6－4　　技术部员工年度评估表

姓名		职位		评估周期		
直接上级		评估性质				
评估要素		评估等级				备注
		优	良	中	差	
工作成绩	工作质量					
	工作数量					
工作能力	知识、技能					
	判断力					
	沟通能力					
	创造力					
工作态度	积极性					
	协调性					
	合作性					
	责任性					
其他说明						

（二）晕轮效应

美国心理学家桑代克根据心理实验的结果发现，评定者对一个人进行评估时，往往会凭主观印象行事，从而使评估结果有偏高偏低的倾向，这种现象被称之为晕轮效应。什么叫晕轮效应？举一个面试中经常遇见的例子：一个女孩应聘总经理秘书，她穿了一身特别得体的套装，化着淡妆，微笑也适度，握手也那么合适。从一见面，对她就有一个感觉，具备专业的总经理秘书形象，这个亮点太亮了，就慢慢晕染，变成了一个光环，把她背后那些事实都给掩盖了。比如说，她应聘总经理秘书，但是她英语不太好，她的打字也不太快，计算机技巧也没有别人那么熟练。这一系列的事实都掩盖在这个光晕的后面了，这就叫晕轮效应。

绩效考评中，如果这个员工在考评期内有什么非常显著的缺点，比如说，一个月就迟到了三次，结果都让老板抓住了，你的老板会一想起你，就老记着你迟到三次。这个缺点太亮了，太突出，它就成了一个光晕，把你那些好事儿，经常加班加点工作，还开发了许多新客户，还有很多的创新等，都会被连续迟到这个晕环给罩住，经理的打分就偏了。这就叫晕轮效应。反过来如果你有什么优点太亮的话，也容易把你背后那些缺点罩住，经理给你的评分就会相应的提高。这也是晕轮效应。

（三）宽厚性误差与严厉性误差

在考评的过程中，有一个部门，这个经理手底下的人都得了 4 分，都表现这么好吗？怎么又有一个部门经理手底下的人都得 2 分，2. 5，2. 8 怎么全不达标啊？出现这种情况，是因为经理不一样。都得 4 分的是什么误区呀，手松，又叫心太软，换个专业点的名词叫宽厚性误差。手紧的，又叫心太硬，专业名词叫严厉性误差。

（四）近期行为偏见

在离考评期越近的时候，部门经理对员工所干的事儿记得越清楚。正常人也是这样，离我们最近的事儿我们记得最清楚，不管这个员工近期干了什么好事儿，还是不好的事儿，都记得特别清楚，这种误区叫“近期行为偏见”。

如果是个特别老练的员工，离考评期越近的时候，他在经理面前出现的频率越多。在走廊上看到他，在食堂里看到他，而且还经常推门去汇报工作。这时候当经理的要警惕一些，这个员工有可能是在表现自己，因为他知道，离考评期越近，他近期的表现经理记得越清楚。

（五）趋中趋势

又叫中趋势，什么意思呢？在绩效考评中，往往这个分数汇总到人力资源部，几乎所有的人都得三分，几乎所有人都得2.8，3.2，3.5，全扎堆，两头的分数非常少，大家的分全往中间集中，怎么回事儿？这就叫趋中趋势。为什么会有这个误区呢？是因为经理平常不关心员工，不照顾员工造成的。因为他平常不关心员工表现到底怎么样，也不看员工的行为表现，也不记工作日志，也不经常反馈，等考评期一到，他一想，坏了，这个员工表现我怎么什么都没印象啊，我怎么什么都不知道啊？这时候怎么办，只能凭着脑子里唯一的一点印象和平常的感觉给他打个三分，因为根本没有认真地观察，没有资格说他是优秀还是不及格。

（六）类似误差

类似误差是指评估者对和自己具有相似特征和专长的被评估者给予较高评估。比如，当评估者是一个急性子时，对也是急性子的员工的绩效给予较高的评估，对慢性子的员工的绩效评估较低，其实，性格的快慢与工作绩效没有必然的关系。

（七）中心化倾向

在确定评估等级时，许多管理人员都很容易有一种中心化倾向。这种倾向是指评估者对一组评估对象作出的评估结果相差不多，或者都集中在评估尺度的中心附近，导致评估成绩拉不开距离。例如，在图尺度量表法中，设计者规定了从第一等级到第五等级的五个评估等级。管理者很可能会避开较高的等级（第五等级）和较低的等级（第一等级），而将他们的大多数下属都评定在第二、第三、第四三个等级上。

（八）对照效应

对照效应是指把某一被评估者与其前一位被评估者进行对照，从而根据评估者的印象和偏爱而走出与被评估者实际工作情况有偏差的结论。例如，如果评估者接待的前一位被评估者，在评估者看来各方面表现都很出色，那么在对比之下，就可能会给后一位被评估者带来不利的影响。相反，如果前一位被评估者的工作业绩及表现很差，那么后一位被评估者就可能获得高分。心理学家认为，对照效应在评估中是广泛存在的，因为他是人们的一种心理现象。但对员工进行评估，因为涉及员工的自身利益，所以必须避免这些心理现象的产生，以保证评估误差缩小到最低限度。

因此，从上面种种问题中，我们不难看出，除了工作绩效评估标准不清，评估者的晕轮效应外，评估者的个人偏见也是影响评估结果的一个重要因素。

二、对绩效考核中误区的控制

（一）确定恰当的考核标准

考核指标要尽可能准确、明白，尽量使用量化等客观标准，以减少评估者主观的干扰。

（二）选择正确的考核方法

每一种考核方法都有其自身的优点和缺点，如排序法可避免居中倾向的出现，但在被评估者们工作成绩都很优秀的情况下，排序法则容易使被评估者产生不平衡的心理。所以一定要根据考核对象、考核目的等具体情况的不同，选择最有效的考核方法。

(三)选择恰当的考核时间

根据工作的特点选择适当的考核时间，考核时间对考核的质量也有着重要影响。一般而言，两次考核的间隔要适当，不宜过长也不要过短。因为工作考核的最主要目的是促进工作的发展，所以如果考核的间隔过长，则不利于及时发现和纠正问题，也不利于及时激励先进、鞭策后进。相反，如果评估间隔太短，不仅会使被评估者产生厌倦的对抗心理，而且被评估者的优缺点也没有充分表现，容易流于形式，也达不到评估目的。

(四)对考核者进行相关的培训

对考核者进行有关晕轮误差、中心化误差、过宽过严误差等方面的培训，以避免问题的发生。在实际培训过程中，可通过录像或幻灯的形式向受训者提供一些有关绩效考核的案例，并要求他们对案例中的人物进行评估，然后把每位受训者的评估结果以图解的形式表示出来，并逐一讲解各种不同的错误(如趋中倾向、晕轮效应等)。比如，如果一位受训者对所有的评估特征(工作质量、工作数量等)的评定等级都一样，那么培训者就可能看出这是由于受训者犯了晕轮效应的错误。这时，培训者给出正确的评估结果并对受训者在评估过程中所犯的错误一一进行分析。

三、考核者的选择与培训

(一)绩效考核主体的选择

绩效评估实施的成功与否与评估者的选择密切相关，在设计绩效评估体系时，应明确评估的执行关系。事实上，不同的评估内容、不同的被评估者，其选择的评估人也应有所差别。

无论是哪一类评估者，都应是了解员工工作和表现的人，合格的评估主体应当满足的理想条件是:熟悉被评估者的工作表现;了解被评估者的工作内容和工作性质;能将观察结果转化为有用的评估信息;能公正客观地提供评估结果。

一般来说，参与评估的人员可能包括上司、同事、员工自己、下属、客户、专业评估专家或顾问。

1. 直接上级评估

直接上级评估是最传统的员工绩效评估方式。选择由直接上级进行评估的原因如下:一是直接主管通常位于最佳的位置来观察员工的工作绩效;二是直接主管对特定的单位负有管理的责任。当评估下属的任务被移交给其他人时，直接主管人员的威信就可能受到削弱。三是下属的培训和发展是管理者工作的一个重要组成部分，而培训与发展往往是基于评估基础之上的。

2. 自我评估

在“以人为本”这一管理理念的冲击下，许多企业都在尝试着让员工进行“自我评估”，以此来提高员工的自我管理意识。

自我评估时员工对自己的绩效所做的评估，一般形式是员工在综合绩效考评以前就自己的绩效水平填写一份评估表。当管理人员想要提高员工在绩效评估中的参与程度时，这种方法是非常有效的。

与直接上级评估相比，参与自我评估的员工更能坦然地接受对自己的批评意见，而且自我约束性比以往也增强了许多。如果员工理解对自己的期望工作目标以及将来评估他们所采用的标准，则员工实际上处在评估自己业绩的最佳位置。许多人都了解自己在工作中哪些做得好，哪些是需要改进的，如果给他们机会，他们就会客观地评估自己的工作表现，并采取必要的措施加以改进。此种方法常被应用于绩效反馈阶段的前期，其主要目的在于帮助员工思考自己的行为与绩效，从而将绩效面谈集中在上级与下级之间存在分歧的地方。

3. 下属评估

下属评估是下属按照所给予的维度标准对其直接上级的工作绩效进行的评估，本评估一般采用匿名的方式进行。

下属评估可以激发员工对企业的认同感，增强他们对企业的责任心。而对于管理者，这种评估方式可以促使其不断提高管理水平，修正管理风格，发掘企业潜存的问题。管理者可以通过下属的反馈，清楚地知道自己的管理能力有什么地方需要加强。若自己对自己的了解与部属的评价之间有太大的落差，则管理者亦可针对这个落差，深入了解其中的原因。因此，一些人力资源管理专家认为，下属对上级的评估，会对其管理才能的发展有很大的裨益。

下属考核的优点主要在于:首先能够帮助上级发展领导管理的才能。下属考核时把上级工作中的不足之处——尤其是处理上下级关系中的不足之处揭示出来，可以促使上级完善领导指挥方式，使工作更有效率。其次能够达到权力制衡的目的。下属考评使上级在工作中也受到有效监控，不至于有独裁武断的倾向。

下属评估由于目前尚未发展完善，仍存在不少弊端:(1)下属在考评中往往不敢实事求是地表达意见。为了避免上级报复，他们会夸大上级的优点，隐匿对上级的不满。(2)上级并不真正重视下属的意见，即使承诺改错，也只是口头说说而已，并没有真正付诸行动;(3)下属对上级的工作不可能有全盘的了解，因此在考评时往往侧重于个别方面，易产生片面看法。

4. 同事评估

同事是与被评估者经常在一起工作的，他们之间相处的时间较长，因此彼此之间是非常了解的，可以观察到直接主管观察不到的某些方面。特别是被评估者的工作任务经常变动，或工作场所和主管不在同一个地方时。由于同事经常从不同的角度来观察绩效，因此提供的信息在一定程度上有别于上司评估，对上司评估可以起到很好的补充作用。但是，当同事之间存在竞争关系时，同事评估的结果不应作为人事管理决策的依据。

5. 客户评估

客户评估对从事服务业、销售业的人员特别重要。因为唯有客户最清楚员工在客户服务关系、行销技巧等方面的表现与态度如何。所以，在类似的相关行业中，在绩效评估的制度上不妨将客户的评价列入评估系统之中。

事实上，目前国内一些服务业(例如:金融业、餐饮业等)就常常使用这种绩效评估方式(如评选最佳服务人员)。因为服务人员的服务品质、服务态度唯有顾客最清楚。国内很多知名公司的客户服务部门，就会定期以抽样的方式，请顾客评估该公司客户服务人员的服务成绩。

(二)培训评估者

绩效考核作为绩效管理过程中的重要步骤，绩效考核中的考核主体同时也在绩效管理过程中承担了重要的角色。为了最大限度地减少评估误差，在绩效评估工作正式开始之前，有必要对评估者进行培训，提高他们的评估能力。

评估者培训的内容是要根据组织的不同情况而确定的，没有统一的模式，每一次的培训内容可以针对不同的问题来进行，一般来讲，评估者的培训主要包括以下几个方面的内容。

1. 企业人力资源制度的讲解

人力资源部门对企业整个人力资源制度的结构和内容进行整体的介绍，同时还要站在企业目标和企业整体战略的角度，对人力资源制度的运行情况以及未来的发展方向和模式做出阐述，让他们了解到评估制度是整个人力资源制度的基石，从而增强他们对员工评估工作的重视程度和对评估工作的责任感。

2. 让考核者熟悉评估指标及标准

让评估者熟悉和了解在评估过程中将使用的各个绩效指标的真正含义。在培训时可以采用一些实例来进行说明或进行模拟评估练习，以增强直观性。评估者如何理解绩效标准将在很大程度上影响他们对每个评估者的评估结果。因此，使评估者对评估指标和标准有一个全面了解，是实现绩效管理中程序公平的前提条件。

3. 考核者误区的培训

绩效评估者发生不准确的问题，很多时候都是由评估者的主观错误引起的。因此，评估者培训中的一项重要内容，就是通过培训告诉评估者在评估过程中可能会产生的评估误差，以防止这些误差的产生。

4. 培训收集绩效信息的方法

在前面我们讲到，评估之前的信息收集阶段是绩效评估系统的一个重要环节。为了使评估结果更有说服力，为绩效反馈提供充分的信息，对评估者进行这方面的培训也是培训的一种重要项目。一般可以采用讲座的方式进行，还可以通过生动的录像来进行现场的演示或练习。事实上，根据不同岗位的不同工作性质，能够获取有关工作绩效信息的渠道各不相同，应根据被评估者的不同情况有针对性地进行。

5. 绩效反馈沟通的培训

绩效反馈是一个评估者与被评估者之间的沟通过程。绩效反馈并不是一个简单的谈话，评估者应该通过这样一个沟通的过程，帮助被评估者更好地认识自身在工作中存在的问题。通过培训，管理者应该能够掌握绩效反馈面谈中应当运用的各种技巧。

第三节　提高绩效有效性的策略

尽管绩效管理的思想日益得到重视，但是在这个循环过程中如何进行绩效考核，即如何就员工的绩效进行评价依然是绩效管理的重点和关键。绩效考核在整个绩效管理循环中发挥着重要作用，没有绩效考核就没有考核结果，也无法对员工过去的绩效表现进行总结，发现过去工作中存在的问题，绩效考评实施的成功与否关系到员工日后的发展，因此 对提高绩效考核策略的研究在组织中有着重要实践意义。提高绩效考核有效性的策略主要包括以下五个方面。

一、明确绩效考核目的

首先，要召开绩效动员会。阐述考核将采用的方法，绩效考核的实施部门、参与人员需要员工配合的地方以及考核的最终目的等，营造一种企业非常重视的气氛。其次，一定要确立基于员工发展的考核目的。考核会涉及到很多方面的问题，包括薪酬、培训、晋升、职业发展等，但归根到底应该是为了员工的发展，在提高员工绩效的基础上提高企业绩效，在企业绩效改善的基础上保证员工的发展，这样一个循环过程需要员工的理解和支持。考核本身不是目的，只是改善绩效的手段。要树立这样的考核动机，还要让员工感受到这一动机，采取的手段包括公开的绩效培训会和与员工的私下交流等。这一步工作一定要着眼于平时，从细微处做起，从长远做起，因为观念的形成是漫长的，不可有一蹴而就的想法。最后，一定要将考核结果加以应用。目前，大多数企业进行绩效考核的主要目的是为了绩效薪酬的分配。而实际上，对绩效成绩的应用包括：薪资的调整、绩效薪酬分配、层级晋升与职位调整、教育培训、绩效改进和指导员工的职业发展。

二、选择合理的考核周期和考核方法

企业绩效考核的有效性是过程的有效性，结果的有效性和价值有效性的统一，选择合理有效的考核周期和方法，能提高企业绩效考核的效率以及员工的满意度，有助于实现企业绩效考核有效性三个方面的统一。企业可以根据工作性质任务完成情况以及员工数量、奖金发放周期来决定考核的周期，如根据工作任务来决定考核周期，普通基层员工的工作绩效可以在较短的时间内得到评价，因此考核周期可以相对短一些；而对于管理层和技术人员，其工作绩效需要在一个较长的时间内才能得以体现，因此对于他们的绩效考核应设置一个较长的周期。在开展绩效考核时，要根据公司部门的具体情况，员工工作的差异程度，以及考核群体的不同，选择适当的可操作性强的考核方法。

三、完善绩效考核指标

考核指标的确定有很多方法，需要很多人协助，包括领导、专家等，还需要参考很多的历史资料甚至借鉴某些成功公司的经验，但与当事人就考核指标进行沟通是必不可少的。对员工来说，自己参与制订考核指标能使他们更加乐于接受考核结果，特别是对那些不能按程序制订考核指标的企业而言，员工的参与度将直接关系到考核的满意度。当然员工都有降低自己绩效标准的趋势，这会与人力资源部的观点存在分歧，但通过沟通可以制订出双方都能接受的指标，因为员工得到了人力资源部的理解，他们同样也会试着去理解人力资源部及公司，这种沟通还有利于创造良好的工作氛围。考核指标制定要严格遵守 *SMART* 原则。

四、加强对考核者的教育与培训

要指出可能存在的误区或偏差，让考核者了解考核偏误产生的原因，从而使他们在考核过程中能够有意识地避免这些误区或偏差。针对平均倾向，即考核者不愿或无法明确区分被考核者之间的差异，体现不出差异，也就没有绩效改进，应采用强制比例法和对比法。针对晕轮效应，即考核者对被考核者的某项工作进行评价时，受到对被考核者整体业绩状况的影响，如以往工作表现好，就给予较高的评价的倾向，可以增加评估的次数或作不定期的评估；针对近因和首因效应，综合考核期内整体表现记录，针对考核者在评估过程中受员工近期工作表现的左右，考核前的表现影响考核结果的问题，要以客观事实作为考核依据，对考核过程进行记录，如可以选择关键事件法等；针对对比效应和溢出效应，教育考核者在考核过程中注意避免主观性，坚持实事求是，从实际出发。

五、建立绩效考核反馈控制系统

在绩效考核中，要重视绩效沟通这个环节。应该及时通过绩效面谈（面谈准备、面谈过程控制和确定绩效改进计划）来完成绩效反馈。绩效考核结束后，应对考核的结果进行审查，保证考核结果的双向交流，建立畅通的申诉渠道，通过良好的交流最大限度地减少可能产生的偏误。同时绩效反馈要讲究技巧。反馈的方式很多，包括公开反馈和私下反馈。反馈对绩效考核来说是不可或缺的重要一环，但并不是说只要进行反馈就能收到效果，反馈或者沟通的技巧是很重要的。对公开反馈而言，需要将考核的结果告诉全体员工，让大家明白自己在公司表现的相对好坏。私下反馈则要偏重于如何发扬优势，改进不足，要认真听取员工对绩效考核的看法和意见，合理的应在今后进行改进。私下沟通需要领导与员工推心置腹，要让员工明白公司对这次考核是重视的，对员工的反应也是重视的。

总之，在知识经济时代，人力资源越来越受到重视，激发员工的积极性和创造力，是组织保持旺盛生命力和强大竞争力的关键。有效的工作绩效考核能提高员工的满足感和成就感，能充分调动他们的积极性。目前，由于众多组织的情况差别很大，采取的绩效考核方式也不尽相同，但提高和保证考核的有效性却是大家所共同追求的目标。

案例分析

HR 大学教学人员的绩效评估

HR 大学是直属教育部的重点院校，现任校长是博士生导师李天祥教授，党委书记为李少保研究员。该校适应国家经济建设的需要，设有完整的专业学科体系，包括有资源环境与建筑工程学院、信息工程学院、机电工程学院、工商管理学院、文理学院、外国语学院、成人教育学院和研究生学院等 8 个学院，52 个研究所，并建有一批国家和省、部级重点实验室及国家工程研究中心。

该校于 1994 年首批通过了国家“211 工程”部门预审，1996 年被正式批准为国家“211 工程”首批重点建设的高校。学校的奋斗目标是通过国家“211 工程”建设，明显提高教学质量、科研水平、管理水平和办学效益，使学校成为以工为主，理、工、文、管、法、教育等多学科协调发展，以有色金属和稀有金属的科学与工程为特色，国内先进并在国际上有较大影响的社会主义重点大学。

为了抓住机遇，实现学校新世纪的奋斗目标，李天祥校长和张少保党委书记在学校教学、科研等方面进行了大刀阔斧的改革。改革取得了明显的成效，有几十余项成果获国家和省、部级奖励，并因在军工科研等方面的突出贡献受到国务院和中央军委的通令嘉奖。但是，在改革的过程中李天祥校长和张少保党委书记也遇到了许多问题。其中之一就是学校跨院系教学人员的绩效评估问题。

尽管 *HR* 大学师资力量雄厚，教师中有教授 301 名，副教授 630 名，但对在校 15400 多学生来说，师资还是比较短缺的。各个院系之间还不能做到像国外大学那样相互独立，院系之间相互依赖性还是比较强的。工商管理学院的英语课需要外国语学院的老师来上，外国语学院的有些课程又需要文理学院老师来上等等。

对这些跨院系教学人员的绩效（也就是教学效果）就需要由这些教学人员所授课的学院

作出公正合理的评价。*HR* 大学过去的工作绩效评价系统存在的主要问题是：它将工作绩效评价结果与年底的奖金、职称评定直接联系在一起，但是大多数院系对这些跨院系教学人员的工作绩效进行评价时，往往不是很注意保持评价的准确性。这主要与原有的评价工具有关，因为原来用来评价这些教学人员的绩效时使用的是尺度评价法。事实上，经常发生的是这样一种现象：每个院系都简单地将跨院系教学人员的工作绩效评价为“优秀”。这样就导致了跨院系的教学人员有时不尽职也能在年底比不跨院系的教学人员得到更高的奖金和更容易评上更高的职称。这已经引起了不跨院系教学人员的不满，纷纷要求跨院系授课。所有这一切都会影响到教学人员的教学态度和教学方法等各方面的改进、提高。

一天下午，李天祥校长招见了新被任命为 *HR* 大学的专管人事方面的副校长王大任教授，就跨院系教学人员的教学效果如何正确评价问题交换了意见。尽管双方没有就解决问题的方案达成共识，但双方一致认为，跨院系教学人员的绩效评价问题是关系到学校教学工作的大事，解决不好会影响到学校正常的教学秩序，必须尽快解决。王大任教授向李天祥校长保证，一定在近期制定出可行的方案。李天祥校长拍了拍自己这位得力下属的肩膀，充满信任地说：“那么，这件事就交给你了，你可以全权处理，我等着你的好消息。”

王大任副校长于第二天召集各院系负责人事的副院长就跨院系教学人员的绩效评估问题征求意见，才发现教学评估问题存在着比想像中更多的问题。对教学人员包括跨院系教学人员的教学评估，通常是在每学期快结束时进行。一般是由各院系找几个学生代表对老师作出评价，然后再根据这些评价由院系、所行政管理人员对任课老师作出一个总的评价。现在各大学实行学分制，如果有课程不及格，要根据该课程的学分和学校规定的每个学分的费用交补考费。在这方面，大学每个学分的费用高达 70 块钱，比其周围院校多得多。学生及不及格，命运就操纵在任课老师手中。很自然，最后的结果就是经济学中的“双赢”原则。学生给老师的评语好一些，老师呢，只要学生不是差得太远，卷子看得松一点，50 几分提一点，除了一两个“倒霉鬼”，一切“*OK*”了。因此，对老师的评价（也即对其教学能力、教学态度、教学方法的评估）也就变得模糊起来。如果某位老师教学不认真，上课也不备课，写到评语意见中结果就是：“该老师能够培养学生独立思考、独立解决问题的能力”诸如此类话语，不能不说是对教学评估方法的一大讽刺。

看来，对于教学人员绩效的评估问题，不仅仅是存在着评估方法的问题，在评估的组织、评估的时间选择、如何做到公正、客观等方面都存在着严重的缺陷。整套评估系统已经到了不能不改变的时候了。这不仅仅关系老师奖金、职称的评定问题，而且关系到学校学生的素质、学校在社会上的声誉问题。

在王大任副校长召集的会上，有人提出对跨系教学人员绩效评估，“优秀”的名额应该受到限制。这一措施实际上是强制每一院系都对其任课老师（包括跨院系授课的）的教学质量进行等级排序，认为通过此，或许评比会相对客观一些。结果此建议刚一提出，就有人强烈反对，认为采取此种新的工作评价方法是不公平的，它剥夺了每一位任课教师都能获得奖金并提升职称的机会。会议在一片争吵声中不欢而散。强制进行工作绩效排序的想法立即在校中传开。校长办公室及各院系办公室挤满了对此不满、疑虑的教学人员。王大任副校长更是被来自各方面的询问弄得焦头烂额。好在，他知道本校工商管理学院中有几位工作绩效评价方面的专家，因此，他决定约见这几位专家来讨论一下这一问题。

表 1　　一份标准不清的图尺度评价表

	优	良	中	差
教学能力				
教学态度				
创造性				

又是一个下午，王大任副校长见到了这几位专家。他首先说明了他所发现的问题:现有的教学工作绩效评价系统是在一张类似于表 1 的表格中填写一些内容就可以了。这种每学期一次的工作绩效评价制度几乎是在一开始就陷入了困境。这是因为，除了前述学生的原因，从一开始，各院系负责此项工作的人员对工作绩效标准的解释就大相径庭，同时他们在填写表格以及对教学人员进行监督时的负责程度也相差很大。问题不仅仅如此，这种工作绩效评价办法的弊端在设立之初就显而易见，因为人人看到了，年底总是那些被评为“优秀”的老师得到最高的奖金，而且容易评上更高的职称。在当初被评为“中”、“差”的老师，下一年就有情绪，不愿搞跨系教学工作，而宁愿呆在自己系里授课。由于师资缺乏，跨系的老师相对来说比较固定，这样一来，有的课程就请不到外系的老师来上。结果，跨系的教学人员自然而然教学工作一律被评为“优秀”，大家“皆大欢喜”。几位专家考虑了两周后向王大任副校长提出了以下几点建议:(1)用来对教学人员的教学工作进行评价的表格总的来说是不管用的。比如，“优秀”和“教学能力”本身的含义就是不清楚的。结果导致填表人员对每一项评价指标的含义也同样是不清楚的。因此，他们建议用表 2 那样的表格来代替现有的表格。(2)不能强制要求“优秀”的名额限制，这种做法实际上是不公正的。因为，很可能在某一院系任课的老师都是十分优秀的、或者某一院系任课老师都比正常要求低。(3)要想使所有的院系都严肃认真地对待教学工作评估，就必须停止将工作评估结果与奖金、职称评定直接连接在一起。换言之，他们建议各院系针对每一位任课老师填写一份类似表 2 那样的表格，然后将这些表格作为面谈和反馈阶段的谈话基础。至于奖金、职称评定，则不仅仅只以工作评估为基础，还要考虑其他一些方面的因素。还有，组织学生评价任课老师应在任课老师交上对学生的最后成绩前进行。

表 2　　教学工作绩效评价表

填写日期：　　　　　　　　　　　　　填表人：
任课老师：　　　　　　　　　　　　　来自院系：
授课名称：
绩效评价原因：□学期例行评价 □职称评定 □奖金 □其他

说明：请根据任课老师所从事教学工作的现有要求，仔细对其教学工作加以评价：请核查各代表教学工作等级的小方框，如果绩效等级不合适，请 *N/A* 字样标明，请按照尺度表中所标明的等级来核定任课老师的工作绩效分数，并将其写在相应的用于填写分数的方框内，最终的工作绩效结果通过将所有分数进行加总和平均而得出。

评价等级说明

0：杰出。在所有各方面都十分突出，并且明显的比其他人的绩效优异得多
V：很好。大多数方面超出教学要求，教学质量高并一贯如此
G：好。称职，达到了教学工作的要求
I：需要改进。在教学工作的某一方面存在缺陆，需要进行改进
U：不令人满意。教学工作总的来说无法令人接受，必须立即加以改进
N：不做评价。在绩效等级表中无可以利用的标准或因时间太短无法下结论

一般性工作评价要素	评价尺度	评价事实依据或评语
1. 出勤情况：上课是否按时，下课是否提前	0□100－90 分数	
	V□90 — 80	
	G□80 — 70	
	I□70－60	
	U□60 以下	
2. 授课内容：新颖性、逻辑性、联系实际程度	0□100－90*V* 分数	
	V□90 — 80	
	G□80 — 70	
	I□70－60	
	U□60 以下	
3. 作业批改：及时、认真	0□100－90 分数	
	V□90－80	
	G□80 — 70	
	I□70－60	
	U□60 以	
4. 课堂板书：清楚、认真	0□100－90 分数	
	V□90－80	
	G□80 — 70	
	I□70－60	
	U□60 以	
5. 课堂、课下与学生交流情况	0□100－90 分数	
	V□90－80	
	G□80 — 70	
	I□70－60	
	U□60 以下	

王大任副校长对几位专家表示了谢意，然后回到自己的办公室对这些建议进一步的推敲。他感觉到，他们的有些建议(比如用新的评价表格代替旧的评价表格)看来还是比较实用的，但是他对于尺度法的有效性仍持怀疑态度。还有，如果接受专家提出的第三条建议，又会带来一个非常现实的问题:如果奖金、职称评定不建立在教学评估基础之上，那么将它建立在什么基础之上呢?

如果你是王大任副校长，那么你准备为教学人员建立起一种什么样的工作绩效评价系统呢？谈一谈你的想法。你有什么方法来保证学生能比较客观地对老师的教学工作做出评价？

本章小结

绩效评估方法有很多种，本章主要讲述:排序法、配对比较法、强制分布法、图尺度量表法、行为锚定评价量表法、关键事件法、目标管理法。在绩效评价过程中，由于各种因素导致绩效考核的效果不好，纵观影响绩效考核效果的原因有以下几个:绩效考核标准不清、晕轮误差、宽厚性误差与严厉性误差、近期行为偏见、趋中趋势、类似误差、中心化倾向、对照效应。很多公司正是因为绩效管理中存在着以上问题，使得公司的绩效管理始终处于一个较低的层面，浪费了公司的大量人力、物力。绩效管理达不到预期的效果，使得公司管理层和员工对其失去了信心，进而导致整个管理上的恶性循环。因此，我们要对绩效管理进行有效控制，走出绩效管理的误区，使绩效管理发挥其应有的作用。

思考题:

1. 绩效考核方法包括哪几种，各种方法是如何运用的?
2. 简述强制分布法的优缺点。
3. 在使用图尺度量表法进行考核时需要注意哪些事项?
4. 绩效考核中常见的误区有哪些？如何有效控制?
5. 在实践中如何提高绩效管理的有效性?

第七章　绩效反馈

▶本章学习要点

1. 了解绩效反馈的意义与目的
2. 掌握绩效面谈前应做的准备
3. 掌握有效的绩效面谈的原则
4. 了解改进绩效反馈的方法

导入案例

法约尔的实验

被人们称为“管理之父”的法国工业家亨利·法约尔曾经做过这样一个实验：他挑选了20名技术水平相似的工人，每10人一组，把他们分成了两组。然后，在相同条件下，让他们同时生产。每隔一个小时，他就回去检查一下工人们的生产情况。对第一组工人，法约尔只是记录下他们各自生产的产品产量，但是并不告诉工人他们的生产进展速度。对第二组工人，法约尔不但对生产的产品数量进行了登记，而且告诉每个人他们各自的工作速度。

每一次评估完，法约尔都根据评估的结果，在生产速度最快的两个工人的机器上各插一面小红旗；速度居中的四个人，每人插一面小绿旗；而最后的四个人，则插了一面黄旗。这样一来，每个工人对自己的生产速度到底如何，就一目了然。实验的结果表明，第二组工人的生产效率，远远高于第一组工人。

从上面的案例可以看出，把评估的结果反馈给员工是非常重要，它是绩效评估的延伸，不仅能为员工的指明努力方向，而且还可以激发员工的上进心和工作积极性，从而提高企业的整体绩效。能否及时有效地对评估结果进行反馈、面谈，将直接影响到整个绩效评估工作的成效。

所谓绩效反馈就是使员工了解自身绩效水平的各种绩效管理手段。绩效反馈是绩效沟通最主要的形式。同时，绩效反馈最重要的实现手段就是管理者与员工之间的有效沟通。

第一节 绩效反馈概述

绩效是企业员工在一定时间内对企业目标的贡献水平，是业绩和效率的统称。绩效考核，是定期考察和评价个人工作业绩的一种正式制度，它通过系统的方法、原理来评定和测量员工在职务上的工作行为和工作成果。而绩效反馈，就是将绩效考核的结果反馈给被评估对象，并对被评估对象的行为产生影响。绩效反馈是绩效评估工作的最后一环，也是最关键的一环，能否达到绩效评估的预期目的，取决于绩效反馈是否实施。

一、绩效反馈的定义

从20世纪70年代以来，组织管理实践中普遍运用绩效反馈来改善绩效，取得了明显的效果。反馈是一个双向的动态过程，由反馈源、所传送的反馈信息和反馈接受者三部分组成。绩效反馈是绩效管理过程中的一个重要环节。它主要通过考核者与被考核者之间的沟通，就被考核者在考核周期内的绩效情况进行反馈，在肯定成绩的同时，找出工作中的不足并加以改进。绩效反馈的目的是为了让员工了解自己在本绩效周期内的业绩是否达到所定的目标，行为态度是否合格，让管理者和员工双方达成对评估结果一致的看法；双方共同探讨绩效未合格的原因所在，并制定绩效改进计划，同时，管理者要向员工传达组织的期望，双方对绩效周期的目标进行探讨，最终形成一个绩效合约。由于绩效反馈在绩效考核结束后实施，而且是考核者和被考核者之间的直接对话，因此，有效的绩效反馈对绩效管理起着至关重要的作用。

二、绩效反馈的基本原则

做好绩效反馈工作，要遵循以下几个基本原则：

（一）经常性原则

绩效反馈应当是经常性的，而不应当是一年一次。这样做的原因有两点：首先，管理者一旦意识到员工在绩效中存在缺陷，就有责任立即去纠正它。如果员工的绩效在1月份时就低于标准要求，而管理人员却非要等到12月份再去对绩效进行评价，那么这就意味着企业要蒙受11个月的生产率损失。其次，绩效反馈过程有效性的一个重要决定因素是员工对于评价结果基本认同。因此，考核者应当向员工提供经常性的绩效反馈，使他们在正式的评价过程结束之前就基本知道自己的绩效评价结果。

（二）对事不对人原则

在绩效反馈面谈中双方应该讨论和评估的是工作行为和工作绩效，也就是工作中的一些事实表现，而不是讨论员工的个性特点。员工的个性特点不能作为评估绩效的依据，比如个人气质的活泼或者沉静。但是，在谈到员工的优点和不足时，可以谈论员工的某些个性特征，但要注意这些个性特征必须是与工作绩效有关的。例如，一个员工个性特征中有不太喜欢与人沟通的特点，这个特点使他的工作绩效因此受到影响，这样关键性的影响绩效的个性特征还是应该指出来的。

（三）多问少讲原则

发号施令的经理很难实现从上司到“帮助者”、“伙伴”的角色转换。我们建议管理者在与员工进行绩效沟通时遵循20/80法则：80%的时间留给员工，20%的时间留给自己，而自己在这20%的时间内，可以将80%的时间用来发问，20%的时间才用来“指导”、“建议”、“发号施令”，因为员工往往比经理更清楚本职工作中存在的问题。换言之，要多提好问题，引导员工自己思考和解决问题，自己评价工作进展，而不是发号施令，居高临下地告诉员工应该如何做。

（四）着眼未来的原则

绩效反馈面谈中很大一部分内容是对过去的工作绩效进行回顾和评估，但这并不等于说绩效反馈面谈集中于过去。谈论过去的目的并不是停留在过去，而是从过去的事实中总结出一些对未来发展有用的东西。因此，任何对过去绩效的讨论都应着眼于未来，核心目的是为了制定未来发展的计划。

（五）正面引导原则

不管员工的绩效考核结果是好是坏，一定要多给员工一些鼓励，至少让员工感觉到：虽然我的绩效考核成绩不理想，但我得到了一个客观认识自己的机会，找到了应该努力的方向，并且在前进的过程中会得到主管人员的帮助。总之，要让员工把一种积极向上的态度带到工作中去。

（六）制度化原则

绩效反馈必须建立一套制度，只有将其制度化，才能保证它能够持久地发挥作用。

三、绩效反馈的内容

通常，绩效反馈的信息包含以下四个方面的内容：

（一）通报员工当期绩效考核结果

通过对员工绩效结果的通报，使员工明确其绩效表现在整个组织中的大致位置，激发其改进现在绩效水平的意愿。在沟通这项内容时，主管要关注员工的长处，耐心倾听员工的声音，并在制定员工下一期绩效指标时进行调整。

（二）分析员工绩效差距与确定改进措施

绩效管理的目的是通过提高每一名员工的绩效水平来促进企业整体绩效水平的提高。因此，每一名主管都负有协助员工提高其绩效水平的职责。改进措施的可操作性与指导性来源于对绩效差距分析的准确性。所以，每一位主管在对员工进行过程指导时要记录员工的关键行为，按类别整理，分成高绩效行为记录与低绩效行为记录。通过表扬与激励，维持与强化员工的高绩效行为。还要通过对低绩效行为的归纳与总结，准确地界定员工绩效差距。在绩效反馈时反馈给员工，以期得到改进与提高。

（三）沟通协商下一个绩效考评周期的工作任务与目标

绩效反馈既是上一个绩效考评周期的结束，同时也是下一个绩效考评周期的开始。在考核的初期明确绩效指标是绩效管理的基本思想之一，需要各主管与员工共同制定。各主管不参与会导致绩效指标的方向性偏差，员工不参与会导致绩效目标的不明确。另外，在确定绩效指标的时候一定要紧紧围绕关键指标内容，同时考虑员工所处的内外部环境变化，而不是僵化地将季度目标设置为年度目标的四分之一，也不是简单地在上一期目标的基础上累加几个百分比。

（四）确定与任务目标相匹配的资源配置

绩效反馈不是简单地总结过去的上一个绩效周期员工的表现，更重要的是要着眼于未来的绩效周期。在明确绩效任务的同时确定相应的资源配置，对主管与员工来说是一个双赢的过程。对于员工，可以得到完成任务所需要的资源。对于主管，可以积累资源消耗的历史数据，分析资源消耗背后可控成本的节约途径，还可以综合有限的资源情况，使有限的资源发挥最大的效用。

四、绩效反馈的重要性

绩效反馈是绩效考核的最后一步，是由员工和管理人员一起，回顾和讨论考评的结果，如果不将考核结果反馈给被考评的员工，考核将失去极为重要的激励、奖惩和培训的功能，而且影响考核结果的公平和公正性。因此，有效的绩效反馈对绩效管理起着至关重要的作用。

（一）绩效反馈是考核公正的基础

由于绩效考核与被考核者的切身利益息息相关，考核结果的公正性就成为人们关心的焦点。而考核过程是考核者的履行职责的能动行为，考核者不可避免地会掺杂自己的主观意志，导致这种公正性不能完全依靠制度的改善来实现。绩效反馈较好地解决了这个矛盾，它不仅让被考核者成为主动因素，更赋予了其一定权利，使被考核者不但拥有知情权，更有了发言权；同时，通过程序化的绩效申诉，有效降低了考核过程中不公正因素所带来的负面效应，在被考核者与考核者之间找到了结合点、平衡点，对整个绩效管理体系的完善起到了积极作用。

（二）绩效反馈是提高绩效的保证

绩效考核结束后，当被考核者接到考核结果通知单时，在很大程度上并不了解考核结果的来由，这时就需要考核者就考核的全过程，特别是被考核者的绩效情况进行详细介绍，指出被考核者的优缺点，特别是考核者还需要对被考核者的绩效提出改进建议，为员工下一轮的绩效考核及提升指明方向。

（三）绩效反馈是增强竞争力的手段

任何一个团队都存在两个目标：团队目标和个体目标。个体目标与团队目标一致，能够促进团队的不断进步；反之，就会产生负面影响。在这两者之间，团队目标占主导地位，个体目标属于服从的地位。有效的绩效反馈，可以通过对绩效考核过程及结果的探讨，发现个体目标中的不和谐因素，借助组织中的激励手段，促使个体目标朝着组织目标方向发展，达成组织目标和个体目标的一致性。

第二节　绩效反馈的形式

人们通常从反馈方式、反馈中被考核者的参与程度、反馈的内容和形式等不同的角度，对绩效反馈的形式加以区分。

一、按照反馈方式分类

绩效反馈一般通过语言沟通、暗示以及奖励等方式进行。语言沟通是指考核人将绩效考核通过口头或书面的形式反馈给被考核者，对其良好的绩效加以肯定，对不良业绩者予以批评；暗示方式是指考核者以间接的形式（如上级对下级的亲疏），对被考核者的业绩予以肯定或否定；奖惩方式是通过货币及非货币形式对被考核者的绩效进行反馈。货币的形式如加薪、奖金或罚款，非货币形式如提升、嘉奖或降级等。

在绩效反馈中，奖惩方式对激励的影响最为直接。语言沟通可满足被考核者一定的精神需要（肯定员工的成绩时），在负激励时可起到一定的缓冲作用，不是一棍子把人“打死”，而且沟通能使双方彼此了解对方的意图，避免了激励不对称。但相比而言，由于被评价人得不到实惠也没失去既得利益，激励的强度就显得较弱。暗示方式则更为间接，对被评价人不满时采用暗示方式可能会使其保持一定的自尊心，以促使其自觉改正。暗示方式的不足是容易引起误解，有些当事人会假装没有收到反馈，因此暗示方式的激励效果最弱。在肯定被评价人的成绩时，采用前两种方式更为有效。

二、按照反馈中被考核者的参与程度分类

绩效反馈根据被考核者参与程度分为三种形式：指令式、指导式、授权式。指令式是最接近传统的反馈模式，对大多数管理者来说，他们最习惯这种方式。管理者只告诉员工哪些是对的，哪些是错的，该做什么，不该做什么；员工的任务就是听、学，然后按照要求去执行。一般而言，人们很容易对指令式持否定态度，因为它以管理者为中心而不是以员工为中心。指导式以教与问相结合为特点。这种方式同时以管理者和员工为中心，同时管理者对所反馈的内容更感兴趣。

用指导式反馈同样信息时，管理者会不断地问员工，为什么认为事情做错了？是否知道怎样做更好？在各种方法中你认为哪种最好，为什么？等等。这样，员工就能在对某事取得一致意见之前，与管理者一起探讨各自的方法。

授权式的特点是以问为主、以教为辅，完全以员工为中心。管理者主要对员工回答的内容感兴趣，而较少发表自己的观点，而且注重员工独立地找到解决问题的方法。通过不断提出问题，来帮助员工探索和发现。这些问题与指导式所问的问题类似，但问题的内容更广泛、更深刻，很少讲授。

三、按照反馈的内容和形式分类

内容和形式是决定一个事物的两个最主要的方面。采取何种反馈方式在很大程度上决定着反馈的有效与否。根据反馈的内容和形式，绩效反馈分为正式反馈和非正式反馈两类。正式反馈是事先计划和安排的，包括面谈式反馈、集体讨论式反馈和网络电子信函式反馈，如定期的书面报告、面谈、有经理参加的定期小组或团队会等。其中以面谈式反馈为主，另外两种反馈形式为补充。非正式反馈的形式也多种多样，如闲聊、走动式交谈等。

面谈式反馈是正式反馈方法的核心。要使面谈有效果，评估者和被评估者都必须做充分的准备。在这个准备过程中，首先要明确 5*W*1*H* 分析的原则：为什么要面谈（*why*）？面谈什么（*what*）？选择什么样的地方（*where*）？什么时间（*when*）？面谈对象（*who*）？怎么样进行面谈

(*how*)？所有这些准备活动都要依据对被评估人员的研究结果而进行。

讨论式反馈是将绩效评估结果放到一定群体中进行讨论，可以纠正一些主观错误，或者由于评估者因素而产生的误差，也可以明确某些考核指标对员工的重要性，以便在日后的工作中加以改正。群体讨论中，要注意以下几点：要选择合适的群体进行讨论，如同车间的工友，同一部门的员工，不同部门同一层次的员工等等；讨论的主题选择，以及鼓励和控制；创造一个轻松、融洽的气氛；努力达成结果，使被反馈员工无怨言；结果存档。

网络电子信函式反馈方法是人力资源部门可以利用企业局域网，专门开辟一个讨论版，让员工把对自己的评估结果不满意或认为不准确的信息，在讨论版上表达出来，让所有的员工都参加讨论。当然，主管部门或人力资源部门也要就网上员工的要求或意见作出回应。电子信函式反馈就是评估者把员工的评估结果在网上发送到员工个人的电子信箱里，让员工了解评估结果，并让员工对自己的评估结果作出一份总结报告，通过电子邮件的方式发送到人力资源部的网页或主管的邮箱中。双方可以进行沟通，做好反馈的工作。这两种反馈形式均能够不受时间和空间的限制，主管和员工都能充分、及时地作出答复，克服了面谈给员工带来的压力，员工能够准确地表达自己的想法、意见等，增加了反馈的互动性和主动性。

对于一些特殊岗位的员工或特殊的员工，通过以上的几种正式反馈方法都很难达到既定的目的。这就要求采用一些非正式的反馈技术，在一些非正式的场合采用非正式的方法，如，饭桌上、休闲场所闲聊。由于采用的是同志式的关心、领导式的关怀，员工容易接受，两者也能心平气和地沟通。

四、按照反馈对象的人数分类

通常，按照反馈对象的人数分类，绩效反馈有两种方式：团队反馈与一对一反馈。

团队反馈，是指一个人给大家反馈。一对一反馈，则是一个人给另一个人进行反馈。这种反馈比较难。在工作中，管理者最怵的就是正视对方的眼睛，告诉对方，你干得真好，我真为你骄傲；或者看着对方的眼睛说，你这事做得真让我感到失望。

反馈的同样的评估结果，不同的员工会出现不同的反应。因此，为了达到积极的效果，在进行反馈之前，需要对员工进行研究，针对不同的员工，进而确定不同的反馈方式。

第三节　绩效面谈及技巧的选择

绩效面谈是指管理者要对员工的绩效表现进行打分，确定员工本周期的绩效表现，然后根据结果，与员工做一对一、面对面的绩效沟通，将员工的绩效表现通过正式的渠道反馈给他们，让员工对自己表现好的方面和不好的方面都有一个全面的认识，以便在下一个绩效周期做得更好，达到绩效改善的目的。

一、绩效面谈的目的

主管对员工的绩效情况进行评估后，必须与员工进行面谈沟通。这个环节是非常重要的，绩效管理的核心目的是为了不断提升员工和组织的绩效水平，提高员工的技能水平。这一目的能否实现，最后阶段的绩效反馈和面谈起了很大的作用。通过绩效反馈面谈可以达到以下几个方面的目的。

(一)对绩效评估的结果达成共识

绩效评估往往包含许多主观判断的成分，即使是客观的评估指标，也存在对于采集客观数据的手段是否认同的问题。因此，对于同样的行为表现，评估者与被评估者由于立场和角色的不同，往往会给出不同的评估。因此，双方对于评估结果的认同必然需要一个过程。对于评估结果达成共识有助于双方更好地对被评估者的绩效表现做出判断。

(二)让员工认识到本绩效期内自己取得的进步和存在的缺点

每个人都有被认可的需要，当员工做出成就时，他需要得到主管的承认或肯定，这对员工起到积极的激励作用。同时，员工的绩效中可能存在一些不足之处，或者想要维持并进一步改善现有的绩效。通常来说，员工不仅关注自己的成绩和绩效结果，更希望有人指出自己需要改进的地方。通过评估反馈，主管和员工共同分析绩效不足的原因，找出双方有待改进的方面，从而促进员工更好地改进绩效。

(三)制定绩效改进计划

在管理者和员工就评估结果达成一致意见之后，双方应就面谈中提出的各种绩效问题制定一个详细的书面绩效改进计划。在绩效改进计划中，双方可以共同确定出需要解决的问题、解决的途径和步骤，以及员工需要管理者提供的帮助等。

(四)协商下一绩效管理周期的绩效目标和绩效标准

绩效管理是一个往复不断的循环过程，一个绩效周期的结束恰好是下一个周期的开始。因此上一个绩效管理周期的绩效反馈面谈可以与下一个绩效管理周期的绩效计划面谈合并在一起进行。

二、绩效面谈的内容

绩效面谈的内容应围绕员工上一个绩效周期的工作开展，一般包括四个方面的内容。

(一)工作业绩

工作业绩的综合完成情况是主管进行绩效面谈时最为重要的内容，在面谈时应将评估结果及时反馈给下属，如果下属对绩效评估的结果有异议，则需要和下属一起回顾上一绩效周期的绩效计划和绩效标准，并详细地向下属介绍绩效评估的理由。通过对绩效结果的反馈，总结绩效达成的经验，找出绩效未能有效达成的原因，为以后更好地完成工作打下基础。

(二)行为表现

除了绩效结果以外，主管还应关注下属的行为表现，比如工作态度、工作能力等，对工作态度和工作能力的关注可以帮助下属更好地完善自己，并提高员工的技能，也有助于帮助员工进行职业生涯规划。

(三)改进措施

绩效管理的最终目的是改善绩效。在面谈过程中，针对下属未能有效完成的绩效计划，主管应该和下属一起分析绩效不佳的原因，并设法帮助下属提出具体的绩效改进措施。

(四)新的目标

绩效面谈作为绩效管理流程中的最后环节，主管应在这个环节中结合上一绩效周期的绩效计划完成情况，并结合下属新的工作任务，和下属一起提出下一绩效周期中的新的工作目标和工作标准，这实际上是帮助下属一起制定新的绩效计划。

绩效面谈记录表

部门/处室		时间	
被考核者	姓名：	岗位：	
考核者	姓名：	岗位：	
工作业绩要点			
行为表现要点			
改进措施			
新的目标			

三、绩效面谈前的准备

要想充分实现绩效反馈面谈的上述目的，就必须做好充分的准备。由于绩效反馈面谈是主管人员与员工双方的责任，那么主管人员和员工都应该为绩效反馈面谈做好各自的准备。

(一)主管人员应做的准备

1. 选择适宜的时间

选择什么时间进行绩效反馈面谈非常重要，主管人员在选择时间时通常要注意以下几个问题。

· 选择双方都有空闲的时间。如果在绩效反馈面谈的时间又安排了其他事情，那么在绩效反馈面谈时双方就难以集中注意力。

· 尽量不要安排在刚上班、快下班的时间。因为刚上班时双方都难以一下子进入状态；而在快下班时间，员工则归心似箭，很难集中精力与主管进行交流。

· 时间段安排要适当，比如半小时到一小时，过长或过短都是不适宜的。

· 时间尽量避开整点，例如安排在10:10分开始，而不是10:00，这样便于让员工感到时间紧迫，利于时间的控制。

确定了面谈时间，主管应提前征询员工的意见，这样一方面是对员工的尊重，另一方面也利于员工做好安排。

2. 选择适宜的场所

场所的选择对于绩效面谈的效果影响很大，面谈场所的选择应注意：

· 尽量选择不受干扰的场所，远离电话、电脑、传真机，避免面谈被中途打断。主管应告知秘书，在面谈过程中不要让其他人干扰、打断。

· 场所最好是封闭式的，一般不宜于在开放的办公区进行，相比较而言地点应选择小型会议室较为理想。面谈时门一定要关上，不宜让别人看到里面进行的面谈过程。当然还得注意双方座次的安排，最好不要面对面，目光直接相对，容易给双方，尤其是员工造成较大的心理压力。

3. 准备面谈的资料

在进行正式面谈之前，主管必须准备好面谈的所需资料。这些资料包括该员工的日常工作表现记录、员工的定期工作总结、岗位说明书、薪金情况等。沟通之前，主管必须对这些信息非常熟悉。

4. 计划好面谈程序和进度

整个面谈的过程应该如何来安排呢？这也需要事先做好计划。计划的内容包括面谈的过程大致包括哪几个部分，要谈那些内容，这些内容的先后顺序如何安排，各个部分所花费的时间大致是怎样的等等。

(1)首先要计划好如何开始。绩效反馈面谈的开场白有各种各样的形式，采取什么样的方式开始面谈要取决于具体谈话的对象和情境。有时候需要开门见山，直接切主题;有时候需要一个缓冲带，不妨谈谈天气、生活等，再慢慢进入主题。

(2)计划好面谈的过程，也就是在过程中先谈什么，后谈什么。绩效反馈面谈的过程有多种可选择的方式，以下这些做法都可以作为实施中的参考。

· 首先谈一谈员工表现的积极方面，这样既有助于营造建设性的氛围，也可以强化优良绩效。例如:“我特别欣赏你解决××意见的地方是……。”“在……时候，你充分运用了你的技术知识。”

· 把尚需改进的地方当作一个能够提高绩效的机会而不是一个问题来对待。例如:“你需要进一步发挥的能力是……。”“我很关心你如何解决这个问题，我希望你用了……”

· 通过相互讨论，就提高绩效水平所要采取的具体步骤达成共识，然后你或员工对下一步进行总结。例如“我们都认为你有两项能力要培养:团队工作和沟通技巧。你可以通过以下途径……。“正如我们所讨论的那样，在这种场合你必须佩戴安全镜。”

· 以积极的方式结束反馈。例如:“感谢你建设性的态度，××。相信通过这次谈话，我们能互相帮助，在未来的工作中取得更好的成绩。”

(3)要计划好在什么时候结束面谈以及如何结束面谈。一般来说，在双方对绩效评估中的各项内容基本达成一致意见之后，就可以结束面谈了。如果双方就某些问题争执不下，主管人员可以建议将其作为双方回去继续思考的问题，留作下一次面谈时需要沟通的内容，而不一定非要在当时得出结论。

营造积极的沟通氛围并不总是一件容易的事情，尤其是在员工认为根本没有问题的时候。因此主管需要仔细考虑具体情况，并尽量做好充分的准备。

(二)员工应该做的准备

绩效反馈面谈是一个双向沟通的过程，因此，员工一方也应该做好充分的前期准备。这些前期准备主要包括：

1. 收集与先前绩效有关的资料或证据。绩效反馈面谈的过程往往需要员工根据自己的工作目标逐项陈述绩效情况，因此员工需要充分准备好表明自己绩效状况的一些事实依据。

2. 准备好个人的发展计划。绩效反馈面谈既注重现在的表现，更注重员工将来的发展。因此，主管人员除了想听到员工对自己过去的绩效的总结和评估，也希望了解到员工自己的未来发展计划。

3. 准备好向主管人员提出的问题。绩效反馈面谈是一个双向交流的过程，不但主管人员可以问员工一些问题，员工也可以主动向主管人员提出一些自己所关心的问题。

4. 将自己工作安排好。由于反馈面谈可能要占用约 1 ~ 2 个小时的时间，因此应事先安排好工作时间，尽量避免一些重要的事情。如果有非常紧急的事情，应交代同事帮忙处理一下即可。

总之，绩效反馈面谈是在主管和员工有计划、有准备的前提下而进行的一项活动，在双方的共同努力下才能很好地完成这项工作。

四、绩效面谈反馈的原则

为确保绩效面谈收到良好的效果，在绩效面谈过程中必须遵循以下原则。

（一）开门见山的原则

主管人员在绩效面谈一开始就应当明确指出此次面谈的目的，清楚地让员工明白此次面谈要做什么，在话语表述上应主要采用积极的词汇，主要倾向于对未来的计划。例如，“我们今天面谈的目的主要是探讨一下你最近的工作情况，遇到什么样的难题，总结一下经验，并提出下一阶段的工作计划。”

（二）相互信任的原则

相互信任的原则非常重要，如果双方彼此不信任，就会有所保留，难以发现问题，必然会影响绩效面谈的有效性。同时，建立在不信任基础上的面谈，也会导致面谈难以顺利进行。信赖可以定义为一种适合面谈的气氛。轻松的场合、一杯咖啡或红茶、称赞和鼓励的话等都有助于营造轻松、热情、愉快及友好的氛围。

（三）具体全面的原则

对于员工绩效考核的结果，不能使用抽象、空洞的词语，应当拿出有利的支持性数据、实例作为数据。例如客户投诉率、缺勤、迟到、检查报告、任务完成进度等。

（四）双向沟通的原则

绩效面谈本来就是一个双向沟通的过程，应当鼓励员工多说话，学会倾听，并积极给予回答和反馈，可以使用一些较为开放型的问题。例如“你认为哪些方面还需要提高呢”，也可以说“请列举一些事实”。因此在绩效面谈中，应当坚持二八原则，80%的时间留给员工，20%的时间留给自己，绩效考核者要充分利用20%的时间，既要给予指导，又要适时地提出疑问。

（五）求同存异的原则

在绩效面谈中，由于双方的定位和利益不同，而且面谈一般都会直接牵涉员工的利益，难免会出现对立和分歧。在这种情况下主管人员要积极向员工解释，争取员工的理解，同时也要多站在员工的角度，设身处地为员工着想。如果分歧较大，可以换个思路。着重探讨解决问题的方法，或者暂时搁置这个问题，探讨其他方面，通过其他方面导向这个问题。

（六）基于工作的原则

绩效面谈涉及的是员工的工作绩效及工作表现，而不应当针对员工个人的性格特征。性格本身没有好坏之分，通常也不是绩效考核的依据。当然一些性格会影响到绩效的完成，但是也不能作为批判的焦点，主管人员可以引导员工采取其他措施改善自己。

（七）分析原因的原则

面谈过程中，主管人员一般会更加关注“如何做”，往往忽略去深入挖掘问题出现的原因，而找原因是解决问题的前提，只有找到问题出现的根源，才能从根本上解决问题，切忌“头痛医头，脚痛医脚”。

(八)关注未来的原则

面谈核心目的是制定未来的发展计划，绩效面谈虽然绝大部分内容是对过去绩效的回顾，但也要将立足点放在对未来发展有益的方面。

(九)行动落实的原则

绩效面谈的最终目的是落实发展计划，付诸于行动，将计划的内容与日常工作结合起来，使工作效率得以提升，工作方法得到改进。

五、绩效面谈的技巧

绩效反馈面谈是具有一定技巧的，主管只有注意到这些技巧，才可能在面谈中取得好的效果。

(一)绩效面谈的一般性技巧

1. 选择一个安静的环境。面谈的环境非常重要，因为环境会影响一个人的心情，在面谈中让下属保持轻松的心情非常重要。选择面谈的环境一般要注意几点:第一，噪音一定要小，尽量不要受外界环境的干扰，面谈双方一定要将手机关闭:第二，最好不要在办公室里面谈，以免受其他人员干扰，打断正常的面谈:第三，面谈时最好不要有第三者在场。

2. 营造彼此信任的氛围。信任是沟通的基础，绩效面谈实际上是上下级之间就绩效达成情况的一次沟通，所以，同样需要在面谈双方之间营造信任的氛围。信任的氛围可以让下属感觉到温暖和友善，这样下属就可以更加自由地发表自己的看法。信任首先来自平等，所以，在面谈中双方尽量不要隔着桌子对坐，利用一个圆型的会议桌更容易拉近与下属的距离:信任还来自尊重，当下属发表意见时，主管要耐心地倾听，不要随便打断，更不要武断地指责。

3. 明确绩效面谈的目的。在开始进行绩效面谈时，主管就应该向下属明确面谈的目的，以便下属能够清楚面谈的意义以及面谈的内容。在阐述面谈的目的时，主管应尽可能使用比较积极的语言，比如，“我们今天面谈的主要目的是讨论如何更好地改善绩效，并且在以后的工作中需要我提供什么指导，以便我们能够共同完成目标”。

4. 鼓励下属充分参与。一次成功的绩效面谈是互动式的面谈，在面谈过程中双方应进行有效的互动沟通。主管应避免填鸭式的说服，即使对下属工作有不满意的地方，仍需要耐心倾听下属内心的真正想法。如果下属是一个非常善于表达的人，就尽量允许他把问题充分暴露出来。如果下属不爱说话，就给他勇气，多一些鼓励，同时尽量用一些具体的问题来引导下属多发表看法。

5. 关注绩效和行为，而非个性。在面谈中要坚持“对事不对人”的原则，下属可能在某些个性方面有欠缺，但在绩效面谈中主管应重点关注下属的绩效表现，如果下属个性方面的欠缺和工作无关，则尽量不要发表意见。

6. 以事实为依据。如果主管发现下属在某些方面的绩效表现不好时，尽量收集相关信息资料，并结合具体的事实指出下属的不足，这样不仅可以让下属心服口服，更能让下属明白业绩不佳的原因，有利于更好地改进工作。以事实为依据要求主管平时要注意观察下属的行为表现，并能够养成随时记录的习惯，从而为绩效面谈提供充实的信息。

7. 避免使用极端化字眼。如果下属的业绩表现欠佳，一些主管在和下属面谈时容易情绪化，甚至使用一些非常极端化的字眼，极端化字眼包括“总是、从来、从不、完全、极差、太差、决不、从未、绝对”等语气强烈的词语。比如：“你对工作总是不尽心，总是马马虎虎”；“你这个季度的业绩太差了，简直是一塌糊涂”；“你从未让我满意过，照这样下去，在公司绝对没有任何发展前途”等。极端化字眼用于对否定结果的描述中时，一方面下属认为主管对自己的工作评价缺乏公平性与合理性，从而会增加不满情绪；另一方面，下属受到打击，会感到心灰意冷，并怀疑自己的能力，对建立未来计划缺乏信心。因此，主管在面谈时必须杜绝使用这些字眼，多使用中性字眼，而且还要注意用相对缓和的语气。

8. 灵活运用肢体语言。如表 7－1 肢体语言在沟通中也发挥着重要的作用，主管可以灵活运用肢体语言为双方的沟通营造信任的氛围。一是身体姿势的选择。如果主管坐在沙发上，不要陷得太深或身体过于后倾，否则会使员工产生被轻视的感觉，也不要正襟危坐，以免使员工过分紧张。二是注视方法的选择。面谈时，主管不应长时间凝视员工的眼睛，也不应目光游移不定，这些都会给员工造成心理上的负担。比较好的方式是将员工下巴与眼睛之间的区域作为注视范围，进行散点柔视，不仅使员工对主管增加亲切感，而且也能促使员工认真聆听评价结果。

9. 以积极的方式结束面谈。面谈结束时，主管应该让下属树立起进一步把工作做好的信心。同时，要让下属感觉到这是一次非常难得的沟通，使他从主管那里得到了很多指导性的建议。这就要求主管在面谈结束时使用一些技巧，用积极的方式结束面谈。比如，可以充满热情地和员工握手，并真诚地说：“我感觉今天的沟通非常好，也谢谢你以前所做出的成绩，希望将来你能够更加努力地工作，如果需要我提供指导，我将全力帮助你”。

表 7－1　　　　肢体语言的解读

肢体语言	解读内容
眯着眼	不同意，厌恶、发怒或不欣赏
走动	发脾气或受挫
扭绞双手	紧张、不安或害怕
向前倾	注意或感兴趣
懒散的坐在椅中	无聊或轻松一下
抬头挺胸	自信，果断
坐在椅子边上	不安，厌烦，或提高警觉
坐不安稳	不安，厌烦，紧张或提高警觉
正视对方	友善，诚恳，外向，有安全感，自信，笃定等
避免目光接触	冷漠，逃避，不关心，没有安全感，消极，恐惧或紧张等
点头	同意或者表示明白了，听懂了
摇头	不同意，震惊或不相信
晃动拳头	愤怒或带攻击性
鼓掌	赞成或高兴
打哈欠	厌烦

续表

轻拍肩背	鼓励，恭喜或安慰
搔头	迷惑或不相信
咬嘴唇	紧张，害怕或焦虑
抖脚	紧张
双手放在背后	愤怒，不欣赏，不同意，防御或攻击
环抱手臂	愤怒，不欣赏，不同意，防御或攻击
眉毛上扬	不相信或惊讶

(二)绩效面谈几种特殊的处理技巧

在具体工作中还会碰到许多特殊问题，而要处理这些特殊问题，还需要一些特殊技巧。

1. 如何对待具有防御心理的员工

在我们的生活中，防御是一个非常重要的、同时也较为常见的现象。当一位员工被指责为工作绩效不佳时，他的第一个反应就可能是矢口否认。一旦否认自己有过错，他就不会去反省自己是否称职。恼怒和攻击是受到批评时的另一反应。作为管理人员应当看到，这种做法有助于他们释放情绪，并使得他们能够直接面对问题所造成的压力，并有时间缓冲。但是可以相信，他们最终还是能够正确地看待这些问题。此外，还有一些人在受到批评时，往往会退缩到一个保护壳中去。

无论是在何种情况下，理解并解除这些防御心理是一种很重要的面谈技巧。关于这一点美国心理学家摩特默·弗因伯格提出了以下几点建议。

(1)认识到防御心理是一种很正常的心理。

(2)永远不要攻击一个人的防御心理。不要试图用“向某人讲解他自己”的方式来和面谈对象说话。比如，不应该这样说“你知道自己使用这种借口的真正原因是你不能忍受任何责任”;相反，你应当尝试将谈话集中于员工的行为本身(如销售额正在下降)，而不是将话题集中在本人身上(如你的销售工作十分不利)。

(3)推迟行动。有时，最好的行动其实就是什么也不要做。人们面对突然的的威胁时一种本能反应通常就是将他们隐藏到自己的“面具”后面。给他们足够的时间，让他们更理性的接受这一问题。

(4)认识到自己的局限性。不要期望能够解决自己所遇到的所有问题，尤其是与人有关的问题。更为重要的是，主管人员千万不要充当心理学家。让你的下属意识到问题的存在是一回事，而解决心理问题则完全是另一回事。

情景案例

刘阳刚完成与一个员工的绩效考核面谈，她觉得情绪很低落。在午餐时她对另一名主管说:“我今天上午和李浩进行了绩效考核面谈，今天早上我突然想起今天是评估的最后一天了，于是我把他从预算会上叫了出来，我简直不敢相信他的反应。他说他没时间准备，并且要我对每一个批评举例说明，而他却只是一个劲地说他在几个问题上不同意我的说法。我跟他讲了几个我不满意他的地方，然后又好心的告诉他怎样改正错误。我得到的回应只有愤怒和沉默。我想他至少应该感激我，给我一些反馈才对。是否现在人们都不太关心提高自我了？其实他还挺不错，但是在面谈时他看起来很不高兴。你说他到底是怎么回事？

让我们来看看李浩为什么不开心。李浩不开心是因为刘阳表现出来的态度好像是说："我最清楚——这是在讨论你的表现，你说有什么用？"况且李浩是在参加另一个会议的时候被叫出去参加她的绩效面谈的，这本身就让李浩觉得很难堪。而且也显示出面谈并不是事先安排好的，因此李浩也就没时间准备。刘阳的态度好像在说："你这些都做错了，你要这样做。"李浩没有机会提问，也没有机会为自己辩护。如果换了是你的话，在这种情况下，你会有什么反应呢？

2. 如何批评下属员工

当你需要对下属提出批评时，要注意批评的方式应当能够使下属维护他们自己的尊严和价值观。

(1)从观点一致的问题谈起。和主管一样，员工也希望自己的工作出色，多拿奖金，也多为企业做贡献。你可以从这一点谈起，谈企业对员工的期望，谈员工对企业的意义，使员工逐步赞同主管的意见，再引导到主管的要求上，使员工在不知不觉中接受你的批评。

(2)批评也要保住员工的的面子。如果需要对员工进行批评教育，也要注意在保留员工面子的前提下进行，同时提出有建设性的建议，对事不对人，分析为什么会发生，如何加以避免。

(3)因人而异。每一个员工的性格不一样，因此批评不同的员工要采取不同的方法。比如：对性子非常率直的员工，可以开门见山，直言不讳；对性格比较脆弱，心理素质比较差的员工，批评时要以鼓励、提醒为主；对于心怀不满的员工，要认真听取他们的意见，然后再针对错误来批评等等。

(4)对事不对人。批评应是指向员工的行为，而不是员工的一些人格化特征。主管只需将员工犯错的事件清楚地陈述出来，并说明此事对集体绩效的负面影响。例如，一员工上班时，对顾客态度粗暴，主管批评他说："你这个人脾气实在是太坏了，跟谁也相处不好，你就不应做这份工作。"可想而知，后果会怎样。但是，如果主管换另一种说法："我想你这么做可能有你的理由，可是在商场内与顾客争吵，在顾客眼中，你代表的就是整个商场，人们不会关心争吵的原因，只会说："某某商场服务态度真差，员工还跟顾客吵架"，我想你也不希望这样，是吗？

(5)不要翻旧账。有些主管在长篇大论的训话中喜欢把对于这位员工以前所有的事情统统都翻出来，进一步说明自己批评的多么正确，员工做得又是多么糟糕。尽管这位主管工作是认真的，对员工也是苦口婆心，但是员工会从心底里产生反感，致使以后说话做事都小心翼翼，和主管也拉远距离。因此，批评时应着眼于现在发生的事情和将来的改进。即便是要提到以前的事，也可以用鼓励的语气。在指出错误的同时，也给了员工信心，认为自己是在不断进步的，从而乐于接受主管提出的意见和建议。

(6)批评员工，也批评自己。主管在员工犯错时，如果能及时承担自己作为上级所应承担的连带责任，往往有意想不到的效果。例如，对犯错的员工说："出现这个问题我真的很抱歉，你是第一次做这类事，没有经验，我应该提醒你的，是我疏忽了。"员工听到主管如此说，往往会很感动，可能不用主管提醒，就自己主动承认了错误，然后主管再与员工具体分析如何避免这类过失的方法。这样，既解决了问题，又增进了双方的感情。

(7)要批评，也要表扬。在批评前，应设法表扬一番，批评后，再设法表扬一番，力争用一种友好的气氛结束谈话。在表扬中指出员工的错误，是一种和缓、圆润的方法，不会引起员工的怨恨和抵触，但是在使用这种方法时，有一点一定要切记：此时的表扬是为批评做铺垫的，该批评的地方应清楚明白，决不能含糊了事，让员工产生误解。

(8)以理服人，不可以权压人。主管作为企业里的领导，被赋予了一定的权力，但是如果太依仗权力，特别是在批评中采取强制手段迫使员工接受自己的意见，往往会适得其反。员工虽然在口头上同意了主管的看法，但内心并不以为然甚至不满，从而不会对自己的工作有丝毫的改进。

(9)批评以信任为本。虽然主管对员工的错误、过失造成的损害是不满甚至是气愤的，但是批评员工时，应以信任为本——让员工知道，你批评的是他所犯的错误，对员工本人的工作能力和态度，你是充满信任的。另外不能轻视被批评者，主管若带有轻视的态度，不论语言多么美妙，这种轻视之心仍会表现在主管的言辞之中。在这种情况下，员工感觉到主管瞧不起自己时，便会丧失改正错误的信心，工作效率就会下降。

3. 怎样处理正式的书面警告

如果一位员工的工作成绩及表现实在太差，有些组织就采取给其正式的书面警告的形式来对其进行提醒。使用这些书面警告通常有两个目的：提醒被警告者改掉坏习惯；帮助、支持考核者给予其考核等级。在给予书面警告之前，应该确保被警告者非常清楚其被警告的原因，即在此之前已用某些相关的标准对被警告者进行过提示，尤其是对违反标准的结果进行过提醒，并给予一次改正的机会。在以上做法均不奏效的情况下，按照标准给予其书面警告也就在所难免。

(三)如何同各种类型的员工进行绩效反馈面谈

员工间是彼此不同的。有些表现出色，有些绩效表现平平，还有一些表现则比较落后。就算是同一类别的员工，也是相互有别的。例如，在“绩效较低”这个范围内，有些员工渴望学习，但是没能取得“成功”，而有些绩效不好的员工对于改善绩效一点也不感兴趣。

员工和员工之间还有其他不同。有些员工在管理者对他态度强硬时表现最好，而有些员工不吃强硬态度这一套，需要对他们进行更和善的指导。

用同样的方式对全体员工做反馈面谈，这样的做法是没有道理的。虽然管理者要公正、平等地对待员工，但这并不意味着要用完全相同的方法来对待每一个人。管理者的反馈面谈以何种方式展开，这取决于每个员工的具体情况，还取决于管理者认为什么才是对待每一个员工的“最好方式”。比如说：

员工 *A* 绩效低下，这是由于缺乏经验造成的，他愿意学习经验。

员工 *B* 绩效低下，并抵制任何反馈建议。

员工 *C* 绩效低下，并对自己的低下绩效漠不关心。

员工 *D* 绩效优秀，并安于现状。

员工 *E* 绩效优秀，并且志向远大，渴望新的挑战。

对于那个绩效低下但是愿意学习的员工和那个漠不关心的员工，管理者该采取哪种方式来和他们进行面谈？对于第一个员工，管理者可能会更耐心、更扶持他；而对于第二个，面谈可能只涉及纪律处罚问题。那么，绩效优秀的那两个员工又如何呢？管理者可能会考虑推荐那个优秀而有抱负的员工来承担更重要的工作职责；而对于那个优秀但安于现状的员工，管理者可能更关注他如何才能保持当前的绩效水平。

为了让员工的反馈面谈富有成效，管理者必须弄清楚要让每个员工实现什么目标，同时要考虑到员工现有的水平如何，能向哪个方向发展。反馈面谈过程要做到因人而异，要符合员工的实际情况。

1. 优秀的员工。当遇到一名优秀的员工的时候，与其面谈时要注意以鼓励为主。对优秀表现加以认可，以其优秀行为为标杆在员工中广泛推广。另外，优秀的员工往往有比较强烈的个人发展愿望，在绩效反馈面谈时可以花比较多的时间了解员工的未来发展设想，这样可以更好地为其发展创造机会和空间，有时候主管和员工可以一同来制定未来的发展计划。最后，要注意的一点就是，优秀的员工往往对自己比较自信，对提升和加薪认为是理所当然的事情，在这种情况下，主管就更应该谨慎对待，不要轻易做出加薪或晋升的承诺，以免不能兑现。

2. 一直无明显进步的员工。有的员工绩效总是徘徊不前，没有什么明显的进步，对这种员工该怎样进行绩效反馈面谈呢？一般来说，首先应该分析一下员工一直没有明显进步的原因。

可能的原因不外乎以下几点：

个人的动机问题。自己为自己设立的目标比较低，没有提出较高的要求。

目前的职位不适合他。该员工也许有许多潜能，也有成就愿望，但是没有办法在现在的职位上发挥出来。

工作的方法不对。有的员工可能在一个职位上做了很长时间，却一直没有找到适当的工作方法，致使他的工作绩效始终提高不上去。

对待一直没有明显进步的员工，应该开诚布公地与他们进行交流，查明他们没有进步的原因，然后对症下药。如果是个人动机不足，那么充分肯定员工的能力，必要的时候可以使用“激将法”，例如，“你看，×××原来还不如你呢，现在人家都超过你了。”这样可能会激起员工的上进心。如果是现在的工作职位不适合这位员工，那么就可以一方面帮助员工分析什么样的职位适合他，另一方面听听员工自己想做什么，再做出决定。如果员工的工作方法不对，就要帮助他一起分析在哪些方面可以改进。

总之，既要让员工看到自己的不足，又切实为员工着想，帮助他们找到有效的改进方法。

3. 绩效差的员工。主管可能都会有这样的感觉：与那些绩效好的员工进行面谈是一件比较愉快的事情，而跟那些绩效差的员工进行反馈面谈却是一件令人头疼的事情。绩效差的员工可能不太容易面对一个很差的分数的事实，但主管却又不得不让他们去面对。有的绩效差的员工可能会比较自卑，认为自己一无是处，破罐子破摔；有的绩效差的员工可能并不认为自己绩效差，这样在绩效反馈面谈中就容易与主管发生冲突。对待绩效差的员工，要注意的一点就是，一定要具体分析其绩效差的原因，不要一概认为是个人原因。

4. 沉默内向的员工。有的员工非常沉默内向，在绩效反馈面谈的过程中，除非主管问到他们一些问题时他才做出回答，否则，他不会主动表达自己的想法。他们在与主管交流时可能会局促不安，紧张而手足无措；也有可能表现得沉静、冷漠、矜持。对待这种员工，要善于提开放性的问题，使他们多表达，同时多征询他们对事情的意见，这样可以迫使他们有较多的说话机会。

5. 发火的员工。有时在绩效反馈面谈的过程中，员工的意见与主管的意见发生冲突，员工可能会由于强烈的不同意或不满意而发火。在这种情况下，主管应该耐心的听员工把话讲完，不要急于和员工争辩，要等到员工冷静下来后，再同员工一起找原因，分析问题。

第四节　绩效反馈效果评估

很多人力资源经理都明白反馈的重要性，可是在实际工作中很少能有效地执行。问其原因，他们都倾诉着苦衷："棘手的问题太多了，很难知道怎么办才好。"由此，工作常常是"业绩不彰"。很多时候，他们不知道如何将评估结果有效反馈给员工，因为员工在反馈过程中，很容易产生自我防卫的反抗情绪，甚至会与上司争辩，不仅预期中的目标不能达到，反而影响两者的关系，从而导致绩效评估工作仅仅能够发挥"监督业绩达成程度的控制机能"，而"培育个人成长和发展的反馈机能"往往被有意或无意地忽略了。

一、反馈效果评估

绩效反馈面谈后，主管需要对面谈的效果进行评估，以便调整绩效反馈面谈的方式，取得好的面谈效果。为了解绩效反馈对员工工作行为的影响，绩效反馈效果评价应集中回答这样一些问题：

1. 此次面谈是否达到了预期目的？
2. 下次面谈应怎样改进面谈方式？
3. 有哪些遗漏需加以补充？哪些讨论显得多余？
4. 此次面谈对被考评者有何帮助？
5. 面谈中被考评者充分发言了吗？
6. 在此次面谈中自己学到了哪些辅助技巧？
7. 自己对面谈结果是否满足？
8. 此次面谈的总体评价如何？

同时，组织实施绩效反馈后员工工作行为也会发生一些变化。通过研究发现，绩效反馈后员工在工作行为方面有以下四种反应：

1. 积极主动地工作。这种情况绩效反馈与下属自我绩效评估基本一致。在双方绩效评估均属良好时，领导常常通过情感、奖励、地位等多方面的激励方式来反馈下属的绩效，而下属则以积极主动的工作态度回报领导对他的绩效认可。

2. 保持原来的工作态度。这种情况绩效反馈与下属自我绩效评估既可能一致也可能不一致。在绩效评估基本一致，下属认为其绩效与其需求相当，且无法满足更高需求的可能时，常常采取保持原来的工作态度。而当绩效评估不一致时，下属往往认为领导对其绩效低估了，但又不愿消极被动地工作，也常常采取这种工作态度。

3. 消极被动地工作。出现这种情况的主要原因：一是绩效反馈情况与下属自我绩效评估不一致；二是绩效反馈情况基本一致且绩效良好，但下属对绩效反馈形式不满。

4. 抵制工作。导致这种情况出现的原因除了绩效反馈情况与下属自我绩效评价不一致外，还有绩效反馈双方在情感交流方面发生了冲突，员工对领导产生了抵触情趣。

作为绩效管理最后一个重要环节，绩效反馈如果做得不好，将直接影响到整个绩效管理的全过程，所以，每个绩效反馈结束后，我们需要针对在问卷和员工行为观察中了解到的问题提出绩效反馈的改进计划。

二、改进绩效反馈

(一)强化管理者素质

提高管理者的素质，增强责任心，统一认识，经常性做好绩效管理培训工作，建立绩效考核面谈制度。

(二)注意沟通的方法技巧

管理者要考虑以什么方式进行沟通，使沟通的双方相互理解、相互信任、相互认同。只有用情感进行沟通，才能让员工在心理上愉快的接受，收到事半功倍的效果。

(三)认真做好沟通的准备工作

管理者必须高度重视面谈反馈的重要性，应该有主动与员工沟通的胸怀；认真做好面谈前的准备工作，明确面谈的目的，特别是对存在有问题的绩效差的员工，必须有充分的考核依据。事实依据在考核工作中非常重要，要解决这个问题，关键在于平时对事实依据的积累。

(四)注意“双向沟通”

沟通中最重要的是“倾听”，倾听会使了解变得全面和深入，倾听期间可以寻找合适的切入点。认真听取员工的意见，鼓励下属充分表露自己的观点，然后针对其观点再有理有据地进行探讨，实行“双向沟通”，从而形成管理者和员工的互动式沟通，这样才能达到最好的效果。

(五)注意谈话的场所和环境

管理者对员工面谈时要充分选择好时间、地点。一般来讲应该在绩效考核结果出来一周内进行面谈，地点应该选择在安静的场所，以提高面谈的效果。

(六)明确谈话的态度

面谈中管理者必须明确自己的态度，并且对员工取得的成绩给予充分肯定，对存在的问题必须明确提出，但是不要直接指责员工，同时诚心帮助员工制订改进计划，并有责任追踪整改效果。

(七)注意反馈意见

认真收集被考核者对考核工作、考核程序及面谈反馈人的意见，填写《面谈反馈表》。管理者要认真对反馈的信息进行分析，不断完善，以提高绩效考核的效果。

任何一种绩效评估模式都不是最好的，在实际的操作过程中总会出现一些误差，而这些误差的出现如不能及时发现和消除，必然会影响企业的发展，影响企业和员工之间的关系，挫伤员工的积极性，不利于人力资源开发。在反馈的过程中要有敏锐的洞察力和必要的准备工作，及时发现，及时解决，及时沟通，及时再反馈，最大限度地消除消极影响，然后在实践的基础上进一步完善绩效考核制度，建立更加适合本企业的绩效评估模式。

本章小结

绩效面谈与反馈的重要性长期以来被忽视，如果不将考核结果反馈给被考评的员工，考核将失去极为重要的激励、奖惩和培训的功能，因此，绩效反馈对绩效管理起到至关重要的作用。绩效反馈是绩效管理过程中的一个重要环节。它主要通过考核者与被考核者之间的沟通，就被考核者在考核周期内的绩效情况进行反馈，在肯定成绩的同时，找出工作中的不足并加以改进。

根据不同的分类依据，绩效反馈有不同的方式。绩效反馈一般通过语言沟通、暗示以及奖励等方式进行，但是根据被考核者参与程度分为三种：指令式、指导式、授权式。绩效面谈是绩效反馈中的一种正式沟通方法，是绩效反馈的主要形式。

正确的绩效面谈是保证绩效反馈顺利进行的基础，是绩效反馈发挥的保障。绩效面谈的内容主要包括工作业绩、行为表现、改进措施和新的目标等四个主要方面。在准备进行反馈面谈时，主管和员工都应做好准备。主管应做的准备是：选择适宜的时间、场所、准备面谈资料、计划好面谈程序。员工应做的准备是：填写自我评估表，准备好个人的发展计划及向主管提出的问题，安排好自己的工作等。在绩效面谈过程中，要遵循开门见山、相互信任、具体全面、双向沟通等基本原则，灵活运用一些面谈技巧，取得良好的面谈效果。

绩效反馈面谈后，主管需要对面谈的效果进行评估，以便使我们调整绩效反馈面谈的方式，取得好的面谈效果。通过研究发现，绩效反馈后员工在工作行为方面有以下四种反应：积极、主动地工作；保持原来的工作；态度消极、被动地工作和抵制工作。针对管理人员和员工在绩效反馈后出现的问题，从强化管理者素质、注意沟通方法技巧等方面来提高绩效反馈的效果。

案例 1

如此面谈

2010 年年底的一个周三下午，安徽合肥高新区某 *IT* 公司销售部员工张三被其主管销售部赵经理请到了二楼会议室。张三进门时，看见赵经理正站在窗户边打手机，脸色不大好看。约五分钟后，赵经理匆匆挂了电话说：

"刚接到公司一个客户的电话……前天人力资源部长找我谈了谈，希望我们销售部能带头实施面谈。我本打算提前通知你，好让你有个思想准备。不过我这几天事情比较多，而且我们平时也常沟通，所以就临时决定今天下午和你聊聊。"

等张三坐下后，赵经理接着说："其实刚才是蚌埠的李总打来电话，说我们的设备出问题了。他给你打过电话，是吧？"张三一听，顿时紧张起来："经理，我接到电话后认为他们自己能够解决这个问题的，就没放在心上。"张三心想：这李总肯定向赵经理说我的坏话了！于是变得愈加紧张，脸色也变得很难看。

"不解决客户的问题怎么行呢？现在市场竞争这么激烈，你可不能犯这种低级错误呀！这件事等明天你把它处理好，现在先不谈了。"说着赵经理拿出一张纸，上面有几行手写的字，张三坐在对面没看清楚。赵经理接着说："这次的绩效考评结果我想你也早就猜到了，根据你的销售业绩，你今年业绩最差。小张呀，做市场是需要头脑的，不是每天都出去跑就能跑到业务的。你看和你一起进公司的小李，那小伙子多能干，你要向他多学着点儿！"张三从赵经理的目光中先是看到了批评与冷漠，接着又看到了他对小李的欣赏，张三心里感到了刺痛。

"经理，我今年的业绩不佳，那是有客观原因的。蚌埠、淮南等城市经济落后，产品市场还不成熟，跟江浙地区不能比。为了开拓市场，我可费了很多心血才有这些成绩的。再说了，小李业绩好那是因为……"张三似乎有满肚子委屈，他还想往下讲却被赵经理打断了。

"小张，你说的客观原因我也能理解，可是我也无能为力，帮不了你啊！再说，你来的比他们晚，他们在江浙那边已经打下了一片市场，有了良好的基础，我总不能把别人做的市场平白无故地交给你啊。你说呢？"赵经理无奈地看着张三说。

"经理，这么说我今年的奖金倒数了？"张三变得沮丧起来。

正在这时销售部的小吴匆匆跑来，让赵经理去办公室接一个电话。赵经理匆匆离去，让张三稍等片刻。于是，张三坐在会议室里，心情忐忑地回味着经理刚才讲过的话。大约过了三分钟，赵经理匆匆回到了会议室坐下来。

"我们刚才谈到哪儿了？"赵经理显然把话头丢了。张三只得提醒他说到自己今年的奖金了。

"小张，眼光要放长远，不能只盯着一时的利益得失。今年业绩不好，以后会好起来的。你还年轻，很有潜力，好好干会干出成绩来的。"赵经理试图鼓励张三。

"我该怎么才能把销售业绩做得更好呢？希望经理你能多帮帮我呀！"张三流露出恳切的眼神。

"做销售要对自己有信心，还要有耐心，慢慢来。想当年我开辟南京市场时，也是花了近一年的时间才有了些成效。那个时候公司规模小，总经理整天带着我们跑市场。现在我们已经有了一定的市场占有率了，公司知名度也有所提高，应该讲现在比我们那时候打市场要容易些了。"

张三本正打算就几个具体的问题请教赵经理时，赵经理的手机突然响了，他看了一眼号码，匆忙对张三说："我要下班接儿子去了，今天的面谈就到这里吧，以后好好干！"说罢匆匆地离开了会议室，身后留下了一脸困惑的张三……

思考：

1. 赵经理错在哪儿了？
2. 如何让绩效面谈更有效？

案例 2

朗讯——互动反馈的沟通方式

朗讯公司按业绩提供报酬，全公司每年都要进行非常周密的业绩评估。朗讯通过一个3*3的矩阵给员工打分，告诉每位员工他自己的业绩情况。每个人的报酬增长情况最终的决定权在业务部门，业务部门要真正知道谁是他们的业务骨干。

在人力资源管理中，业绩评估是最敏感的部分，因为它直接联系到员工的升迁和薪金。业绩评估不恰当，会影响到员工的情绪，并影响到部门的工作。甚至有些经理不愿意有真正严格的评估，或者说中层主管对公司制定的评估员工的制度往往在情绪上不愿意执行，因为这里面有破坏个人自尊的行为，有人际关系风险。研究表明，大多数员工认为自己表现优秀，评估结果往往与他们的意愿相去甚远。

人力资源的许多方面是务虚，业绩评估确是非常"实"的一部分，它实实在在要兑现，也实实在在影响着员工的心理和行为。所以发展一个合理的考核制度，尽可能得出准确公平的考核结果，将是评估工作的最大成功。有些公司弱化评估，就是因为评估是一个主观性比较大，尺度不太好把握的过程，如果有失公允的地方太多，伤害到业务骨干的情绪，甚至考核是一个非常精心的管理流程，需要完善的管理制度的支持，所以在整体管理制度低下的情况下，业绩评估的正面影响难以发挥，而副作用会突出，这也是评估制度被搁置的原因。但是有一点必须明确，在企业规模越来越大，人才竞争激烈的今天，对员工实行粗放管理，让管理缺乏力度，将会导致管理涣散，使企业陷入被动和失去活力。

朗讯公司的业绩评估系统是一个闭环反馈系统，这个系统有一个形象的模型就是一个3＊3的矩阵。员工工作业绩的最后评定，会通过这个矩阵形象地表达出来，这就像一个矩阵形的“跳竹竿”游戏，如果跳得好就不会被夹脚出局，而且会升迁、涨工资。朗讯的员工每年要“跳矩阵”一次，但是评估过程从目标制定之日起就已经开始了，可以说是做到评估每一天。

每年年初，员工要和经理一起制定这一年的目标，经理要和更高层经理制定自己的目标。这个目标包括员工的业务目标、*GROWS* 行为目标和发展目标。在业务目标里，一个员工要描述未来一年里的职责是什么，具体要干些什么；如果你是一名主管，还要制定对下属的帮助目标。在 *GROWS* 行为目标里，员工必须根据朗讯的 *GROWS* 文化分别指出自己在 *G*、*R*、*O*、*W*、*S* 上该怎么做。

在发展目标里，则可以明确提出自己在哪些方面需要培训。当然并不是自己想学习什么就能得到什么培训，这个要求需要得到主管的同意。下属的每一个目标的制定，都是在主管的参与下进行的。主管会根据你的业绩目标，*GROWS* 行为方面的差距，自己能力不足三个方面提出最切实的发展参考意见，因为主管在工作中与下属有最密切的联系。

1. 业务目标制定

员工在制定自己的业务目标时，他必须知道谁是自己企业内部和企业外部的客户，客户对自己的期望是什么。如果是主管，还应知道下属对自己的期望是什么。员工可以通过客户、团队成员和主管的意见，来让自己的业务目标尽可能和朗讯的战略目标紧密结合。员工要在业务目标中明确定义自己的关键目标。一个主管还要制定指导员工共同发展的员工计划，建立和强化团队的责任感。

2. *GROWS* 目标制定

每个员工通过制定 *GROWS* 行为目标，来强化对朗讯文化的把握和具体执行。

3. 发展目标制定

从你的职责描述、你的业务目标和主管那里来定义自己必需的技能和知识，评估自己当前具备的技能和知识。参考以前的业绩评估结果，通过多种途径的反馈和主管对你的参考意见，能够帮助自己全面正确地评估自己的能力现状，这个评估结果对自己的发展非常重要。

在主管的协助下，将这三大目标制定完毕，员工和主管双方在目标表上签字，员工主管各保留一份，在将来的一年中员工随时可以以此参照自己的行为。

在制订了目标后的一年里，每个员工在执行目标时会有来自三个方面的互动影响：一种是反馈，一种是指导，还有一种是认可。反馈通常是在员工与员工，员工与主管之间常用的一种沟通方式；朗讯的每位员工在工作中都有可能充当教师的角色，指导主要是主管对员工的激励和指导的反馈；认可是一种特别的反馈，用来表示对你工作成绩的认可。这三种方式是员工和主管沟通的三种常见方式，每位员工义务通过这三种方式履行自己的目标的日常行为。朗讯将员工的评估，通过这些方式，细化到每天的工作中。

每个员工都非常重视这些互动反馈的信息，因为业绩评估中反馈是一项重要的依据。每位员工要收集好别人给你的反馈，记录下一些重要的反馈，而且要与主管讨论这些反馈。如果员工在收集反馈时遇到问题，可以有以下7种执行好反馈的办法：

(1)员工应该主动采取一些方式，例如向其他员工、主管、客户等所有与工作有关的人索要这些反馈。

(2)员工要善于听取别人的反馈意见，认真考察他们说的是否正确，避免出现对别人的反馈不重视的自我保护行为。

(3)要认真思考这些反馈，以免自己做出过度的反应或提出不恰当的意见。

(4)与给你提出反馈的人做出响应，告诉他们你针对他们的意见所做的变化。

(5)让提出反馈的人参与到你的改进行为中去，看他们能否提出更进一步的建议。

(6)针对反馈改进你的行为，记录你的改变，比较一下自己的变化。

(7)每3－4个月跟踪那些给你反馈的人，看他们是否感觉到了你所做的改进。这7种行为将是你完成好反馈的基本方法。

这种类似于批评和自我批评，不断提高自己的效率和沟通技巧的工作方式，将业绩评估贯彻到日常工作中的每一天。

对于有培养员工职责的主管来说，他还必须执行好指导职责，这个职责简单来说是由英文缩写*SMART*来概括，每个主管都要记录自己在*Coaching*上所做的事，这些是其年终评估的一项。

认可是一种良好的文化，无论是员工与员工之间，还是主管和员工之间都存在工作的认可，认可甚至越过公司内部，延伸到客户中。朗讯鼓励用一些简单的认可方式来鼓励员工，这些可能是一些感谢信，一张表扬奖状，或者一个停车位，订一份杂志，甚至还可以送电影票、戏票。认可是多种多样的，虽然只是表达一种正向的反馈，但是能够让大家在工作中获得好的情绪。朗讯对员工有几个指导方针：将合适的鼓励给合适的人；鼓励的方式要和他的成绩匹配；鼓励要及时；说出鼓励他的理由。

这种相互鼓舞的机制可以让他们分享新的思想，也能鼓励不同的观点，共享信息，减少官僚作风。朗讯的评估过程非常精细和严谨，目的是使这个评估尽可能的公平，尽可能体现每一位员工和主管在过去的一年里的作为。

评估围绕三个方面进行：第一个是当前的业务结果，这是针对当初的业务目标进行的，通过比较每位员工自己设定的目标和完成的目标，以决定这一项的效果如何。第二个评估内容是*GROWS*，朗讯的文化行为模式。第三个是员工在发展自己的知识和技能方面做得如何。每位员工一年中有两次评估，一次是年中评估，这个时间在半个财政年度执行，主要看目标的执行情况；财政年度的评估则是看达到了目标没有。

思考题：

1. 朗讯的互动反馈方式有哪些优势和劣势？为什么？还应当采取其他的补充措施吗？
2. 怎样做才能更好地进行绩效反馈面谈？
3. 朗讯的互动反馈方式有哪些值得借鉴的地方？

第八章　绩效改进与考核结果的应用

▶本章学习要点

1. 了解绩效改进计划的主要内容
2. 掌握绩效考核结果应用的原则
3. 了解目前绩效考核结果应用出现的问题
4. 掌握绩效改进计划的制定过程
5. 掌握绩效评估结果的应用

导入案例

A公司是一家公路工程施工企业，该企业最近刚刚完成改制，国有资本已经全部退出，企业性质为由员工持股的有限责任公司。

公司实行矩阵式组织结构，下设综合管理部、人力资源部、财务部、采购部、设备管理部、经营管理部、技术质量部、房产开发部、养护分公司；项目经理部是临时性组织，其成员分别来自上述各个相关部门，项目结束后回归各个部门。

公司实行职能岗位工资制，对公司高、中级管理人员和职能岗位工作人员实行职能岗位工资制，对项目工作人员实行项目岗位工资制。

公司实行责任风险抵押制度，对高级管理人员、各部部长、项目班子成员、项目部部门负责人实行风险抵押、超额奖励的制度，按月扣除相应的风险抵押金，经考核后根据目标责任书进行结算。公司对各个部门签订目标责任书，年末对目标责任书进行考核；公司与每个项目经理部签订目标责任书，项目结束后根据目标完成情况对项目进行考核。

职能岗位工资制不同级别人员的薪酬结构如表8－1所示。

表 8-1　　职能岗位工资制不同级别人员的薪酬结构

	基本工资	月绩效工资	年绩效奖金	风险抵押金
高级管理人员	岗位工资 × 60%	无	根据责任书考核结果确定	岗位工资 × 40%
各部部长	岗位工资 × 50%	岗位工资 × 30% × 季度考核系数	根据责任书考核结果确定	岗位工资 × 20%
主管级	岗位工资 × 60%	岗位工资 × 40% × 季度考核系数	无	无
员级	岗位工资 × 60%	岗位工资 × 40% × 季度考核系数	无	无

项目岗位工资制不同级别人员的薪酬结构如表 8-2 所示。

表 8-2　　项目岗位工资制不同级别人员的薪酬结构

	基本工资	月绩效工资	项目绩效工资	风险抵押金
项目班子成员	岗位工资 × 40%	岗位工资 × 40% × 季度考核系数	根据责任书考核结果确定	岗位工资 × 30%
部门负责人	岗位工资 × 50%	岗位工资 × 40% × 季度考核系数	根据责任书考核结果确定	岗位工资 × 10%
员级、技术工和操作工	岗位工资 × 60%	岗位工资 × 40% × 季度考核系数	无	无

公司董事会对高层管理人员进行年度绩效考核；公司对各个部门（部长）、项目部（项目班子成员）进行季度、年度考核；公司组织各个部长对下属员工进行月度绩效考核，各个项目经理对项目部人员进行月度绩效考核；项目结束后，公司根据项目目标责任书对项目进行项目考核。

职能岗位员工月度绩效考核结果实行强制分布法，各部门所有职能岗位员工考核分数由高到低排序，结果为优秀、良好、中等、合格、基本合格。比例分别为 20%、20%、20%、20%、20%，其中低于 60 分者为不合格。

项目部员工月度绩效考核结果实行强制分布法，某个项目部所有月度考核员工的考核分数由高到低排序，结果为优秀、良好、中等、合格、基本合格。比例分别为 20%、20%、20%、20%、20%，其中低于 60 分者为不合格。

部长、项目经理、项目副经理、项目总工的季度绩效考核结果实行强制分布法，参照正态分布原则，所有参加季度考核人员的考核分数由高到低排序，结果为优秀、良好、中等、合格、基本合格。比例分别为 10%、25%、40%、20%、5%，其中低于 60 分者为不合格。

个人月度、季度考核系数与考核结果的对应关系如表 8-3 所示。

表 8-3　　个人月度、季度考核系数与考核结果的对应关系

考核结果	优	良	中	合格	基本合格	不合格
个人考核系数	1.1	1.05	1.0	1.0	0.8	0

个人月度、季度绩效考核内容和权重如表 8－4 所示。

表 8－4 个人月度、季度绩效考核内容和权重

被考核者	考核周期	考核者	考核内容及权重	
			*KP*1	能力态度
部长、项目经理	季度	总经理	80%	20%
实行职能岗位工资制的主管级岗位	月度	本部门部长	80%	20%
实行职能岗位工资制的员级岗位	月度	本部门部长	70%	30%
项目部部门负责人级岗位	月度	项目经理	80%	20%
项目部其他岗位	月度	项目经理	70%	30%

各个部门（部长）、项目部（项目班子成员）季度绩效考核工作已经进行了三次，总的来说，中层干部逐渐重视这项工作，绩效考核结果基本反映了中层干部的工作绩效。房产开发部董部长的第一季度、第三季度两个季度绩效考核结果为基本合格，公司已责令限期提高绩效，否则将给予降职处理。房产开发部目前还没有配备普通员工，只有董部长一人。董部长原来曾经做过项目经理，所在的项目由于管理不善，项目考核时离公司的基本目标相差很多，给公司带来了很大损失，虽然项目班子成员和负责人都扣除了风险抵押金，但给公司造成的损失更大。公司正好有一块位置不错的地段，计划开发商业楼盘，因此成立了房产开发部，目前只是前期筹备阶段，正在和各个部门接触，办理一些手续等。董部长认为，这只是给他找个地方安排一下而已，自己做不了什么大决策，因此工作积极性不高，经常迟到早退，王总经理安排的几个工作他都没有完成，竟连楼盘开发计划书也没有完成，因此王总很不满意。根据公司规定，一年内有两次绩效考核为基本合格，将限期提高业绩；若全年有三次绩效考核为基本合格，则给予相关人员降职处理。

已经到了年底，人力资源部刘部长正在思考如何兑现各个部门的目标责任书，以及如何将年终考核结果与年末员工的工资晋级联系起来。

从以上案例可以看出，绩效管理是否形成良性循环，在很大程度上取决于如何应用绩效考核结果。一般来讲，绩效考核结果应该和薪酬联系起来，如果不和薪酬联系起来，绩效考核肯定不会受到员工的重视，绩效管理提升绩效的目的很难实现。只有公平合理地应用绩效考核结果，才能充分调动员工的积极性，最终使公司的绩效得以提升。应该如何将绩效考核结果运用到人力资源管理中？仅仅是和薪酬联系起来么？如何和绩效改进结合起来？通过本章的学习，将会给这些疑问找到解答。

第一节 绩效改进计划与流程

绩效考核的目的不仅仅是作为确定员工薪酬、奖惩、晋升或降级的标准，员工能力的不断提高以及绩效的持续改进才是其根本目的，而实现这一目的的途径就是绩效改进，即采取一系列行动提高员工的能力和绩效。绩效改进是绩效考核的后续应用阶段，是连接绩效考核和下一循环计划目标制定的关键环节。

绩效改进计划又称个人发展计划（*Individual Development Plan*，*IDP*），是指根据员工有待发展提高的方面所制定的一定时期内完成有关工作绩效和工作能力改进与提高的系统计划。很多人认为，绩效评估是绩效管理最为重要的环节，但实际上绩效改进计划要重要得多。究其原因，主要在于绩效考核仅仅是从反光镜中往后看，而绩效改进计划是往前看，以便在不久的将来能获得更好的绩效，而不是关注那些过去的、无法改变的绩效。由于绩效考核的最终目的是为了改进和提高员工的绩效，因此制定与实施绩效改进计划是绩效评估结果最重要的用途。

一、制定绩效改进计划的基本原则

在制定绩效改进计划之前，主管和员工应该对一些问题达成共识，把握住五个基本原则：

1. 平等性原则。主管和员工在制定绩效改进计划时是一种相对平等的关系，他们共同为了员工业绩的提升和业务单元的成功而制定计划。

2. 主动性原则。我们有理由相信员工是真正最了解自己所从事工作的人，因此在制定绩效改进计划时应该更多地发挥员工的主动性，更多地听取员工的意见。

3. 指导性原则。主管影响员工的领域主要是从根据组织和业务单元的目标出发并结合员工个人实际，给员工绩效的改进提出中肯的建议，实施辅导，并提供必要的资源和支持。

4. 发展性原则。绩效改进计划的目标着眼于未来，所以在制定与实施计划时要有长远的、战略性的眼光，把员工个人的发展与企业的发展紧密结合起来。

二、制定绩效改进计划的准备工作

制定绩效改进计划，主管人员需要在以下几方面做好准备：

1. 选择合适的时间

选择什么样的时间制定绩效改进计划是非常关键的，不合适的时间会影响制定计划的效果。要选择主管和员工双方都有空闲，能够全身心地投入到制定计划中去的时间，这段时间不要被其他事情打断。例如，主管马上要去参加总经理召集的会议，或者员工马上要赶去见客户。在这样的情况下，制定绩效改进计划往往会心不在焉，草率收场，无法展开细致的讨论。同时要注意不要安排得过于紧凑。有些主管总是在人力资源部门催交绩效改进计划表的时候，才抽出半天时间，与部门中十几名员工走马观花般地进行这项工作，这样就无法保证绩效改进计划的效果。

2. 选择适宜的场地

通常，主管的办公室是最常用的制定绩效改进计划的场地。办公室给人以一种严肃、正式的感觉，这固然很好。然而，选用办公室作为制定绩效改进计划的场地也有一些局限性。

首先，办公室经常会遇到各种各样的打扰，例如电话、来访的客人等等；其次，办公室的情境会给人明显的上下级的感觉，容易给员工造成层级的压力。因此可以考虑到类似于咖啡厅这些地方与员工进行这项工作，因为在这样的环境中员工会感觉比较放松，远离电脑、电话和成堆的文件，主管和员工坐在一起，喝上一杯茶或咖啡，更容易充分表达真实的感受。

3. 准备相关的资料

在制定绩效改进计划之前，主管和员工都应准备好制定绩效改进计划所需的各种资料。主管需要准备的资料包括：职位说明书、绩效计划、绩效评估表格、员工日常工作表现记录等。在与员工一起制定绩效改进计划之前，主管必须对有关的各种资料谙熟于胸，当需要的时候可以随时找到相关的内容。员工需要准备好个人的发展计划。主管除了想听到员工对个人过去绩效的陈述和总结，更希望了解到员工针对绩效考评中不足的方面如何进一步改善和提高的计划。能够自己提出发展的目标和计划，而不是等待主管为自己制定发展计划，这样的做法本身就能够得到主管的赞赏，是应该鼓励员工具备的行为。

4. 主管的心理准备

在制定绩效改进计划之前，主管除了要准备时间、场地和资料外，还要对制定计划的员工有所准备。这种准备是一种心理上的准备，也就是要充分估计到员工在制定计划时可能表现出来的情绪和行为。主管和员工一同制定计划的前提是双方对绩效评估的结果已经达成一致意见。要做好这一点，就必须充分考虑到员工的个性特征，本次评估结果对其的影响，以及员工对本次绩效评估可能表现出来的态度等等。在实际中经常会出现员工与主管对评估结果意见不一致的情况，主管应事先考虑好如何解释和对待。

三、绩效改进计划的主要内容

绩效改进计划的主要内容有以下几个方面：

（一）有待发展的项目

通常是指被考核者在工作的能力、方法、习惯等有待提高的方面。被考核者有待提高的方面可能很多，在绩效改进计划中应列明被考核者最为迫切需要改进且易改进的项目。

（二）发展这些项目的原因。

必须阐明将这些项目放入绩效改进计划中的原因，做到有理有据。

（三）目前水平和期望达到的水平

绩效改进计划中应该有明确清晰的目标和期望达到的水平。绩效改进的目标一方面是对绩效考核期内发现的问题进行改善，另一方面是使好的绩效结果达到更高的水平。

（四）发展这些项目的方式

明确绩效改进项目从目前水平提高到期望水平所需要采取的方式，确定责任部门和责任人，以便更好地帮助员工并跟踪其改进绩效。

（五）设定达到目标的期限

明确绩效改进项目从目前水平提高到期望水平所需的时限要求，以及实现改善的最终日期。

四、制定绩效改进计划的流程

通常来说，制定绩效改进计划有以下几个基本步骤：

1. 回顾绩效考评的结果

每个人都有被他人认可的需要，当一个人做出成就时，他希望得到其他人的承认。所以，首先应对员工在绩效期间工作表现的成绩和优点加以肯定，从而对员工起到积极的激励作用。然而，员工想要听到的不只是肯定和表扬的话，他们也需要有人中肯地指出其有待改进的地方，因此，接下来可以指出员工的绩效中存在的一些不足之处，或者员工目前绩效表现尚可但仍需改进的方面。主管和员工可以就绩效评估表格中的内容逐项进行沟通，在双方对绩效评估中的各项内容基本达成一致意见后，再开始着手制定绩效改进计划。

2. 找出有待发展的项目

有待发展的项目通常是指在工作的能力、方法、习惯等方面有待提高的地方，可能是现在水平不足的项目，也可能是现在水平尚可但工作需要更高水平的项目，这些项目应该是通过努力可以改善和提高的。一般来说，在一次绩效改进计划中应选择最为迫切需要提高的项目，因为一个人需要提高的项目可能有很多，但不可能在短短半年或一年时间全部得到改善，所以应该有所选择。而且，人的精力有限，也只能对有限的内容进行改善和提高。

3. 确定发展的具体措施

将某种待发展的项目从目前水平提升到期望水平可以采取多种形式。许多人一想到绩效改进的方法就会想到送员工参加培训，其实，除了培训之外，我们还可以通过许多方法提升员工的绩效，而且其中大部分方法并不需要公司进行额外的经费方面的投入，这些方法包括：征求他人的反馈意见、工作轮换、参加特别任务小组、参加某些协会组织等等。

4. 列出发展所需的资源

“工欲善其事，必先利其器”，要落实绩效改进计划，必须要有必要的资源支持。这些资源包括工作任务的分担、学习时间的保证、培训机会的提供、硬件设备的配备等等。在这方面，主管人员一定要统筹安排，提供帮助，尽量为员工绩效的改进创造良好的内外环境。

5. 明确项目的评估期限

工作的能力、方法、习惯等方面的提高是一项长期的任务，须在一个较长时间段中才能得到准确评估。员工需要一个宽松、稳定的环境，不应增加太多的管制。因此，如果评估周期过短，有可能造成员工的逆反心理，这样不但分散了员工的精力，影响工作进度，还有可能使员工疲于应付评估，使得评估效果适得其反。所以建议将评估周期设定为半年到一年，这样安排也可以与企业半年或年终总结相衔结。

6. 签订正式的改进计划

社会心理学的大量研究发现，当人们亲身参与了某项决策的制定过程并做出了公开的表态，他们一般会倾向于坚持立场，并且在外部的力量作用下也不会轻易改变。因此，在制定绩效改进计划的过程中，让员工参与计划的制定，并且签订非常正规的绩效改进契约，也就是让员工感到自己对绩效改进计划中的内容是做出了很强的公开承诺的，这样他们就会以倾向于坚持这些承诺，履行自己的绩效改进计划。如果员工他们的计划只是口头确定，没有进行正式签字，那么就很难保证他们坚持这些承诺的计划。

五、组织实施绩效改进的途径

绩效改进方法从不同角度分析和理解，基本包括以下六种:技术更新改造法、培训教育辅导法、组织流程再造法、机器代替人工法、单位时间效益法及团队协作效益法。

(一)技术更新改造法

通常来说，企业里的技术更新改造主要是指企业为了提高经济效益、提高产品质量、促进产品升级换代、降低成本、节约能耗、加强资源综合利用等，采用先进的、适用的新技术、新工艺、新设备、新材料等对现有设施、生产工艺条件进行的改造。

在企业、部门及个人绩效改进过程中，当然也会涉及需要更新技术的情况，特别是在生产制造业，绩效结果在很大程度上会受到技术的先进和落后、产品更新换代的影响。掌握先进技术，绩效当然会走在前面。

技术更新改造法一方面强调企业及时引进先进技术和设备，另一方面更加强调技术人员的技术创新能力和技能。在新的社会经济条件下，人员的技术素质的不断更新和提高是应用单纯先进技术的必要条件。通过技术更新改造法，不仅提高了个体的绩效，还有利于实现社会经济的综合效益。

(二)培训教育辅导法

培训教育辅导是一种有组织的知识传递、技能传递、标准传递、信息传递、管理训诫的行为。为了达到统一的科学技术规范和标准化作业，通过目标规划设定、知识和信息传递、技能熟练演练、作业达到评测、结果交流公告等现代信息化流程，让员工通过一定的教育训练技术手段，达到预期的水平以提高目标。

培训教育辅导贯穿在整个绩效管理的过程。员工通过培训，可在工作中降低因失误造成的损失。同时，通过培训获得新方法、新技术、新规则，提高员工的技能，使其工作质量和工作效率不断提高，从而提高企业效益。

(三)组织流程再造法

绩效改进的原因如果是基于组织管理或者业务的重组，必须采用组织流程再造的方法。

流程再造，是指一种从根本上考虑和彻底地设计企业的流程，使其在成本、质量、服务和效率等关键指标上取得显著提高的工作设计模式。流程再造包括工作流程的改进和管理流程改进两个方面。

1. 常见的组织流程再造法(五阶段模式)

(1)营销环境。营销环境主要分为六个子步骤，即树立愿景，获得有关管理阶层的支持，制定计划和开展培训，辨别核心流程，建立项目团队并指定负责人，就愿景、目标、再造的必要性和再造计划达成共识。

(2)流程的分析、诊断和重新设计。该阶段主要分为九个子步骤，即组建和培训再造团队，设定流程再造结果，诊断现有流程，诊断环境条件，寻找再造标杆，重新设计流程，根据新流程考量现有人员队伍，根据新流程考量现有技术水平，对新流程设计方案进行检验。

(3)组织架构的重新设计。该阶段主要分为六个子流程，即检查组织的人力资源情况，检查技术结构和能力情况，设计新的组织形式，重新定义岗位并培训员工，组织转岗，建立健全新的技术基础结构和技术应用。

(4)试点与转换阶段。该阶段主要分为六个子流程，即选定试点流程，建立试点流程团队，确定参加试点流程的客户和供应商，启动试点、监控并支持试点，检验试点情况并听取意见反馈，确定转换顺序并按序组织实施。

(5)实现愿望。该阶段主要分为四个子流程，即评价流程再造成效，让客户感知流程再造产生效益，挖掘新流程的效能，持续改进。

通常来说，五大阶段应该持续推进。但是根据企业各自情况，五大阶段可以彼此之间平行推进，或者交叉进行。所以说五大阶段并不是一个锁定的线性过程，而是相互交融、循环推进的不断再生的过程。

2. 使用五阶段模式组织流程再造方法应当遵循的原则

(1)高层管理者的口头和行动支持至关重要。

(2)人们必须了解为什么要改进、未来的愿景以及他们在其中的地位与作用。

(3)组织的愿景一定要明确，要对顾客需求、需求模式、约束条件和效率目标进行深入分析和理解。流程再造项目的目标要设定在这些方面的绩效改进上。

(4)流程再造可能只是一个开头，必须以持续改进作为目标，使得随着时间发展交替的跃进和渐进改进成为正常模式。

(四)机器替代人工法

机器替代人工法有利于提高企业的业绩。机器替代人工虽然属于技术更新改造，但两者的区别在于，技术更新改造主要指企业个体的技术专利，而机器替代人工是从整个社会角度来看待技术的先进性。

(五)单位时间效益法

企业绩效、部门绩效及个人绩效需要改进的原因有很大一部分是因为工作效率不够高。因此，作为绩效改进人员，就需要考虑如何提高自己的单位时间效益，在规定的时间内创造更多产出。

1. 单位时间效益的公式

工作效益 = 有效工作量 ÷ 工作时间

单位时间效益 = 单位有效工作量 ÷ 单位工作时间

有效的工作必须是符合目标要求、符合质量要求、符合时效要求的。

2. 提高单位时间效益的途径

(1)做好时间管理

提高单位时间效益法需要做好时间管理。时间管理是指用最短的时间或在预定的时间内，把事情做好;进行时间管理的主体是个人，个人通过自我管理来改变工作习惯和工作方法，使自己创造更多的价值。

(2)提高有效工作量

科学技术是第一生产力，企业所处的环境在不断地变化发展，为提升企业竞争力，必须不断进行技术更新。管理人员的管理能力、培训开发能力、激励能力等，对员工心理素质、知识或技能的提升有重大影响。通过技术、管理、培训等手段提高员工的综合素质，从而提高其有效工作量。

（六）团队协作效益法

团队协作是指以实现企业的战略发展为目标，通过资源共享和协同努力，调动团队所有成员的积极性，祛除团队内部所有不和谐和不公正的因素，对表现优秀者嘉奖，对表现差的进行批评，从而使团队协作产生一股强大而持久的力量。

通过团队协作可以促进团队整体绩效的改善。通过发扬团队精神，可以节省成本。通过协作精神，帮助他人改进绩效，可使资源利用达到最大化。

六、实施绩效改进计划的要点

在实施绩效改进计划的过程中，需要把握以下几个要点：

1. 保持持续的沟通

员工和主管通过沟通共同制定了绩效改进计划，达成了绩效契约，但这并不等于说后面的计划实施的过程就会完全顺利的，主管就可以高枕无忧，等待收获成功的果实了。在绩效改进计划实施的过程中，员工与主管人员还必须进行持续的沟通。一方面计划有可能随着环境因素的变化而变得不切实际或无法实现，这时就需要对计划进行调整，使之更加适应内外环境变化的需要；另一方面，员工在计划时可能会遇到各种各样、层出不穷的困难，员工不希望自己在改进的过程中处于孤立无援的状态，他们希望自己处于困境时能够得到主管的帮助，持续的沟通有助于问题及时得到解决。

2. 注意正强化的运用

绩效的改进从本质上说是促进一些符合期望的行为发生或增加发生的频率，或者减少或消除不期望出现的行为，因此可以运用正强化的方法来进行绩效改进。正强化是指给予一种愉快的刺激，促使某种行为的反复出现。按照行为强化原理，人们会根据对行为后果的判断来决定是否做某个行为，而且人们可以从过去的行为结果中得到学习。所以，在绩效改进的过程中要及时鼓励员工已经取得的进步。任何行为改善都是逐步的过程，当员工行为开始有所改善时，应该及时给予认可和称赞，以激励员工取得更大的进步。

3. 适当采取处罚措施

在实施绩效改进的过程中，如果不是因为外在的因素如工作任务繁重、没有得到应有的资源保证等，而是因为员工个人主观因素对工作改进不积极不主动，主管采取帮助措施仍然不能奏效时，主管应考虑采取一些必要的处罚措施，如职务调整、取消奖金等。但处罚只是手段不是目的，最终还是期望通过这种方式促进员工改进绩效，所以，在采取处罚措施时要注意几个问题：一是采取处罚措施之前要事先与员工沟通，让员工了解为什么要采取处罚措施、所要采取的措施是怎样的以及在怎样的情况下自己将要被处罚；二是所采取的处罚措施要合乎情理，而且要由轻渐重，不要过于严苛；三是采取措施之后要注意监控和评估处罚后的结果。

案例

刘先生是 *A* 公司的销售主管，在 2008 年的考核中，他顺利完成了公司给他下达的销售业绩指标，但工作中还存在着一些问题：一是以前不在这个行业工作，对本领域的专业知识还不够熟悉，有时客户咨询相关的问题时难免捉襟见肘；二是在与客户沟通时不太善于倾听，对客户深层次的需求理解不够；三是对自己主管角色认识不够清晰，常常事必躬亲，不善于向下属授权；四是在处理事情的轻重缓急方面不是很合理，常常忙得一团糟但任务还是积压。针对这种现状，刘先生在上级的帮助下制定了下面的绩效改进计划（见表8－5）。

表8－5　　　　　　　　　　绩效改进计划表

被评估者：×××　　　　　　　职位：销售主管　　　　　　　所属部门：销售部

直接主管：×××　　　　　　　制订时间：2009年1月5日

有待发展项目	目前水平	期望水平	发展措施	所需资源	评估时间
专业知识	6分	8.5分	1. 阅读有关的书籍、资料 2. 参加产品部举办的培训班 3. 多向他人请教	专业书籍 产品介绍 培训时间	
客户沟通技巧	7分	9分	1. 参加“有效的客户沟通技巧”培训 2. 自己注意体会和收集客户的反馈 3. 与优秀销售主管一同会见客户，观察并学习他们与客户沟通时好的做法 4. 阅读相关的书籍	培训时间 其他部门支持 管理书籍	
下属管理	6分	8分	1. 参加“如何做一名优秀的主管”培训 2. 学习上级主管和其他部门主管管理下属时好的做法 3. 阅读相关的书籍 4. 请上级和下级监督	管理书籍 其他部门支持 培训时间	
时间管理	7分	8.5分	1. 参加“时间管理”培训 2. 学会使用排序表格 3. 利用外部资源满足急件的需要	培训时间 管理时间 其他部门支持	

第二节　绩效考核结果的应用及常见问题

一、绩效考核结果的应用

（一）用于薪酬奖金的分配

现代化管理要求薪酬分配遵守公平与效率两大原则，这就必须要对每一名员工的劳动成果进行评定和计量，按劳付酬。绩效评价，结果只能够为报酬分配提供切实可靠的依据，因此，进行薪酬分配和薪资调整时，应当根据员工的绩效表现，运用考评结果建立考核结果与薪酬奖励挂钩制度，使不同的绩效对应不同的待遇。合理的薪酬不仅是对员工劳动成果的公正认可，而且可以产生激励作用形成积极进取的组织氛围。

不同的公司所采取的薪酬体系也有所不同，甚至存在许多差异，但薪酬体系基本上可分为两大部分，即固定部分和动态部分。岗位工资、级别工资等决定了员工薪酬中的固定部分，而绩效则决定了薪酬中变动的部分，如绩效工资、奖金等。在此，我们重点分析绩效加薪、绩效奖金、特殊绩效奖金认可计划等三种最为常见的薪酬制度。

1. 绩效加薪

绩效加薪是将基本薪酬的增加与员工所获得的评价等级联系在一起的绩效奖励计划。员工能否得到加薪以及加薪的比例高低通常取决于两个因素：第一个因素是员工在绩效评价中所获得的评价等级，第二个因素是员工的实际工资与市场工资的比率。当然，在实际操作中，由于很难得到真实的市场工资数据，大部分企业大体上以员工现有的基本工资额作为加薪的基数。比如，在某公司人力资源部门的绩效管理体系中，把员工的评价结果分为*S*、*A*、*B*、*C*、*D* 五个等级，相应的加薪比例为 10%、8%、5%、0%、-5%，假如一个员工的基本工资为 2000 元，年终的评价等级为 *S*，则这个员工在下年度的基本工资就变成 2200 元（获得了 200 元的加薪）。然而，企业采取绩效加薪后，新增加的工资额就会变成员工下一时期的基本工资，随着时间的延续，这种情况很可能会导致员工的基本工资在缓慢积累的基础上大幅度提高，甚至会超出企业的盈利能力所能够支付的界限。因此，为了弥补绩效加薪制度的缺陷，越来越多的企业采取绩效奖金的方式，而不是绩效加薪的方式来激励优秀员工。

2. 绩效奖金

绩效奖金是企业依据员工个人的绩效评价结果，确定奖金的发放标准并支付奖金的做法。绩效奖金的类型有很多种，常用的公式是：

员工实际得到的奖金 = 奖金总额 × 奖金系数

奖金总额的确定没有一个统一的标准，一般以基本工资为基数，确定一个浮动的绩效奖金额度。奖金系数则是由员工的绩效评价结果决定的。绩效奖金和绩效加薪的不同之处在于，企业支付给员工的绩效奖金不会自动累积到员工的基本工资之中，员工如果想再次获得同样的奖励，就必须像以前那样努力工作，以获得较高的评价分数。由于绩效奖金制度和企业的绩效考核周期密切相关，所以，这种制度在奖励员工方面有一定的局限性，缺乏灵活性，而当企业需要不是对那些在某方面特别优秀的员工进行奖励时，特殊绩效奖金认可计划，就是一种较好的选择。

3. 特殊绩效奖金认可计划

特殊绩效奖金认可计划是在员工努力的程度远远超过了工作标准的要求，为企业创造了优异的业绩或者做出了重大的贡献时，企业给他们的一次性奖励。这种奖励可以是现金，可以是物质奖励，也可以是荣誉称号等精神奖励。与绩效加薪和绩效奖金不同的是，特殊绩效奖金认可计划具有非常高的灵活性，他可以对那些出乎意料的、各种各样的专项高水平绩效表现进行奖励。比如，某造纸集团公司人力资源部职员 *A* 根据自己多年的人事档案管理的经验，设计了一套系统软件，对全公司专业技术人才分类统计、分专业保存，建立了电子人才储备库，为公司进行专业人才调配提供了快速、方便的通道，受到了部长和同事们的充分肯定，部里拿出 2000 元现金作为对他发明设计这套软件的奖赏。

（二）员工职业发展

绩效评价结果与员工职业发展结合起来，可以实现员工发展与部门发展的有机结合，达到本部门人力资源需求与员工职业生涯需求之间的平衡，创造一个高效率的工作环境。

职业生涯的发展是吸引和留住员工的重要因素。人力资源部门应针对员工为其量身定做职业生涯发展规划，并定期与员工一起对其职业生涯发展规划进行修正，保证员工的职业生涯成功发展。如依据绩效结果实行岗位轮换，做到人尽其才，才尽其用，如此，就能有效提高员工的积极性，激发员工的潜能。反之，如果人力资源部门不注重员工的工作流动，不注重为员工提供创业的平台，也没有绩效考核、激励机制来保证员工按业绩、按贡献正常晋级、加薪等，就会严重挫伤工作人员的积极性，影响工作业绩和效率。

绩效评价结果可以为员工的工作配置提供科学依据。工作配置分为晋升、工作轮换、淘汰三种主要形式。人力资源部门在对员工进行绩效评价时，不能只评价他目前工作业绩的好坏，还要通过对员工能力的考察，进一步确认该员工未来的潜力。对那些绩效优秀而且大有潜力的员工，可以通过晋升的方式给他们提供更大的舞台和施展才能的机会，帮助他们取得更大的业绩。而对那些绩效不佳的员工，应该认真分析其绩效不好的原因。如果是员工自身的素质和能力与现有的工作岗位不匹配，则可以考虑对其进行工作调动和重新安排，以发挥其长处，帮助其创造更佳业绩。如果是员工个人不努力工作，消极怠工，则可以采取淘汰的方式。但人力资源部门在对业绩不佳的员工进行淘汰时要慎重，要认真分析造成员工绩效不佳的具体原因，然后再做决定，且淘汰比例不宜太大。

（三）开发员工潜能

其实企业建立绩效管理体系，除了要区分出员工绩效的优劣之外，还有一个很重要的功能是通过分析绩效评价的结果来提升员工的技能和能力。培训的一个主要出发点就是员工绩效不良或者绩效低于标准要求，也就是说当员工的现有绩效评价结果和企业对他们的期望绩效存在差距时，管理者就要考虑是否可以通过培训来改善员工的绩效水平。这时就要对绩效较差的员工进行分析，如果员工仅仅是缺乏完成工作所必须的技能和知识，那么就需要对他们进行培训。因此，除了可以通过绩效评价衡量员工的绩效业绩外，也可以利用绩效评价的信息来对员工能力进行开发。绩效评价系统必须能够向员工提供关于他们所存在的绩效问题，以及可以被用来改善这些绩效问题的方法等方面的一些信息，其中包括使员工清楚的理解他们当前的绩效与期望绩效之间所存在的差矩，帮助他们找到造成差距的原因以及制定改善绩效的行动计划。目前，我国许多企业接受并采用了国外流行的 360 度绩效考核方法，在 360 度绩效考核方法中，一个员工的行为和技能不仅要受到下属人员，而且还要受到其同事、顾客、上级、下级以及本人的评价。不过，国外的企业往往是将360度绩效考核用于员工培训与技能开发，而不是直接与薪酬挂钩，因此，这种概念的准确说法是360度绩效反馈，而不是360度绩效考核。360度绩效反馈系统的好处，是它从不同的角度来搜集关于员工绩效的信息，同时还可以使员工对自我评价与他人对自己的评价进行比较，帮助员工进行自我能力的评估。

（四）为奖罚提供依据

奖为主，罚为辅，奖惩结合历来是企业管理中的激励原则。只有通过绩效评价，对那些忠于职守、踏实工作、成绩优异者给予物质或精神上的奖励，对那些不负责任、偷工减料、绩效低下者给予惩戒，才能真正鼓励员工向优秀者学习，防止不负责任的现象蔓延。当然，这种惩处并不意味着不允许犯错误，也并不是说凡是犯了错误的都要予以惩罚。实际上对于有上进心的人来说，失败乃成功之母。许多公司优秀的经理和其他管理人员的优点并不是他们没犯过错误，而是他们勇于创新而犯错误。因此他们犯错误的次数越多，他们所积累的经验就越丰富，而他们继续创新获得的成果就可能越大。因此，对不同的人所犯的错误要区别对待。相反，对那些工作平庸、毫无上进心的人，即使不犯错误，也要将其从较高的领导职位上调离。

任何一个业绩突出的人力资源部门，他的管理人员之所以能尽到管理责任，主要是因为它对管理人员能及时的和公正地进行评价。同时，又能以此评价为依据，对他们做出恰当的奖励或惩处，让他们保持旺盛的工作热情，很自然地在工作中展开竞赛。久而久之，在本部门中就会形成一种良好的工作作风和传统习惯：以上进为荣，以消极平庸为辱。这种优良传统的形成，是企业的精神财富，是无价之宝。

对一个管理人员的评价，必须是前面的和系统的，不能草率地根据一两件事就对某个管理员的品质、责任心和工作能力做出判断。要知道，正确而恰当的奖罚，会营造出一个欣欣向荣、团结向上的集体风气；而错误的、不公平的奖罚，会令一个人、一个部门甚至一个单位陷入涣散、颓废的泥潭。作为一个部门的领导最大的失误是根据自己的好恶来决定对下属的奖罚，这种方式会让自己的周围只留下一些溜须拍马之人。提拔了这些人，就等于惩罚了那些真正一心为公司工作、认真负责的人，大多数工作人员就会失去工作的主动性、创造性和积极性。

二、绩效考核结果应用中的常见问题

在运用绩效考核结果的过程中，常会出现以下问题：

（一）绩效评价结果反馈不及时或没有反馈

目前我国企业在员工绩效评价实践中，管理者往往不愿意与员工讨论其绩效的不足，否则会使管理人员觉得很不适应。虽然每个员工的工作都有可改进之处，但许多管理人员还是不愿意向员工提供消极的反馈意见，担心员工的缺点被指出来后，会进行自我辩护。事实上确实存在有些员工不虚心接受反馈意见，反而指责管理者的评价结果有问题或者责备别人的情况。人们对自己的绩效评价往往估计过高，从统计学的角度来看，差不多一半的员工的绩效低于平均水平，但有研究表明，认为自己的绩效高于平均水平的员工占75%。但要看到，由于对绩效评价反馈存在着一定程度的担忧而不实施评价反馈，其副作用更大：由于缺乏积极的结果反馈，在现行的员工绩效评价中，员工既不能申辩说明或进行补充，也不能了解自身表现与组织期望之间的吻合程度。结果员工并不知道自己的哪些行为是企业所期望的，哪些行为是不符合企业组织目标的，更不用说如何改进自己的工作。事实上员工绩效经常得到评价并及时对员工个人进行反馈，员工认为管理者熟悉他们的工作绩效，根据反馈的情况，员工会及时调整和改进个人的行为，使得员工对评价工作有一种认同感，并积极参与自我评价。

（二）绩效评价与员工的切身利益结合不紧密

绩效评价结果的应用，常常表现为奖惩。目前许多企业年度考核只是例行公事，绩效评价工作结束，任务就算完成，评价结果的使用仅限于年终奖金的发放及职称的评定，而不能与管理人员任免、职务晋升、薪酬档次等员工切身利益联系起来，使绩效评价工作失去了其应有的意义和价值。根据激励的期望模型，假如员工认为他们的绩效目标完成后，组织也不会给予他们期望的报酬，那么，我们可以预期，员工就不可能充分发挥个人潜能。要使激励作用最大化，就要让员工认识到，他们的努力能够导致良好的绩效评价成绩，而这种成绩会给他们带来相应的报酬。

（三）员工的绩效评价与员工培训和个人发展没有很好结合

企业应根据绩效评价结果，以满足员工的需要为宗旨，以高效、实用为目标，有目的、有计划地进行企业内部培训活动，为企业造就高素质的队伍提供有效措施。总之，根据员工绩效评价的结果，对员工个人进行有针对性的培训，这正是员工评价的最终落脚点，它不仅会得到员工的认可，而且还会为企业的建设发展培养更多高素质的员工，达到事半功倍的效果。

（四）绩效考核结果应用方式单一，缺乏绩效管理的有效手段

绩效考核结果应用方式单一，缺乏有效的绩效管理和手段，诸如绩效奖励、精神补偿、共享节余、增益分享、绩效工资、绩效合同等。

（五）绩效考核结果应用形式化倾向严重

当前的考核多以领导的主观评价而非客观事实为基础，严重影响了结果的客观公正。而且部门领导对考核结果重视程度不够，往往是一评了事，没有采取措施将考核结果落实到工作中，评与不评一个样，评好评坏一个样，使考核结果因此流于形式。

本章小结

绩效考核结果被广泛应用到人力资源管理的不同层面。绩效改进是这样一个过程：首先，要分析员工的绩效考核结果，找出员工绩效中存在的问题；其次，要针对存在的问题制定合理的绩效改进方案，并确保其能够有效地实施。绩效改进是绩效考核的后续工作，是为了帮助下属改进绩效、提升能力，与完成管理任务一样都是管理者义无反顾的责任。

从不同的角度分析和理解绩效改进的方法，基本包括以下六种：技术更新改造法、培训教育辅导法、组织流程再造法、机器替代人工法和单位时间效益及团队协作效益法。

目前绩效考核结果应用中出现很多问题，这些问题影响了绩效管理整体效果的提升，如绩效评价结果反馈不及时或没有反馈；绩效评价与员工的切身利益结合不紧密；员工的绩效评

价与员工培训和个人发展没有很好结合;绩效考核结果应用方式单一,缺乏绩效管理的有效手段;绩效考核结果应用形式化倾向严重。

薪酬奖金分配是绩效考核结果一种非常普遍的用途。不同的公司所采取的薪酬体系也有所不同,甚至存在许多差异,但薪酬体系基本可分为两大部分,即固定部分和动态部分。岗位工资、级别工资等决定了员工薪酬中的固定部分,而绩效则决定了薪酬中变动的部分,如绩效工资、奖金等。

员工职业发展是关注员工长远发展的一个计划。绩效评价结果与员工职业发展结合起来,可以实现员工发展与部门发展的有机结合,达到本部门人力资源需求与员工职业生涯需求之间的平衡,创造一个高效率的工作环境。

绩效考核结果应用还有其他应用,如开发员工潜能、为奖罚提供标准等。

案例 1

绩效考核结果在×集团销售人员管理中的应用

山东×集团创办于1996年,是由山东省科技厅批准成立,目前拥有8家控股公司的高新技术企业集团。主要从事环保能源、环保新材料、生物能源与技术、石油化工、煤炭与化工、新型化工、自动化设备、节能技术等领域的技术研发、技术成果产业化运作及实体生产经营。总部位于济南高新技术开发区,其他控股企业分别在济南、北京、上海、临沂、威海等地。集团目前已经拥有包括教授、博士在内的高科技人员近90人,连续多年承担国家(省、市)火炬计划、科技攻关计划、科技成果产业化计划等各类科研项目,并完成了200余项。

自主创新的高新技术成果和专利。这些成果多数具有国际先进水平,部分成果属国内首创或领先。其中95%的成果已实施产业化,成果推广遍及全国各地。

自从集团成立以来,随着企业规模的扩大和员工队伍的发展壮大,岗位职责等各项规章制度不断得以完善,也制定了一套针对销售人员的考核制度,但在实际实施过程中却往往流于形式,没有得到完全推行。为此,集团考核小组进行了问卷调查和个别访谈,并将调查和访谈结果作为对集团销售人员绩效管理现状进行科学合理分析以及绩效指标体系设计的重要依据。

山东×集团绩效考核结果主要运用于以下几个方面:

一、薪资调整和绩效奖金的发放

根据绩效考核的结果,按照一定的方法和程序,改变销售人员的岗位薪资收入,从而在激励销售人员更好地做好本职工作的基础上,使其享受集团更好的人事待遇。

集团的销售工作是由销售团队完成的,所有销售人员根据自己的专长,在团队中起到不同的作用。第一种是组织协调整个团队运作的职能;第二种是信息采集与甄别的职能;第三种是营销策划与完成谈判、业务达成的职能;第四种是技术支持与客户服务的职能;第五种是成本控制的职能。销售团队成员是按照团队创造的总价值按一定的比例拿到相应报酬的。年终奖金是集团根据整体经营目标的实现情况,并结合销售部利润指标的完成情况确定奖金基数,再由销售部相关负责人根据每个销售人员的绩效等级和在团队中所起的作用再确定个人奖金分配系数。销售人员个人最终得到的奖金是:

个人奖金＝集团确定的奖金基数×销售部奖金系数×个人分配系数

销售人员的年终奖金发放60%～80%。此部分奖励的20%～40%会作为个人发展基金，保存在集团财务，由集团统一进行运作。在下一个财政年度末，发给销售人员这部分发展基金所产生的红利，个人发展基金的利率为银行利率的2.5倍。销售人员离职后一年，可以提取个人发展基金的本金部分。

二、晋升（降职）和岗位调配

绩效考核结果为销售人员晋升或降职以及岗位轮换、调动提供了一定的依据。通过对一定绩效期间销售人员的绩效进行分析，如果发现某个员工在某个方面的绩效突出，可以让他在这方面承担更多的责任，让优秀的人才到更高的职位和更重要的岗位上去工作；如果发现员工的工作表现与其职位不符合则进行必要的调整，让他从事更适合他的工作。

三、记入销售人员发展档案，为制定职业生涯发展规划提供依据

集团各级管理者应将销售人员历次考核结果记入销售人员发展档案，结合绩效考核结果及其在集团发展愿望的高低，与销售人员进行充分的沟通，发现他的潜力和职业倾向，对他的职业生涯发展进行规划和调整（如图8－1）避免职业定位不准带来的负面影响，使其在正确的位置上做正确的事。

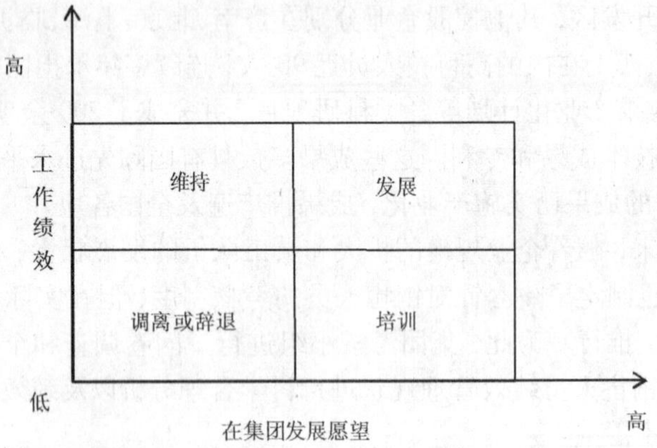

图8－1　山东×集团销售人员职业生涯发展规划图

四、销售人员绩效改进计划

集团强调员工潜能与绩效的关系，关注员工素质提高，关注员工的未来发展。根据考核结果可以知道销售人员做得好的地方和不足之处及与整体之间的差距，针对未达到绩效标准的项目分析原因，制定相应的改进计划。考核者有责任对被考核者绩效改进计划的实施提供指导和帮助，并跟踪检查改进效果。针对销售人员知识和能力上的不足开展相应的教育培训或由专人对其进行指导，使之得以提高。下面是为山东 × 集团淄博地区的一名业务员李明制定的绩效改进计划。李明来集团工作时间不长，他上个月计划销售量为150吨，实际销售量为130吨，没有完成销售指标。通过分析，他目前亟须改进的主要是销售技巧，主要体现在与客户洽谈业务方面的能力不够，不能很好地把握客户的心理和真正需求；另外，由于他

工作时间短，对公司的产品相关知识还不够清楚。主管人员经过与李明面谈沟通认为他有比较强烈的进取心，有进一步学习和改进的愿望。根据李明的实际情况，制定了如下的绩效改进计划，如表 8－6 所示。

表 8－6　**员工绩效改进计划**

姓名:李明			职位:销售业务员			
直接主管:区域经理			制定计划日期:2006 年 6 月			
需要发展的方面	原因	目前水平	期望水平	行动计划	负责人	下一次考核时间
与客户谈业务的能力	与客户洽谈业务是销售人员的主要工作内容，而李明本人在这方面有较大差距	考核等级 1 级	至少达到 3 级	1. 参加集团组织的“有效的洽谈业务技巧”培训 2. 与优秀的业务员一同会见客户，观察并学习他们与客户洽谈业务时好的做法	办公室优秀业务员	2006 年 12 月
产品知识	这是业务员必须知道的，他却不太清楚	考核等级 1 级	达到 4 级	1. 阅读集团产品介绍 2. 参加集团组织的产品知识培训 3. 向其他员工请教	李明本人	2006 年 9 月

五、销售人员培训发展

(一)培训需求分析

为避免“头疼医头，脚疼医脚”的现象发生，应充分利用销售人员的考核结果进行培训需求分析，找出员工真正欠缺的东西，提高培训的针对性和有效性。培训需求分析需要销售部各级主管的积极参与，因为有时员工并不一定完全清楚自己不懂什么或工作中缺少什么以及需要什么样的培训，这时各级主管应根据实际情况进行补充。为提高可操作性，人力资源部可在年末组织座谈会，进行本年度培训的有效性分析及下一年度的培训需求调查，为下一年度培训工作的改进和培训计划的制定打下基础。

(二)销售人员培训的组织

销售人员培训的组织者包括人力资源部培训主管和销售部培训负责人。人力资源部培训主管负责:培训体系的建立与完善;制定年度培训计划并组织实施;对培训效果进行评估并存档;对销售部培训负责人进行培训并监督部门培训的实施。销售部培训负责人主要职责:配合人力资源部进行本部门相关人员的培训;调查分析本部门员工的培训需求;对本部门员工进行内部培训并对培训效果进行评估,包括制定培训评估方式、出试卷、批改试卷等;每年末总结评价本年度培训的有效性,提出意见和建议,并报送下年度的培训申请。

(三)培训对象和内容

1. 新进员工

人力资源部负责组织进行集团概况、企业文化、规章制度、礼仪、安全等相关知识的培训;销售部培训负责人组织进行本部门职责、员工的岗位职责、部门规章制度、销售政策、产品知识介绍等的培训。通过培训使其能够迅速融入团队工作中,成为合格的销售人员。

2. 在岗员工

在岗的一般员工:销售部培训负责人组织进行销售技巧、与客户沟通技巧、谈判技巧、时间管理及其他为提高其综合素质而进行的相关知识培训。原则上能在本部门培训的,由本部门进行;不能在本部门进行的,人力资源部负责协调在其他部门进行。在岗的中高层管理人员:人力资源部组织实施中高层管理人员的培训。培训内容主要包括企业文化理念、冲突管理与协调、激励与指导员工技巧、高绩效销售团队建设、招聘面试技巧等。

3. 培训方式

培训分为内部培训和外部培训。对一般员工、基层管理人员的培训,一般采取讲授、会议学习、操作示范、工作轮换、角色扮演、研讨会、案例分析会等内部培训方式;对中高层管理人员一般采用内外培训相结合的方式,如内部培训的研讨会、案例分析会及外部培训的拓展训练、室内体验式培训等。

4. 培训效果评估

培训结束,由培训负责人协同相关人员进行培训效果评估。评估分为反应评估,学习评估和行为、结果评估三个层次。反应评估,即在课程结束时,了解员工对培训项目的主观感觉或满意度;学习评估,评估培训对象在知识、技能、态度或行为方式方面的收获;行为、结果评估,评估培训对象培训后在工作中的行为方式有多大转变,业绩有无提高。如表8-7所示。

表8-7　　培训效果评估

层次	评估内容	评估方法	评估时间
反应评估	具体培训课程、讲师、培训组织等	问卷调查、面谈观察、座谈	课程结束时
学习评估	对培训内容、技巧、概念的吸收、掌握程度	提问法、笔试法、模拟练习、心得体会	课程进行或结束时
行为、结果评估	培训后的行为是否发生改变	问卷调查、行为观察、访谈法、绩效评估	三个月或半年后

集团将培训评估结果入档,作为员工晋级、评优等工作的参考,并对下一步的培训工作进行改进。

（资料来源：孙金锋. 绩效考核结果在 ×集团销售人员管理中的应用[J]. 沿海企业与科技，2009年第01期，83－85）

思考题：

1. 该公司是如何运用绩效考核结果的？

2. 该公司对绩效考核结果的运用还存在哪些待改进的地方？

案例2

泰康人寿安徽分公司2011年绩效改进计划

一、绩效改进依据

安徽分公司2011年及2010年员工年终绩效考核结果

二、绩效改进对象

1. 2011年度绩效考核结果为“不合格”人员；

2. 2011年度绩效考核结果为“有待改进”，且2010年度绩效考核结果为“有待改进”或“不合格”的人员。

三、绩效改进目的

1. 贴近一线，学习业务知识，为更好地服务一线打下良好的基础；

2. 实现员工个人及公司整体工作绩效的改进，持续提升组织效率。

四、绩效改进人员指导人与所属部门经理职责

1. 在绩效改进期间，所在服务部经理作为绩效改进员工的指导人；

2. 在绩效改进期间，指导人应指导绩效改进人员制定绩效改进期间工作计划，并就绩效改进期间工作进行充分的指导和帮助；

3. 在绩效改进期间，所属部门经理需对本部门绩效改进人员的绩效改进情况进行深入了解，并为员工提供指导和帮助。

五、绩效改进措施

表 8－8　　绩效改进措施

改进时间	改进措施	备注
2012－3－1 至 2012－3－31	1、根据中支上报情况，经分公司人力资源部审核，安排绩效改进人员在四、五级机构学习业务知识，锻炼个人能力； 2、绩效改进人员需每周向指导人及所属部门经理提交工作总结； 3、指导人将评价后的工作总结交至机构人力资源岗，并抄送所在中支总经理。	根据岗位职责与日常工作，在 3 月 5 日前与服务部经理沟通的基础上，在 *E－HR* 系统建立绩效改进计划；
2012－4－1 至 2012－4－30	1、绩效改进人员需熟悉并积极服务业务一线，助力一线； 2、绩效改进人员需每两周向指导人及所属部门经理提交工作总结； 3、指导人将评价后的工作总结交至机构人力资源岗，并抄送所在中支总经理。	
2012－5－1 至 2012－5－31	1、绩效改进人员全面总结在绩效改进期的工作情况及改进措施，并形成书面总结。在 31 日前填写绩效改进沟通表（详见附件），并由指导人对其进行评价； 2、将绩效改进沟通表及整体改进期间工作总结的签字版交至机构人力资源管理部门，并由所在中支总签字确认后上报分公司人力资源部。	在 5 月 30 日前在 *E－HR* 系统进行自评，6 月 10 日前完成系统上级评价与审批。

备注：1. 四级机构不含城区本部服务部；2. 服务部内勤不能在其所属四级机构进行绩效改进，具体安排由机构上报；3. 分公司部门绩效改进人员由人力资源部统一安排并通知。

六、绩效改进结果及其处理

1. 绩效改进结果分为“合格”、“有待改进”和“不合格”；

2. 三个月绩效改进结束后，通过 *E－HR* 系统进行绩效改进期间绩效评价与审批。若绩效改进评价结果为“合格”，可以考虑回原岗位工作；若绩效改进评价结果为“有待改进”或者“不合格”，视为调整工作岗位后仍不能胜任工作，公司有权依据《劳动合同法》解除劳动合同。

思考题：

1. 如何评价泰康人寿安徽分公司的绩效改进计划？

2. 企业进行绩效改进的途径有哪些？

第九章 绩效考核指标体系的构建

▶本章学习要点

1. 了解绩效考核指标的基本要求以及考核指标的分类
2. 掌握绩效指标确定的过程及其方法
3. 掌握绩效考核指标量化的方法
4. 掌握绩效考核指标体系设计的原则与步骤

导入案例

A 公司的绩效考核指标体系

A 公司总部为职能部门，下设若干子公司，分别从事不同的业务。近几年来，人力资源部在原有的评估制度基础上制定出了《中层干部评估方法》，并在年底正式进行评估之前，出台当年的具体评估方案，以使评估达到可操作化的程度。A 公司的做法通常是由公司的高层领导与相关的职能部门人员组成评估小组。评估的方式和程序通常包括被评估者填写述职报告，在自己单位内召开全体职员大会进行述职、民意测评（范围涵盖全体员工）、向科级干部甚至全体职工征求意见（访谈）、评估小组进行汇总写出评估意见，并征求主管副总的意见后报公司总经理。评估的内容主要包含三个方面：被评估的单位经营管理情况，包括该单位的财务情况、经营情况、管理目标的实现等方面；被评估者的德、能、勤、绩及管理工作情况；下一步工作打算，重点努力的方向。具体的评估细目侧重于经营指标的完成。政治思想品德，对于能力的定义则比较抽象。对于中层干部的评估后，公司领导在年终总结会上进行说明，并将具体情况反馈给个人。

子公司的领导对于下属业务人员的评估通常是从经营指标的完成情况（该公司中所有子公司的业务员均有经营指标的任务）来进行的；对于非业务人员的评估，无论是从总公司还是子公司均由各部门的领导自由进行。通常的做法是到了年底要分奖金了，部门领导才对自己的下属做一个笼统的排序。由于被征求了意见，一般员工会觉得受到了重视，感到非常满意。领导也觉得该方案得到了大多数人的支持、颇为满意。但是，被评估者觉得自己的部门与其他部门相比，由于历史条件和现实条件不同，年初所定的指标不同，觉得相互之间无法平衡比较，心理始终不服。但接下来几年，员工对评估失去了兴趣，认为那是领导的事，与自己无关，而且对一成不变的评估方法感到厌倦。

从以上案例中可以看出，A 公司的做法是目前大多数的国有企业在绩效评估上的典型做法，带有一定的普遍性。这种做法在一定程度上确实发挥了其应有的作用，但是，从对评估的理解上和评估的实施上看却存在许多问题，比如绩效指标的设定缺乏科学性，评估关系不够合理等。那么，如何才能建立科学的绩效指标体系呢？这是本章的主要内容。

第一节　绩效考核指标的要求和分类

一、绩效考核指标的基本要求

绩效考核指标是绩效考核制度中的关键内容。在设计绩效考核指标时应注意满足下面的基本要求。

（一）内涵明确清晰

应对每一个绩效考核指标规定出明确的含义，以避免不同的考核者对考核指标内容产生不同的理解，从而减少考核误差的产生。绩效考核指标的表达应明确清晰，用于定义考核指标的名词应准确，没有歧义，使考核者能够轻松地理解它的含义。在必要的时候可通过不同的方式对考核指标做出详细的定义，以统一考核者对每一个考核指标的理解。

（二）具有独立性

每一个考核指标尽管有相互作用或相互影响、相互交叉的内容，但一定要有独立的内容，有独立的含义和界定。

（三）具有针对性

考核指标应针对某个特定的绩效指标，并反映出相应的绩效标准。因此，应根据岗位职能所要求的各项工作内容及相应的绩效目标和标准来设定每一个绩效考核指标。

二、绩效考核指标的分类

（一）根据绩效考核的内容分类

根据绩效考核的内容可以将绩效考核指标分为以下几类。

1. 工作业绩考核指标

所谓工作业绩就是工作行为所产生的结果。对于业绩的考核结果直接反映了绩效管理的最终目的——提高企业的整体绩效以实现既定目标。

组织成功的关键要素决定了绩效考核中需要确定的关键绩效结果。这种关键绩效结果规定了在考核员工绩效时应着重强调的工作业绩指标。这指标可能表现为该职务的关键工作职责或一个阶段性的项目。也可能是年度的综合业绩。工作业绩通常具体表现为完成工作的数量指标、质量指标、工作效率指标以及成本费用指标。

2. 工作能力考核指标

不同的职务对于人的工作能力要求是不同的，只有在绩效考核体系中加入工作能力方面的考核指标，才能使考核结果真正反映出员工的整体绩效。另外，通过能力指标的行为引导作用鼓励员工提高与工作相关的工作能力，并通过能力考核的结果做出各种有关的人事调整决定。

3. 工作态度考核指标

我们常常可以见到这样的现象：一个能力很强的人出工不出力，没能实现较高的工作绩效；而一名能力一般的员工兢兢业业，却做出十分突出的工作业绩。这两种不同的工作态度产生了截然不同的工作结果。因此，为了对员工的行为进行引导从而达到绩效管理的目的，在绩效考核中应加上对工作态度的考核。

工作态度与工作能力在一定程度上共同决定了一名员工的实际工作业绩。但是，即使有好的工作态度，工作能力也未必能够得到全部的发挥，转化为相应的工作业绩。这是因为从能力、态度向业绩转化的过程中，还受到除了人为以外的一些因素的影响，如工作环境是否正常、工作分工是否合理等，这也在一定程度上说明了能力考核与态度考核的必要性。

二、软指标和硬指标

1. 硬指标

所谓硬指标指的是可以以统计数据为基础，把统计数据作为主要考核信息，建立考核数学模型，以数学手段求得考核结果，并以数量表示考核结果的考核指标。

使用硬指标进行绩效考核可以避免个人经验和主观意识的影响，具有相当的客观性和可靠性。同时，在处理考核结果时，如果需要完成复杂或多变的计算过程，还可以借助计算机等工具来进行，并有效提高考核的可行性和实效性。

但是，当考核所依据的数据不够可靠，或指标难以量化时，硬指标的考核结果就难以客观和准确了。另外，硬指标考核的过程往往较为死板，缺乏灵活性。毕竟数据本身并不能完全说明所要考核的事实情况。

2. 软指标

软指标是指主要通过人的主观考核方能得出考核结果的考核指标。在行为科学中，人们用专家考核来指代这种主观考核的过程。就是由考核者对系统的输出做出主观分析，直接给考核对象进行打分或做出模糊判断（如很好、好、一般等）。之所以称之为专家考核，是因为这种主观考核在客观上就要求考核者必须对所要考核的对象所从事的工作相当内行，完全依赖考核者的知识和经验。考核者能够通过不完整的数据资料，在利用大量感性资料的基础上看到事物的本质，做出准确的考核。为了避免受经验的局限和主观意识的影响，通常由多个考核主体共同进行，有时甚至由一个特定的集体共同做出一个考核结论，以彼此相互补充。

运用这类指标的好处在于不受统计数据的限制，可以充分发挥人的智慧和经验，在考核过程中能够综合更多的因素，考虑得更加全面，避免或减少统计数据可能产生的片面性和局限性。另外，当考核所需的数据不充分、不可靠或指标难以量化时，软性指标能做出更有效的判断。因此，通过考核软指标并对考核结果进行科学的统计分析。我们能够将软指标考核结果与硬指标考核结果共同运用于各种判断和推理，以提高绩效考核结果的科学性和实用性。

3. 硬指标与软指标的结合

在实际考核工作中，我们往往将硬指标与软指标的长处加以综合运用，以弥补各自的不足。在绩效考核中，对于硬指标的考核往往需要一个定性分析的过程，而对于软指标的结果也需要模糊数学进行一个定量化的换算过程。因此，我们在建立指标考核体系的时候，应尽量将指标量化，收集相关的统计资料，提高考核结果的精确度。同时，还要考虑到评级对象的具体情况，将硬指标和软指标有效地结合起来使用。

（三）“特质、行为、结果”三类考核指标

通过综合运用特质、行为、结果这三类指标进行绩效考核指标体系的设计是一种较为常见的方式。杨杰、方俐洛、凌文辁等在《对绩效评价的若干基本问题的思考》一文中阐述了“特质、行为、结果”三类绩效考核指标。让我们来看看这三类考核指标的比较，如表9－1所示。

表9－1　特质、行为、结果三种评价指标比较一览表

特质	特质	行为	结果
适用范围	适用于对未来的工作潜力做出预测	适用于评价可以通过单一的方式或者程序化的方式实现绩效标准或绩效目标的岗位	适用于评价那些可以通过多种方法达到绩效标准绩效目标的岗位
不足	没有考虑情景因素，通常预测效度较低 不能有效地区分实际工作绩效，使员工容易产生不公平感 将注意力集中在短期内难以改变人的特质上，不利于改进绩效	需要对那些同样能够达到目标的不同行为方式进行区分，以选择真正适合组织需要的方式，这一点比较困难 当员工认为其工作重要性较小时意义不大	结果有时候不完全受被评价对象的控制 容易诱使评价对象为了达到一定的结果而不择手段，使组织在获得短期效益的同时丧失了长期利益

从表9－1可以看到，特质类指标关注的是员工的素质与发展潜力。在选拔性评价中更为常用。行为类绩效考核指标关注的是绩效实现的过程，适用于通过单一方式或程序化的方式达到绩效目标的职位。而结果类指标更多地关注绩效结果或绩效目标的实现程度。

如果按照这种分类设计绩效考核指标，比较好的解决办法是折中，即将评价的维度冠以“特质”标签，而对维度的定义和量表锚点的选择则采取任务与行为定向的方法。然而，这种对工作行为采取“特质”的操作性定义的方法并未完美地解决问题本身，只是相比单纯依靠特质或者单纯依靠行为而言更优而已。

（四）结果指标与行为指标

在评价各级员工已有的绩效水平时，通常采用的绩效考核指标有两类：结果指标与行为指标。

结果指标一般与公司目标、部门目标以及员工的个人指标相对应，如成本降低30%、销售额降低3%等等。行为指标一般与工作态度、协调能力、合作能力、知识文化水平、发展潜力等指标相对应。

由于企业的中高层员工能够更加直接地对企业的关键绩效产生影响，在企业的各个管理阶层中，越是处于金字塔的顶层，其绩效评价中的结果指标就越多，行为指标就越少；而越是在金字塔的基层，结果指标会越少，而行为指标会越多。

不过，结果指标通常只是反映部门和员工过去的工作绩效。如果只关注结果指标，容易使企业忽略那些影响其长期发展的因素。因此，在设计绩效评价指标时，要将结果指标与行为指标结合使用。

第二节 绩效考核指标选择的原则和依据

一、绩效考核指标选择的原则

(一)目标一致性原则

绩效考核指标应与绩效考核对象的系统运行目标保持一致，这是在选择绩效考核指标时应遵循的最重要的原则之一。这种一致性不仅包括内容上的一致性，同时还包括了完整性的含义。考核指标应该能够完整地反映考核对象系统运行总目标的各个方面。

(二)独立性与差异性原则

独立性原则强调，评价指标之间的界限应该清楚明晰，避免发生含义上的重复。差异性原则指的是，评价指标需要在内涵上有明显的差异，使人们能够分清它们之间的不同之处。要做到这一点，首先在确定绩效评价指标的名称时，就要讲究措辞，明确每一个指标的内容界限。必要时还需要通过具体明确的定义，避免指标之间的重复。

例如，“沟通协调能力”与“组织协调能力”中都有“协调”一项。但实际上应用的人员类型是不同的，这两种协调能力的涵义也是不同的。“沟通协调能力”往往可以运用于评价普通员工，而对于拥有一定数量下属的中层管理人员则可以通过评价他们的“组织协调能力”来评价他们在部门协调与员工协调中的工作情况。如果在同样人员身上同时评价这两种“协调能力”就容易引起混淆，降低评价的可靠性和准确性。

(三)可测性原则

评价指标本身的特征和该指标在评价过程中的现实可行性决定了评价指标的可测性。绩效评价指标设置指标的级别标志和级别标度就是为了使绩效考核指标可以测量。同时，评价指标代表的对象也是在不断变化的。在选择绩效考核指标时，要考虑获取相关绩效信息难易程度。很难搜索绩效信息的指标，一般不应当作为绩效评价指标。

另外，是否具有相应的评价者能够对绩效考核指标做出评价，也是确定评价指标时需要注意的一点。

二、绩效考核指标选择的依据

绩效考核的目的和被考核人员所承担的工作内容和绩效标准就成为绩效考核指标的选择依据。另外，从考核的可操作性角度考虑，绩效考核指标的选择还应该考虑取得所需信息的便利程度，从而使设计的绩效考核指标能够真正得到科学、准确的评价。因此，绩效考核指标的选择依据包括以下三个方面。

(一)绩效考核的目的

绩效考核的目的是选择绩效考核指标的一个非常重要的依据。能够用于考核某一岗位绩效情况的绩效考核指标往往很多，但是绩效考核不可能面面俱到，否则就失去了操作性，从而进一步丧失考核的意义。因此，根据绩效考核的目的，对可能的绩效考核指标进行选择是非常重要的。

(二)被考核人员所承担的工作内容和绩效标准

每一名被考核者的工作内容和绩效标准都是通过将企业的总目标分解成分目标落实到各

个部门，再进行进一步的分工而确定的。每个员工都应有明确的工作内容和绩效标准，以确保工作的顺利进行和工作目标的实现。绩效考核指标就应体现这些工作内容和标准，从时间、数量、质量上赋予考核指标一定的内涵，使绩效考核指标的名称和定义与工作内容相符，指标的标度与绩效标准相符。这样的绩效考核指标才能够准确地引导员工的行为，使员工的行为与组织目标相一致。

（三）取得考核所需信息的便利程度

为了使绩效考核工作能够顺利工作，我们应该能够方便地获取与考核指标相关的统计资料或者其他信息。因此，所需信息的来源必须稳定可靠，获取信息的方式应简单可行。只有这样，我们的绩效考核指标体系才是切实可行的。同时，在进行绩效考核时才能有据可依，避免主观随意性，使绩效考核的结果易于被考核对象所接受。

第三节　绩效考核指标设计方法和步骤

一、绩效考核指标的设计方法

绩效考核指标设计的方法有很多，例如，绩效考核指标图示法、工作分析法、问卷调查法、经验总结法等，下面我们介绍几种比较常用的设计方法。

（一）绩效考核指标图示法

绩效考核指标图示法就是将某类人员的绩效特征，用图表描绘出来，然后加以分析研究，确定需考核的绩效指标。这种方法一般将某一类人员的绩效考核指标按需要考核程度分档，然后根据少而精的原则进行选取。分档可以是三档（即非考核不可、非常需要考核、需要考核），也可以是五档（即非考核不可、非常需要考核、需要考核、需要考核程度低、几乎不需要考核等）。如对推销员的绩效考核指标体系的制定，在工作分析的基础上，需要对推销员的绩效考核指标用绩效考核指标图示法分为三个档次列在图上，如图9－1所示。

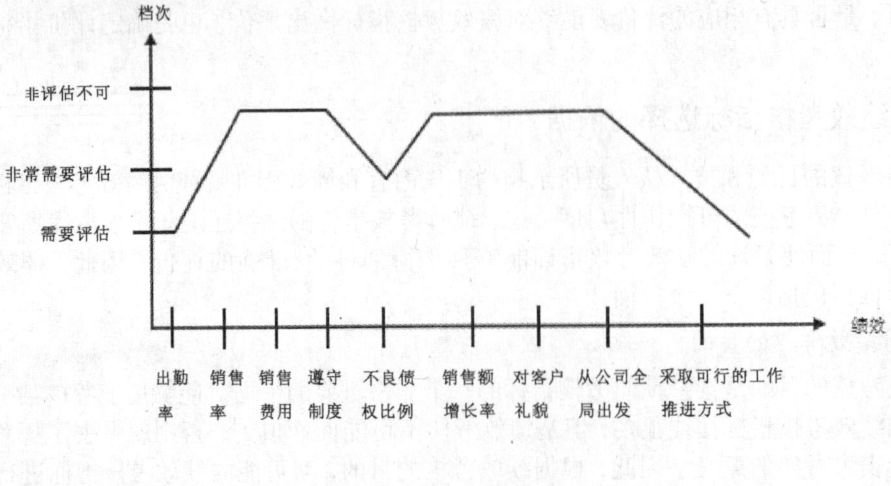

图9－1　推销员绩效评估指示图

通过图9－1可以看到，结合绩效考核指标体系的设计原则，我们对推销员的绩效考核指标可以选择为以下指标:销售额及其增长率、销售费用、不良债权比例、对客户礼貌、从公司全局出发等指标。

(二)问卷调查法

问卷调查法是设计者以一种书面形式，将项目和问题表示出来分发给有关人员填写，收集、征求不同人员意见的一种方法。问卷调查法的程序包括：

·根据绩效考核目的要求、考核对象工作内容与绩效特征等情况，确定应调查的绩效考核指标。

·给每个调查指标一个定义，以明确它的内涵和外延。

·根据调查目的和单位具体情况，确定问卷采用的形式、调查对象、范围和方法。

·编制调查问卷。将需要调查的内容，以一定的格式编制成问题。这一步是很重要的。对于调查问卷中所提的问题、问题的回答方式、答题次序都要慎重考虑。对于其中所提的问题要注意:在一个问题中不要包含两个或两个以上的问题，提问的措辞要认真推敲，防止诱导。对于回答问题的方式有封闭式和开放式，两者各有优点，可根据需要选择。在回答问题的次序上可按逻辑性、先易后难的顺序回答。

(三)工作分析法

工作分析法是采用科学的方法收集工作信息，并通过分析与综合所搜集的工作信息找出主要工作因素。其实质就是要从不同个人职业生涯与职业活动的调查入手，顺次分析员工、职务、职位、职责、任务与要素的过程，并由此确定工作的性质要求与任职条件。工作分析的主要内容由两部分组成，一是职务说明书，二是人员的要求。职务说明包括各类人员的工作性质、职务、责任、进行工作所需的各种资料、物理环境、社会环境、与其他工作相联系的程度等。对人员的要求包括各类人员完成本职工作应该具备的智力、专业知识、工作经验、技能要求等。

在制定绩效考核指标体系过程中进行的工作分析，最重要的就是分析从事某一职位工作的员工需要具备哪些能力和条件，责任与完成工作任务应以什么指标来考核，指出这些能力和条件与考核指标中哪些更为重要，哪些相对不那么重要，并对不同的指标完成情况进行定义。这种定义就构成了绩效考核指标的标准尺度。

(四)经验总结法

众多专家通过总结经验，提炼出规律性的研究方法称为经验总结法。一般可分为个人总结法和集体总结法两种。

个人总结法是请人力资源专家或人力资源部门人员回顾自己过去的工作，通过分析最成功或最不成功的人力资源决策来总结经验，并在此基础上设计出考核员工绩效的要素目录。集体总结法是请若干的人力资源专家或企业内有关部门的主管(6–10 人)，集体回顾过去的工作，分析杰出人才和庸碌之辈的差异，列出长期以来传统考核人员素质的常用指标，并在此基础上提出考核要素。这种方法不仅可以迅速取得有关考核要素的信息，而且有助于人力资源部门的发展和完善。

(五)个案研究法

个案研究法是指对某一个体、群体或某一组织在较长时间里连续进行调查研究，并从典型个案中推导出普遍规律的研究方法。例如，根据评价目的、对象，选择若干个具有典型代表的任务或者事件为调研对象，通过系统的观察、访谈分析确定评价要素。

常见的个案研究法有典型任务（事件）研究与资料研究两大类。典型任务研究是以典型人物的工作情境、行为表现、工作绩效为直接对象，通过对他们的系统观察、分析研究来归纳总结出他们所代表群体的评价要素。资料研究是以表现典型任务或者事件的文字材料为研究对象的，通过对这些资料的对比分析和总结，归纳出评价要素。

（六）专题访谈法

该方法是研究者通过面对面的谈话，用口头沟通的途径直接获取有关信息的研究方法。研究者通过分析汇总访谈所获得的资料，可以获取许多信息。专题访谈法有个别访谈和群体访谈两种。个别访谈轻松、随便、活跃，可快速获取信息。群体访谈以座谈会的形式进行，具有集思广益，团结民主等优点。

二、绩效考核指标设计的步骤

确定绩效考核指标，一般可分为以下几个步骤。

（一）工作分析（职位分析）

根据考核目的，对被考核者的工作内容、性质以及完成这些工作所具备的条件等进行研究和分析，从而了解被考核者在该岗位工作所应达到的目标、采取的工作方式等，初步确定绩效考核的各项指标。

（二）工作流程分析

绩效考核指标必须从流程中去把握。根据被考核对象在流程中扮演的角色、责任以及同上游、下游之间的关系，来确定衡量其工作的绩效考核指标。此外，如果流程存在问题，还应对流程进行优化或重组。

工作分析和业务流程分析需要以健全的组织结构和较高的管理水平为基础展开，同时，由于需要较多的资料，对操作者的专业素质要求较高，执行成本比较高。一般适用于规模较大、发展趋于稳定又亟待建立系统的绩效指标体系的企业。

（三）绩效特征分析

可以使用图标标出各指标要素的绩效特征，按需要考核程度分档。如可按照非考核不可、非常需要考核、需要考核、需要考核程度低、几乎不需要考核五档，对上述指标要素进行评估，然后根据少而精的原则按照不同的权重进行选取。

（四）理论验证

依据绩效考核的基本原理与原则，对所设计的绩效考核要素指标进行验证，保证其能有效可靠地反映考核对象的绩效特征和考核目的要求。

（五）要素调查，确定指标

根据上述步骤所初步确定的要素，可以运用多种灵活方法进行要素调查，最后确定绩效考核指标体系。在进行要素调查和指标体系的确定时，往往将几种方法结合起来使用，使指标体系更加准确、完善、可靠。

（六）修订

为了使确定好的指标更趋合理，还应对其进行修订。修订分为两种：一种是考核前修订，即通过专家调查法，将所确定的考核指标提交领导、专家会议及咨询顾问，征求意见、修改补充、完善绩效考核指标体系；另一种是考核后修订，即根据考核及考核结果应用之后的效果等情况进行修订，使考核指标体系更加理想和完善。

第四节　绩效考核指标的量化

一、绩效考核指标的量化：权重、赋值

（一）权重

权重即绩效考核指标体系中的重要性或绩效考核指标在总分中所应占的比重，是每个绩效考核指标在整个指标体系中重要性的体现。各个考核指标相对于不同的考核对象来说，会有不同的地位与作用。因此，要根据不同的测评主体、不同的测评目的、不同的测评对象、不同的测评时期和不同的测评角度、以及各考核指标对考核对象反映的不同程度而恰当地分配与确定不同的权重。

1. 确定指标权重的目的

· 权重突出了绩效目标的重点要项，避免执行人避重就轻；

· 权重体现出意图引导和价值观念；

· 权重直接影响员工的工作重点；

· 权重是企业考核的杠杆；

· 权重是企业文化的表现和促成，最终将左右和影响企业文化建设。

2. 确定指标权重的原则

· 以战略目标和经营重点为导向的原则；

· 所有关键绩效考核指标或所有工作目标的权重之和为 100%；

· 各指标或目标权重比例应该呈现明显差异，避免出现平均主义；

· 考核者的主观意图与客观情况相结合的原则。

3. 确定指标权重的方法

通常来说，加权的方法有以下几种。

（1）经验法。即依靠历史数据和专家的主观判断进行权重分配。这种方法主要体现决策者个人根据自己的经验和对各项考核指标重要程度的认识。当然，也一样能达到向员工表达高层意图的效果。显而易见，这种方法效率高、成本低。但这种方法具有片面性，可信度和说服力不高。而要达到合理的水平，就要求决策者能力非常强。

（2）权值因子判断法：是通过对各个项目进行一对一的对比、赋分的过程。具体分为以下几个步骤：

第一步:将所有考核项目以表9－2的形式列出。

表9－2 考核项目及评分

序号	考核指标	考核指标						评分值
		指标1	指标2	指标3	指标4	指标5	指标6	
1	指标1							
2	指标2							
3	指标3							
4	指标4							
5	指标5							
6	指标6							

第二步:确定两项目相比较时的分值差额。如, *A* 和 *B* 相比时, *A* 显得非常重要:4分;比较重要:3分;同样重要:2分;不太重要:1分;很不重要:0分。除了相同的两个外, 任何两个都要比较。

第三步:进行对比打分。如表9－3所示, 进行依次比较并打分。

表9－3 对考核项目依次比较和打分

序号	考核指标	考核指标						评分值
		指标1	指标2	指标3	指标4	指标5	指标6	
1	指标1	–	4	4	3	3	3	16
2	指标2	0	–	3	2	4	3	12
3	指标3	0	1	–	1	2	2	6
4	指标4	1	2	3	–	3	3	12
5	指标5	1	0	0	2	–	2	6
6	指标6	2	1	2	1	2	–	8

第四步:求出平均分和权重。在所有人对所有项目进行了比较并打分之后, 按照表9－4所示, 分别计算出评分总计、平均评分、权重, 并对权值进行调整。权重＝该项平均评分/60。

表9－4 评分和权重计算

序号	考核指标	评分人								评分总计	平均评分	权值	调整后权值
		1	2	3	4	5	6	7	8				
1	一	15	14	16	14	16	16	15	16	122	15. 25	0. 25417	0. 25
2	二	16	8	10	12	12	12	11	8	89	11. 125	0. 18542	0. 20
3	三	8	6	5	5	6	7	9	8	54	6. 75	0. 11250	0. 10
4	四	8	10	10	12	12	11	12	8	83	10. 375	0. 17292	0. 20
5	五	5	6	7	7	6	5	5	8	49	6. 125	0. 10208	0. 10
6	六	8	16	12	10	8	9	8	12	83	10. 375	0. 17292	0. 15
合计		60	60	60	60	60	60	60	60	480	60	1. 00001	1. 00

值得注意的是, 权值因子判断法仍然是人凭感觉对比打分, 这样仍然会出现不同的人因

为对每个项目的了解情况不一样，在对两个项目比较的时候，他给的评判标准也是不一样的，那么如何使他们打出来的总分更符合客观现实呢？

具体可以这样做：

第一，成立一个考核小组，由考核小组来为项目评分；

第二，为了防止由于不同的人对岗位认识的不同而出现打分不同，造成打分不客观的情况，可以通过给每一个人的打分加权重的方式平衡。比如说考核人为5个，本岗位上司因为他比较了解该岗位，他的权重为40%，然后对其他人的打分也赋予相应的权重，这样就保证了相对的准确性。

4. 分配权重时应该注意的事项

第一，权重应该根据实际情况的变化而变化，要考虑企业在不同阶段的发展重点。我们知道，市场的季节性、竞争要素的变化性、资源供给的变化性等都会影响企业的经营状况，员工和部门的业绩也会不可避免地受到影响。作为业绩考核系统，绩效考核应该体现外界环境的变化，而这主要体现在考核项目权重的变化上。因此，绩效考核目标也应该是渐进式的，不同的阶段应该有所不同。所以考核项目的权重应该体现外界环境变化的要求，做出相应的调整。

表9－5具体反映了企业在销售的淡、旺季考核项目权重的具体变化。

表9－5　企业在销售淡、旺季的权重分配表

	考评项目	计算方法	权重配分(%)
销售、旺季	销售目标达成率	实际销售额/计划销售额×100%	45
	销售利润达成率	实际利润额/计划利润额×100%	20
	销售费用率	实际费用额/计划费用额×100%	15
	贷款回收率	实际回收贷款/(发货金额＋应收账款期末余额)×100%	15
	账发生率	呆账金额/发货金额×100%	5
销售淡季	考评项目	计算方法	权重配分(%)
	销售目标达成率	实际销售额/计划销售额×100%	35
	销售利润达成率	实际利润额/计划利润额×100%	15
	销售费用率	实际费用额/计划费用额×100%	15
	贷款回收率	实际回收贷款/(发货金额＋应收账款期末余额)×100%	30
	呆账发生率	呆账金额/发货金额×100%	5

第二，权重要引导被考核者重视自己的短处，达到绩效改进的目的。考核一方面是为了检验计划的完成情况，但更大的目的是为了发现存在的问题，通过考核来解决这些问题，使绩效不断地得到提高。作为考核中的一个关键要素，权重应该起到引导被考核者重视自己短处，改进绩效的作用。

（二）赋值

赋值是按照一定的标准，根据指标之间的差异程度，给每个指标赋予一定的分数。赋值的方法有多种形式：

1. 标准赋值，设定一个标准，然后按是否达到标准以及达到标准的程度给每项指标赋值的方法，有递减赋值和加减赋值两种。

2. 等级赋值，按照达到指标标准的程度分若干个等级，并按给每个等级打分的方法，分为实质赋值与等矩赋值、弹性赋值与刚性赋值等形式。

3. 常规赋值，按照事先的约定，给每个考核指标赋值的方法。

第五节　绩效考核指标标准的确定

绩效指标与指标权重确定以后，就要确定评估标准了。指标值在确定的时候要分为定性和定量两类指标分别进行标准设定，在设定标准的时候，首先要确定基准值，如果我们的评估体制是五层次的话，那么处于中间层次的标准就应当视为标准，也就是在正常情况下多数人员都可以达到的水平。

一、制定定量指标的考核标准方法

定量指标，即将考核内容量化，用具体的数值表现出来，如:打字员的工作效率指标，打字速度不低于100字/分钟;定性指标，即将考核内容用语言描述为特定的状态，如:打字员工作态度指标，用来衡量工作是否负责和积极主动。

定量指标目标明确清晰、责任明确，方便管理人员进行考核管理;定性指标过于模糊，不易考核。一些管理者在实践中往往热衷于容易确定的定量指标，而贬低不容易确定的定性指标，或千方百计地将其加以分解转化为定量指标。

定量的指标一般有两种制定评估标准的方法。

(一)加减分法

采用加减分的方式确定指标标准，一般适用于目标任务比较明确，技术比较稳定，同时鼓励员工在一定范围内做出更多贡献的情况(如表9－6所示)。

应该注意的是采用加减分的方式来计算指标值的时候，最大值应当以不超过权重规定值为限，最小值不要出现负值。

表9－6　定量指标标准设定示例(一)

指标	评估要素		权重	评估标准
KPI	1	产量	25分	按照标准折合为标准产量，90箱/台班为基数，得分为20分，每＋5箱则＋1分，最多加5分。折算标准参照相关文件规定
	2	消耗	15分	按照标准折合为标准消耗，以1.50*kg*/件为基数，基数得分13分。每＋0.01*kg*/件则＋0.1分，15分封顶，8分保底。折算标准参照相关规定
	3	质量检验	20分	自检滞后－2分/次;自检漏项－1分/项;记录不真实－2分/次;记录不及时－1分/次;记录不规范－1分/次，不保底

(二)规定范围法

经过数据分析和测算后，评估双方根据就标准达成的范围约定来进行评估(见表9－7)。

表9－7　定量指标标准设定示例(二)

指标	评估要素	权重	评估标准			
			A	*B*	*C*	*D*
KPI	销售预测	30分	90%≦销售预测准确率≦100%	80%≦销售预测准确率<90%	60%≦销售预测准确率<80%	销售预测准确率<60%
			30－29分	28－25分	24－20分	19－10分
	项目管理	20分	项目进度报表上报及时率100%，完整性好；项目分析对计划和预测能提供强有力的依据；对大项目监控得力	项目进度报表上报及时率≧80%，完整性好；项目分析对计划和预测能提供比较有力的依据；对大项目监控比较得力	项目进度报表上报及时率≧60%，完整性较好；项目分析对计划和预测能提供一定的依据；对大项目监控效果一般	项目进度报表上报及时率≦60%，完整性差；项目分析对计划和预测能提供的依据不明显；对大项目监控不得力
			20－19分	18－15分	14－12分	11－6分

一般来说，定量指标设计具有以下两个特征：

1. 绩效指标本身就具有数值特征，如以销售额作为业绩评价标准，这样的指标只需确认在整个绩效评价中的权重就可以直接使用。

2. 有些指标本身不具有数字特征，但经过转换，可以变成量化指标，如工作技能和售后服务，本是定性指标，但为了考核方便将其量化，工作技能用成交率来反映，售后服务用客户投诉率来反映。

此外，在量化指标时，还应注意转换的科学性、合理性，如成交率的确定需要加入系数，以保证指标对每个人的公平性。

二、制定定性指标的考核标准方法

定性指标通常对指标的达成状况给予尽可能详尽的描述，然后以评估表的形式加以明确(见表9－8)。

表 9-8　　定性指标评估表示例

评估要素	优秀(*A*)	良好(*B*)	合格(*C*)	需改进(*D*)
团队凝聚力	部门人员团结、相互间工作配合性好，团队凝聚力强	部门人员较团结、相互间配合性较好，团队凝聚力较强	部门人员团结、相互配合性一般，团队凝聚力一般	部门人员团结、相互配合性较差，团队凝聚力较低
组织与文化建设	建立了规范的内部沟通制度，能够及时有效地传播和正确诠释公司文化导向，组织氛围良好；积极在部门内部推行导师制，自身也能很好地履行导师职责	建立了较规范的内部沟通制度，能够有效地传播和正确诠释公司文化导向，组织氛围较好；较为积极在部门内部推行导师制，自身也能较好的履行导师职责	建立了内部沟通制度，能够传播和正确诠释公司文化导向，组织氛围一般；在部门内部推行导师制，自身也能履行导师职责	内部沟通制度不完善，无法有效传播和正确诠释公司文化导向，组织氛围差；不能在部门内部推行导师制，自身不能履行导师职责
项目管理	“建设项目动态表”上报及时率100%，完整性好；项目分析对计划和预测能提供强有力的依据；对大项目监控得力	“建设项目动态表”上报及时率大于80%，完整性好；项目分析对计划和预测能提供比较有力的依据；对大项目监控比较得力	“建设项目动态表”上报及时率大于60%，完整性较好；项目分析对计划和预测能提供一定的依据；对大项目监控效果一般	“建设项目动态表”上报及时率小于60%，完整性较差；项目分析对计划和预测能提供的依据不明显；对大项目监控不得力

管理者在界定定性指标时需要注意以下事项：

1. 界定的内容应有明确的区分，要反映客观状态，如学习意愿，主动钻研、提醒后自学、需要时刻督促才学习、无任何意愿这四项内容是事实的反应，这样界定可以避免产生分歧。

2. 界定的内容要有逻辑关系，如学习意愿，主动钻研、提醒后自学、需要督促才学习、无任何意愿四项内容，描述了学习意愿从主动到消极的四种状态，确保了评估的客观性与准确性。

3. 界定内容只用一种状态来描述，如学习意愿这一指标的界定始终从“主动性”入手。

定量指标与定性指标在不同的管理领域中，偏重度不一样，管理者需要根据不同的岗位性质灵活运用。

第六节　绩效考核指标体系的设计

一组既独立又相互联系，并能够较完整地表达绩效考核的目的和考核对象系统运行目标的考核指标就构成了绩效考核指标体系。组织是由不同层次和类别的员工组成的，他们分别承担着不同的工作，具有不同的工作标准和规范，因此，绩效考核指标体系呈现出层次分明的结构。首先，组织绩效考核、部门绩效考核、员工绩效考核是绩效考核指标体系的三个大的层次。另外，可根据不同职务的工作性质进行分类，其考核指标也呈现出层次分明的结构。在此我们主要阐述在这个意义上的绩效考核指标体系的设计原则与方法。

绩效考核指标体系的设计原则必然包含了考核指标的原则。此外，绩效考核指标体系作为绩效考核指标的集合，还应考虑如何使各个考核指标更好地整合起来以实现考核的目的。

一、绩效考核指标体系的设计原则

（一）定量指标为主，定性指标为辅原则

通常情况下，我们主张更多地使用定量化的绩效考核指标，并有利于确定清晰的标度，从而提高考核的客观准确性。但是，针对不同岗位的工作性质，我们往往会发现将考核指标量化并不可行。这条原则只是提醒我们要注意尽可能地将能够量化的指标进行量化。同时，对于定性的考核指标也可以运用一些数字工具进行恰当处理，从而使得定性指标得以量化，使考核的结果更精确。

要达到可量化的标准，还需要做一些工作，即在 *SMART* 原则的指导下完成指标量化工作。*SMART* 原则的具体要求，如表 9－9 所示。

表 9－9　　*SMART* 原则的具体要求

原则	*S*（*Specific*）具体的	*M*（*Measurable*）可度量的	*A*（*Attainable*）可实现的	*R*（*Realistic*）现实的	*T*（*Time－bounded*）有限的
具体要求	1. 绩效指标必须是具体的 2. 绩效考核要切中特定的工作指标，不能笼统	1. 绩效指标必须是可以衡量的 2. 绩效指标是数量化的或者行为化的，验证这些指标的数据或者信息是可以获得的	1. 绩效指标必须是可以实现的 2. 应避免设立过高或过低的目标	1. 绩效指标是实实在在的 2. 绩效指标是可以证明和观察的 3. 绩效指标是与本职工作相关联的	1. 绩效指标有明确的截止期限 2. 注重完成绩效指标的特定期限

根据 *SMART* 原则，我们不仅可以指定数量化的绩效指标，还可以通过行为化的方式，管理不宜数量化的绩效指标。

（二）少而精的原则

绩效考核指标要通过一些关键绩效考核指标反映评价的目的，而不需要做到面面俱到。设计支持组织绩效目标实现的关键绩效考核指标，不但可以帮助企业把有限的资源集中在关键业务领域，同时可以有效缩短绩效信息的处理过程，乃至整个评价过程。

另外，少而精的评价指标也易于被一般员工理解和接受，同时也可以促使评价者迅速了解

绩效评价系统、掌握相应的评价方法与技术。所以，在构建绩效考评指标体系的时候，要选取最有助于企业战略目标实现的指标，以引导企业和员工集中实现企业的绩效目标。

二、绩效考核指标体系的框架

绩效目标、绩效指标与绩效标准显然都是有层次的。绩效指标体系的层次性表现为企业、部门和职位三个层面的绩效指标。

为了实现企业的战略目标，需要将战略目标在企业内部层层分解，建立"目标阶梯"，形成企业、部门和职位三个层面的绩效目标系统。而管理人员需要借助绩效考核指标来了解各层绩效目标的实现情况。绩效指标就像是电梯上的楼层指示灯一样，显示绩效目标的实现程度。这些都要求参照企业绩效目标的层次设立相应的绩效评价指标。

因此，企业的绩效考核指标也包含企业层面、部门层面和职位层面三个层面。企业层面的绩效指标主要依据企业的关键绩效领域和企业的战略目标或企业层面的绩效目标来制定。将企业层面的绩效指标向下逐层分解，就可以得到部门和职位层面的绩效指标。

三、构建绩效考核指标体系的基本步骤

(一)设计绩效考核指标库

企业负责此方面工作的人员首先应建立一个适合企业特点和战略需要的绩效考核指标库。需要注意的是，这个指标库并不一定完全能够涵盖最终确定的每个岗位的绩效考核指标。许多指标往往是在下一个步骤中通过不同的操作方法逐一产生，并补充到这个指标库中。指标库的建立在很大程度上体现了企业文化的要求。

(二)针对不同岗位的特点选择不同的绩效考核指标

选择考核指标的一个重要标准就是被考核人所承担的工作内容和绩效标准。这种区别正好反映在员工的职务职能等级上. 因此我们将这种绩效考核方式称为"分层分类的绩效考核体系"。"分类"主要是依据工作性质不同(职务种类不同)进行的横向分类;"分层"主要依据职能等级形成的纵向层次。一般来说如果分的最细，则可按照职位职级的数量而定. 如果分的较粗，也可分为高层、中层、基层。

按职务职能标准进行绩效考核的前提就是在企业中建立健全一个明确的职位分类标准。在分层分类考核时. 我们不一定要严格按照职位系列来进行。通常，我们会对比较复杂的职位系列进行一定的合并。特别是分层考核的层次并没有统一的标准。应根据企业的规模和实际情况，特别是管理幅度和管理层次来确定。至于分类的标准则要根据企业的生产经营对人员类别的需要而定。表 9 - 10 是一份用于分级分类考核的绩效考核指标汇总表。

对不同类型的工作内容，绩效考核所使用的考核指标自然各不相同。另外，由于职位等级上的区别，他们还承担了不同的管理职能(也可能不承担任何管理职能)，这种职能上的区别也会对绩效考核指标和权重产生影响。

表 9－10　　　　分级分类考核的绩效考核指标汇总表

指标 \ 人员类别考核		生产人员			销售人员			研发人员			职能管理人员		
		经理	主管	主办	经理	主管	主办	经理	主管	主办	经理	主管	主办
工作业绩	工作数量		○	○									○
	工作质量	○	○	○				○	○	○			
	工作效率	○	○	○	○	○	○				○	○	○
	目标完成程度	○	○	○	○	○	○	○	○	○	○	○	○
工作能力	业务能力	○	○	○	○	○	○	○	○	○	○	○	○
	执行能力			○			○			○			○
	理解能力		○	○		○	○		○	○		○	○
	文字表达能力								○	○		○	○
	微机操作能力		○	○			○	○	○	○			○
	规划能力	○			○			○			○		
	组织领导能力	○			○			○			○		
	沟通协调能力		○			○			○			○	
	管理创新能力	○			○			○			○		
	公共关系能力				○	○	○				○		
	培育部下能力	○	○		○	○		○	○		○	○	
工作态度	全局意识	○			○			○			○		
	责任感	○	○	○	○	○	○	○	○	○	○	○	○
	纪律性			○			○			○			○
	积极性			○			○			○			○
	培育部下意识	○	○		○	○		○	○		○	○	
	自我开发意识			○			○			○			○

（三）确定不同指标的权重

影响指标权重的最重要的因素是绩效考核的目的。对于不同的考核目的，我们应该对绩效考核中各个考核指标赋予不同的权重。最后，企业文化倡导的行为或特征也会反映在绩效考核指标的选择和权重上。

需要加以强调的是，这种权重的不同并不一定会表现在每个指标的权重上，而可能仅仅表现在三个常见的考核维度（工作能力、工作业绩、工作态度）的权重上。

比如，现在要对企业人力资源部的部长和总经理办公室的秘书进行绩效考核，那么针对这两个岗位就可以使用如下两张不同的考核结果汇总表（如表 9－11、9－12）。

在这个例子中，假设人力资源部部长（以下简称部长）有上级、同级和下级，总经理办公室秘书(以下简称秘书)只有上级和同级,没有下级。

表 9-11　　　　绩效考核结果汇总表(一)

职位编号	×××	职位名称	人力资源部部长		
员工姓名	×××	考核期间			
考核维度	考核指标	权重	考核主体	平均得分	折合分数
业绩(100/60)	1. 业绩目标	70	上级		
	2. 工作任务	30	下级		
	小计	100			
能力(100/20)	1. 业务知识	20	上级、下级		
	2. 人力资源规划能力	15	上级		
	3. 组织领导能力	15	上级、下级		
	4. 沟通协调能力	15	同级		
	5. 管理创新能力	15	上级、下级		
	6. 公共关系能力	10	上级		
	7. 培育部下能力	10	下级		
	小计	100			
态度(100/20)	1. 全局意识	20	上级、下级		
	2. 成本意识	20	上级		
	3. 责任感	20	上级、下级		
	4. 积极性	20	上级、下级		
	5. 培育下属的意识	20	下级		
	小计	100			
最终得分					

表 9－12　　绩效考核结果汇总表二

职位编号	×××	职位名称	人力资源秘书		
员工姓名	×××	考核期间			
考核维度	考核指标	权重	考核主体	平均得分	折合分数
业绩（100/60）	1. 业绩目标	40	上级		
	2. 工作任务	60	同级		
	小计	100			
能力（100/20）	1. 业务知识	20	上级		
	2. 执行能力	20	上级		
	3. 理解能力	20	上级		
	4. 文字表达能力	25	上级		
	5. 微机操作能力	15	上级、同级		
	小计	100			
态度（100/20）	1. 协作性	20	同级		
	2. 服务意识	20	上级、同级		
	3. 自律性	20	上级、同级		
	4. 责任性	20	上级		
	5. 积极性	10	上级		
	6. 自我开发意识	10	上级、同级		
	小计	100			
最终得分					

通过这两张表格可以看出，在考核指标的选择上，设计者充分考虑了不同种类员工的不同工作特征。对工作能力的考核，部长有 7 项指标，秘书只有 5 项；对工作态度的考核，部长只有 5 项，秘书却有 6 项；而且指标的内容也不尽相同，这些指标体现了不同岗位对任职者不同的要求。

另外，在考核指标的权重问题上，这两个考核汇总表中表示出了工作业绩、工作能力和工作态度的权重以及各考核指标的权重，在具体的实践中应根据不同的考核目的和其他客观的情况进行相应的调整。

四、绩效指标体系设计中应该注意的问题

有效的绩效评价指标是绩效考核取得成功的保证，因此它也成为建立绩效考核体系的中心环节。在企业绩效考核指标设计中，应注意解决以下六个方面的问题。

①指标设立的原则是简单、明确、清晰。即每项指标的具体目标或控制点程度等（如财务指标、利润率或成本比例、能耗水平和物耗水平）都应当是准确的、清楚的。

②指标的有效性。不能提倡“指标越多越客观”或“定量指标比定性指标更客观”等做法，应该提倡用最少的指标控制最大的绩效结果的成本收益原则，在素质指标、基本技能指标、管

理技能指标、发展潜力指标之间寻找平衡点，以求简化绩效考核体系。

③在量化指标和定性指标之间寻求基本的平衡。在绩效考核中，是定量指标好还是定性指标好，这没有绝对的答案。

④绩效考核指标之间保持内在的相关性和一定的互补性。在设计绩效考核指标时，目的要明确，使目标之间可以相互对应或一一对应。

⑤重视绩效考核指标及其结构“本土化”问题。即应该结合企业自身的实际状况设计合适的绩效指标体系。

⑥国内企业与国外企业在设计绩效指标时存在差别。国内企业因为没有完善的管理制度与体制，它无法对绩效产生的过程进行监控，所以更多地关注绩效结果；国外企业由于能够对绩效过程进行比较有效的监控，所以它在关注绩效结果的同时，也关注绩效产生的过程。

本章小结

在企业管理实践中，制定有效的绩效考核指标是绩效考核取得成功的保证。绩效指标必须内涵明确清晰，具有独立性及针对性。无论绩效指标的内容如何丰富，绩效指标的分类还是有规律可循的。本章从三个不同的角度对绩效指标进行了分类。绩效考核指标有多种分类方式：根据绩效评价的内容分类；软指标和硬指标；“特质、行为、结果”三类考核指标；结果指标与行为指标。

在选择绩效考核指标时应遵循目标一致性、独立性与差异性原则、可测性原则。绩效考核的目的和被考核人员所承担的工作内容和绩效标准就成为绩效考核指标的选择依据。另外，从考核的可操作性角度考虑，绩效考核指标的选择还应该考虑取得所需信息的便利程度，从而使设计的绩效考核指标能够真正得到科学、准确的评价。

设定绩效考核指标的方法有绩效指标图示法、工作分析法、问卷调查法、经验总结法、个案研究法和专题访谈法等，要根据企业实际灵活、综合运用这些方法。绩效考核指标的确定要遵循一定的程序步骤，即工作分析、工作流程分析、绩效特征分析、理论验证、要素调查、修订，提高绩效考核指标的科学性、合理性。

绩效考核指标要尽可能量化。量化的方法主要包括权重、赋值。权重是每个绩效考核指标在整个指标体系中重要性的体现。确定指标权重的方法经验法、权值因子判断法。赋值是按照一定的标准，根据指标之间的差异程度，给每个指标赋予一定的分数。赋值的方法有标准赋值、等级赋值和常规赋值等形式。

绩效指标与指标权重确定以后，就要确定评估标准了。指标值在确定的时候要分为定性和定量两类指标分别进行标准设定，应当遵循以定量指标为主，定性指标为辅和少而精的原则。定量的指标一般有加减分法、规定范围法，定性指标通常对指标的达成状况给予尽可能详尽的描述，然后以评估表的形式加以明确。一组既独立又相互联系，并能够较完整地表达绩效考核的目的和考核对象系统运行目标的考核指标就构成了绩效考核指标体系。绩效指标体系的层次性表现为企业、部门和职位三个层面的绩效指标。

有效的绩效考核指标是绩效考核取得成功的保证，因此它也成为建立绩效考核体系的中心环节。

案例一

总裁办公会上的决策

中新科技公司是中关村一家实力雄厚的高科技企业，公司单机系列产品的市场占有率达到了40%，在企业内享有盛誉。近年来，中新公司又开拓了系列产品线为客户提供定制化的全套系统解决方案。相应的，改变了过去单纯的单机销售模式，增加了项目开发的新业务。由于系统产品是该行业发展的趋势，虽然投资大，回收期长，公司还是投入了大量的资源进行系统产品的研制与开发。

为了落实战略转型，中新的总裁许荣天召开了总裁办公会。在这之前，财务总监马强已经把上一年的财务报表交给了他。报表显示由于系统产品业务的连续大量资金投入，企业的现金流已经非常紧张，如果再不想办法解决问题，可能会出现现金流的断裂。去年，由于同样的问题，公司的运转一度陷入困境，经过许总多番努力，通过找到公司新的投资者注资，问题才得到解决，但是公司的上市计划也因此搁置。

“我想大家都清楚目前公司面临的机会和挑战。我们既不能放弃对系统项目市场的开发，因为在行业内这是具有良好发展潜力的业务，但是现金流的问题也必须得到解决。目前，单机产品业务仍然是企业盈利的最大来源，稳住单机产品的销售并从中争取资金回流是解决问题的办法。”许总说出了自己的构想。

“许总，您说的有道理。为了保持单机市场的优势，必须提高我们的客户满意度。经过调查，由于我们的单机产品的质量向来比较稳定，因此客户看重的是接到货物时的开箱产品合格率情况。如果开箱合格率高，客户满意度也高。”销售副总裁张自立说。许总点点头，说：“可以把开箱合格率作为客户满意度的绩效考核指标。”“但是资金紧张的问题解决更为紧迫，我建议我们应该着力于应收账款的回笼。”马强显然已经做过深入的分析。“这项工作就由公司的商务部负责了，有问题吗?”许总看着商务部长陈颖新。“去年我们的应收款平均收账期是32天，我觉得通过我们的努力可以减到24天。”陈十分自信。“人力资源部有什么想法?”许总把话题引向了人力资源部总监黄梅。“我认为在人工费用上的控制应该分类对待，过去系统开发的进度慢很大程度上是因为我们的项目开发技术投入力量比较薄弱，研发人员的工作满意度低。因此，提高研发部门的待遇水平激发他们的积极性是十分必要的。我已经跟研发部门的王总工程师沟通过，他说如果能够增强技术力量的战斗力，把研发周期从14个月缩减到12个月应该是没有问题的。但同时，我们要进行公司管理行政人员的瘦身运动，尽量消除人员冗余的现象。”听着黄梅的介绍，许总不住的点头。不知不觉会议已经到了傍晚，但大家讨论的气氛还是很热烈，由于公司的发展，大家的想法都很多。

会后，许总把黄梅留了下来，他说：“相信你对大家提出的绩效指标做了不少记录吧?”：“是的，会上很多的问题提得很到位。但是指标的具体量化和设计还需要得到进一步的研究和确认。而且过去我们的考评体系还显得比较薄弱，我想人力资源部的工作还有很多。”黄梅坦诚的说。“是啊，要通过绩效指标的设置来管理公司是一个很重要的管理方式。你刚才说的你对公司一些部分绩效指标设置的工作方法给我一些启发。看来，我跟他们的沟通还不够，只有在沟通中让大家来理解和接受绩效指标，绩效指标的设置才有意义而且这指标的落实最终还要靠人。过去公司的激励制度和考核制度之间的联系还不够紧密，在这方面，你要多下功夫啊。”许总对这位人力总监显然投入了更多的信任。“许总，请您放心。人力资源部一定会继续做好绩效计划的沟通工作，稍后我们给您一个更加详细的关于绩效指标设置的计划，这可以作为下一次总裁办公会进一步沟通的基础。另外，我们已经让人力资源部的李经理开始着手对考评人员的培训工作了。过去那种打人情分的状况应该能够得到改善。”黄梅说着，自信地笑了笑。许总拍拍他的肩膀“该吃晚饭了，咱们边吃边聊吧。”

思考题：

1. 考核指标在绩效管理中具有什么作用？
2. 如何设计企业的绩效考核指标体系？
3. 落实绩效考核指标的关键在哪里？

案例二

康宁玻璃有限公司的绩效考核系统

以前，在康宁没有正式的绩效考核系统。人力资源部是通过会议或与主管谈话的形式了解员工们大概的绩效情况的。

后来，康宁实行了一个比较正式的考核系统。在这个系统中，主管按员工的德、能、勤、绩表现和提升潜力给每个员工进行等级评分。

康宁公司不久发现，这个正式的绩效考核系统并不能告诉他们员工真实的绩效信息。原因是主管们对员工的评价比较主观，不够准确。因此，这一考核不能真正成为提升员工、调动、加薪方面的有效依据。还有，考核结果也无法告诉员工哪些方面需要改进、怎样改进等信息，所以不能为员工的绩效改善提供帮助。

更糟的是，员工们对评价结果并不重视，反正一般不会太差，当然也不会太好。他们不知道公司到底希望自己做什么，也不知道怎样才能获得有利的绩效评价。

为了解决这些问题，康宁公司的人力资源部开发了一个新的考核系统，这个系统包括三个部分：

一个包含行为标准的评分表；另一个包含绩效目标的评分表；三是关于主管对下属的薪资和升职意见的表格。

在这个考评系统的第一份考核表里，列出了若干重要的积极行为和消极行为。主管根据自己对下属的了解对这些行为的发生频率作出评价。然后，主管把评分表送到人力资源部进行电脑分析，电脑就每个员工的工作行为情况形成一个书面文件，上面指出员工的优点、缺点和发展需要。然后，人力资源部把处理结果送交回主管，主管再与下属进行面谈。

第二张评分表是让主管按具体的绩效目标项目评价员工的成绩。为了保证所设定的目标不仅符合公司战略又能为员工掌握和接受，公司要求主管必须在考评阶段开始前和下属就目标进行讨论。

考评系统的第三部分，需要主管对每个下属的薪酬调整和职位升降发表意见。这些建议要以员工的优点、弱点和他们的工作业绩为基础。这些建议表由主管的上司审定后，送人力资源部。

有意思的是，这个考评系统不是像前一个那样在公司总部命令下统一执行。相反，每个部门的主管都可以作出决定：是否实施这个方案。这期间，所有的部门经理都经过了培训，以便了解和掌握这套系统的使用方法。不久，有一个部门试行了这套考评系统，运行得相当成功。接下来，剩下的部门也都开始实行新的绩效考评系统。

一段时间后，人力资源部就新绩效考评系统的有效性向各级经理们进行调查。调查结果是肯定的。虽然有一些改进意见，但总体感觉是，该系统对公司各方面工作帮助很大。

思考题：

请对该公司前后实施的两个绩效考核系统进行对比，谈谈为什么实施的效果会完全不同？从中得到什么启示？

本章思考题

1. 绩效考核指标的分类有哪些？
2. 绩效考核指标选择的原则和依据。
3. 绩效考核指标标准的确定方法有哪些？
4. 绩效考核指标体系的设计原则。

第十章 关键绩效指标（*KPI*）考核方法的运用

▶本章学习要点

1. 掌握 *KPI* 的概念
2. 掌握 *KPI* 指标的关键特征
3. 熟悉 *KPI* 设计的基本方法
4. 了解 *KPI* 体系的构建

导入案例

张总是一个通讯设备制造企业的总裁，在进入这个企业工作之后，他发现这个企业的绩效始终提不上去。张总对这个问题一直很苦恼，他认为公司需要一套系统的绩效管理系统来帮助发现绩效问题和提升员工业绩，但是一想到复杂的业务和工作流程，又觉得绩效考核不知道从何着手，他担心这个系统过于庞杂，需要投入的时间和精力太大。这时，他在某次培训上听到培训讲师讲到一个概念“*KPI*”，他觉得非常好，正好能够解决他的担忧，于是暗暗下定决心要在企业实行 *KPI* 考核。近年来 *KPI* 这种绩效考核方法在企业非常流行，那么 *KPI* 是什么，怎么建立的，这种绩效管理方法有什么特点，如何操作运用。正如案例所示 *KPI* 考核能解决张总的问题吗？本章知识将很好地回答这些问题。

第一节 关键绩效指标概述

一、*KPI* 的概念

“关键绩效指标 *KPI*（*key performance index*）是对公司及组织运作过程中的关键成功要素的提炼和归纳，是通过对组织内部某一流程的输入端、输出端的关系参数进行设置、取样、计算、分析，衡量流程的一种目标的量化管理指标，是把企业战略目标分解为可运作操作目标的工具。”中国人民大学公共组织绩效管理研究中心主任方振邦则认为，“关键绩效指标是指衡量企业战略实施效果的关键指标，它是组织战略目标经过层层分解产生的可操作性指标体系。其目的是建立一种机制，将组织战略转化为内部过程或活动，不断增强组织核心竞争力，使组织能够得到持续发展。”

实际上，*KPI* 是根据经济学中非常重要的理论——二八定律进行设定的。二八定律也叫帕累托定律，是19世纪末20世纪初意大利经济学家帕累托最先提出的。他认为，在任何一组东西中，最重要的只占其中一小部分，约20%，其余80%的尽管是多数，却是次要的，因此又称二八法则。二八定律是一项对提高人类效率影响深远的法则，就是要让有限的时间产生出更多的成果。

在管理学中，通常一个企业80%的利润来自它20%的项目。因此，企业组织在进行绩效考核或管理过程中，应该紧紧把握住占20%的关键要素，抓绩效考核和管理中的主要矛盾和矛盾的主要方面，这样既能实现预期的战略目标，又能节省开支，起到事半功倍的效果。

作为一种绩效考核体系设计的基础，我们可以从以下三个方面深入理解关键绩效指标的具体含义：

1. 关键绩效指标是用于考核和管理被考核者绩效的可量化的或可行为化的标准体系。也就是说，关键绩效指标是一个标准化的体系，它必须是可量化的，如果难以去量化，那么也必须是可以行为化的。如果可量化和可行为化这两个特征都无法满足，那么就不是符合要求的关键绩效指标。

2. 关键绩效指标体现对组织战略目标有增值作用的绩效指标。这就是说，关键绩效指标是连接个体绩效与组织战略目标的一个桥梁。既然关键绩效指标是针对组织战略目标起到增值作用的工作产出而设定的指标，那么基于关键绩效指标对绩效进行管理，就可以保证真正对组织有贡献的行为受到鼓励。

3. 通过在关键绩效指标上达成的承诺，员工与管理人员就可以进行工作期望，工作表现和未来发展等方面的沟通。关键绩效指标是进行绩效沟通的基石，是组织中关于绩效沟通的共同辞典。

二、*KPI* 考核法的特征

一般来说，关键绩效指标具备如下几项特点：

(一)*KPI* 指标来自于对公司战略目标的分解

KPI 指标来自于对公司战略目标的分解。这首先意味着，作为衡量各职位工作绩效的指标，关键绩效指标所体现的衡量内容最终取决于公司的战略目标。当关键绩效指标构成公司战略目标的有效组成部分或支持体系时，它所衡量的职位便以实现公司战略目标的相关部分作为自身的主要职责；如果 *KPI* 与公司战略目标脱离，则它所衡量的职位的努力方向也将与公司战略目标的实现产生分歧。

KPI 来自于对公司战略目标的分解的第二层含义在于，*KPI* 是对公司战略目标的进一步细化和发展。公司战略目标是长期的、指导性的、概括性的，而各职位的关键绩效指标内容丰富，针对职位而设置，着眼于考核当年的工作绩效、具有可衡量性。因此，关键绩效指标是对真正驱动公司战略目标实现的具体因素的发掘，是公司战略对每个职位工作绩效要求的具体体现。

最后一层含义是关键绩效指标随公司战略目标的发展演变而调整。当公司战略侧重点转移时，关键绩效指标必须予以修正以反映公司战略新的内容。

(二)可操作性：关键绩效指标是对绩效构成中可控部分的衡量

可操作性是指指标必须有明确的定义和计算方法，易于取得可靠和公正的初始数据，同时指标能有效地进行量化和比较。企业经营活动的效果是内因外因综合作用的结果，这其中内因是各职位员工可控制和影响的部分，也是关键绩效指标所衡量的部分。关键绩效指标应尽量反映员工工作的直接可控效果，剔除他人或环境造成的其他方面影响。例如，销售量与市场份额都是衡量销售部门市场开发能力的标准，而销售量是市场总规模与市场份额相乘的结果，其中市场总规模则是不可控变量。在这种情况，两者相比，市场份额更体现了职位绩效的核心内容，更适于作为关键绩效指标。

（三）关键性：*KPI* 是对重点经营活动的衡量，而不是对所有操作过程的反映

关键性是指应选择对公司价值、利润的影响程度很大的关键指标。每个职位的工作内容都涉及不同的方面，高层管理人员的工作任务更复杂，但 *KPI* 只对整体战略目标影响较大，对战略目标实现起到不可或缺作用的工作进行衡量。

（四）系统性

KPI 考核是一个完整的系统，在这个系统中，组织、管理者和员工全部参与进来，管理者和员工通过沟通的方式，将企业的战略、经理的职责、管理的方式和手段以及员工的绩效目标等管理的基本内容确定下来，在持续不断沟通的前提下，管理者帮助员工清除工作过程中的障碍并提供必要的支持、指导和帮助，与员工一起共同完成绩效目标，从而实现组织的远景规划和战略目标。

（五）*KPI* 是组织上下认同的

KPI 不是由上级强行确定下发的，也不是由本职职位自行制定的，它的制定过程由上级与下级共同参与完成，是双方所达成的一致意见的体现。它不是以上压下的工具，而是组织中相关人员对职位工作绩效要求的共同认识。

第二节　关键绩效考核指标体系的设计

一、确定 *KPI* 的原则

（一）战略目标导向原则

依据公司总体战略目标及上级目标设立部门或个人具体目标。关键绩效指标是对公司及组织运作过程中实现战略目标的关键成功要素的提炼和归纳，是把公司的战略目标分解为可运作的远景目标和量化指标的有效工具。*KPI* 一般由财务、运营和组织三大类可量化的指标构成。*KPI* 是基于战略与流程指定的，对企业长远发展具有战略意义的指标体系。设置 *KPI* 应将公司远景和战略与部门、个人运作相连接，与内外部客户的价值相连接，体现企业的发展战略与成功的关键要点。

（二）*SMART* 原则（第九章已陈述，不再赘述）

（三）执行原则

KPI 考核能否成功的关键在于执行，所以，企业应该形成强有力的执行文化，不断消除在实施 *KPI* 考核过程中的各种困难和障碍，使 *KPI* 考核真正成为推动企业管理创新和提升效益的有效手段。

（四）客户导向原则

强调市场标准与最终成功责任，对于使用关键绩效指标体系的人来说，具有重大意义，并且可对其进行测量与控制。"如何为客户创造价值"是公司的首要任务。客户方面体现了企业对外界变化的反应。对于企业来说，应该明确这些方面所应该达到的目标，然后把这些目标转化为关键绩效指标。

此外，在设定*KPI*的过程中，应该明确责任，强调各部门的连带责任，促进各部门的协调，不迁就部门的可控性和权限。主线明确，重点突出，简洁实用。

二、*KPI*的作用

*KPI*的作用主要体现在以下几个方面：

（一）有力地推进企业战略

企业的战略再科学，战略目标再合理，也只有在找到正确的落实方法后才有意义。否则，再好的战略也只能是纸上谈兵。企业要落实战略、实现战略目标必须要依靠有效的绩效管理工具。*KPI*恰好可以承担这个重任。

由于*KPI*是根据企业的总体战略目标层层分解得到的，企业的战略重点和经营重点都在分解的过程中被传递，直至最终落实到相应具体岗位的员工身上，在这个过程中，战略目标不再抽象，而是变成了具体明确的绩效因素。*KPI*就如同一条纽带，使企业目标、部门目标和个人目标一致起来。*KPI*可以有效地约束员工的工作行为，发挥战略导向的牵引作用，保证员工作出对企业战略目标有价值的努力和贡献。

（二）保证相关管理决策的客观公正

*KPI*的建立能够为企业的价值评价和价值分配体系提供客观、公正的评判依据。*KPI*就如同一把标尺，企业通过对员工*KPI*完成情况的考察和评价，可以准确衡量员工是否为企业的价值创造做出了贡献以及做出了多少贡献。从而最大限度地规避各级主管人员因为人为因素造成价值评价的偏差，帮助企业奖励好的绩效行为和绩效结果。

（三）明确工作重点，降低绩效管理的成本

企业一旦确定了当期的关键绩效指标（*KPI*），就等于确定了绩效管理的重心。那么，企业的整个绩效管理工作就应该紧紧地围绕这个重心。企业的各级管理者和员工就应在日常的工作中重点关注关键绩效指标，把各种资源更多地集中在*KPI*的落实上面，从而有效提高工作效率，避免资源的浪费，从整体上降低企业绩效管理的成本。

（四）有效激励员工

这里说的激励主要有两个层面：

首先，通过*KPI*这个桥梁，具体岗位上的员工和企业的战略联系到了一起。在*KPI*诞生之前，战略对于普通的基层员工来说往往是高高在上、遥不可及的。员工没有机会了解企业的战略，甚至感觉不到战略和自己工作的关联。只是被动地完成着上级管理者布置的工作任务，很难体会到自己所做工作的价值，因此，工作本身对于员工的激励作用并不显著。但如果在绩效管理中采用*KPI*，员工就会清楚地看到自己承担的工作对战略的贡献和企业的价值，并可以由此产生一种强烈的使命感和责任感，员工将会在这种使命感和责任感中体会到自己工作的价值，并从中得到有效的激励，从而会以更大的热情投入到工作中去。

其次，由于员工 *KPI* 的完成情况会直接决定价值分配，员工薪酬中的绩效薪酬部分将主要取决于企业对员工 *KPI* 完成情况的评价。也就是说员工绩效薪酬的高低与 *KPI* 考评得分成正比，在这种情况下员工也会受到较大的激励。

三、建立 *KPI* 指标体系的程序

(一)*KPI* 关键绩效指标体系与一般绩效指标体系的区别

KPI 体系与一般绩效指标体系的区别可以从假设前提、考核的目的、指标的产生、指标的来源、指标的构成及作用、收入分配体系与战略的关系这五个方面进行比较。如表 10－1 所示：

表 10－1　*KPI* 体系与一般绩效指标体系的区别

比较项目	关键绩效指标体系	一般绩效指标体系
假设的前提	假定人们会采取一切必要的行动以达到事先确定的目标	假定人们不会采取行动实现目标，假定人们不清楚应采取什么行动以达到目标。假定制定和实施战略与一般员工无关。
考核的目的	以战略为中心，指标体系的设计都是为战略服务的	以控制为中心，指标体系的设计与运用来源于控制的意图，也是为更有效地控制个人的行为服务的
指标的产生	在组织内部自上而下对战略目标进行层层分解产生	通常是自上而下根据个人以往的绩效和目标产生
指标的来源	来源于组织的战略目标与竞争的需要	来源于特定的程序，以及对过去的行为和绩效的修正
指标的构成及作用	通过财务指标和非财务指标相结合，体现关注短期利益和长期发展的原则。指标本身不仅传达了产生的结果，而且传达了产生结果的过程。	以财务指标为主，非财务指标为辅，注重对过去绩效的评价，且指导绩效改进的出发点是过去绩效存在的问题，绩效改进行动与战略需要脱钩。
收入分配体系与战略的关系	与关键绩效指标的值、权重相匹配，有助于推进战略的实施	与组织战略的相关程度不高，但与个人绩效的好坏直接相关

(二)基于战略性 *KPI* 地图的 *KPI* 设计流程

企业在绩效管理中引入 *KPI* 之后，要真正发挥其对企业绩效的推动作用，科学地设定企业各层次的 *KPI* 是至关重要的基础性工作。在这个过程中 *KPI* 的设计方法是否得当显得极为关键。基于战略性 *KPI* 地图来设计 *KPI* 可以有效地将战略、流程、部门和岗位更加紧密地贯穿在一起。如图 10－1 所示。

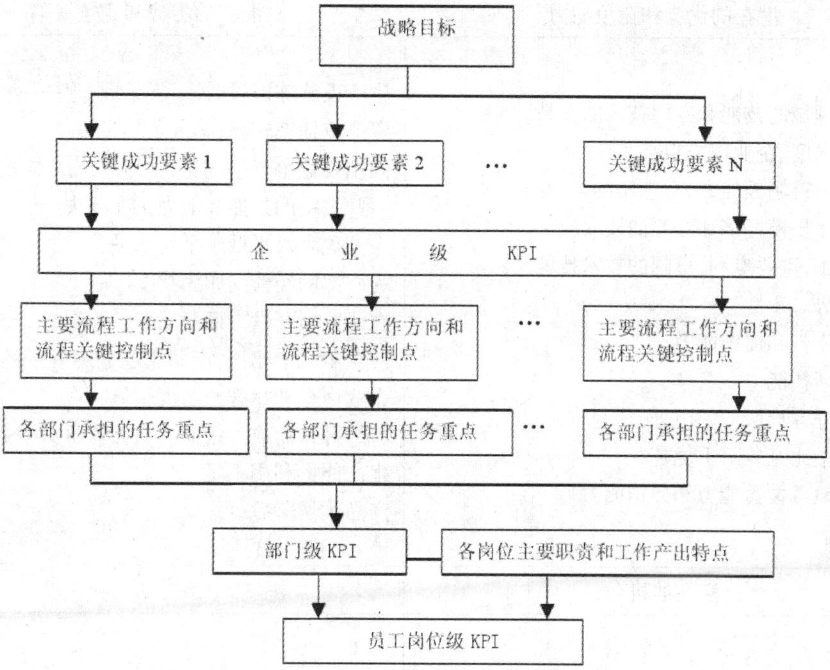

图 10－1　战略性 *KPI* 地图

1. 企业级 *KPI* 的确定

⑴制定企业战略目标，明确战略定位

这是设计企业级 *KPI* 的最根本的基础，也是决定部门和员工岗位层面 *KPI* 的根本依据。在这个环节上企业需要重点做好 *SWOT* 分析，并在此基础上准确地进行市场定位，确立清晰的战略目标。

① 进行 *SWOT* 分析

SWOT 分析法最早是由旧金山大学的海因茨·韦里克教授于 20 世纪 80 年代初提出来的。所谓 *SWOT* 分析，即态势分析，就是将与研究对象密切相关的各种主要内部优势、劣势、机会、威胁等，通过调查列举出来，并依照矩阵形式排列，然后利用系统分析的思想，把各种因素相互匹配起来加以分析，从中得出一系列相应的结论。

SWOT 是由四个英文字母组成的。*S*：*Strength* 优势，是在竞争中拥有明显优势的方面。*W*：*Weakness* 劣势，是指在竞争中相对薄弱的方面。*O*：*Opportunity* 机会，即外部环境提供的比竞争对手更易获得的机会。*T*：*Threat* 威胁，主要是指一些不利的趋势和发展带来的挑战。

在具体的操作过程中企业应在充分掌握内、外部信息的基础上，充分利用 *SWOT* 来认真分析企业自身所具有的相对于其他竞争者的优势和劣势；同时搜集准确的市场信息，客观分析企业所面临的机会和威胁。对自身所处的环境进行全面、系统地分析研究，为战略目标的确立奠定基础。表 10－2 列出了企业在应用 *SWOT* 进行分析时所应考察的主要方面：

表 10－2　　进行 *SWOT* 分析时应考察的主要方面

潜在的优势和竞争能力	潜在的劣势和竞争缺陷
有关键领域的技能和专门技术的支持 品牌知名度、企业声誉很高 被公认为市场领导者，有忠实的客户群 能够利用规模经济和经验曲线效应 专有技术，重要专利，卓越的技术技能 成本优势 强大的广告和促销能力 产品革新技能 有着良好客户服务的声誉 产品质量比竞争对手优越 很好的地域覆盖能力和分销能力	生产设施陈旧过时 资产负债率较高，债务负担过重 同主要竞争对手相比，整体单位成本很高 一些关键的技能和能力正在丧失 企业盈利水平低于平均水平 为内部的经营问题困扰 在研究与开发方面落后 同竞争对手相比，产品线过于狭窄 企业声誉和品牌知名度很低 特约经销商或分销商网络比竞争对手弱 生产能力利用不足 产品质量落后
潜在的机会	**潜在的威胁**
客户群扩大，业务进入新的地域市场、产品细分市场 可扩大产品线的宽度，为更大客户群服务 将企业的技术诀窍或技能转移到新产品或新业务 有吸引力的市场的进入障碍正在降低 出现了从竞争对手出获得市场份额的机会 市场需求增长势头强劲，可以快速扩张 所建立的战略联盟/合作伙伴扩大了企业的地理覆盖面和竞争能力 有机会利用新技术	出现强大的新竞争对手 替代品抢占企业市场份额 市场增长率下降 外汇汇率和外国政府贸易政策发生不利变动 有关部门采取的管理措施是企业付出很大代价 客户或供应商的谈判能力提高 购买者需求和品位朝偏离行业的方向变动 容易受到行业驱动因素的冲击

②进行目标市场价值定位

进行过 *SWOT* 分析之后，企业对自身和所处的竞争环境都有了准确的认识和把握，这就为企业进行准确的市场定位奠定了基础。在资源和能力的约束下，企业必须作出取舍，然后，选定自己的目标市场，确定自己要做的并且能做得好的，同时综合内外部因素在选定的目标市场上进行合理的价值定位。基于 *SWOT* 分析和目标市场价值定位的结果，就能够形成企业的战略和战略目标。

⑵分解企业战略目标，提取关键成功要素

企业的战略目标是对企业战略经营活动预期取得主要成果的期望值。战略目标是一种宏观目标，是对企业全局的一种总体设想，它的着眼点是整体而不是局部。它是从宏观角度对企业的未来的一种较为理想的设定。它所提出的是企业总体发展的总要求和总任务。它规定了整体发展的根本方向，是具有高度概括性的。在设计企业级 *KPI* 的过程中，企业必须首先对高度概括性的战略目标进行分解和细化，找到企业战略目标实现的关键点，确定支撑战略目标的关键成功要素。关键成功要素是企业为实现战略目标必须给予特别且持续注意的一些方面，包括当前及未来影响企业运营活动的成功要素。企业关键成功要素的确定可以采用“特性要因图”分析法，即“鱼骨图”分析法。如图 10－2 所示：

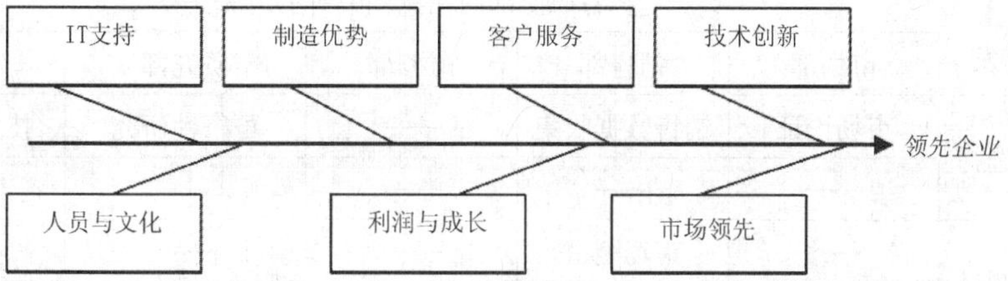

图 10－2　利用“鱼骨图”确定关键成功要素

例如，某企业的战略目标是成为目标市场上的领先企业。企业高层领导者采用一定的方法，如头脑风暴法和鱼骨分析法进行研究，从而确定企业的七个关键成功点即关键成功要素。

⑶以关键成功要素为基础，设计企业级 *KPI*

在明确了保证企业战略目标实现的关键成功要素之后，企业的高层领导者可以在此基础上对关键成功要素进行进一步的细化，从而确定企业的关键绩效要素，这些关键绩效要素就是确定企业级 *KPI* 的源泉。如表 10－3 所示：

表 10－3　关键绩效要素的确定

企业关键成功要素	企业关键绩效要素		
1. 技术创新	1.1 核心技术	1.2 战略一致性	1.3 新产品研发
2. 市场领先	2.1 市场份额	2.2 销售网络有效性	2.3 品牌建设
3. 利润与成长	3.1 短期资产	3.2 长期资产	3.3 利润
4. 客户服务	4.1 响应	4.2 及时性	4.3 服务质量
5. 制造优势	5.1 质量	5.2 成本	5.3 交货
6. 人员与文化	6.1 员工素质	6.2*HR* 系统有效性	6.3 文化建设
7. *IT* 支持	7.1 集成性	7.2 信息提供及时性	7.3 内部客户满意度

企业在关键绩效要素的基础之上进一步寻找可以支撑这些关键绩效要素的关键性指标，然后对这些关键性指标进行提炼，就能够得到企业级的 *KPI* 了。

2. 部门级 *KPI* 的确定

⑴建立企业级 *KPI* 和各主要业务流程的关系，找出流程的关键控制点流程是任何企业运作的基础，一个企业所拥有的全部业务都是通过相应的业务流程来驱动的。流程和企业就像是人体和血脉一样密不可分。企业的生产经营活动从本质上看就是一系列主要业务流程的组合，企业的价值创造也是在各业务流程中完成的，企业战略目标的实现与否，在很大程度上取决于各主要业务流程的运行效率和质量。在设计出企业级 *KPI* 之后，企业管理者要在企业级 *KPI* 和各主要业务流程之间建立联系，确定支撑各个企业级 *KPI* 的流程，明确主要业务流程的工作方向，并在此基础上确定各流程的关键控制点。

(2)确认各主要业务流程与各职能部门的联系

企业各流程关键控制点确定之后，应根据参与各主要业务流程的职能部门的职责确定各部门在流程关键控制点上应该承担的任务重点，建立流程和各职能部门之间的关联，从而在更微观的部门层面建立流程、职能与指标之间的关联。如表 10－4 所示：

表 10－4 确认业务流程与职能部门联系示例

流程：新产品开发	各职能部门在流程中所承担的任务				
	市场部	销售部	财务部	研究部	开发部
产品概念选择	市场论证	销售数据收集	——	可行性研究	技术力量评估
	——	——	——	——	——
产品概念测试	——	市场测试	——	——	技术测试
	——	——	——	——	——
产品建议开发	——	——	费用预算	组织预研	——
	——	——	——	——	——

(3)部门级 *KPI* 的设计

经过上述环节之后，企业就需要在建立起来的主要业务流程和各职能部门的联系的基础上，根据各部门承担的任务重点设计部门级 *KPI*。如表 10－5 所示：

表 10－5 部门级 *KPI* 示例

		测量主体	测量对象	测量结果	指标
绩效变量维度	时间	效率管理部	新产品开发	上市时间	新产品上市时间
	成本	投资部门	生产过程	成本降低	生产成本率
	质量	顾客管理部	产品与服务	满足程度	客户满意率
	数量	能力管理部门	销售过程	收入总额	销售收入

3. 岗位级 *KPI* 的确定

各职能部门拥有了明确的部门级 *KPI* 之后，下一步就要设计员工的岗位级 *KPI* 了。员工岗位级 *KPI* 设计的主要方法是：根据员工的岗位说明书上列明的岗位职责以及相应岗位的工作产出特点确定各岗位对部门级 *KPI* 所贡献的绩效要素，然后在此基础上设计各岗位的 *KPI*。从而最终建立连接企业级 *KPI*、部门级 *KPI* 和岗位级 *KPI* 的链条，将企业高度概括的战略目标细化、传递至具体的工作岗位。如表 10－6 所示：

表 10－6　*KPI* 进一步分解到岗位示例

流程：新产品开发流程		市场部部门职责		部门内岗位职责			
				岗位一		岗位二	
流程步骤	方向	产出	指标	产出	指标	产出	指标
发现客户问题	发现商业机会	市场分析与客户调研	市场占有率	市场研究成果	市场占有率增长率	制定市场策略	市场占有率增长率
			销售预测准确率		销售预测准确率		销售预测准确率
确认客户问题		制定市场策略	市场开拓投入降低率	客户研究成果	客户接受成功率提高率	指导市场运作	销售预测毛利率增长率
			公司市场领先周期		领先对手提前期		销售收入月度增长幅度

至此，企业在完成了上述环节的工作之后，也就完成了将战略和战略目标逐层分解传递到企业层、部门层直至员工层的整个过程。这样，通过战略性 *KPI* 地图，企业各层次之间就形成了一个 *KPI* 链条，以 *KPI* 为桥梁，企业战略和企业员工之间就建立了直接而紧密的联系。企业的战略和战略目标不再是高高在上的，也不再是抽象笼统的，而是具体地细化到了岗位和员工。采用战略性 *KPI* 地图设计，*KPI* 可以保证员工的工作方向和绩效行为的准确性和有效性，从而极大地降低了企业绩效管理过程中发生战略偏移的可能性。

（三）设定 *KPI* 考核指标

KPI 指标的建立有两种最基本的方法：

1. 确定 *KPI* 指标以岗位职务说明书为基础，详细了解岗位工作内容并找出主要工作，在能够反映被考评人的所有评价指标中，选择最重要的 5－8 个最能反映出被评人业绩的评价指标作为 *KPI* 指标。制定 *KPT* 指标应兼顾公司长期目标和短期利益的结合。

2. 在制定岗位 *KPI* 指标时采取硬指标和软指标相结合的方式，对被考评人进行全面考评，以助于衡量被考评人的全面绩效。硬指标是以统计数据为基础，把统计数据作为主要评价信息，通过硬指标计算公式，最终获得数量结果的业绩考评指标。软指标是由评价者对被考评人业绩作主观的分析，直接给评价对象进行打分或作出评判的业绩考评指标。

（四）审核关键绩效指标

1. 工作产出是否为最终产品？2. 关键绩效指标是否可以证明和测量？3. 多个评价者对同一个绩效指标：评价，结果是否能取得一致？4. 这些指标的总和是否可以解释被评价者 80% 以上的工作目标？5. 是否从客户的角度来界定关键绩效指标？6. 跟踪和监控这些关键绩效指标是否可以操作？7. 是否留下超越标准的空间？

（五）*KPI* 考核的实施与监控

KPI 考核的实施过程中可能会碰到很多意想不到或者不够科学合理的问题，这时就需要对

原有的指标和标准进行一定的调整和控制，以保证考核的科学有效，不过这种调整在一段时间内只能是微调，大面积的调整会引起员工情绪的不稳定，不利于人力资源政策的有效实施。

第三节 *KPI* 体系的实施

一、*KPI* 体系实施中持续的绩效沟通

管理学大师彼得·德鲁克曾经说过，沟通是管理的基础。从一定意义上讲，管理过程就是沟通过程。其实作为企业管理中最为重要敏感的绩效管理也是一个持续的沟通过程。曾有一项研究表明，在绩效不佳的企业中75%以上的企业衰落案例都是由于疏于沟通，绩效沟通的作用由此可见一斑。如果说企业在 *KPI* 体系设计过程中需要进行必要的沟通，那么在 *KPI* 体系实施过程中，绩效沟通的质量和效果则将直接决定整个 *KPI* 体系的运行水平，进而决定企业的整体绩效水平和战略目标的实现。

在企业 *KPI* 体系的实施过程中起决定作用的是员工岗位级 *KPI*，其实施情况将从根本上决定部门级 *KPI*、企业级 *KPI* 的实施效果。具体地看，*KPI* 体系的实施主要包括：*KPI* 计划的明确与分析、*KPI* 跟进与监控、*KPI* 评价以及针对 *KPI* 反馈这四个环节，其中的每个环节都需要主管与员工进行持续有效的沟通，每个环节的成败都与沟通息息相关。主管与员工必须在这个过程中保持持续而密切的沟通。当然，*KPI* 体系实施中针对上述四个环节的绩效沟通要求是不一样的，每个环节都有各自的侧重点。

企业应该明确的是，*KPI* 体系的实施绝不仅仅是员工的责任，各级管理者特别是员工的直接主管必须意识到自己肩负的责任。企业应为主管人员提供相应的绩效管理尤其是绩效沟通方面的培训。确保主管具有相应的技能，使绩效沟通更有效率，从而更好地推进 *KPI* 体系的实施。

二、*KPI* 计划的明确与分析

（一）*KPI* 计划的明确

KPI 计划是企业运用 *KPI* 进行绩效管理的起点，也是企业必须进行的最基础、最重要的工作之一 。*KPI* 计划的核心内容是由 *KPI*、*KPI* 权重和 *KPI* 评价标准这三个部分组成的。其实，企业在完成了前面的 *KPI* 体系的设计之后，*KPI* 计划的核心内容就被确定了，*KPI* 计划实际上已经形成。伴随着 *KPI* 体系进入到实施阶段，主管需要通过与员工的充分沟通进一步明确 *KPI* 计划的内容，从而帮助员工更加准确、深入地理解和领会 *KPI* 指标、*KPI* 权重以及 *KPI* 评价标准对于自身工作的要求，保证员工对 *KPI* 认识的准确性，避免理解上的偏差。

（二）*KPI* 计划的分析

KPI 计划明确之后，主管和员工还应该对 *KPI* 计划进行认真的分析，在分析的过程中，主管要注意鼓励员工表达自己的想法和观点，并和员工一起对 *KPI* 进行展望，共同分析日后可能遇到的障碍、问题以及对相关资源的需求。通过对 *KPI* 计划的分析，主管可以更好地了解员工的相关需要，从而便于在日后的管理工作中采取更富有针对性的应对措施和解决方案促进员工绩效水平的提升。

三、*KPI* 跟进与监控

(一)针对 *KPI* 的信息交流

在对 *KPI* 的跟进和监控过程中，主管和员工之间必须具有畅通的信息交流渠道。针对 *KPI* 的信息交流主要包括以下几个方面：

1. 针对员工 *KPI* 进展和进度的交流

KPI 的完成是具有时限性的，员工只有在事先限定的时间范围内达到 *KPI* 计划的要求才有意义。因此，主管必须持续对员工 *KPI* 的进展和进度予以密切关注，和员工进行充分的沟通和交流，从而促进员工在规定的时间内完成岗位的 *KPI*。

这种沟通和交流通常可以通过员工自我的 *KPI* 报告来进行。员工可以定期就自己的 *KPI* 进展和进度进行汇报。同时主管也可以采用例会等方式来了解和监控 *KPI* 的进度情况。在这个过程中，主管和员工通过对 *KPI* 计划的完成进度进行分析，可以明确实际进度与预计进度的差异及其原因，从而便于主管动态地掌握 *KPI* 计划的执行情况，采取相应措施纠正偏差。

2. 传递相关方面反馈

在企业的生产经营活动中，存在着许多相互关联、相互作用的岗位。这些岗位之间往往有着紧密的联系。与之相应，某些员工的岗位级 *KPI* 之间也是存在一定关系的。各主管应成为反映彼此员工 *KPI* 完成情况的桥梁，及时传递相关方面的反馈信息。加强协调与配合，促进员工绩效水平的提升。

3. 针对 *KPI* 变动与调整的交流

虽然 *KPI* 本身、*KPI* 权重和评价标准都是由一定时期企业的战略目标和经营重点决定的，具有一定的稳定性，但我们也必须看到，市场竞争环境是不断变化的，企业不得不面对很多不确定因素的影响。这就使得企业在变化发生的时候必须能够对 *KPI* 计划进行及时地调整。这种调整最终必然会反映为对员工岗位级 *KPI* 的要求的变化。主管必须及时地将这种变化的信息传递给员工，保证员工的知情权，并在与员工就相关信息充分交流和沟通的基础上对 *KPI*、*KPI* 的权重和评价标准进行变动和调整，从而确立新条件下的绩效期望，使基于 *KPI* 的绩效管理工作更符合市场环境的需要和企业竞争的要求。

(二)针对 *KPI* 的辅导与支持

KPI 体系的实施是员工和主管共同的责任，员工与主管在绩效管理的过程中不再是简单的管理与被管理的关系，而是绩效伙伴关系。主管有责任也有义务在员工完成 *KPI* 计划的过程中给予必要的辅导与支持。可以说，辅导和支持下属员工是主管人员日常工作中最为重要的职责之一。主管对员工的辅导和支持应该是随时进行的。主管针对 *KPI* 的辅导和支持主要体现在以下几个方面：

1. 技能援助

技能援助的对象主要是那些在达到 *KPI* 基本评价标准的过程中缺乏相应的知识和技能的员工。这部分员工如果不能得到及时的技能援助，将难以达到基本的 *KPI* 评价标准。在绩效沟通的过程中，主管要及时了解员工的知识技能情况，准确识别员工的 *KPI* 技能需求，然后在此基础上，向员工传授相应的知识或采用短期培训的方式提升员工的工作技能、改进员工的工作方法，从而帮助员工达到 *KPI* 的基本评价标准。

2. 技能完善

技能完善的对象主要是那些具有一定潜力，预期能够超越 *KPI* 基本评价标准的员工。这部分员工往往具有比较良好的知识结构和技能水平，在绩效方面存在进一步提升的可能性。在这种情况下，员工和主管可以通过深入的沟通，交流彼此关于改善绩效的看法，共同探讨提高工作技巧的方法，进而向着更高、更好的 *KPI* 标准努力。

3. 资源支持

员工工作的开展和 *KPI* 计划的达成是需要相关的资源支持的。这里说的资源支持主要包括工作条件支持、信息资源支持和财务资源支持这几个方面。主管应在日常工作中及时了解员工对相关资源的需求情况，为员工提供适合的工作条件和工作环境、客观准确的信息资源和充分的财务支持。同时，员工也应注意检查自身所具有的资源是否可以满足工作的需要，一旦出现资源缺乏的情况应该及时向主管说明以获得帮助。

不论是技能援助、技能完善还是资源支持都可以看作是企业对员工的绩效激励。在这个过程中，员工可以通过主管人员针对 *KPI* 的辅导和支持而受到极大的鼓舞，主管也可以充分利用这个机会传递组织支持感，激励员工克服困难，实现既定目标。

(三)针对 *KPI* 的绩效信息收集和记录

1. 针对 *KPI* 的绩效信息收集和记录的作用

(1)为 *KPI* 评价提供客观的事实依据

KPI 评价结果的判定需要明确的事实依据作为支持，在工作过程中收集或记录的数据可以作为日后对员工进行 *KPI* 诊断和评价的重要依据。

(2)提供 *KPI* 改进的有力依据

收集相关的 *KPI* 数据和信息可以帮助主管人员发现问题、解决问题，从而提高员工绩效水平。要解决问题就必须知道两件事，既存在什么问题和是什么原因引起了这个问题，充分而详细的绩效信息和记录可以帮助员工看到自身问题所在。

(3)发现绩效问题和优秀绩效的原因

对 *KPI* 相关绩效信息的收集和记录可以使企业积累一定的突出绩效表现的关键事件，例如，记录绩效突出好的一些员工的工作表现和绩效突出差的员工的一些工作表现，可以帮助其他员工提高绩效，使他们吸收优秀员工的经验，从而更好地达到 *KPI* 计划的预期要求。

(4)在争议仲裁中的利益保护

进行并保留翔实的员工 *KPI* 记录也是为了在日后 *KPI* 评价中发生争议时作为事实依据。一旦员工对 *KPI* 评价结果或基于此的人事决策产生异议，企业和主管人员就可以利用这些记录在案的事实依据作为仲裁的信息来源。这些 *KPI* 绩效信息记录可以保护企业的利益，也可以保护当事员工的正当权益。

2. 针对 *KPI* 的绩效信息收集和记录的方法

(1) *KPI* 信息记录法

员工的某些 *KPI* 信息是能够通过日常工作中的记录体现出来的。例如财务数据中体现出来的销售额数量；客户记录表格中体现出来的与客户接触的情况；整装车间记录下来的废品数量、业务员接待客户的次数等等。这些都是能从日常的 *KPI* 工作记录中反映出来的绩效情况。

(2) *KPI* 观察法

KPI 观察法是指主管直接观察、监测员工在日常工作中的表现，并对员工的相关行为表

现进行记录。例如，一个主管人员看到员工粗鲁地与客户讲话，或者看到一个员工在完成了自己的工作之后热情地帮助其他同事工作等等。这些就是通过直接观察得到的 *KPI* 信息。

（3）关键事件记录法

对员工特别突出或异常失误的情况进行记录。关键事件的收集和记录有利于主管对员工的优秀绩效表现给予及时的激励，对员工存在的问题进行及时地反馈和纠正。

（4）关联反馈法

某些 *KPI* 的实施情况不仅需要主管在日常工作中进行观察，有时出于更加客观的需要还应该从相关方面获得有关 *KPI* 的绩效信息和数据，这里所指的相关方面可以是有相互依赖关系的内部客户——同事，也可以是企业的外部客户——员工的工作或服务对象。

3. 针对 *KPI* 的绩效信息收集和记录的注意事项

（1）鼓励员工参与信息收集和记录的过程

KPI 体系的实施过程中，主管和员工都承担责任。员工参与到 *KPI* 绩效信息收集和记录的过程中来就是体现员工责任的一个方面。相对来说，员工是最了解自己工作情况的，由员工自己记录的 *KPI* 绩效信息也是比较全面的，主管以员工自己提供的 *KPI* 信息为依据和员工进行绩效沟通可以更容易获得员工的支持和配合。但这里有一个问题需要企业和主管人员注意，因为所收集和记录的 *KPI* 信息会直接成为日后进行 *KPI* 评价的依据，所以必须保证 *KPI* 绩效信息和数据的可靠性和准确性。主管应该明确告知员工需要收集和记录哪些信息，可以采用结构化的方式，将员工选择性收集和记录 *KPI* 绩效信息的可能性降到最低。

（2）注意信息收集的目的性

主管必须清楚信息和数据的收集和记录一定是以 *KPI* 为核心的。在收集信息的时候，应该有效过滤掉与 *KPI* 无关的信息。例如有些 *KPI* 可能更偏重于结果，那么就没有必要收集过多的关于过程的信息和数据；相反，有些 *KPI* 可能更侧重于员工的行为过程，那么就需要把重心放在对过程的关注上。这样可以在最大程度上节约企业的人力、物力和财力，同时有利于主管合理分配时间和精力。

4. 坚持以绩效事实为依据

在收集和记录与 *KPI* 有关的绩效信息和数据的过程中，主管人员应做到公正、客观，应尽可能忠实于员工的绩效事实，抛开主观因素的干扰，收集和记录反映事实的 *KPI* 信息，避免没有根据的推测。

四、*KPI* 评价

（一）*KPI* 评价的目的、内容和重要性

1. *KPI* 评价的目的

在一个绩效期间结束的时候，通过对 *KPI* 进行评价，公正、客观地反映员工阶段性的 *KPI* 成果，从而测量 *KPI* 计划的实现程度。明确描述并总结员工的关键绩效表现，找到绩效问题所在，吸取经验教训，促进下一绩效期间绩效水平的提升，更好地满足企业战略目标的需要，促进战略目标的实现。

2. *KPI* 评价的内容

对本绩效期间内的实际绩效进行回顾和评估，主要内容是将实际的 *KPI* 执行结果与预先设定的 *KPI* 计划进行对照，衡量实施效果，在此基础上，评出 *KPI* 的分数级别，并为下一绩

效期间的 *KPI* 调整和相关人力资源决策的制定提供依据。

3. *KPI* 评价的重要性

站在员工的角度看，由于绩效薪酬和企业的许多人力资源决策在很大程度上都是由 *KPI* 计划完成的质量和效果决定的，*KPI* 评价的结果将和员工的切身利益产生直接的因果关系，因此，*KPI* 评价对员工来说是至关重要的。

站在企业的角度看，由于 *KPI* 直接来源于企业的战略和经营重点，通过对员工 *KPI* 的评价，可以了解部门级、企业级 *KPI* 的实施情况，进而衡量和判断企业战略的执行情况，并在此基础上进行有针对性地调整和改进。同时，对 *KPI* 的评价可以帮助企业发现员工的绩效缺陷和绩效潜能，促进企业的员工管理，并为有关的人力资源决策提供依据。

（二）评价者的选择

在选择 *KPI* 评价者的时候，企业应该明确，人力资源部在整个 *KPI* 体系的设计和实施过程中承担的是组织者和推动者的职责。在对 *KPI* 的评价中，人力资源部是不适合也不应该成为评价者的。能够用数量表示的 *KPI*，由于其特性，在评价过程中易于排除其他主观因素的影响，因此，可以由员工的直接主管作为评价者；对于能够用行为描述的 *KPI*，为确保评价结果的客观性和真实性，则可以采用多维评价法，即 360°评价法。

360°评价法强调的是采用主管、内外部客户和个人自评相结合的方式对员工的 *KPI* 进行评价，也就是说评价者是相关联的多人而不是主管一人。选择多个评价者对能够用行为描述的 *KPI* 进行评价有助于得到更为全面、客观的评价，弥补单纯由主管进行评价可能产生的晕轮效应。同时，通过对来自不同层面的评价者的评价结果进行加权平均，可以有效地减少评价偏差，提高 *KPI* 评价的准确性和公正性。

（三）*KPI* 评价方法的选择

1. 对于能够用数量表示的 *KPI* 可以采用以下几种方法进行评价

（1）百分比率法

所谓百分比率法，就是用 *KPI* 的实际完成值除以事先确定的标准值，然后再乘以权重分数，就得到该 *KPI* 的实绩考核值。这是一种非常精确的计算方法，*KPI* 的实际完成值与最后的得分是完全对应的，是一个连续的分数。

（2）层差法

这是一种常用的 *KPI* 计分方法，其原则是按照区间的划分，不对 *KPI* 的实际完成值进行精确的连续分数计算，只与大致区间的分数对应确定。例如：

KPI 完成值在 120% 以上，权重分数乘以 1.3。

KPI 完成值在 100% ~120% 区间内，权重分数乘以 1.1。

KPI 完成值在 90% ~100% 区间内，权重分数乘以 0.9。

KPI 完成值在 80% ~90% 区间内，权重分数乘以 0.8。

KPI 完成值在 50% ~70% 区间内，权重分数乘以 0.5。

KPI 完成值在 50% 以下，0 分。

（3）非此即彼法

非此即彼法是针对 *KPI* 的绩效评价结果只做两个可选择的结果认定，要么是完成，要么是没有完成；评价结果因此也只有两种，要么是满分，要么是零分。这种评价方法主要是针对强制性指标而设定的。

（4）负分考核法

这是一种只对标准分进行扣减而不加分的*KPI*评价方法，当发现*KPI*在完成过程中出现异常情况的时候，就按照一定的标准进行扣分，如果没有发现问题就是满分。

2. 对于能够用行为描述的*KPI*可以采用行为锚定等级评价量表法

建立行为锚定等级评价量表法通常要按照以下五个步骤进行：

（1）获取关键事件。首先要求对工作较为了解的人（通常是工作承担者及其主管人员）对一些代表优良绩效和劣等绩效的关键事件进行描述。

（2）建立绩效评价等级。然后由这些人将关键事件合并为为数不多的几个*KPI*绩效要素，并对绩效要素的内容加以界定。

（3）对关键事件重新加以分配。这时是由另一组同样对工作较为了解的人来对原始的关键事件进行重新排列。他们将由第一组人已经界定好的*KPI*绩效要素以及所有的关键事件分别按他们自己认为最为合适的绩效要素进行重新界定。如果就同一关键事件而言，第二组中某一比例以上的人将其划入的*KPI*绩效要素与第一组将其划入的*KPI*绩效要素是相同的，那么，这一关键事件的最后位置就可以确定了。

（4）对关键事件进行评定。第二组人会被要求对关键事件中所描述的行为进行评价，以判断它们能够有效地代表某一*KPI*绩效要素所要求的绩效水平。

（5）建立最终的*KPI*绩效评价体系。对每一个*KPI*绩效要素来说，将会有一组关键事件来作为其“行为锚”。

利用行为锚定等级量表评价法对能够用行为描述的*KPI*进行评价，可以使评价结果更为精确，同时可以使评价结果具有更好的区分度和反馈功能。

四、*KPI*评价的注意事项

因为*KPI*的评价结果会直接决定员工的绩效薪酬，所以应尽最大可能保证评价的客观和公正，提高员工对*KPI*评价工作的满意度。

为做到这一点，在进行*KPI*评价之前，主管人员应该对事先从各渠道收集和记录的*KPI*绩效信息进行认真的检查。检查的目的是为了保证*KPI*绩效信息和数据的质量，主管应该确认有关*KPI*的信息和数据是否准确、是否完整以及适用性如何、是否符合评价要求。同时还应该检查绩效信息和数据之间是否存在着明显的相互矛盾和冲突的地方，如果存在，则需要进行仔细的校验或是进行信息的二次收集。

通过和员工的沟通交流，在确认有关*KPI*的绩效信息和数据真实而充分的基础上，主管还应向员工说明将在*KPI*评价中使用的评价方法，让员工了解评价方法的操作和使用过程，让整个评价过程做到规范和透明，使员工对*KPI*评价结果更加信服，从而减少不必要的争执和摩擦。

五、针对*KPI*的反馈

针对*KPI*的反馈主要包括以下三个方面的工作：

（一）结果反馈

在完成了对*KPI*的评价工作之后，主管应对评价结果进行汇总整理，并最终形成一份正

式的员工 *KPI* 评价报告作为反馈资料。主管应选择一个恰当的环境以 *KPI* 评价报告为依据将评价结果及时地反馈给员工，和员工一起梳理、回顾过去的一个绩效期间中 *KPI* 计划的完成情况，让员工对自己的关键绩效有一个直观而清楚的认识。

(二)诊断分析

对于能够较好完成 *KPI* 计划的员工，主管应该在和员工沟通交流的基础上，找出员工成功的关键，并分析员工的个人发展需求，以便日后更好地发挥员工的绩效潜能。

对于 *KPI* 计划完成不理想的员工，主管则应该和员工一起就 *KPI* 评价结果和日常的绩效表现进行理性地诊断和研究，找出绩效问题所在，为改进方法的确定奠定基础。一般说来，导致 *KPI* 完成不理想的因素主要有环境、激励和知识技能这三个方面。相应的，企业和主管人员可以从这三个因素入手进行分析。

1. 环境因素

当下属具备完成 *KPI* 计划的能力，主管本人和企业的各项组织制度也保证员工受到了足够的激励，但是下属仍然没有完成预期的 *KPI* 计划时，主管就应进行环境因素分析。判断是否存在内外部障碍导致下属无法完成既定指标。环境分析可从以下角度进行：员工是否具备必要的工作工具和适当的工作条件；员工是否具有充分的信息和资源；员工是否承受了过大的外部压力。如果经过分析发现确实是由于环境因素造成 *KPI* 完成不理想，那么主管首先应在本人权限范围内最大限度地排除这些环境因素的干扰，或尽可能减少这些环境因素对员工的影响。

2. 激励因素

如果员工确实能够达到预期的 *KPI* 评价标准，但是实际中却没有达到，那么可能是缺乏激励或者是激励措施的问题。对激励因素的分析，要从两个方面来考虑：一个是员工的态度问题；另一个是企业或主管的激励手段。如果属于态度问题，那么就应该首先解决态度问题，态度问题不解决，任何预期的变化都是不会发生的。对主管或企业的激励手段进行分析时，通常的分析角度包括：员工出色的绩效表现是否会受到表扬；出色的绩效表现是否会给其带来负面的后果；员工对自己的 *KPI* 绩效表现是否清楚。如果激励因素是问题的关键所在，则应增加正面的、肯定的激励措施，充分调动员工的工作热情，消除下属不满，促进 *KPI* 的改善。

3. 知识技能因素

如果经过判断，发现企业和主管对员工给予了足够的激励，而环境也没有对员工造成干扰，但员工的 *KPI* 仍然存在问题，那么就要判断是否存在知识或技能的不足。一旦发现员工确实在知识或技能方面存在缺陷，则应根据员工的需要，及时给予员工富有针对性的培训和辅导，帮助员工迎头赶上。

(三)制定 *KPI* 改进计划

当主管和员工就 *KPI* 评价结果和存在的问题达成共识之后，双方应该一同确定具体的 *KPI* 改进计划，形成双方认可的 *KPI* 改进计划书面文件，并以此文件为指导促进员工绩效水平的提高。

第四节 *KPI* 实施过程中的问题

一、容易出现的问题

(一)*KPI* 不能有效地反映企业战略

许多企业在引入 *KPI* 的过程中都遇到过这样的困惑，即企业的战略意图很难准确、充分地在组织内部的各层次之间进行传递。企业分解得到的 *KPI* 往往不能有效反映企业的战略重点和绩效期望，也就是说，*KPI* 在分解的过程中偏离了企业的战略目标和经营重点。基于这样的 *KPI* 对工作绩效进行衡量，得到的评价结果势必很难反映出企业的整体绩效水平，从而也就极大地削弱了 *KPI* 作为企业战略目标实现程度的指示器的功能。

(二)*KPI* 数量过多，过于细化和泛化

一些企业对 *KPI* 分解得过多、过细，没有对指标质量进行控制，导致企业的 *KPI* 指标体系非常庞大、繁杂，在这种情况下，员工往往难以准确领会和把握自己的工作重点和工作方向。同时，低质量的 *KPI* 也给企业针对 *KPI* 的相关管理工作造成诸多困难。

(三)缺乏对各 *KPI* 重要程度的有效区分

在一个既定的时期内，各个 *KPI* 的重要程度是有所不同的，同时企业和员工所能拥有和控制的资源也是有限的。这就决定了企业必须对各个 *KPI* 的轻重缓急和优先顺序做出准确的判断，从而保证工作的有效性和针对性。然而在现阶段，*KPI* 权重设计不合理甚至忽略对 *KPI* 的权重设计的情况在我国企业中还相当普遍。在 *KPI* 权重的设计上还存在着较强的随意性和主观性，这就使得企业和员工难以通过 *KPI* 的权重确定自身的首要任务和工作重点、合理分配各方面的资源，进而最终影响企业绩效水平的提升。

(四)*KPI* 评价标准背离了企业的实际需要

指标的作用在于明确从哪些方面对工作进行衡量，而标准的作用则在于明确在某方面应该做到什么水平和什么程度。企业在 *KPI* 标准的制定方面还不够科学、规范。在 *KPI* 评价标准的制定上还有很强的随意性，很多企业在 *KPI* 评价标准的制定上缺乏对相关影响因素的综合考虑，*KPI* 评价标准要么制定得很高，要么制定得很低，有时甚至会直接照搬其他企业的评价标准。由于不恰当的 *KPI* 评价标准难以满足企业的竞争需要和经营要求，因此，用这样的 *KPI* 评价标准来指导员工的工作势必会严重影响 *KPI* 效果的发挥。

(五)对 *KPI* 管理的缺位

企业在绩效管理中引入 *KPI* 之后，对 *KPI* 管理的缺位也是当前存在的一个比较突出的问题。*KPI* 的战略支撑作用的发挥是以企业对 *KPI* 进行有效的管理为基础的，企业对 *KPI* 的管理应该时时刻刻从方方面面进行。然而现实情况却是很多企业只把注意力聚焦在了对 *KPI* 的评价上面，聚焦在了 *KPI* 的结果上面，对 *KPI* 的管理变成了走形式、走过场，这就极大地限制了 *KPI* 应有作用的发挥，削弱了 *KPI* 对提升企业绩效水平的贡献。

二、原因分析

(一) 企业对 KPI 理论认识不够

应该承认，有相当一部分企业在引入 KPI 之前，对 KPI 的理论内容和思想精华是缺乏深刻准确的理解的，企业更多的是跟随潮流，而忽视了对 KPI 的理性思考。KPI 仅仅成为了企业绩效管理中的一个符号，它的真正意义和作用反而被遗忘了。在这种情况下，要科学地运用 KPI 就显得非常困难了。

(二) 企业缺乏 KPI 体系的设计技能

KPI 作为一种先进的绩效管理工具其理论引入我国的时间还比较短，在企业实践中的具体应用更是近几年的事情。受经验和时间的限制，很多企业还没有掌握 KPI 体系的科学的设计方法和流程，难以形成规范合理的 KPI 体系。这就使得企业缺乏一个将自身战略目标和经营重点有效转化为各层次具体的 KPI 指标的规范操作程序；缺乏根据自身情况科学设计和确定 KPI 权重及评价标准的能力。

(三) 对绩效管理的认识偏差，没有建立起规范的持续沟通的 KPI 实施流程

企业在对绩效管理和绩效评价的认识上存在着偏差，在很多时候还是把绩效管理简单地等同于绩效评价，没有看到绩效管理是一个持续的过程，因此也就没有认识到建立一个规范的 KPI 实施流程以及管理机制的必要性和重要性。在对 KPI 进行了设计之后，缺乏对 KPI 的跟踪和监控、缺乏对 KPI 评价结果的反馈，同时在对 KPI 的管理方面忽视了绩效沟通的重要作用。

三、应对策略

(一) 作为一个持续成长的企业，必须制定清晰明确的战略目标，并将战略目标进行有效分解

建立 KPI 指标的要点在于流程性、计划性和系统性。首先明确企业的战略目标并在企业会议上利用头脑风暴法和鱼骨图分析法找出企业的业务重点，也就是企业价值评估的重点。然后，再用头脑风暴法找出这些关键业务领域的关键业绩指标（KPI），即企业级 KPI。接下来，各部门的主管需要依据企业级 KPI 建立部门级 KPI，并对相应部门的 KPI 进行分解，确定相关的要素目标，分析绩效驱动因素（技术、组织、人），确定实现目标的工作流程，将部门级 KPI 分解到岗位和个人，以建立完整的企业整体 KPI 考核体系。企业在日常的 KPI 管理工作中，应抓住那些亟需改进的指标，提高绩效考核的有效性。

(二) KPI 考核的实施必须以优化流程和组织结构、培育 KPI 企业文化为前提

首先，KPI 必须以顾客为导向，所有指标的制定必须以顾客的需求为起点和终点。以顾客的需求为起点是强调所有考核指标的设定设置时考核就是为了满足顾客的需求，在顾客满意的前提下，使企业也能得到持续的发展。其次，企业应该根据 KPI 的指标设计对企业的工作流程和组织结构进行优化，以适应 KPI 考核的要求。善用 KPI 考核企业，将有助于企业组织结构集成化，提高企业的效率，精简不必要的机构、不必要的流程和不必要的系统。再次，公司应该建设 KPI 文化。良好、和谐的企业文化是企业成功的保障。KPI 考核是典型的结果

管理手段，竞争非常激烈，指标考核下是没有人情可讲的，所以要求员工能正确面对差距，敢于竞争，敢于创新和突破，不断实现自我、超越自我。这就要求公司建立起这样一种 *KPI* 文化，让所有员工用户 *KPI* 考核，受益于 *KPI* 考核。

(三)通过绩效考核，建立良性考评关系

KPI 考核办法中，使考核者和被考核者成为一种平等的良性的考核伙伴关系，大家共同学习，共同进步，目的都是为了使被考核者尽快提高能力，达到业绩标准的要求。这种伙伴关系首先表现在制定考评计划方面，*KPI* 强调任何一个考评计划必须是经过双方共同讨论达成一致后的结果。通过探讨业绩标准的内涵，使双方有了统一的相同的理解，便于被考核者明确目标，按照标准要求去开展自己的本职工作，也便于日后对照标准做相应的判定。此外，取得证据的方式、时间、证据类型及数量等内容也是事先由双方商定的。这种通过绩效面谈制定考评计划的全过程，充分体现了考核双方相互信赖、团结合作的精神。

(四)重视 *KPI* 指标的创新，时刻保持管理优化的理念

事实上，*KPI* 考核也是一个动态的管理过程。*KPI* 指标在考核中并不是一成不变的，在保持相对稳定的情况下，根据环境的变化、时间的推移和被考察者职位能力的变化，适当调整 *KPI* 指标是相当必要的。不过，变与不变都是相对的，目的是相同的，就是要达到管理优化的目的，达到提升效率的目的。

案例分析

新星公司所面临的员工考核问题

新星公司是一家小型公司。创业初期，降低成本、提高销售额成为公司的总目标。由于业务繁忙，公司没有时间制定一套正式的完整的绩效考评评价制度，只是由以前公司老总王某兼任人力资源总监，采取了一些补救措施。如:他会不定期地对工作业务好的员工提出表扬，并予以物质奖励;也对态度不积极的员工提出批评;一旦员工的销售业绩连续下滑，他会找员工谈心，找缺陷，补不足，鼓励员工积极进取。

现在公司规模大了，已经由最初的十几个人发展到现在的上百人。随着规模不断扩大，管理人员和销售人员增加，问题也出现了:员工的流失率一直居高不下，员工的士气也不高。王某不得不考虑，是否该建立绩效考评的正式制度，以及如何对员工进行考评等问题。

结合本案例请您回答以下几个问题:

(1)您认为在该企业建立正式的绩效考评制度是否必要？请说明具体原因。

(2)假如您是王某，请为销售人员设计一套关键绩效考核方案。

本章小结

关键绩效指标法(*KPI*)同平衡计分卡、目标管理法一样，都是一种系统化的绩效考核技术。

关键绩效指标是用于考核和管理被考核者绩效的可量化的或可行为化的标准体系，它能体现对组织战略目标有增值作用的绩效指标，是连接个体绩效与组织战略目标的一个桥梁。通过在关键绩效指标上达成的承诺，员工与管理人员就可以进行工作期望、工作表现和未来

发展等方面的沟通。

企业关键绩效指标由以下几个层级构成：一是企业级关键绩效指标，它是由企业的战略目标演化而来的；二是部门级关键绩效指标，它是根据企业级关键绩效指标和部门职责来确定；三是由部门关键绩效指标落实到具体岗位（或子部门）的业绩衡量指标。

关键绩效指标与企业绩效管理的关系，就是企业的绩效管理会立足于关键绩效指标，关键绩效指标为企业绩效管理提供基础性数据，这些数据是客观的，不受事后的人为因素的影响。通过这些基础性数据，绩效管理即可达成两个目的：一是绩效的改进，二是价值评价。

KPI 固然是一种先进的绩效管理思想，但我们在实际应用中应注意以下几个问题：缺乏对各 *KPI* 重要程度的有效区分；*KPI* 数量过多，过于细化和泛化；*KPI* 不能有效地反映企业战略；*KPI* 评价标准背离了企业的实际需要；对 *KPI* 管理的缺位。针对可能出现的问题，企业实施 *KPI* 考核时可以从以下四点着手应对：作为一个持续成长的企业，必须制定清晰明确的战略目标，并将战略目标进行有效分解；*KPI* 考核的实施必须以优化流程和组织结构、培育 *KPI* 企业文化为前提；通过绩效考核，建立良性考评关系；重视 *KPI* 指标的创新，时刻保持管理优化的理念。

思考题：

1. 关键绩效指标的含义是什么？如何理解关键绩效指标与绩效管理之间的关系。
2. 建立关键绩效指标体系具有哪些意义？应当遵守哪些规则？
3. 企业如何设计出一套有效的关键绩效指标体系？

第十一章　平衡计分卡方法的运用

▶本章学习要点

1. 掌握平衡计分卡的概念
2. 掌握平衡计分卡的内容
3. 掌握战略地图的制定流程
4. 熟悉平衡计分卡的实施步骤
5. 了解平衡计分卡实施的成功要素

导入案例

上世纪 80 年代美国银行绩效考核片面地依赖财务指标带来的后果

美国银行（*Bank of America*）曾一度制定了全美国最有雄心的绩效考核激励奖罚制度，以发放贷款的数额决定贷款员的表现，表现最佳者可获得超过中等表现者 50% 收入的奖励。结果美国银行得到了他们想要也该得到的东西：大批的坏账。虽然实现了管理目标，但随后银行却因此遭受了巨大损失。只看贷款数额，而不去考虑表面看不到的更重要的贷款质量、风险、客户忠诚等因素。

针对这些问题，20 世纪 80 年代末，学者们开始对业绩衡量领先的企业进行了相关的研究。研究认为单纯依靠财务指标存在很大的局限性，并意识到很多提高短期财务绩效的方法（如裁员、削减培训成本、研发成本、营销成本、客户服务成本等）都有可能损害公司未来的财务健康。相反，一些公司从财务角度上看可能暂时状况不佳，但他们其实是投资于能驱动未来绩效高增长的核心能力区域。同时，他们进一步洞察到依赖于滞后指标的局限性，因为其反映的是历史绩效，所以不能为未来绩效衡量提供可靠的依据。

第一节　平衡计分卡概述

一、平衡计分卡的产生

20 世纪 80 年代后，对企业经营绩效的评价形成了以财务指标为主，非财务指标为补充的绩效评价指标体系。美国的许多公司已意识到过分强调短期的财务绩效的弊端，于是他们把着眼点更多地转向企业是否实现了股东财富的最大化，而不是短期的财务绩效状况。由此，非财务指标在绩效评价中的作用日益重要，将非财务指标纳入企业绩效评价指标体系为日后的企业绩效评价指标体系的创新奠定了重要基础。

20世纪90年代以来，随着知识经济和信息技术的兴起，无形资产的重要性日益凸显，经济全球化和世界经济一体化时期的到来，使得企业内部经营条件和外部经营环境发生了一系列巨大变化。企业要生存求发展并获取最大效益，就必须具有战略眼光和长远的奋斗目标，为了实现企业的战略目标，就必须形成和保持企业的核心竞争优势。然而，核心竞争优势的形成和保持是由多方面因素决定的，那些影响企业战略经营成功的重要因素应该在绩效考核指标体系中得到充分的体现，将财务指标与非财务指标有机结合的做法已经成为企业业绩衡量的发展趋势。显然，传统的以财务指标为主的绩效评价体系，因其不注重人力资本的开发和利用、忽视企业客户满意度的影响以及企业创造未来价值的潜在能力，并且与公司战略脱钩等固有的缺陷，不能够全面衡量企业的绩效，实践中尚缺乏一个将财务指标与非财务指标有机结合起来，并能协调好各个指标之间关系的系统框架。管理实践的需要为平衡计分卡的产生创造了必要条件。在此背景下，美国哈佛商学院的罗伯特·卡普兰与复兴方案公司总裁大卫·诺顿针对企业的绩效评价创建了平衡计分卡。

1990年，美国毕马威会计师事务所的研究机构诺兰诺顿学院资助了一个名为“未来的组织业绩衡量”的研究项目，诺兰诺顿的执行总裁戴维·诺顿担任该项目的负责人，罗伯特·卡普兰则担任学术顾问，共有12家公司参与了这一研究项目。项目开始后，小组成员查阅了大量有关绩效衡量系统创新的案例研究，最终把目光锁定在模拟设备公司的“企业计分卡”上。这张卡不仅包括传统的财务指标，还包括与交货时间、制造流程的质量和周转期、新产品开发效率等相关的业绩指标。小组成员都认为这张卡最可能满足项目的预期要求，因此它也就成为了日后所创建的平衡计分卡的原型。之后，小组成员经过反复的讨论，对计分卡的内容进行扩展，形成了一个新的具有四个独特层面的衡量系统，即财务、客户、流程和学习与成长，并将其命名为“平衡计分卡”。在项目结束后，卡普兰和诺顿总结了小组的研究成果，写成了一篇论文《平衡计分卡——驱动业绩的衡量体系》，发表于1992年1～2月号的《哈佛商业评论》。该文的发表标志着最初用于衡量组织绩效的平衡计分卡正式问世。

平衡计分卡作为一种绩效管理工具，主要是通过财务与非财务考核手段的相互补充，使绩效考核的地位上升到组织的战略层面，成为组织战略的实施工具，同时在定量评价和定性评价之间、客观评价和主观评价之间、指标的前馈指导和后馈控制之间、组织的短期增长与长期增长之间、组织的各利益相关者之间寻求“平衡”的基础上完成绩效管理与战略实施过程。

二、平衡计分卡的发展

平衡计分卡从1992年诞生至今，经过两位创始人10多年锲而不舍的努力，经历了来自实践的各种检验与洗礼，得到了持续的创新与发展，其理论体系全面地阐述了组织获得高绩效的管理框架或基本原则，即衡量战略、管理战略、描述战略、协同战略以及整合战略（链接战略与运营）。平衡计分卡理论发展脉络以及两位创始人的思想轨迹集中体现在两位学者先后出版的《平衡计分卡——化战略为行动》、《战略中心型组织织——如何应用平衡计分卡在新的商业环境中保持繁荣》、《战略地图——化无形资产为有形成果》、《组织协同——运用平衡计分卡创造企业合力》、《平衡计分卡战略实践》等著作中。

（一）平衡计分卡——平衡理念下的绩效评价工具

卡普兰和诺顿在1992年发表的《平衡计分卡——驱动业绩的衡量体系》指出，不能只从财务指标角度，而应从财务、客户、内部流程以及学习与成长四个层面来衡量企业业绩，因为后三个层面是未来财务业绩的驱动因素，这就是平衡计分卡的基础。这篇文章勾画了平衡计分卡的基本结构由财务、顾客、内部流程和创新与学习四个方面共同构成（1996年将“内部流程和创新与学习”改为“内部业务流程和学习与成长”），其核心是形成一个财务与非财务指标相结合的全面业绩衡量指标体系。财务指标是战略执行的有形成果，非财务指标是未来财务成果的驱动因素。1993年9月，卡普兰和诺顿在《哈佛商业评论》上发表了题为《把平衡计分卡付诸实践》的文章，对平衡计分卡产生以来的实际应用情况作了清晰、全面的总结。文章介绍了平衡计分卡的应用，详细阐释了应用过程所开发的四个方面的各种指标，并提出了评价指标与愿景和战略的密切关系。这一阶段通过将平衡计分卡作为绩效衡量系统应用于企业管理实践，同时，卡普兰和诺顿感悟到将平衡计分卡指标与企业战略挂钩的重要性。

（二）平衡计分卡从绩效衡量工具转变为战略管理的工具

通过将平衡计分卡作为绩效评价系统应用到企业管理实践以后，平衡计分卡和企业战略之间的联系不断紧密，并逐步从一个绩效评价系统演变成一个战略管理系统。

1996年，卡普兰和诺顿总结了近三年的经验，出版了他们的第一本平衡计分卡专著:《平衡计分卡——化战略为行动》，该书第一部分是衡量企业战略，论述平衡计分卡四个方面的内部构成、作用和相互关系，第二部分是管理企业战略，论述战略管理的四步管理程序。该书论证平衡计分卡不只是一个业绩评价系统，更是一个战略管理系统，展示了管理者如何使用平衡计分卡化战略为组织及其员工的一致行动来实现组织的使命，本书的出版标志着平衡计分卡从绩效衡量工具转变为战略实施的工具，平衡计分卡理论框架初步形成。

（三）建立战略中心型组织，管理战略以实现战略聚焦

卡普兰和诺顿于2001年推出了《战略中心型组织——如何利用平衡计分卡使企业在新的商业环境中保持繁荣》，提出了战略中心型组织和战略地图的概念。他们在书中阐述如何把平衡计分卡拓展到管理流程并作为战略执行的工具来使用，强调企业应建立基于平衡计分卡的战略管理体系，调动企业所有的人力、财力和物力等资源，集中起来协调一致地去实现企业的战略目标。将战略置于关键管理流程和系统的中心位置，从而解决不仅仅是如何形成战略，而且还要使战略有效运行的问题。企业协同一致地达成目标、实现战略聚焦的过程，需要遵循书中系统阐述的建立战略中心型组织的五个基本原则。平衡计分卡系统已经从一个绩效衡量系统演变成一个战略管理系统。

（四）绘制战略地图以描述战略，形成战略的支撑体系

2004年，两位创建者出版《战略地图——化无形资产为有形成果》，阐述在《战略中心组织》中所提出的第2项原则——如何把战略转化为可操作的行动。书中指出组织半数以上的资产是传统财务指标无法衡量的无形资产，同时无形资产也无法直接创造有形成果。创造组织未来价值的无形资产必须与组织战略保持高度协调一致，才能发挥作用。书中提出了绘制战略地图的五项原则，组织通过绘制战略地图，以描绘无形资产转化为有形成果的路径，战略地图在平衡计分卡四个维度的基础上有了更进一步的创新，它通过四个层面目标之间的因

果关系来描述战略，为战略沟通和战略描述提供了一种可视化的工具，从而为人们提供了一种清晰、逻辑性强并且经得起考验的描述战略的工具，使得战略更加动态化和清晰化。此外，通过持续的沟通让所有的业务单元、部门和员工参与到公司战略中，让员工对战略达成共识，并对实现战略的途径有充分的认识。特别是让员工进一步明白无形资产化为有形成果的路径、各层面指标之间的因果关系，使得无形资产与战略保持协调一致性。因此，平衡计分卡运用战略地图这一工具，帮助企业解决了如何筛选和归类衡量指标的问题。衡量指标应该反映企业特有的战略意图，企业应设置具有战略意义的衡量指标体系。战略使指标体系有了灵魂和方向，而战略地图是一个能够帮助企业明晰战略、沟通战略的有效工具。

卡普兰和诺顿平衡计分卡理论体系的三本著作总结出了战略执行成功的三个要素：突破性成果 = 描述战略 + 衡量战略 + 管理战略。两位大师用两句话精辟地总结了三个战略执行要素之间的关系：如果你不能衡量（第二个要素），那么你就不能管理（第三个要素）；如果你不能描述（第一个要素），那么你就不能衡量（第二个要素）。这样，上面的公式就可以被重写为：突破性成果 = 战略地图 + 平衡计分卡 + 战略中心型组织。这正是平衡计分卡理论的核心和精髓。

《战略地图》有几个重要贡献：第一，战略模板：描述内部流程、学习与成长中创造价值的基本要素；第二，战略主题：基于价值创造流程，阐明了战略的动态性；第三，衡量框架：描述、衡量学习与成长中的三项无形资产——人力资本、信息资本和组织资本，并使它们与内部层面的战略流程和目标保持协调一致。模板、战略主题和无形资产是理解和执行战略的模块，它们为管理层在运营细节层面描述和管理战略提供了更多的材料。

（五）围绕战略协同组织，以实现企业经济价值

这一阶段的平衡计分卡认为企业的价值来源于协同。从协同的角度来看，战略地图具有将流程、人员、信息技术和组织文化协同于客户价值主张和股东期望的功能。然而，这只是组织整体协同的一环，仅限于某一单个战略业务单位（或共享服务部门）的内部协同。要释放组织系统的全部潜能，获得“1 + 1 > 2”的效应，必须在纵向上将组织、部门、团队和个人协调整合起来，在横向上将组织中的业务单元、支持单元、外部合作伙伴等利益相关者协调和整合起来。

但是，许多大型组织依然存在着总公司、分公司、总公司职能部门、分公司职能部门、供应商和顾客之间不能协调一致的问题。为此，卡普兰和诺顿于 2006 年推出了第四本平衡计分卡系列专著《组织协同——运用平衡计分卡创造企业合力》。该书是平衡计分卡理论的又一重要成果，它为组织的高层管理者提供了一整套以战略地图和平衡计分卡为工具的治理框架，并为他们深入挖掘组织协同所产生的衍生价值提供了技术指导。具体包括：

1. 组织协同效应

（1）财务维度的协同效应。财务方面的协同效应包括：在什么方面投资、在什么方面收获、怎样平衡风险以及怎样创造投资者品牌等。而对于多元化企业集团来说，内部资本市场的效率更高。

（2）客户维度的协同效应。客户维度的协同效应主要是通过共享客户资源来实现的。即使在多元化的企业中，某一业务单元的客户也可能提供其他业务单元的产品并提升客户关系。

（3）内部运营维度的协同效应。内部运营维度的协同效应主要是通过共享流程、服务、知识、技能等方式管理战略业务单元的流程，以产生规模经济效应或价值链整合来实现的。

(4)学习与成长维度的协同效应。学习与成长维度的协同效应主要是通过发展和共享企业的无形资产来实现的，包括领导力和组织开发、人力资本开发和知识共享。

通过组织协同效应，可以总结出协同效应产生企业价值的不同来源(见表11－1)。

表11－1　　企业协同效应与价值来源

企业平衡计分卡	企业价值来源(战略主题)
财务协同 “我们如何提升各业务单元的股东价值?”	内部资本管理——通过有效的内部资本和劳动力市场的管理创造协同 企业品牌——将多元化业务整合在同一品牌下，宣传推广共同的价值观和主题
客户协同 “我们如何共享客户资源来提升整体客户价值?”	交叉销售——通过在多个业务单元内不同产品的交叉销售创造价值 共同价值定位——通过在所有店面统一标准来创造一致的消费体验
内部运营协同 “我们如何管理业务单元的流程去产生规模经济效应或价值链整合?”	共享服务——通过共享关键支持流程中的系统、设备和人员形成规模经济效应 整合价值链——通过行业价值链内相连的流程的整合而创造价值
学习与成长协同 “我们如何发展和共享无形资产?”	无形资产——共享人力资本、信息资本和组织资本的发展

2. 组织协同体系

(1)企业总部与业务单元的协同。在企业总部制定战略地图和平衡计分卡后，每一个业务单元根据公司平衡计分卡制定与其相一致的长期计划和平衡计分卡，不但要满足本业务单元客户的需求，还要为达成企业层面的协同效应作出贡献，结合公司战略主题，服务企业层面的客户，整合其他业务单元业务，并与他们协作来创造附加的价值来源。

(2)整合内部支持单元和被支持单元。人力资源部、信息系统部、财务部等支持单元需要制定长期计划和平衡计分卡来支持被支持单元的战略及企业的优先工作，从被支持单元的客户、内部运营、学习与成长角度与其目标整合，获得额外递增的企业价值，转变为企业的战略伙伴。支持单元可以通过一套系统化的流程来达到组织协同，进而创造价值。

首先，根据业务单元和企业总体战略，确定它们需要提供的一系列战略化服务。其次，支持单元要在自己的内部建立协同以成功执行部门战略。最后，支持单元要评估自己部门行动方案的实施结果，完成这一循环。

(3)在董事会治理中运用平衡计分卡。企业通过平衡计分卡来确定企业董事会的战略任务，为董事们提供精炼的战略性信息，并指导董事会的组成、会议讨论和评估等工作。

(4)与外部合作伙伴的协同。建立起诸如关键供应商、战略客户和外部联盟等重要合作伙伴的平衡计分卡体系，有助于在两个组织间建立理解和信任关系，降低交易成本，并使双方的协同差异最小化。平衡计分卡的建立为企业与外部合作伙伴建立了一个更加宽泛的合作机制，双方不仅在财务方面合作，而且在提升服务、及时性、创新性、质量、灵活性等方面合作。

3. 协同流程的管理

创建协同流程的第一步是在整个企业内推行平衡计分卡，将公司层面的战略与各业务部门和职能部门的战略紧密衔接起来。在此基础上，创造各个环节的协同流程，并根据外界环境的变化进行调整和管理。卡普兰和诺顿提出了组织协同的八个查验点，如果一个组织能在所有八个查验点上完成协同，那么它所有的行动方案和行动都将直接影响公司的战略重点。这八个查验点主要包括企业的价值定位、董事会和股东的协同、公司总部到总部职能部门、公司总部到业务单元、业务单元到业务单元支持部门、业务单元到客户、业务单元支持部门到供应商和外部合作伙伴、业务单元支持部门对公司总部的支持（见图 11－1）。

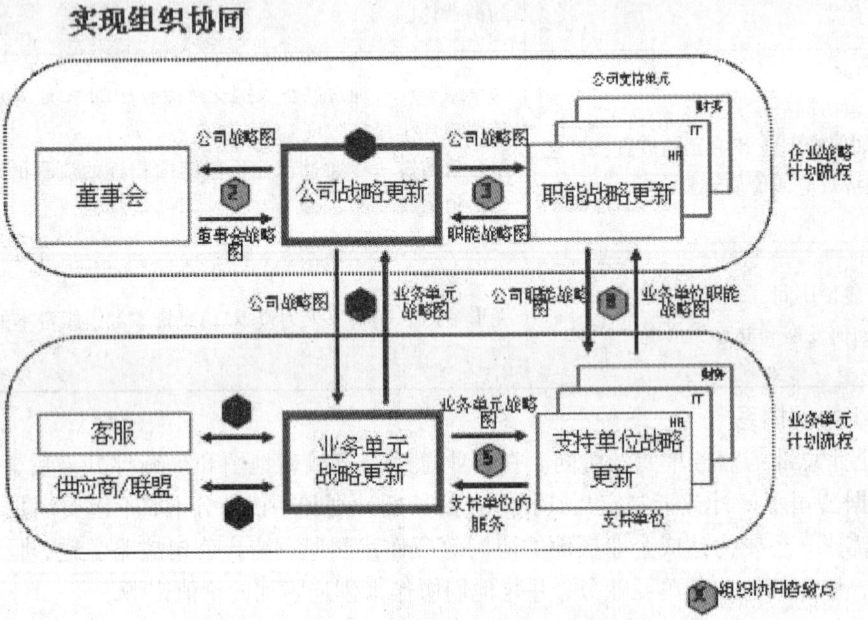

图 11－l　战略策划流程中建设组织协同

至此，平衡计分卡理论演变成为“描述战略、衡量战略、管理战略、执行战略”的平衡计分卡。即组织通过平衡计分卡衡量战略、战略地图描述战略、战略中心组织管理战略、组织协同执行战略，从而将平衡计分卡发展成为完整的战略执行管理系统。

（六）连接战略和运营并对战略实施流程化管理

许多组织运用战略地图和平衡计分卡来明晰战略路径和协调组织行动，取得了卓越的经营业绩。但是，如何才能将持续的战略管理融入组织的经营活动以保持这一来之不易的卓越业绩，成为困扰高层管理者的难题。

2004 年，卡普兰和诺顿与美国平衡计分卡协会的同事开展了一项旨在如何才能使组织持续聚焦于战略执行的研究。这一研究最为重要的创新就是让由经理人组成的小组来专门监控战略执行的所有流程。为了介绍这一成果，卡普兰和诺顿在2005年10月的《哈佛商业评论》上发表了《战略管理办公室》一文。通过这个研究组在北美和欧洲地区开展持续调研，卡普兰和诺顿终于找到了将战略与运营进行连接的所有关键流程，并于2008年出版了他们的第五本专著，也是平衡计分卡集大成之作:《平衡计分卡战略实践》，描述了公司怎样在战略与运营之间建立强有力的连接，使得员工的日常工作能够支持战略目标。

至此，平衡计分卡理论发生了根本性变化，已完全由组织绩效评价转向组织的战略管理，全面涉及战略制定、描述、协同、衡量、管理以及与运营相连接等诸多环节，演变成一个严谨的六阶段战略管理理论体系。

第二节　平衡计分卡的基本内容

一、平衡计分卡的四个方面

平衡计分卡的内容，从其评价指标体系来看，包括如下四个方面：

(一)财务指标

财务绩效指标主要包括:(1)收入增长指标;(2)成本减少或生产提高指标;(3)资产利用或投资战略指标。当然，也可以根据企业的具体要求，设置更加具体的指标，如经济增加值、净资产收益率、资产负债率、投资报酬率、销售利润率、应收账款周转率、存货周转率、成本降低率、营业净利额和现金流量净额等。

平衡计分卡还要求，企业根据不同发展时期的不同要求，相应地选择财务绩效指标。例如，当企业处于增长期时，由于企业在提供产品和劳务获得收入方面有着较大的增长潜力，投资规模较大和投资报酬率较低，其财务目标主要是不断提高收入的增长率及目标市场、客户群和区域的销售额，因此对处于这一时期的企业应主要采用销售增长率、目标市场收入增长率、成本率等财务绩效指标来加以评价。

及时和准确的财务数据从来就是管理层得以有效管理企业的重要因素，财务目标也是管理者在制定战略时首先考虑的目标。平衡计分卡的设计不是否认财务数据的重要性，而是在财务指标的基础上，对传统企业管理中因过度重视财务而忽视其他方面造成的“不平衡”状况进行修正，使财务成为四项主要指标之一。财务指标仍是最重要的指标,平衡计分卡的财务方面用来体现股东利益，概括反映企业绩效。

(二)客户指标

现代管理理念认为，客户满意度的高低是企业成败的关键。企业要想取得长期的经营绩效，就必须创造出受客户青睐的产品与服务，因此企业的活动必须以客户价值为出发点。客户方面绩效指标主要包括:(1)市场份额，即在一定的市场中(可以是客户的数量，也可以是产品销售的数量)企业销售产品的比例;(2)客户保留度，即企业继续保持与老客户交易关系的比例，既可以用绝对数来表示，也可以用相对数来表示;(3)客户获取率，即企业吸引或取得新客户的数量或比例，既可以用绝对数来表示，也可以用相对数来表示;(4)客户满意度，即反映客户对其从企业获得价值的满意程度，可以通过函询、会见等方法来加以估计;(5)客户利润贡献率，即企业为客户提供产品或劳务后所取得的利润水平。

(三)内部业务流程指标

内部业务流程指标主要包括三个方面:(1)评价企业创新能力的指标，如新产品开发所用的时间，新产品销售额在总销售额中所占的比例，比竞争对手率先推出新产品的比例，所耗开发费用与营业利润的比例，所涉及的产品中可完全满足客户要求的产品所占的比例，在投产前需要对设计加以修改的次数等;(2)评价企业生产经营绩效的指标，如产品生产时间和经营周转时间，产品和服务的质量，产品和服务的成本等;(3)评价企业售后服务绩效的指标，如企业对产品故障的反应时间和处理时间，售后服务的一次性成功率，客户付款的时间等。

平衡计分卡在内部业务流程方面的优势在于它既重视改善现有流程，也要求确立全新的流程，并且通过内部经营流程将企业的学习与成长、客户价值与财务目标联系起来。对内部业务流程的分析有助于管理层了解其业务运行情况，以及其产品和服务是否满足客户需要。同时，管理层可以评估他们及其组织在行动方法上的有效性，通过评估，管理者可以发现组织内部存在的问题，并采取相应措施加以改进，进而提高组织内部的管理效率。

(四)学习与成长绩效指标

学习和成长方面旨在考评企业获得持续发展能力的情况。学习与成长绩效指标主要包括三个方面:(1)评价员工能力的指标，如员工满意程度、员工保持率、员工工作效率、员工培训次数、员工知识水平等;(2)评价企业信息能力的指标，如信息覆盖率、信息系统反应的时间、接触信息系统的途径、当前可能取得的信息与期望所需要的信息的比例等;(3)评价激励、授权与协作的指标，如员工所提建议的数量、所采纳建议的数量、个人和部门之间的协作程度等。

上述四部分内容虽然各自有特定的评价对象和指标，但彼此之间存在着密切的联系(如财务指标体系是最终结果和绩效量化体现，而其他三方面的指标体系则最终都要体现在财务指标上;各个评价指标之间存在着企业战略所体现的因果关系等)。所有这些指标共同构筑了一个完整的评价体系，具体如图 11－2 所示。

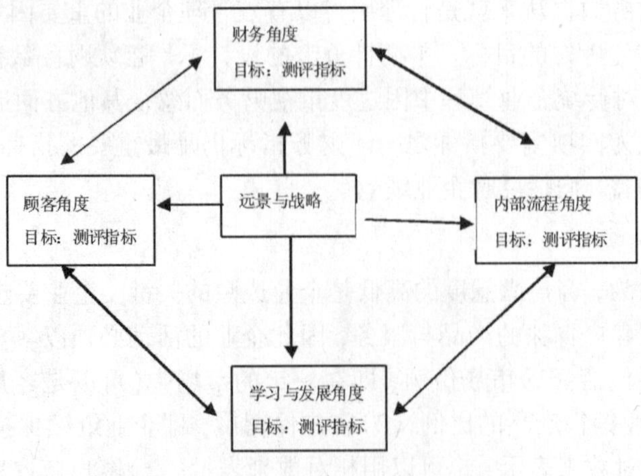

图 11－2　平衡计分卡的基本框架

二、平衡计分卡的核心思想

平衡计分卡的核心思想就是通过财务、客户、内部经营和学习与成长四个方面指标之间相互驱动的因果关系展现组织的战略轨迹，实现绩效考核－绩效改进以及战略实施－战略修正的目标。平衡计分卡中每一项指标都是一系列因果关系中的一环，通过它们把相关部门的目标同组织的战略联系在一起。而“驱动关系”一方面是指计分卡的各方面指标必须代表业绩结果与业绩驱动因素双重涵义；另一方面计分卡本身必须是包含业绩结果与业绩驱动因素双重指标的绩效考核系统。之所以称此方法为“平衡”计分卡，是因为这种方法通过财务与非财务考核手段之间的相互补充“平衡”，不仅使绩效考核的地位上升到组织的战略层面，使之成为组织战略的实施工具，同时也是在定量评价与定性评价之间、客观评价与主观评价之间、指标的前馈指导与后馈控制之间、组织的短期增长与长期发展之间、组织的各个利益相关者的期望之间寻求“平衡”的基础上完成的绩效考核与战略实施过程。

平衡计分卡四个方面的因果关系具体还体现在其指标间的相互关系上。平衡计分卡不是简单的指标汇集，其指标可分成两种类型：引导指标和滞后指标，这两种指标反映了手段与目的或者原因和结果的关系。如顾客满意是财务业绩的引导指标，又是及时送达的滞后指标；及时送达是顾客满意的引导指标，但又是生产周期时间以及产品和过程的质量的滞后指标；而生产周期时间以及产品和过程的质量可能又是雇员技能的滞后指标。平衡计分卡所有的指标通过这种原因和结果（手段和目的）的关系链联系在一起，最终累计成为财务成果。卡普兰和诺顿建议应当以“如果……那么……”来表示这种联系。但是在实际应用中可能会由于因果链太多使指标间的关联过于复杂，这种表达方式可能并不完整，因为开发人员在认为满意的关系上总是可以发现某些争议。由于因果链会造成目标值的实现延迟，在制定行动计划时应当对此作为重点予以考虑，以便能够在此基础上决定行动的焦点。

平衡计分卡的核心思想主要体现在指标之间的“平衡关系”，它能够在以下不同类型的指标之间取得平衡，从而驱动企业持续平稳的发展。

（一）外部衡量和内部衡量之间的平衡

平衡计分卡将评价的视线范围由传统上的只注重企业内部评价，扩大到企业外部，包括股东、顾客，同时以全新的眼光重新认识企业内部，将以往只看内部结果，扩展到既看结果，同时还注意企业内部流程及企业的学习和成长这种企业的无形资产。

（二）财务指标和非财务指标之间的平衡

平衡计分卡改变了过去那种仅依靠财务指标的业绩评估方法，因为财务指标只是评估过去的业绩，而无法引导未来，平衡计分卡在关注财务指标的同时也关注非财务指标。

（三）引导指标和滞后指标之间的平衡

企业应当清楚其所追求的成果（如利润、市场占有率）和产生这些成果的原因——即动因（如新产品开发投资、员工训练、信息更新）。只有正确地找到这些动因，企业才可能有效地获得所要的成果。平衡计分卡正是按照因果关系构建的，同时考虑了指标间相关性。

（四）强调定量衡量和定性衡量之间的平衡

定量指标（如利润、员工流动率、顾客抱怨次数）所具有的特点是较准确，具有内在的客观性。但定量数据多为基于过去的事件而产生，与它直接相联系的是过去。而定性指标由于其具有相当的主观性，甚至具有外部性，所以往往不具有非常公允的准确性，有时还不容易获得，因而在应用中受到的重视不如定量指标。平衡计分卡正是借由引入定性的指标以弥补定量指标的缺陷，使评价体系具有新的实际应用价值。

（五）短期目标和长期目标之间的平衡

长期目标与组织战略的实现密切相关，短期目标是一个周期内组织绩效的衡量。二者相互联系。长期目标由大量的短期目标构成，因此短期目标的全部实现才能最终导致长期目标的实现。同时，由于环境的复杂性，如果仅仅关注短期目标，可能会与组织的最初战略有很大偏差，因此必须实现二者的平衡，也即将短期目标统一到长期目标的框架内。这类似于，一个骑自行车的人，只需要看前方的10米处就可以了，而一个驾驶汽车的人，至少要盯住前方100米处，而一个飞行员，则需要盯住前方1000米的地方甚至更远一 些。同样的道理也适用于企业。

三、平衡计分卡的特点

（一）以战略为核心

平衡计分卡以提升战略执行力为出发点，结合时代背景和环境特征针砭了当前组织在战略管理中的纰漏之处，先后探讨了如何对战略进行衡量、管理、描述、协同以及如何实现战略管理与运营管理的有效结合等难题。

两位创始人指出，平衡计分卡不仅仅是一个战术性的或经营性的衡量系统，管理流程四步的反复周转循环始终也围绕一个明确的轴心——战略，阐明并诠释愿景和战略，沟通并连结战略目标和指标，制定目标值并协调战略行动方案，加强战略反馈与学习。

平衡计分卡始终把战略和愿景放在其变化和管理过程中的核心地位。通过清楚地定义战略，始终如一地进行组织沟通，并将其变化与驱动因素联系起来，构建以战略为核心的开放型闭环组织结构，使财务、客户、内部流程和学习与成长四个因素互联互动，浑然一体。

1. 战略衡量。卡普兰和诺顿指出，任何一个衡量系统，其目的都应该是激励所有管理者和员工成功执行战略。在无形资产决定组织未来的信息时代，组织必须摒弃传统的财务业绩衡量模式，在战略的指导下综合财务、客户、内部业务流程、学习与成长四个层面，建立一套全面的、具有紧密关联的、相互平衡的绩效目标和指标体系，以充分发掘构成企业核心竞争力的价值源泉。

2. 战略管理。由于平衡计分卡提供了一个能够从四个不同的层面来描述战略的管理框架，使组织的管理者能够站在全局的高度审视价值创造的绩效结果和驱动因素，因此利用平衡计分卡为管理平台构建战略中心型组织是管理者的优先选择，而战略中心型组织的根本特征在于将战略作为组织变革和管理流程的核心。

3. 战略描述。战略地图作为一种可视化的描述工具，其贡献在于通过四个层面之间层层向下牵引和向上支撑的逻辑关系，将概括性语言所表述的组织战略转化成一整套清晰明确的目标和指标。相对于表述笼统的战略，这些目标和指标不仅是清晰具体的，而且是围绕战略主题高度整合的，目标之间具有严密的因果关系，相应的衡量指标也具有明显的关联性。

4. 战略协同。平衡计分卡针对传统的职能壁垒提出了创造企业衍生价值的主张，提出了实现战略协同的八个查验点，以及对协同效果进行评估和对协同流程进行管理的方法。

5. 连接战略与运营。卡普兰和诺顿以战略为纲、以运营为目，利用平衡计分卡为管理工具构建了一套六阶段战略管理体系。该体系从战略制定开始，将关键流程改进和运营计划编制作为连接的节点，以结构化会议形式的战略检验和调整为终端，形成了一个良性循环的管理回路，从而将战略执行和运营管理有效地整合与协同起来。

（二）重视协调一致

为了实现化战略为行动的目的，平衡计分卡将协调一致提升到了战略的高度，认为协同不仅是创造企业衍生价值的根本途径，也是实现客户价值主张的必要保障，有必要形成一套严谨的协同机制以确保战略"落地"。

1. 从逻辑上明晰协同思路。与关键绩效指标采取指标逐层分解的做法不同，平衡计分卡的逻辑思路主要是采取目标分层，并在分层基础上分类的办法。分层包括层面和层级两个方面，其中分层面先是有绩效结果层面（财务和客户）和驱动因素层面（内部业务流程和学习与成长）之分，然后才有四个层面目标之间从上往下牵引和从下往上支撑的因果关系；分层级就是在组织、部门和个人三个层级实现目标的承接和分解。同样，分类也包括两个方面，一是每一层面的目标依据属性进行分类；二是在属性分类的基础上，每一层面的目标依据横向和纵向协作关系进行分类。

2. 从体系上整合协同主体。在明晰组织协同的逻辑关系的基础上，卡普兰和诺顿从组织体系上对协同的主体进行分析，确定了外部协同和内部协同中四种不同的协同关系，涉及企业总部、董事会、总部职能部门、经营单位、支持服务部门、客户和外部合作伙伴等七个协同主体和八个协同查验点。通过目标之间的因果或协作关系以及指标之间的关联性，平衡计分卡创造企业衍生价值的协同思想覆盖了组织的整个架构体系。

3. 从机制上保障协同效果。平衡计分卡包含一整套用以保障协同效果的管理机制，包括管理工具、管理流程、保障机制、沟通机制、监测和控制机制以及激励政策等。战略地图和平衡计分卡是协同的管理工具，也可以说是协同的操作平台，它从财务、客户、内部业务流程、学习与成长四个层面界定了协同的内容，以及协同效果的衡量指标。

（三）强调有效平衡

平衡计分卡所强调的平衡，不是平均主义，不是为平衡而平衡，而是一种有效平衡。这种有效平衡是指在战略的指导下，通过平衡计分卡各层面内部以及各层面之间的目标组合和目标因果关系链，合理设计和组合财务与非财务、长期与短期、内部群体与外部群体、客观与主观判断、前置与滞后等不同类型的目标和指标，实现组织内外部各方力量和利益的有效平衡。

1. 财务指标与非财务指标的平衡。为了弥补传统业绩衡量模式单纯依赖财务绩效指标的局限性，平衡计分卡引入了客户、内部业务流程、人力资源、信息管理、组织发展等方面的非财务指标，对组织绩效进行综合评价，这是平衡计分卡的基本特征。

2. 长期目标与短期目标的平衡。企业的主要目标是创造持续增长的股东价值，它意味着一种长期承诺，但是企业必须同时创造出较高的短期业绩。当市场竞争加剧而组织可利用的资源相对短缺时，管理上的短视行为和"寅吃卯粮"现象时有发生，也就是说，短期结果总是以牺牲长期投资为代价实现的。在平衡计分卡中，内部业务流程层面的每一类内部流程为组织带来益处的时间段都不同，管理者可以通过内部流程的组合，形成不同的战略主题，以确保企业的长短期利益能够兼顾，从而实现可持续发展。

3. 外部群体评价指标与内部群体评价指标的平衡。作为社会系统的构成单元，组织的经营管理决策和行为总是受到政府、供应商、辅助厂商、消费者、同业竞争者、行业协会等利益相关者的影响，它所生产和提供的产品或服务只有被目标客户认可，才能在市场上占有一席之地。同时，股东和董事会成员对于组织经营业绩的评价，以及由此在公司治理策略和高管团队调配上所采取的行动，能够从根本上影响组织的发展方向。并且组织内部也是一个由不同群体构成的社会子系统，生产、研发、营销、人力资源等不同单元之间的互动，员工之间的人际沟通和工作协调，以及员工个人的职业发展、公平感受和组织承诺等，都会影响组织发展。平衡计分卡认识到了在实施战略的过程中有效平衡这些群体的利益的重要性。

4. 客观指标与主观判断指标的平衡。由于传统的业绩衡量模式偏重于从财务数据上考察员工个人的工作成效和组织的整体经营成果，因此目标管理、关键绩效指标等以往的绩效管理工具在指标设计和权重分配上都强调可量化性，倾向于选择定量指标并给这些指标赋予较高权重，这样难免忽略一些十分重要的定性指标。而平衡计分卡所倡导的绩效评价指标体系，不仅包括能够即时获取客观数据的财务类指标，而且纳入了客户、流程以及无形资产方面的指标。这些指标，尤其是关于无形资产的衡量指标，常常难以根据单一数据对其作出准确判断，而更多地依赖于亲身体验、主观感受和经验判断。

5. 前置指标与滞后指标的平衡。为了加强对绩效的预测、监测、评价和控制，平衡计分卡对四个层面进行了区分，其中财务和客户层面描述组织预期达成的绩效结果，而内部业务流程和学习与成长层面则描述组织如何达成战略的驱动因素。根据这一逻辑，平衡计分卡将前两个层面的指标界定为滞后指标，而将后两个层面的指标界定为前置指标。在此基础上，平衡计分卡依据动态管理的原则，对每一个层面的指标按照因果关系进一步划分为前置和滞后指标。一般来说，对工作过程或阶段成果进行衡量的指标为前置指标，对工作的最终结果进行衡量的指标为滞后指标。

（四）因果联系的理念

平衡计分卡十分强调因果联系，这也是它和其他绩效管理系统的又一重大区别，并使它的功能明显增强。在这一理念的指导下，平衡计分卡通过所设计的目标和指标既能清晰地描述战略又能有效地检验战略。

平衡计分卡的因果联系有两种类型：一是不同维度之间的因果联系；二是同一维度内部的因果联系。

（五）不断完善的过程

企业的生产经营活动是一个不断周转循环的过程，并在不断周转循环中实现企业自身的不断发展。企业生产经营活动的不断周转循环，不断改变企业自身的状况，同时，企业的外部环境也在不断发生变化。企业内外情况的变化，不断给战略管理提出新的要求，作为战略管理工具的平衡计分卡不仅要随着企业生产经营活动的不断周转循环实现自身的周转循环，而且要在不断周转循环中完成平衡计分卡自身的不断修正完善，只有这样，才能更好地完成战略管理的使命。平衡计分卡的完善主要是通过每一阶段结束时的考评结果的分析总结完成的。

不断完善的过程，既要分析平衡计分卡的实际执行情况，找出薄弱环节，提出相应措施，保证企业战略目标的实现；又要对战略本身的正确性进行检验反思，及时提出修正意见，促其不断完善。

以上特点密切关联，互相影响，共同构成了平衡计分卡的核心理念，体现了平衡计分卡的本质，是平衡计分卡的精髓。以战略为轴心使平衡计分卡始终围绕战略这个轴心进行运作；实现化战略为行动的目的，平衡计分卡将协调一致提升到了战略的高度，认为协同不仅是创造企业衍生价值的根本途径，也是实现客户价值主张的必要保障，形成一套严谨的协同机制以确保战略“落地”；平衡使平衡计分卡实现了动态平衡，保证了战略的正确实施和企业的持续、健康发展；因果联系使平衡计分卡的功能大增，既能脉络清晰地描述战略，又能对战略进行有效的检验；不断完善使平衡计分卡能够与时俱进，永葆生机。

从思想或理念的角度看，以战略为轴心，协同组织，在平衡中求发展，以因果联系为纽带进行联结，在实施中不断完善，是平衡计分卡特点的本质。

对平衡计分卡特点的探讨，不仅能够把人们对平衡计分卡的认识和理解由表层引向深入，从形式引向本质，而且能够对平衡计分卡的合理构建和广泛应用发挥积极的促进作用。按照这一认识，在构建平衡计分卡时，首先应该高度关注企业组织的战略、平衡和因果联系；而不能只注意形式、框架，更不能简单模仿套用别人的模式。在平衡计分卡实施过程中，首先应该从战略角度、组织协同、平衡角度和因果联系角度分析各项指标的变化情况，判断各种变动对企业组织的实际影响，而不能简单、孤立、静止地看待各项指标的高低变动。在平衡计分卡实施过程中，不仅关注企业组织发展战略的实施过程和结果，及时采取措施，保障战略目标的顺利实现，而且还要关注内外环境变化因素对平衡计分卡的影响，并根据各种内外环境因素的实际变化及时修正平衡计分卡的目标值、绩效指标，甚至发展战略，使平衡计分卡不断完善。

四、平衡计分卡的作用

整体来看，平衡计分卡的功能随着理论体系自身的不断发展和完善而发生变化。这种变化表现在它由最初的绩效评价工具逐渐转变为战略管理工具，其应用领域也由企业组织逐步扩张至其他领域。

（一）战略管理工具

从平衡计分卡对于战略管理的突破性贡献来看，主要有三点：第一，通过绘制战略地图这一管理工具，实现对战略的可视化描述。卡普兰和诺顿说：“战略地图创新的重要性丝毫不亚于最初的平衡计分卡本身。管理层找到了战略内在属性和外在力量的可视化表述方法。”可以说，对于战略的清晰描述填补了传统战略管理过程中战略制定和战略规划之间的模糊地带。第二，通过战略地图和平衡计分卡建立了战略协同的机制。协同效应是战略构成要素之一，但是以往的管理工具未能很好地实现组织战略协同。平衡计分卡将协同视为经济价值的来源，构建了一个逻辑严密、体系完整和机制健全的协同机制。第三，尝试通过战略地图、平衡计分卡以及仪表盘等工具将战略和运营进行连接，这是平衡计分卡的最新理论成果，尽管还存在有待完善之处，但是实现战略和运营无缝连接的宗旨是将战略转化为员工日常行为，确保战略落地的必然选择。

（二）绩效管理工具

1990 年“未来的组织业绩衡量”项目组所创建的平衡计分卡模型，仅限于组织绩效的评价，没有涉及部门和员工个人的绩效。但是，“化战略为行动”这一新的定位形成以后，平衡计分卡在绩效评价方面的应用范围便覆盖了组织中的每个层级和个体。随着平衡计分卡理论的继续发展和丰富，绩效管理的计划、监控、评价和反馈环节都纳入了其理论范畴，涉及绩效目标的设置和评价指标的选择、绩效沟通和辅导、绩效监测和评估、绩效结果的反馈和应用等内容，平衡计分卡也因此成为一种以战略为核心的绩效管理工具。作为一种新的绩效管理工具，平衡计分卡不仅克服了传统财务绩效衡量模式的片面性和滞后性，而且相对于目标管理、关键绩效指标等绩效管理工具，在目标制定、行为引导、绩效提升等方面具有明显的管理优势，能够为组织绩效目标的达成提供有力保证。

（三）管理沟通工具

平衡计分卡是一个具有鲜明个性的有效的管理沟通平台，通常可以从以下三方面对其进行深入理解：

第一，平衡计分卡具有一套层次分明、意义明确、表述清晰的统一的概念和术语。其中有些词汇是既有的管理专业术语，但是卡普兰和诺顿明确界定了其内涵或赋予其新的含义，例如，使命、愿景、战略、无形资产、人力资本等；有些词汇则是根据需要创造出来的，具有明确含义，例如，客户价值主张、企业价值主张、战略主题、战略工作组群、准备度等。这些词汇在统一的平衡计分卡框架内形成了一种新的语言，保证了信息沟通的统一和规范。

第二，平衡计分卡是一种具有严密逻辑关系的管理工具。从沟通的角度看，逻辑上的清晰和严谨具有两方面作用：一是它能够将平衡计分卡的概念和术语有机地组合起来，形成一个语言体系；二是目标之间严密的因果和协作关系以及指标之间的关联关系能够明确界定组织各构成单元和个人所遵循的沟通渠道、沟通内容以及责任权限。

第三，平衡计分卡建立了一套良好的沟通机制。这套机制包括领导者的沟通责任、员工的培训和教育、战略反馈和学习流程、结构化会议等，对沟通的渠道、传播媒介、沟通方式和频率以及沟通管理等内容作出了明确的界定。

第三节　平衡计分卡的发展——战略地图

就理论体系而言，平衡计分卡是组织获得高绩效的管理框架或基本原则，全面涉及战略制定、描述、协同、衡量、管理以及与运营相连接等诸多环节的战略管理理论体系，其本质是以战略为管理核心实现组织整体协同，从而提升战略执行力的管理体系。就管理工具而言，在平衡计分卡理论体系中，战略地图是对组织战略要素之间因果关系的可视化表示方法，是一种用以描述和沟通战略的管理工具。平衡计分卡由财务、客户、内部业务流程以及学习与成长四个层面构成，是通过将战略地图四个层面的目标转化为衡量指标和目标值，并制定行动方案和预算计划的管理工具。可以通过对这两种管理工具内部构成及其组合原理进行全面考察，系统理解平衡计分卡化战略为行动的全过程。一个平衡计分卡系统是受战略中心型组织的原则指导的，用于描述战略，执行战略，评估和调整战略，由战略地图、平衡计分卡、纵向分解和横向协同以及动态的战略管理流程构成。

一、战略地图的构成

战略地图是从平衡计分卡简单的四层面模型发展而来的，作为对企业战略目标之间因果关系的可视化表示方法，战略地图提供了一个只有一页的视图，将平衡计分卡四个层面的目标集成在一起描述战略目标及其战略目标路径。战略地图由使命、核心价值观、愿景、战略构成以及财务层面、客户层面、内部业务流程层面、学习与成长层面构成，如图 11－3 所示。

由战略地图的基本框架可知，战略地图的构成要素包括使四个层面两大部分，前者是制定战略地图四个层面的基础和依据，后者即四个层面的具有因果关系的目标体系则是战略地图的主体内容。

1. 使命。使命是要说明企业的根本性质与存在的理由。表明企业存在的目的和作用。回答“我们是干什么的”，“我们为什么而存在”。使命是一个简明的、重点清晰的内部陈述。使命及伴随它的核心价值观在一段时间内应保持相对稳定。

2. 核心价值观。核心价值观是指导企业行为的信条和一系列基本准则。回答“什么对我们重要、我们信奉什么、组织长期奉守的坚定信仰是什么”这一基本问题。组织的价值观体现了组织的态度、行为和特质，是组织文化长期积累和沉淀的成果，为全体成员共同认可和遵从。

3. 愿景。愿景是要说明在企业使命下企业想做到什么程度，表达企业共同的心愿和愿景。回答“我们希望的是什么”，“我们想成为什么”，反映了组织对未来的期望。愿景是一个简明的陈述，界定了组织的中长期目标。愿景是实现从使命和核心价值观的稳定性到战略的动态性的中间一环，它阐明了组织的方向，并帮助个人理解他们为什么及如何支持组织的发展。

4. 战略。战略是一种假设，是关于为或不为的选择，是组织在认识其经营环境和实现使命过程中所接受的显著优先权和优先发展方向，描述了组织打算为谁创造价值以及如何创造价值；而从组织过去发展历程的角度来看，战略则表现为一种模式。战略是平衡计分卡的核心，战略隐含着组织从当前位置到它所期望的但又具有不确定性的未来位置的运动方式。因为组织从没有到过这个未来位置，所以它准备走的道路包含一系列相互联系的假设。平衡计分卡使这些战略性假设被描述成一系列清晰的和可行为化的因果关系。进一步说，战略性假设要求列出组织所期望的结果以及能够带来这些结果的驱动因素。实现战略的关键是组织内的每个人清楚地理解潜在的假设，将资源和假设协调一致，不断地测试假设，并在实际需要时进行调整。战略是连续统一体中的一环，它自身无法构成一个独立的管理系统。使命和核心价值观是战略形成的基本依据。愿景开始了稳定的核心理念向动态战略的转化。愿景和战略是互补的，愿景给出了实现战略后的图景，战略则解释了实现愿景的逻辑。通过目标、指标、目标值、行动方案和预算等战略变量以及相互之间的逻辑关系，战略使高层管理者笼统的使命表述和发展蓝图走向一线员工的具体工作中。战略的逻辑性通过平衡计分卡的四个层面体现。战略地图是一个给战略下定义的逻辑框架，能够帮助组织以连贯、整体和系统的方式来看待战略。首先，战略的财务要素必须有长期和短期两个维度，两者之间的平衡为其他层面的设计提供依据。其次，客户价值主张是竞争战略的核心。通过确定能为组织带来增长的目标客户，以及描述公司为目标客户提供的独特产品组合、价格、服务、关系和形象，差异化的价值主张定义了公司的竞争战略。再次，战略的精髓在于行为，行为是竞争优势的基本单位，而行为体现在其价值链上的各内部业务流程之中。对于组织来说，运营管理、客户管理、创新以及法规和社会等流程都很重要，但组织必须在某一个对其客户价值主张影响最大的流程上形成竞争优势，而其他两个或三个流程则是支持性的，不是主要的。最后，无形资产是组织价值创造的源泉，是战略结果的最终驱动力。人力资源、信息技术和组织资本等无形资产要发挥基础支撑作用，就必须在战略的整合下统一起来，不能处于离散状态。战略由多个并存且互补的战略主题组成。战略主题是一组相关战略目标的集合，它提供了一种将战略细分成几个一般类别的方式。大多数战略主题是创造价值的少数关键业务流程的纵向组合。这些少数的关键业务流程体现了战略的差异化，对于创造和传递客户价值至关重要，必须受到特别关注和重视。这些业务流程的目标向上连接客户和财务层面的目标，向下连接学习和成长层面目标，构成了一个包含绩效结果和驱动因素的完整的价值创造链，这就是战略主题。所以说，战略主题将战略分解为若干个独立的价值创造链，根据不同周期的战略主题来构建战略地图，使得组织可以同时管理短期、中期和长期的价值创造流程。

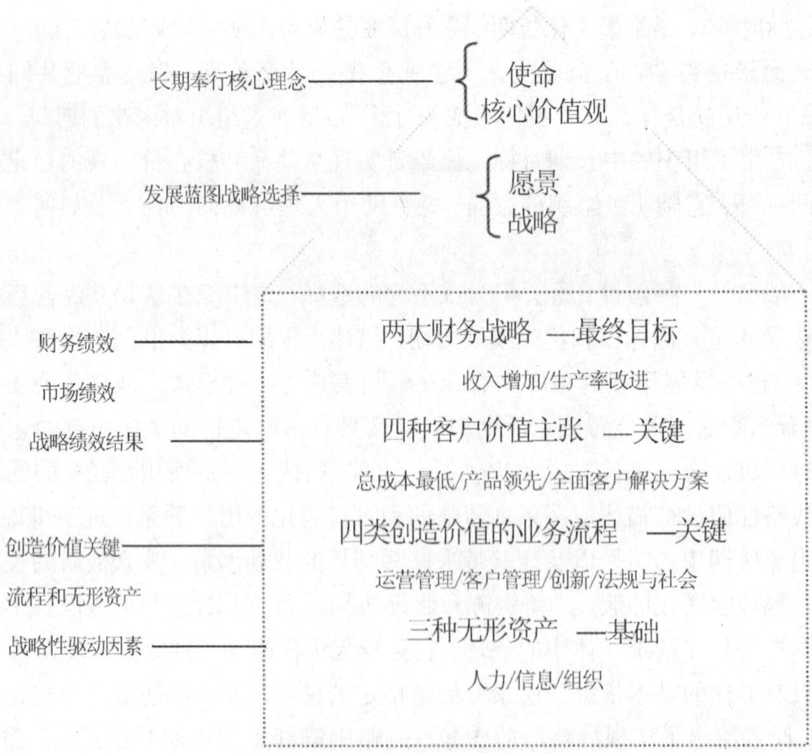

图 11－3 战略地图的构成

二、战略地图构成要素因果关系

战略地图在明晰组织的使命、核心价值观、愿景和战略的基础上，形成了以战略为核心的因果关系明确的框架体系。使命和核心价值观描述了组织长期奉行的核心理念，愿景和战略描述了组织在特定期限内的发展蓝图和战略选择。使命指引核心价值观的形成，使命和核心价值观指引愿景和战略的形成，愿景指引战略的形成。从层面来看，财务层面回答的是我们如何满足股东的期望，财务指标不但可以衡量企业是否为股东持续地创造价值，而且也是衡量企业战略是否得到有效执行的标志。客户层面回答的是我们如何满足目标客户的需求，关键的问题是明晰企业的目标客户以及不同目标客户的需求。财务层面和客户层面分别描述了组织期望达成的财务绩效和客户(市场)绩效，界定的是战略的绩效结果;内部业务流程层面回答的是我们必须做好哪些重点工作，主要是根据目标客户的需求来选择关键的内部流程。学习与成长层面回答的是我们必须在哪些无形资产上做好准备。卡普兰和诺顿明确地将无形资产划分为人力资本、信息资本和组织资本三大类，并且特别强调，无形资产本身不会创造价值，它们必须与已经选定的关键内部流程相配合，才能为股东和客户创造价值。内部业务流程层面和学习与成长层面分别描述了组织创造价值的关键流程和无形资产，界定的是组织达成预期绩效结果的战略性驱动因素。上述四个层面形成了一条因果关系链，通过协调一致的无形资产确保高效的内部流程，进而驱动客户和股东目标的实现，也就是战略得以成功执行。如图 11 -4 所示。

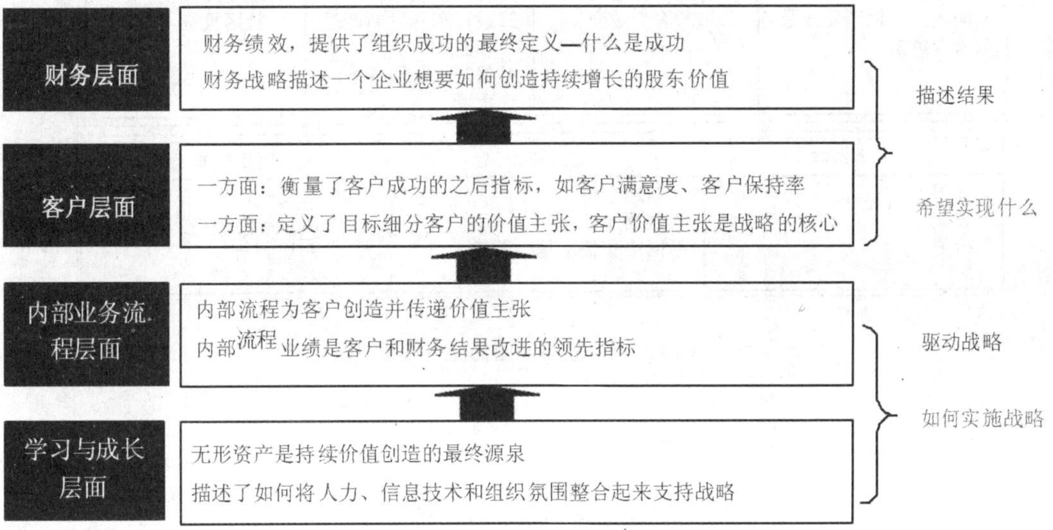

图 11 -4　战略地图四个层面之间的关系

三、战略地图的通用模板

将使命、核心价值观、愿景、战略四个层面及其构成要素通过因果关系整合起来，就形成了战略地图的通用模板，如图 11 -4 所示。这个模板是卡普兰和诺顿通过对企业组织的研究、分析和凝练而提出的，运用过程中则需根据组织属性及相应的运营实际进行必要的调整。

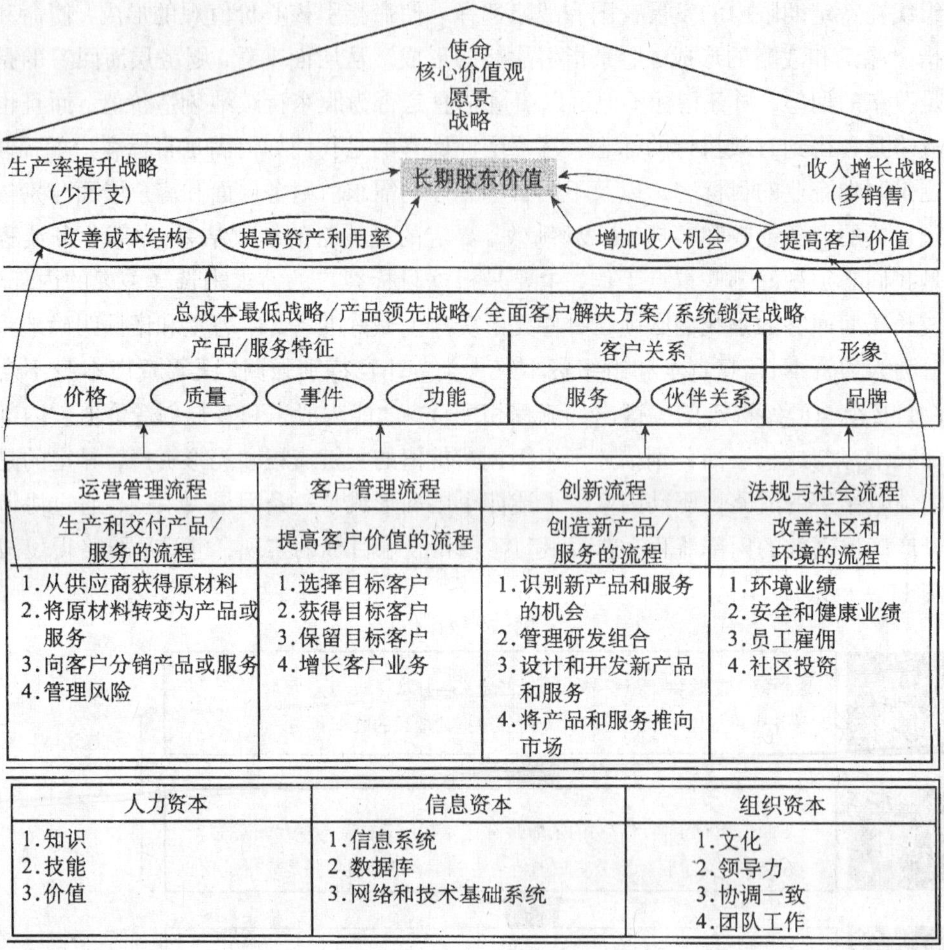

图 11－5　战略地图的通用模板

本章小结

本章的主要内容是平衡计分卡的产生、发展、基本内容、作用及其在绩效管理中的应用。之所以要详细介绍平衡计分卡的产生与发展，最根本的目的就是为了使读者对平衡计分卡的产生背景、适用环境等有更为全面的认识。多种数据显示，平衡计分卡自 1992 年产生以来，经过十多年的发展，已经成为了绩效管理领域较为主流的思想和方法之一。

平衡计分卡主要包括:财务、顾客、内部流程、学习和发展四个方面的内容。这四个方面的内容相互影响，公司的目标是为股东创造价值(财务角度)，财务的增长取决于客户的购买量和满意度(顾客角度)，为了使客户满意，公司必须具备一定的技能和能力(内部流程角度)，公司的技能和能力归根结底取决于公司管理制度和人力资本(学习和发展角度)。通过这几个方面的相互作用，平衡计分卡才能发挥其战略管理工具、绩效管理工具、管理沟通工具的功能。

思考题：

1. 平衡计分卡是怎样产生和发展的?
2. 平衡计分卡的主要内容是什么?
3. 平衡计分卡的作用是什么?
4. 平衡计分卡的特点是什么?
5. 如何建立基于平衡计分卡的绩效管理系统?

案例分析

美孚石油公司平衡计分卡管理实践与借鉴

国内成品油市场化改革持续推进，市场竞争日趋激烈，对成品油销售业务的管理运营效率提出了更高的要求。尤其是近一两年来，国内成品油市场全面过剩，价格竞争日趋激烈，逼迫销售企业开始真正向以市场和客户为中心转型。面对价格竞争带来的效益下降，是否有更为新型的竞争手段？现有的以生产为中心的体制机制如何破解？20 世纪 90 年代，美孚石油公司在相似的市场环境下，确定了“客户聚焦”的新型战略，从平衡计分卡入手，推动体制机制和文化的完全变革，获得了巨大的成功。美孚公司的成功经验对我们现阶段销售业务的发展具有重要借鉴意义。

一、平衡计分卡助推美孚石油公司销售业务实现战略转型

20 世纪八九十年代，美国成品油需求开始停滞不前，市场主体间的竞争由“分享增量蛋糕”演变成“抢夺对手蛋糕”，价格竞争大行其道，企业利润大幅下降。美孚石油公司北美区营销炼油事业部(以下简称 *NAM&R*)处境尤其艰难，整个事业部年营业额高达 150 亿美元，但囿于内部官僚化的管理体制和程序化的运作机制，运营效率低下，投资回报在整个行业中处于垫底的尴尬境地。1992 年，麦考尔(*Bob Mc Cool*)出任事业部首席执行官，经过翔实的客户调查和广泛的内外部探讨，决定改变以往“尽力追求成本领先”的竞争模式，提出“客户聚焦”(*customer focus*)新型战略，把目标顾客锁定为最能为公司带来价值的那部分顾客群体。为了有效实施新战略，美孚 *NAM&R* 设计战略地图，积极导入平衡计分卡，力图将新型战略转化为下属单位和业务部门具体的可执行语言。同时，以平衡计分卡为切入点，在恰当时机进行了组织的扁平化改造，改组成立了 18 个市场导向、自负盈亏的下属单位，以及以服务为主的 14 个总部业务部门(*Shared Service Groups*)。与之相适应，美孚 *NAM&R* 也推动了文化理念的突破，例如由“上层管理集权”到“充分向下授权”、由“命令基层员工”到“与员工平等沟通”、由“命令式的总部业务部门”到“签约出售服务的总部业务部门”、由“纯粹财务绩效”到“与行业和计分卡挂钩的浮动绩效”、由“对抗型的加盟商关系”到“双赢型的加盟商关系”等。美孚 *NAM&R* 以平衡计分卡为核心的“客户聚焦”战略很快获得了巨大成功。1995 年，美孚 *NAM&R* 的投资回报率迅速升至行业第一位，且大幅超过行业平均值 56 个百分点。1995－1998 年，美孚 *NAM&R* 连续四年蝉联行业投资回报率第一的宝座，行业竞争优势逐步扩大。

表 11－2　　美孚 *NAM&R* 客户群体分类

客户群	所占比例	特点
道路勇士	16(%)	高收入的中年男士，每年开车25000～50000英里，用信用卡购买高标号汽油，在加油站便利店购买三明治和饮料，有时利用洗车服务
忠诚族	16(%)	中高收入的男女，对某一品牌，甚至对加油站有忠诚度，经常以现金购买高标号汽油
*F*3 世代	27(%)	快节奏的年轻男女，半数25岁以下，总是来去匆忙，经常开车，从便利店购买许多零食，需求为燃料、食品和快捷服务
居家族	21(%)	大多数为家庭主妇，白天开车接送小孩，使用住宅附近或顺路的加油站
省钱族	20(%)	对品牌及加油站没有忠诚度，很少购买高标号汽油，经常手头比较拮据

二. 精密设计战略地图，构建“客户聚焦”的平衡计分卡指标体系

1. 确定目标客户群体，实行“客户聚焦”新型战略

美孚 *NAM&R* 曾长期实施低价竞争战略，尽可能以低价向全部客户提供多种产品。同时，为获得竞争优势，积极降低运营成本。随着美国成品油消费量的下降，竞争日趋激烈，低价竞争战略受到挑战，公司获利能力严重下降。在制定新战略前，美孚 *NAM&R* 启动了一项客户行业研究（见表 11－2），结果发现价格敏感型客户占总客户的比例为 20%，对品牌毫无忠诚度的居家族占 21%，道路勇士、忠诚族和 *F*3 世代三类客户群体则有高于购买标准化商品的期望和需求。基于此，美孚公司决定抛弃以往价格领先的策略，把目标客户群体定位为道路勇士、忠诚族和 *F*3 世代，并希望通过提供卓越的购买体验，成为这三类客户群体的首选品牌。

2. 从财务、客户、内部流程、学习与成长四个层面绘制战略地图

美孚 *NAM&R* 在客户分级的基础上确定了“客户聚焦”新型战略，并按照战略地图的逻辑，构建了相对完善的平衡计分卡指标体系，以保障战略的落地实施。美孚 *NAM&R* 战略地图共包括四个层面，即财务、客户、内部流程、学习和成长。其中，财务和客户层面描述了“客户聚焦”新型战略所期望的结果。在财务层面，提出要将投资资本回报率由 7% 提高至 12%；在客户层面，提出要“让客户有愉快的消费体验”和“双赢的经销关系”。在内部流程层面，确定了“确立经销优势”、“增加客户价值”、“培育成本优势”、“做社区的好邻居”等对战略实现产生决定影响的关键流程。在学习和成长层面，认为“组织文化”、“员工核心能力”和“战略性信息获取能力”等无形资产对于战略尤为重要。上述四个层面并不是独立的，而是相互支撑、互相影响，最终实现投资资本回报率达到 12% 的目标（见图 11－6）。

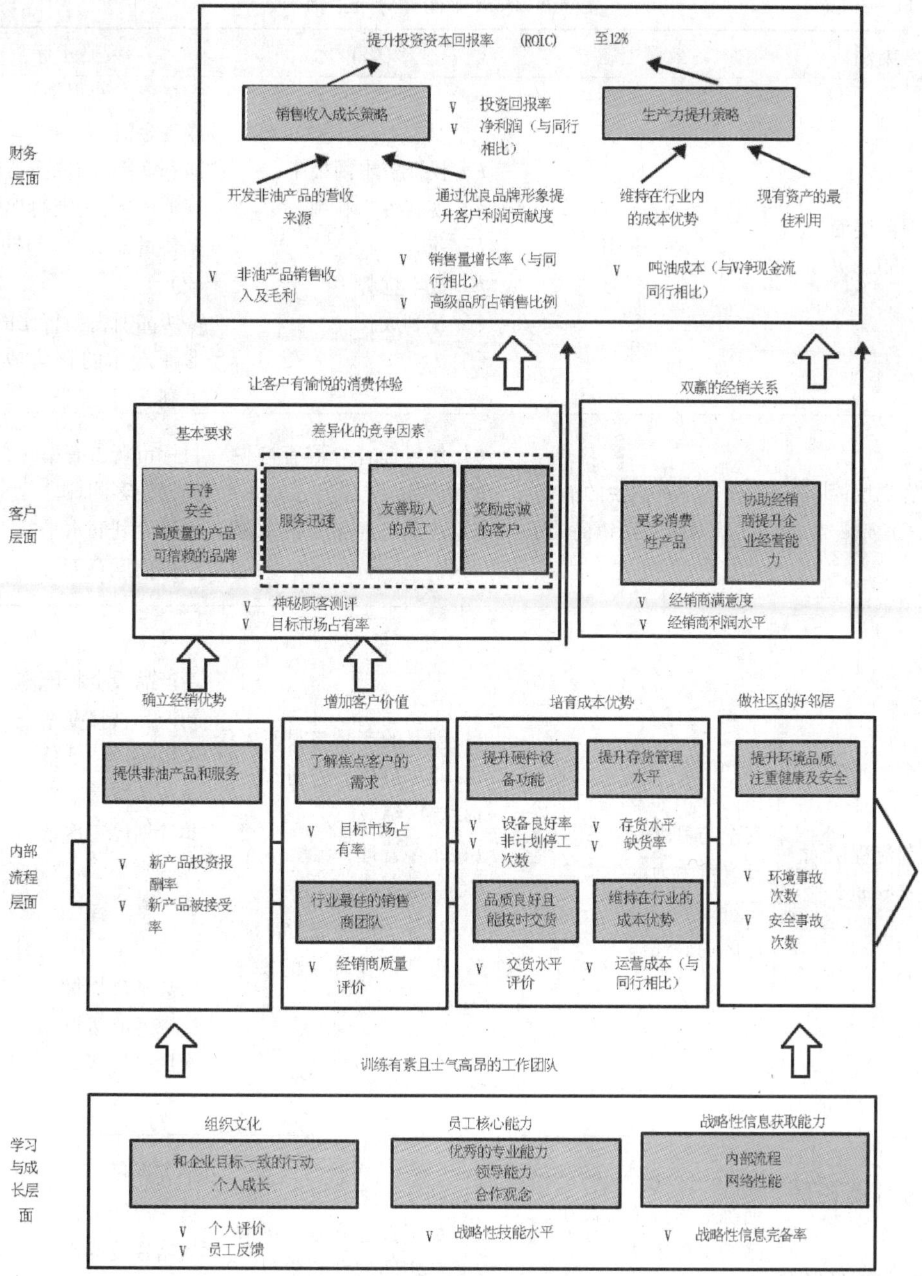

图 11－6 美孚 *NAM&R* 战略地图设计

3. 构建“客户聚焦”平衡计分卡指标体系力

根据战略地图，美孚 *NAM&R* 系统构建了“客户聚焦”的平衡计分卡指标体系，共包括投资资本回报率、净现金流、净利润率、吨油成本等 26 项指（见表 11－3）。

表 11-3　　美孚 *NAM&R* 平衡计分卡指标

类别	策略主题	策略目标	策略指标
财务层面 *Financial*	财务成长	*F*1. 投资资本回报率 *F*2. 现有资产利用 *F*3. 获利 *F*4. 成本优势 *F*5. 获利成长	投资资本回报率 净现金流 净利润率（与同行比较） 吨油成本（与同行比较） 销售量增长率（与同行比较） 高级品所占销售比例 非油产品的销售收入与毛利
客户层面 *Customer*	让客户有愉悦的消费 体验双赢的经销商关系	*C*1. 使目标客户群有愉悦的购买体验 *C*2. 建立与经销商的双赢关系	目标市场占有率 神秘访客测评 经销商利润水平 经销商满意度
内部流程层面 *Internal*	建立经销优势 安全与可靠 具有竞争力的供应商 质量 社区的好邻居	I1. 创新的产品与服务 I2. 业界最佳经销团队 I3. 炼厂绩效 I4. 库存管理 I5. 成本优势 I6. 符合规格和交货日期 I7. 提升工作环境的安全卫生	新产品投资报酬率 新产品被接受率 经销商质量评价 设备良好率 非计划停工次数 存货水平 缺货率 运营成本（于同行比较） 交货水平评价 环境事故次数 安全事故次数
学习与成长层面 *Learning&Growth*	训练有素且士气高昂的工作团队	*L*1. 利于行动的组织气候 *L*2. 员工核心能力与技术 *L*3. 策略性信息的获取	个人评价 员工反馈 战略性技能水平 策略性信息完备率

三、以平衡计分卡为切入点，推动体制、机制和文化转型

1. 调整优化组织架构，确保公司新型战略贯彻实施

美孚 *NAM&R* 的“客户聚焦”战略和平衡计分卡指标体系确定之后，旧有的职能型组织架构成为企业发展的羁绊。在原有模式下，地区公司负责人既考核盈利，又考核成本（如炼化、

管道和配送的管理人员），或考核销售收入（如区域销售经理）。众多考核指标设计粗糙、逻辑关系不清，系统性不足；而地区公司负责人又不拥有足够的权限，只能被动执行上级决策，责权利难以匹配，不能实现战略落地。在新型战略下，所有地区公司负责人须转型成为自负盈亏的创业型领导者。美孚 *NAM&R* 改组成立了 18 个市场导向、自负盈亏的下属单位，应用平衡计分卡中的指标对他们进行考核。美孚 *NAM&R* 认为，总部业务部门存在的必要性就是能够为下属单位提供有价值的服务。为此，美孚 *NAM&R* 创新性提出，总部业务部门应该将其服务销售给下属单位，并在双方共同签订服务协议的前提下，根据协议价格提供相关服务。协议签署时，每个下属单位分别派出 3 ~ 5 名代表，组成买方委员会（*Buyer's Committees*），与总部业务部门主管共同探讨制定服务条约。这种签署服务条约的方式，加强了下属单位和总部业务部门之间的沟通，使业务部门真正转变为服务部门，最终促成了下属不同事业单位和业务部门之间的新型服务关系，达到了整个企业的协同。

2. 充分向下授权，鼓励下属企业制定符合自身特点的考核指标

美孚 *NAM&R* 认为，下属企业应该遵循总部战略和平衡计分卡的原则，根据各自所在市场的特殊环境和企业的自身情况，发展完善平衡计分卡指标。更为重要的是，下属单位选择自身目标指标时，应该慎重考虑与总部和业务部门指标之间的关系，但不一定需要把总部层级的指标直接分解成为各自单位的指标。例如，美孚的新英格兰区销售与配送公司（*NES&D*），大部分沿用了美孚公司全国计分卡的指标，但该公司辖区内没有炼油厂，因而不包括与炼油厂相关的指标。同时，由于该公司与地区内经销商的业务关系具有一定的特殊性，实际运作中采用了“经销商参与率”作为公司特殊的考核指标。

3. 积极创建沟通文化，发挥基层主观能动性

美孚 *NAM&R* 认为，“客户聚焦”战略不能单独依靠高层管理人员的报告，必须向下生根到每一位员工的日常活动中，要让每一个员工了解策略的内涵和个人肩负的责任。美孚 *NAM&R* 首席执行官贝克曾举例说明员工对战略认知的重要性：“尽管在组织结构图上我能掌控所有人，但成功必须依赖每一位基层作业的员工。假设一名炼油厂员工凌晨三点还在工作，坦白地说，管理者在该时该地是不存在的。我们的命运实际上由该员工的工作态度决定，他在关键步骤上只需有 30 秒钟的疏忽，就可能导致整个炼油厂的故障。”基于此，美孚 *NAM&R* 强调必须以平衡计分卡为基础，积极创建公司内部全面性的沟通文化，以确保每一位员工对战略的深刻了解。战略沟通激发了基层员工的积极性，很多优秀的创意得以出现。例如，一位员工认识到“速度对于客户的重要性”，他建议公司开发出一种“快易通”（*Speedpass*）的产品，将小的芯片装置于汽车钥匙环中，当汽车行驶至加油机前时，通过电子扫描就可以立即辨识顾客身份和信用卡或加油卡的号码，在加油过程中实现了扣款，使整个加油过程更加迅速和快捷。

4. 改善薪酬激励机制，实施与行业和计分卡挂钩的浮动绩效

“客户聚焦”新型战略制定之前，美孚 *NAM&R* 的效益水平急剧下滑，面临严重的财务困境。在将近 5 年的时间里，公司员工薪酬几乎没有增长，员工流失严重，同期竞争对手则实现了 10% 左右的薪酬涨幅。美孚 *NAM&R* 认为，与竞争对手相比，上调 10% 的薪酬水平不能对员工产生有效激励。因此，公司设计了一套与同行和平衡计分卡挂钩的浮动绩效机制，极大地激发了员工的积极性。按照新的绩效机制，总部和 7 个主要竞争对手比较财务表现，下属公司和业务部门考核平衡计分卡指标。如果最终结果优于同行，员工可以获得最高相当于

同行年薪30%的奖金；如果劣于同行，员工获得的奖金为0。美孚*NAM&R*年度绩效考核与薪酬设计如表11－4所示。

表11－4　　美孚*NAM&R*财务绩效与员工薪酬设计

项目	表现不佳	一般	优于同行
基本薪酬	90%	90%	90%
总公司考核（资本回报率、每股获利）	0～1%	3%～6%	10%
下属公司/业务部门考核（平衡计分卡指标）	0	5%～8%	20%
总薪酬	90%～91%	98%～104%	120%

5. 提倡双赢的文化理念，改变与经销商关系模式

美孚*NAM&R*大部分产品通过加盟加油站销售给顾客。为实现公司“客户聚焦”战略，与加盟商的关系管理尤为重要。然而，过去美孚*NAM&R*加盟商不仅难以成为战略执行的组成部分，甚至经常因利益冲突而致关系剑拔弩张，双方处于一种“我所得即你所失”的零和博弈状态，对立情绪非常严重。为推进新的战略，美孚*NAM&R*开始从双赢的角度发展两者间的新型互惠关系。美孚*NAM&R*希望与加盟商共创并共享新客户关系所带来的收益，帮助加盟商成为全国获利率最高的加油站企业，并吸引和留住优秀的员工。在公司内部层面，美孚*NAM&R*将“发展与加盟商之间双赢关系”作为客户层面的策略目标，并将“经销商满意度”、“经销商利润水平”纳入平衡计分卡指标体系之中。

四、中国成品油市场销售状况

中国成品油市场正全面转向供过于求，如何突破现有的体制机制障碍，保持和提升国有石油销售企业的竞争能力，已成为销售业务管理者面临的重要课题。

1. 价格竞争模式难以持续

目前，中国石油和中国石化的成品油销售业务并不具备足够的价格优势，价格竞争的模式难以长久持续。主要有三点原因，一是近几年，国内成品油市场已全面转向供过于求，零售价格很难再达到国家规定的上限。二是中国石油、中国石化两大集团成立之时采用南北分拆的模式，区外市场物流成本居高不下，大量固定资产投资也带来巨额摊销费用。三是私营加油站占据着全国加油站的半壁江山，凭借灵活的体制机制，以较低的价格抢夺客户。因此，两大公司必须寻找其他的竞争模式，形成企业独特的市场竞争力。

2. 没有形成长期的、以一贯之的战略目标

受体制制约，中国石油和中国石化两大公司拥有规模、效益和政治责任等多种目标。在不同的阶段或环境下，某种目标将上升成为主导，例如在资源偏紧时，保供成为主要的任务。但从企业自身看，两大公司一直没有形成长期的、以一贯之的战略目标。在国内成品油市场供过于求的市场环境下，应该也有必要建立长期的主导目标。同时，需要构建与之相适应的、系统性的关键业绩指标体系，以保证目标的落实。

3. 体制改革势在必行

在成品油市场供过于求的情况下，销售企业和客户之间实现了攻守转换，销售企业需要以市场和客户为中心协调资源。然而，以中国石油为例，现行的组织架构仍以职能型架构模式为主，擅长于以计划的方式将任务进行分解，再组织生产实施；缺点在于各部门之间协调

存在难度，也难以从以顾客为中心的角度考虑和处理问题。因此，由职能型组织架构向流程型架构转型，继而围绕顾客和市场开展营销活动，在销售一线就显得相当必要。

4. 提出要逐步试点引入外部力量

近些年，两大公司投资收益率显著下降，开始由注重规模转向注重效益。同时，受十八届三中全会推行混合所有制政策的影响，两大公司都提出了要积极引入民营资本，再次推行品牌授权的时机已经成熟。两大公司可适当考虑进一步推广小站承包等经验，从内部逐渐培育品牌授权经销商，也可在一定范围内适当引入长期合作的第三方企业。

思考题：

1. 20 世纪 90 年代，美孚石油公司北美区营销炼油事业部是怎样成功实现了战略转型的？

2. 我国石油销售企业如何借鉴美孚石油公司平衡计分卡的成功实践？

资料来源：改编自张梦嘤，王会良．美孚石油公司平衡计分卡管理实践与借鉴.《国际石油经济》，2014(7)

第十二章 标杆管理法的运用

▶本章学习要点

1. 理解标杆管理法的内涵
2. 熟悉标杆管理法的发展历程
3. 理解标杆管理法的作用
4. 掌握标杆管理法的类型
5. 掌握标杆管理法的推行步骤
6. 熟悉标杆管理法推行中的问题

导入案例

施乐公司的标杆管理流程

施乐公司一直把标杆管理作为产品改进、企业发展、赢得竞争对手、保持竞争优势的重要工具。公司的最高层领导把标杆管理看成公司的一项经常性活动，并指导其所属所有机构和成本中心具体实施标杆管理。而施乐公司本身也在长期的标杆管理实践中探索出了很多经验，它的“5 阶段、10 步骤”标杆管理方法被其他公司认可和使用。施乐公司的经验可以借复印机的标杆管理为例来说明。

1. 规划阶段

确定标杆管理的内容。这是标杆管理的第一步，施乐实施的第一个标杆管理的内容是关于复印机制造的。施乐震惊地发现其日本的竞争对手竟然以其成本的价格出售高质量的复印机，因此，针对这个问题开展了标杆管理研究，并取得了很好的成果。

确定标杆管理的对象。施乐公司首先研究它的一个日本子公司——富士施乐，然后是佳能等公司，以确定它的日本对手的有关成本是否和他们的价格一样低。

收集标杆管理的数据。研究证实，美国的价格确实比日本的价格要高，日本的成本成了施乐的目标。来自公司主要领域的管理人员纷纷前往施乐的日本子公司、考察他们的活动。然后，施乐公司开始搜集各种信息。

2. 分析阶段

确定目前的绩效差距。之所以日本对手的复印机能够以施乐公司的成本价销售，它们之间在执行上必然存在着差距，将收集到的信息用来发现差距。

确定将来的绩效水平。根据差距分析，计划未来的执行水平，并确定这些目标应该如何获得及保持。

3. 综合阶段

交流标杆管理的成果。所有的施乐员工都在质量培训中至少获得过 28 小时的培训，而且有很多员工则进行了高级质量技术的培训。一旦一个新的标杆管理项目确定，它都将被公司的员工进行讨论，这样使得其他人可以在其日常操作中使用。

确立要实现的目标。施乐公司发现，购得的原料占其制造成本的 70%，细微的下降都可以带来大量的利益。公司将其供应商基数从 20 世纪 80 年代初的 5 000 多个削减到目前的 420 个，不合格零件的比率从 1980 年的 10‰下降到目前 0. 225‰，6/7 的质量检查人员重新安排了工作，95% 的供应零件根本不需要检查，购买零件的成本下降了 45%。这些目标并不是必须同时确立，但是随着标杆管理过程的进行，它们都顺利地实现了。

4. 行动阶段

形成行动计划。必须制订具体的行动计划。施乐公司制定了一系列的计划，复印机的质量提高了。

实施和监控行动计划。标杆管理必须是一个调整的过程，必须制订特定的行动计划以及进行结果监控以保证达到预定绩效目标。

重新标杆管理。如果标杆管理没有取得理想的效果，就应该重新检查以上步骤，找出具体的原因，再重新进行标杆管理工作。

5. 见效阶段

在对日本行业进行了标杆管理之后，施乐并没有停滞不前。它开始了对其他竞争对手、一流企业的标杆管理。1996 年，施乐公司是世界上唯一获得所有的三个重要奖励的公司：日本戴明奖、美国国家质量奖以及欧洲质量奖。

显然，采用了标杆管理使施乐公司受益匪浅。标杆管理作为改善企业经营绩效的有力工具，在企业中得到了广泛的应用。持续深入的标杆管理在给众多企业带来巨大的改观的同时，也还有很大的改进空间。本章将详细介绍标杆管理法的形成和演变，概况，标杆管理法的作用和分类，实施标杆管理的步骤及需要注意的问题。

第一节　标杆管理的形成和演变

一、标杆管理的内涵

标杆管理（*Benchmarking*），也被译为标杆法、水平对比法、基准考核法、标杆超越法、基准化等。标杆管理是一项通过衡量比较来提升企业竞争地位的过程，它强调的就是以卓越的公司作为学习的对象，通过持续改善来强化本身的竞争优势。所谓标杆，最早是指工匠或测量员在测量时作为参考的标记，是测量学中的“水准基点”，在此引申为在某一方面的“行事最佳者”或“同业之最”。

泰勒在科学管理实践中采用了这个词，其含义是衡量一项工作的效率标准，后来这个词渐渐衍生为基准或参考点。标杆管理的实质是模仿和创新，是一个有目的、有目标的学习过程。通过学习，企业重新思考和设计经营模式，借鉴先进的模式和理念，再进行本土化改造，创造出适合自己的全新最佳经营模式。

标杆管理方法产生于企业的管理实践，目前对于标杆管理还没有一个统一的定义。下面是一些权威学者和机构对标杆管理的诠释。

Camp（1989）提出“标杆管理是组织寻求导致卓越绩效的行业最佳实践的过程”。这个定义涵盖如此广泛以至包括所有不同水平和类型的标杆管理活动，应用于跨国度、跨行业的产品、服务以及相关生产过程的可能领域。该定义的另一个好处是简单易于理解。可运用于任何层次以获取卓越绩效。它强调卓越的绩效，促使雇员将寻找最佳实践概念深置于脑海中，唯有最佳实践才能导致卓越绩效。该定义为国际标杆管理中心所采用。

美国生产力与质量中心（*APQC*）对标杆管理的定义如下：“标杆管理是一项有系统、持续性的评估过程，通过不断将组织流程与全球企业领导者相比较，以获得协助改善营运绩效的咨询。”该定义更具体地体现了标杆管理的本质：向组织外部参照物学习的价值；使用结构化、正式的流程进行学习的重要性；持续地进行组织自身与一流实践的比较；驱使改善绩效行为信息的有用性。该定义吸引了超过 100 家大型公司的采用。

Vaziri 认为一个定义应该尽可能简单、清楚，它应能让使用它的人知道该做什么以及如何达到目标。1992 年，他给出了如下的定义：“标杆管理是将公司与关键顾客要求与行业最优（直接竞争者）或一流实践（被确认在某一特定功能领域有卓越绩效的公司）持续比较的过程以决定需要改善的项目。”该定义强调标杆管理与内部顾客和外部顾客的满意相关。

综合以上各个定义的精髓，我们可以这样来描述标杆管理：不断寻找和研究业内外一流的、有名望的企业的最佳实践，以此为标杆，将本企业的产品、服务和管理等方面的实际情况与这些标杆进行定量化考核和比较，分析这些标杆企业达到优秀水平的原因，结合自身实际加以创造性地学习、借鉴并选取改进的最优策略，从而赶超一流企业或创造高绩效的不断循环提高的过程。

二、标杆管理的形成

公元前 4 世纪的时候，中国就已经有了标杆管理的思想。中国古代著名的军事家孙武在其流芳百世的伟大著作《孙子兵法》中写道：“知己知彼，百战不殆。”事实上，西方学者也把《孙子兵法》视为标杆管理的理论基础。

虽然人类一直自觉或者不自觉地衡量他人的优势与劣势，继而制定自己的决策以便趋利避害，但论及理论化、系统化的标杆管理，就必须首先提及美国施乐公司，视其为标杆管理的“鼻祖”一点都不过分。早在 1979 年，施乐公司最先提出了“标杆管理”的概念，一开始只在公司内的几个部门做标杆管理工作，到 1980 年扩展到整个公司范围。当时，以高技术产品复印机主宰市场的施乐公司发现，有些日本厂家以施乐公司制造成本的价格出售类似的复印设备。由于这样的大举进攻，其市场占有率在短短几年内锐减。为应付挑战，公司最高领导层决定制定一系列改进产品质量和提高劳动生产率的计划，公司的做法是，首先广泛调查客户公司对公司的满意度，并比较客户对产品的反应，将本公司的产品质量、售后服务等与本行业领先企业作对比。公司派雇员到日本的合作伙伴——富士施乐以及其他日本公司考察，详细了解竞争对手的情况。接着公司便要确定竞争对手是否领先，为什么领先，存在的差距怎样才能消除。对比分析的结果使公司确信从产品设计到销售、服务和雇员参与等一系列方面都需要加以改变。最后公司为这些环节确定了改进目标，并制定了达到这些目标的计划。

实施标杆管理后的效果是明显的。通过标杆管理，施乐公司使其制造成本降低了50%，产品开发周期缩短了25%，人均创收增加了20%，并使公司的产品开箱合格率从92%上升到99.5%，公司重新赢得了原先的市场占有率。行业内有关机构连续数年评比，就复印机六大类产品中施乐有四类在可靠性和质量方面名列第一。

标杆管理技术的出现和流行表明企业之间的效率已经十分接近。基准管理的最大特点就是鼓励企业之间的模仿。与全面质量或精益生产等技术不同，标杆管理自身并不是一种改进生产率的技术。无论是以组织内部最佳作业为基准的内部标杆管理(*Internal Benchmarking*)，以竞争对手为学习典范的竞争标杆管理(*Competitive Benchmarking*)，还是以不同行业相似功能最佳典范为榜样的功能标杆管理(*Functional Benchmarking*)，或是以不同行业不同功能的类似流程为模仿对象的流程标杆管理(*Genetic Benchmarking*)，实际上都是消除各个企业之间效率差异的过程，而不是某个企业建立独特的长期优势的过程。由此看来，标杆管理流行的过程就是企业之间相互学习和模仿的过程，是管理技术传播和普及的过程，也是所有企业的生产率普遍提高的过程。标杆管理技术的流行是有原因的，企业难以像保护专利技术等知识产权一样保护管理技术，同时西方国家管理咨询服务十分发达，这给各个企业采用标杆管理创造了良好条件，管理技术因此而迅速扩散。

三、标杆管理方法的发展历程

现代标杆管理的思想可以追溯到20世纪初泰勒所倡导的科学管理理论，当时泰勒提出要通过动作研究来确定工艺流程和设备操作、具体工作动作的最佳做法，并要求管理者通过制定定额、制定管理制度来将这种最佳做法标准化、制度化，以使其成为进行科学管理的依据。

相比“科学管理”仅仅停留在生产操作层面上而言，真正意义上的最早的标杆管理活动是在企业层次开始的。在企业层次，标杆管理基本上经历了一个循序渐进、不断深入和提高的发展过程。主要表现在以下五个阶段：

第一个阶段为进行竞争产品的比较阶段。大约从20世纪70年代初开始，长期处于世界领先地位的美国企业的产品和市场，受到了来自竞争对手的挑战，美国企业发现自己所生产的产品在功能、质量和使用方便性等方面确实不如日本企业的产品好，于是他们便开始了以瞄准竞争对手产品、拆解竞争对手产品为基本做法，以赶超竞争对手为主要目标的比较、复制和学习过程。应该说这一过程在日本和欧洲从20世纪60年代就已经开始了。有研究认为丰田公司所开发的“准时制生产”技术，是基于分析和改进大型超市的供应链管理技术之后形成的。

第二个阶段为进行工艺流程的标杆管理阶段。大约从20世纪70年代中期，许多美国企业发现拆解竞争对手的产品也不能解决问题，关键的问题是在生产工艺流程方面和竞争对手差距太大，而这些方法的差距是无法通过产品的拆解所能弥补的，必须深入企业实际，进行深入细致的工艺流程分析和研究，才能掌握要领，追赶竞争对手。于是他们便将分析比较范围从产品本身扩大到工艺流程，进行工艺流程的标杆管理。施乐公司的实践成为这一阶段标杆管理的典范。1976年以后，一直保持着世界复印机市场实际垄断地位的施乐遇到了来自国内外，特别是日本竞争者的全方位挑战，如佳能、*NEC*等公司以施乐的成本销售产品仍能够获利，而产品开发周期、开发人员则分别比施乐短或少50%，导致施乐的市场份额从82%直线下降到35%。面对着竞争威胁，施乐公司最先发起向日本企业学习的运动，开展了广泛、深入的标杆管理。通过全方位的集中分析比较，施乐弄清了这些公司的运作机制，找出了与佳能等主要对手的差距，全面调整了经营战略战术，改进了业务流程，很快收到了成效，把失去的市场份额重新夺了回来。另外，在提高交付订货的工作水平和处理低值货品浪费大的问题上，同样应用标杆管理方法，以交付速度比施乐快三倍的比恩公司为标杆，并选择14个经营同类产品的公司逐一考察，找出了问题的症结并采取措施，使仓储成本下降10%，年节省低值品费用数千万美元。此后，随着施乐公司职员 *Camp* 所撰写的《标杆管理：寻找取得产业内最优成绩的最佳做法》的出版，标杆管理方法很快传播应用到美国的各个行业，美国企业开始广泛通过实地考察，和竞争对手建立合资企业，进行合作研究与开发等多种途径、多种方式展开对竞争对手工艺流程的研究和学习，并逐渐引起了其他国家大企业的重视。因此，这一阶段被人们认为是标杆管理概念、理论和方法的真正创始阶段。

第三个阶段为标杆管理最佳企业管理实践的阶段。大约从20世纪80年代开始，经营者认识到不仅可以在同行业企业标杆管理中学习最佳做法，提高企业竞争力，而且可以从其他行业的标杆管理中也能学习到最佳管理实践和流程改造方面的做法。许多经营者发现，在生产工艺、技术和作业流程方面，在企业管理方面，越来越多的最佳做法、最佳实践来自行业之外，从别的行业的最佳企业学习最佳做法成为这一阶段的主要趋势。

第四个阶段为战略性标杆管理阶段。它是在确定、了解和掌握成功者(包括竞争对手)的战略做法的基础上，重新进行自己企业环境、战略和业绩评估与改造的一个系统过程。在这一阶段，真正竞争对手之间的差别，已从工艺流程、管理实践方面转移到企业布局、生产结构调整、外部供应链重组、核心能力塑造等战略性领域，进行战略性领域的标杆管理是企业进一步提高竞争力、赶超竞争对手的客观需要。通常在这一阶段，标杆管理的问题比较集中，但调查了解的范围却比较广泛，如对上下游关系的调查、对企业研究与开发相关机构的调查等，目的在于进行战略思路、战略决策方面的标杆管理。

第五个阶段为全球标杆管理阶段。在这一阶段，不仅寻找最佳企业、寻找最佳做法的范围已经扩展到全球范围内进行，成为发达国家企业进行标杆管理的主要趋势，而且标杆管理的应用范围也超越了企业层次，扩展到产业层次和政府(国家)层次上。进行全球范围内的标杆管理，所涉及的问题更加广泛，不仅包括企业工艺流程、生产技术方面的最佳做法，而且包括企业文化、企业所处环境、政府行政管理、教育制度和自然环境等影响企业战略定位、战略布局方面环境的评估和研究。

有调查显示，标杆管理是最受欢迎的五大商业工具之一。财富500强企业中70%以上将标杆管理作为一项常规的管理工具，包括 *AT&T*、福特、波音、惠普、杜邦、宝洁等。

在亚洲，标杆管理也得到相当的发展。我国香港地区早在1993年就成立了香港标杆管理数据交流中心。1997年，泰国生产力学会开始和国际标杆管理交流中心合作开发一个泰国的标杆管理平台，并努力向泰国公司介绍标杆管理。在印度，1998年10月，召开了第一届标杆管理全国会议，同时开始着手建立印度标杆管理数据交流中心。事实上，我国也开始了标杆管理活动，著名的公司有海尔、中国海洋石油总公司等。

在政府层次，标杆管理的内容包括教育制度、海关通关、科研制度、企业创立手续等。例如美国政府于1993年组织了对“欧洲、美国、日本的教育制度”、对“欧洲、日本和美国的职业培训制度”、对“企业的融资渠道”等进行了标杆管理，并在标杆管理之后修改了其教育、职业培训、银行等方面的法律，对美国20世纪90年代经济的持续增长做出了贡献。在这里，需要着重指出，在标杆管理各个发展阶段，政府始终发挥着主要作用。例如，真正使标杆管理工作大范围开展起来的一个重要推动力在美国是1984年里根总统设立“美国国家质量奖”，欧洲于1992年设立“欧洲质量奖”，这两个奖项均需要对同业企业的产品质量进行“标杆管理”，决定出优劣。

一些有关标杆管理的团体也应运而生。美国生产力及质量中心是一个总部设在休斯敦的非营利团体，它于1992年2月成立了国际标杆管理交流中心。该中心是集合标杆管理伙伴的网络组织、标杆管理过程的推进者、标杆管理信息的仓库，也是一个标杆管理专家中心。此外，行业标杆管理协会也相继成立，如:会计和财务标杆管理协会，为会计和金融方面的专业人士提高实际操作能力服务;电子应用标杆管理协会，其目的是通过交换标杆管理数据和标杆管理实践以及共享信息，使得电子应用行业提高商业过程;电信行业标杆管理协会，共享标杆管理数据以提高电信行业的商业过程。

第二节　标杆管理的作用和分类

一、标杆管理的作用

一般来说，标杆管理方法有以下五个作用。

（一）追求卓越

标杆管理所代表的就是一个追求卓越的过程。会被其他企业选中来进行效法的组织，就标杆管理的主题而言，绝对是卓越超群的。之所以会选择这些组织，目的便是要效法这些翘楚，使自己的企业也能够达到同样的境界，成为其他企业模仿的对象。这样的学习管理之所以可行，是因为所谓的“卓越”，往往具有其共同性，即使在不同的产业内亦是如此。举例而言，大多数的组织都存在销售作业这类事项。因此，不论任何行业、任何组织的销售作业都应该具有某种程度的共同性可供观察与评估。如果某些组织的销售作业已经声誉卓著，我们或许可以详加调查，并把自己的销售作业方式跟这些其他组织的做法来进行比较，分析是否有哪些作法可以实行到自己的组织中好让自己做得更好。这种通过广泛的观摩研究来追求卓越的方式就是标杆管理的精神。

（二）流程再造

标杆管理的另一个重要的精神就是针对流程（*process*）予以再造。乍看之下，标杆管理似乎会让人联想到传统的竞争者分析，但事实上，这两者在观念上却是有其差异之处的。一般企业很自然的会将自身的产品或服务方式与竞争者相比，但这只能说是竞争者分析而非标杆管理。在这两者间的一项重要的差别就在于传统的竞争强调的是结果或产品的优劣评比，而标杆管理则是着重去分析制造产品或提供服务的流程，并针对此流程的弱项予以强化。从这个角度来看，标杆管理探讨的范畴远比竞争者分析来得深入。它强调的是追本溯源，去深度思考在作业流程中究竟是哪一个部分的差异会造成产品或服务品质会有如此的差距，并且积极去重新设计流程以弥补这样的差距，也就是将比较重心放置在提供产品或服务背后的作业方式或工作流程而非产品或服务本身。“将焦点放在过程上而不是结果上”，这种崭新的观念比起竞争者分析，更可以帮助企业达成突破性的改善，比起其他的管理方式也更具实效价值。

(三)持续改善

所有的管理工具都是在寻找提升组织业绩的方法，而标杆管理与其他管理工具最大的不同之处就在于标杆管理特别强调持续改善的观念。在后面的论述中我们将会提到标杆管理具有循环再生特性的流程，这个循环的特性说明了标杆管理不是一个短期的活动，也不是一次就完成的活动。只有在较长期的架构之下，所得到的资讯才更具价值。任何实行标杆管理的企业如果只将它视为一个专案或是单一的事件，那是很遗憾的。这个企业所能从标杆管理活动中得到的益处也仅是有限的改进。“追求完美的过程是永无止境的”，这是任何一个想要借标杆管理来提升组织绩效、臻于卓越的企业都必须体会到的事。如果我们能够将标杆管理的对象视为一个移动的标靶，那么我们就能够体会到为何标杆管理是一段必须持续的过程。除此之外，持续进行最佳作业典范的调查还有助于企业了解最先进的资讯科技、作业技术及管理方式。

(四)创造优势，塑造核心竞争力

标杆管理是企业创造竞争性优势的捷径，原因在于企业要想建立竞争优势首先必须进行战略规划。进行战略规划的基础在于了解竞争情势，然而必须先收集充分的资讯才能帮助企业作好竞争分析。标杆管理本身即为一种收集资讯的过程，不论本身还是竞争者的资讯都是标杆管理着重的焦点。汇集到的资讯除了自己与标杆企业的作业方式外，自然也会包括目前产业内竞争形式的优劣势分析。

塑造自身的核心能力:企业存续的关键在于为顾客创造价值的能力，这种能力可称之为核心能力。标杆管理有助于企业强化自身的资源基础，形成本身的核心能力。原因就在于标杆管理的重点不仅在于了解标杆企业到底生产或提供了什么比我们还要好的产品或服务，更重要的是去了解这项产品或服务是如何被设计、制造或提供的。如果企业能够彻底地分析这种最佳作业方式所提供的资讯，并且经过内化吸收，成功地转换应用到自己的组织内，发展出一套独特的做法与技能，就可以塑造出自身的核心能力，为企业创造竞争优势。

(五)有助于建立学习型组织

企业可以通过标杆管理方法，克服不足，增进学习，使企业成为学习型组织。学习型组织的实质是一个能熟练地创造、获取和传递知识的组织，同时也要善于修正自身的行为，以适应新的知识和变化。实施标杆管理后，企业发现在产品、服务、生产流程以及管理模式方面存在的不足，并学习标杆企业的成功之处，再结合实际将其充分运用到自己的企业当中。而且这种过程是一种持续往复的过程，主要基于三点考虑:1. 企业所在竞争环境的持续改变;2. 标杆企业的不断升级与更新;3. 企业业务范围和企业规模的不断变化。

二、标杆管理的分类

根据不同的方法，标杆管理可分为不同的几种类型。

(一)按标的不同分类

1. 内部标杆管理

以企业内部操作为基准的标杆管理。它是最简单且易操作的标杆管理方式之一。辨识内部绩效标杆的标准，即确立内部标杆管理的主要目标，可以做到企业内信息共享。辨识企业内部最佳职能或流程及其实践，然后推广到组织的其他部门，不失为企业绩效提高最便捷的方法之一，除非用作外部标杆管理的基准，单独执行内部标杆管理的企业往往持有内向视野，容易产生封闭思维。因此在实践中内部标杆管理应该与外部标杆管理结合起来使用。

2. 竞争标杆管理

以竞争对象为基准的标杆管理。竞争标杆管理的目标是与有着相同市场的企业在产品、服务和工作流程等方面的绩效与实践进行比较，直接面对竞争者。这类标杆管理的实施较困难，原因在于除了公共领域的信息容易接近外，其他关于竞争企业的信息不易获得。

3. 功能标杆管理

以行业领先者或某些企业的优秀职能操作为基准进行的标杆管理。这类标杆管理的合作者常常能相互分享一些技术和市场信息，标杆的基准是外部企业(但非竞争者)及其职能或业务实践。由于没有直接的竞争者，因此合作者往往较愿意提供和分享技术与市场信息。

4. 流程标杆管理

以最佳工作流程为基准进行的标杆管理。标杆管理是类似的工作流程，而不是某项业务与操作职能或实践。这类标杆管理可以跨不同类组织进行。它一般要求企业对整个工作流程和操作有很详细的了解。

(二)按内容不同分类

1. 产品的标杆管理

产品标杆是一项已长期存在的实践。它主要是仔细考察其他组织的产品而不仅是竞争对手的产品。通常采用的方法是产品拆卸分析。拆卸分析法，又称反向设计，是通过评价竞争对手产品以明确自身产品改进可能性的方法。拆卸过程一般请相关的技术专家参与，将竞争对手的产品分解为零部件，以明确产品的功能、设计，同时推断产品的生产过程。如丰田公司每年从世界各地购置 160 辆汽车，一个部件一个部件的逐一分析。由于标杆管理用一种新的思维方式，因而在产品标杆管理过程中必然会超出简单的“拆卸”模仿框架而去追求和发现更多的信息。正如一位产品标杆专家杰瑞・安格利所说的那样：“不要把产品标杆管理理解为如同青蛙的生物学解剖一样，仅仅看看它是由什么样的部件组成的。实际上产品标杆管理更像考古学，在这项工作中，应该可以得到有关一个‘文明’的最多信息。”例如，一位工程师通过拆卸和组装一台别人的复印机，他掌握的不仅是性能、结构、设计技巧、材料，还应该从中计算出产品成本，了解到使用的生产工艺，甚至能考察到顾客的要求以及新的设计观念。

2. 过程标杆管理

战略标杆主要研究学习其他组织的战略和战略性决策，有关企业长远整体的一些发展问题。例如发展方向、发展目标和竞争战略的标杆管理活动，企业为什么会选择低成本而不是产品差异战略等等。它主要为企业的总体战略决策提供指导性依据。

3. 管理标杆管理

即通过对领先企业的管理系统、管理绩效进行对比衡量，发现它们成功的关键因素，进而学习赶超它们的标杆管理。这种标杆管理超越了过程或职能，扩大到了整个的管理工作，比如对全公司的奖酬制度进行标杆管理，它涉及如何成功地对不同层次、各个部门的员工进行奖酬的问题。

4. 战略的标杆管理。

这种标杆管理比较的是本企业与基准企业的战略意图，分析确定成功的关键战略要素以及战略管理的成功经验，为企业高层管理者正确制定和实施战略提供服务。这种标杆管理的优点在于开始就注意到要达到的“目的”。

5. 最佳实践标杆管理

最佳实践是指领先企业在某个领域内独特的管理方法、措施、诀窍。这些方法和措施是领先企业取得优异业绩的原因所在。最佳实践标杆管理就是通过比较分析，寻找确认标杆企业的最佳实践、引进这种最佳实践并经过改进整合，使之成为本企业经营管理过程的一部分。它主要是对一系列管理实务进行比较，其内容更能体现一个企业在经营管理中的独特性和有效性。

(三)按照信息搜集方法不同分类

1. 单向的标杆管理

它是一种很常见的标杆管理。在这种标杆管理下，公司独立地收集一个或几个公司优秀实践的相关信息。一般的信息来源于行业贸易协会、信息交易所(如美国生产力和质量中心的国际标杆信息交易所)或其他途径。在美国，一个比较通行的做法是研究有关马尔克姆·巴德瑞质量奖得主的信息，因为他们通常被要求其有关信息与其他公司共享。

2. 合作的标杆管理

合作标杆是指在双方协商同意的情况下，彼此自愿信息共享。参与的公司可以借此分析为什么从事同样的功能或生产相同的产品别的公司可以成为行业的领导者，从而对自身的经营有更好的了解。合作标杆管理的最大优点在于信息可以在行业内或跨行业间达到共享。数据库信息、间接/第三方信息和集团信息是合作标杆信息收集的主要渠道。

第三节 标杆管理的实施

一、标杆管理导入的必要条件

由于标杆管理是一个涉及很多方面的过程，因此实施中往往出现一些偏差。比如人们往往将注意力只集中于数据方面，而标杆管理的真正价值应该是弄明白产生优秀绩效的过程，并在本企业(产业或国家)实施，不应该只注重某几个财务数据本身；再比如由于方案设计或者其他原因，在标杆管理实施的过程中受到成员的抵触，从而增加了实施的成本，降低了活动的收益，等等。

研究表明，成功的标杆管理活动应具备以下基本要求：

高层管理人员的兴趣与支持；

对企业(产业或国家)运作和改进要求的充分了解；

接受新观念改变陈旧思维方式的坦诚态度；

愿意与合作者分享信息；致力于持续的标杆管理；

有能力把企业(产业或国家)运作与战略目标紧密结合起来；

(企业)能将财务和非财务信息集成供管理层和员工使用的信息；

(企业)有致力于与顾客要求相关的核心职能改善的能力；

追求高附加价值；

避免讨论定价或竞争性敏感成本等方面的内容；

不要向竞争者索要敏感数据；

未经许可，不要分享所有者信息；

选择一个无关的第三者在不公开企业名称的情况下来集成和提供竞争性数据；

不要基于标杆数据向外界贬低竞争者的商务活动。

二、组织标杆管理的原因

组织进行标杆管理一般出于以下五个原因。

首先是企业进行战略规划的需要。企业想要进行战略规划，必须充分了解市场、竞争对手的可能活动、产品或服务的最新技术、财务需求以及顾客基础等等。

其次是预测相关行业领域的趋势。标杆管理的资讯，通常被用来评估市场状况或是预测市场潜力。因为在很多行业里，几家主要公司的经营动向，足以主导整个市场的走向。这方面的资讯可以帮助组织对产品/服务发展的趋势、消费者的行为模式等有个基本的判断。

第三是企业创新的推动。标杆管理是经营创新的绝佳来源，它让人有机会接触到新产品、新工作流程以及管理公司资源的新方式。标杆管理也提供员工一个“跳脱框框之外”思考的机会—— 考虑不同的典范或是假设各种不同状况而进行思考。

第四是企业要进行产品/流程的比较。一般标杆管理活动，是搜集有关竞争对手或是卓越企业的产品或流程资讯。这种资讯通常是作为一种标准，用来与自己的类似产品或服务做个比较，以期将卓越企业的产品或流程融入自己的工作环境中。

第五是采用标杆管理可以为企业设定目标。标杆管理也被当作选定最佳作业典范的工具。虽然很多组织实际上并不准备达到行业翘楚的水准，但却利用这些资讯来设定特定的产品或流程目标，以激励组织不断努力改善，以加速提升绩效。

只要是可以观察或是可以测量的事物，几乎都能作为标杆管理的标的。过去，组织间相互比较的做法，多少局限在组织结构或是产品方面——一些可以现成观察到的事项。但是，标杆管理的经验已大幅扩充到了可以研究调查的领域。常见的标杆管理领域如下：

一是产品及服务。在市场中提供给外界顾客的产品与服务，是标杆管理常见的一个主题。通常，大家是在零售的阶段观察到这些产品，而不是在生产过程之中。这些产品和服务大都随时可供分析。除了整体产品及服务外，产品或服务的特色通常也是标杆管理的主题。

二是工作流程。标杆管理的领域，除了有形的产品与服务，也包括工作流程。也就是说，如何制造或支援产品与服务。以工作流程为主题，是为了深入了解设计流程、研发作业、生产流程、工作场所设计、特定技术的运用、配销等等流程。这些人源自一个信念：应用卓越的工作流程，可以在任何行业里创造卓越的产品及服务。

三是支援功能。支援功能通常是指与产品及服务的实际生产没有直接关联的流程与程序，支援功能通常包括财务、人力资源、营销与服务等部门的活动。这方面的调查范围，常会涵盖对员工和内部顾客的支援活动。

四是组织业绩。组织绩效包括了一个组织的经营成果——成本（费用）与营收（收入）。除此之外，与生产流程相关的特定绩效指标（例如，收益、资产周转率、折旧率、资金成本），也可能是标杆管理调查的主题。竞争对手或卓越公司的绩效资料，可以带来足够的刺激力量，激励组织对产品/服务、生产流程乃至维持产品与服务优异品质所需的支援体系，进行更完整的分析。

五是战略。有些组织会以组织性或功能性的战略为标杆管理的主题，以便了解某些公司是如何取得竞争优势的。今天，标杆管理的观念已经远远超越了竞争分析的范畴，而将焦点放在任何卓越组织的战略之上。目前，战略标杆管理的焦点，通常是一个特定的功能领域，而不是整体的企业或产业战略。除了战略本身以外，战略规划的流程，通常也是标杆管理活动的主题。

三、设计合理的标杆需要考虑的因素

如何设计合理的标杆，是实施标杆管理的核心问题，这需要充分考虑以下因素。

一是与战略的关系。开展标杆管理要首先明确企业的战略定位。不同类型及规模的企业在不同阶段都有自己的发展战略和相应的策略，这些都是标杆管理的方向和基础考虑。

二是以流程的思路选择标杆。对标杆对象进行以流程为基础的分析工作。对流程的主要内容进行分析，是标杆管理的最前沿和基础。

三是时空因素。标杆选择必须考虑时间和空间的因素。结合企业的不同生命周期阶段的具体情况，来选择标杆。

四是前瞻性。标杆的选择应结合波特的五力模型，根据前向一体化、后向一体化等企业发展模式，在关注行业内现有企业的同时，要着眼于来自生产替代品或提供服务的公司竞争，以及潜在竞争者的竞争，以反映未来发展的趋势。

五是采取多指标体系。尽管标杆对象只有几个方面表现突出，但正是其他方面的合理配置，才使其在某方面有好的表现。确定单一的标杆指标往往很难达到预期的学习效果。

六是重视环境因素。要注意资源环境的可比性。企业的发展受其内外部资源环境的很大影响。因此，标杆的选择，必须考虑到大致相同或相似的资源环境条件以及对不确定性的影响。

七是合理的标杆对象。标杆对象的选择，应根据企业自身现有基础灵活确定。对于中国企业来说，各行业最优秀的企业中可以将世界一流企业作为自己的标杆，中小企业又可以把行业一流企业作为自己的标杆。但是那些(失败者)类型的企业若是将行业一流甚至世界一流的企业作为企业自己的标杆对象，那么那些先进企业的经营管理实践对这些企业而言，虽不能说毫无用处，但用处不大。如果这些企业把绩效水平在行业中等水平或中等偏上水平的企业列为自己的标杆管理对象，产生的效果会更显著。

八是动态的标杆目标。任何一个优秀的企业，如果不进行积极的管理变革，保持企业的核心竞争优势，那么早晚会被市场淘汰出局，成为市场竞争的失败者。所以企业在进行标杆管理活动过程中，应结合本企业发展阶段的实际情况，适时、动态地向当今具有整体优势(或优秀片段)的企业学习和进行经营管理实践，而不是仅仅将目光中瞄准在一两个领先企业上。

四、标杆管理的推进步骤

如同前述所言，标杆管理是一项非常正式化、通过一贯基本步骤来追求卓越的流程具有完整架构且持续不断的学习过程。因此很合理地，这个流程一定有某些既定的步骤或是流程模型来引导整个计划的实行。由于标杆管理这项管理工具在国外已有十多年的历史了，自然已发展出各种不同的流程模型，例如施乐的10步骤流程、*AT&T* 的12步骤流程、*IBM* 的14步骤流程。尽管这些流程模型都不尽相同，但它们的精神与原则都是不变的。标杆管理专家 *Michael J. Spendolini* 博士在对57家有标杆管理经验的组织比较研究的基础上，归纳出一个五步骤的标杆管理共通模型。

（一）内部研究与初步竞争性的分析

要发展标杆管理计划决定以什么为标的的第一步就是要认准顾客以及顾客的需求。这个步骤很重要，因为在大多数情况下，顾客是有某种急迫需要的个人或团队。顾客受到某种因素的刺激（例如，市场情况、新竞争对手、新科技、作业问题/机会），开始选定作为标杆领域的产品、服务和流程。

界定标杆管理顾客，就是要明确是谁要使用标杆管理的资讯。几种主要的顾客是：委托标杆管理调查的主管，也就是标杆管理活动的发起人；标杆团队本身，此时标杆管理常被定位为全面质量管理工具组的一部分，由个人或团队成员自发进行的；其他顾客，组织的其他员工与标杆管理的潜在顾客即参与这个流程的标杆伙伴。在界定顾客之后，要对顾客需求进行诊断并制作一份顾客需要摘要：顾客需要的是何种标杆管理类型？搜集的资讯用于何种用途？应当搜集哪些资讯类型？资讯量要求有多大？对资讯的品质有何要求？是否应该进行持续的标杆管理活动等等？这份摘要用来指引标杆管理调查的方向，它决定了标杆管理的进度、行动的范围、报告格式以及资源的分配等。

在明确标杆管理主题以后，余下的问题就是对标杆管理主题要形成可予以测量的一系列衡量指标。标杆管理通常用关键成功要素来称呼一些重要到值得使用标杆管理流程的主题。在寻找标杆管理的关键成功要素里，很重要的一点是定义及测量方法必须力求准确。

2. 组成标杆管理团队

在确定标杆管理的主题之后，便可以根据这个主题的特性来决定标杆管理团队的成员应该如何组成。最基本的原则是必须要有在这个主题领域内具有专业知识的员工来参与。除此之外由于规划、推动一个标杆管理计划是需要相当的时间和心力的投入。因此还必须考虑团队成员在时间的安排上要能有某种程度上的配合。另外，还必须多方考量团队成员专长、技能的多元化及互补性，以求未来在实际推动计划遭遇到困难时，都能通过团队成员的集思广益来解决问题。除了以上的条件外，成员还必须具备其他不可或缺的人格气质，如行动力十足、乐意参与标杆管理的调查并且有良好的沟通技巧与团队合作精神等等。在标杆管理团队中也应该有分析规划能力较强的人员来协助统筹整个专案的进行以及运用类似管理计划评核图或甘特图等等的专案企划工具来规范专案的进度。

在企业决定实际标杆管理之后，就必须安排外界的标杆管理专家来训练公司内的全体员工，使得他们能够了解基本的标杆管理流程。日后在实际实行时，才能让全体员工了解标杆管理团队在做什么，这也有助于企业在员工间塑造出积极学习的氛围。另外在标杆管理团队正式成立后，企业也必须安排标杆管理专家来对团队成员进行较深入的标杆管理课程，协助团队成员了解标杆管理的实行方法、步骤以及成员的角色和责任等等。

3. 选定标杆管理伙伴

标杆管理伙伴是指提供标杆管理调查相关资讯的组织，也就是要选定最佳作业典范来作为学习合作的伙伴。企业在确定学习对象时，应该要先构建出一个金字塔形的标杆体系。依照不同的标杆管理目标及改善目标，采用不同的标杆对象。

金字塔最顶端是世界级或是行业翘楚，下方比较大的区域代表最佳作业典范，再下面有更大的一片区域则代表现行作业的改善，塔底是与现有作业方式相同或不及现有水准。进行单纯的作业发送，比起向最佳作业典范或世界级组织学习的机会要大得多，同时为找到特定对象及其活动所耗费的资源（如时间、资金、人力）也会随之增加。所以企业在进行标杆管理对象的选取时，应该要确定自己到底是只要对现行作业进行一些基本改善还是要达到树立典范的程度。因为这涉及了“想要改善绩效的程度”以及“投入资源”两者间的均衡。当然每家企业都愿向世界上做得最好的组织学习，但是必须考虑到本身目前的实力以及可允许的资源使用量。举一个简单事例：一家国内小规模的物流公司如果想要加快货运包裹的分拣速度，那它当然可以向全球规模最大、强调“准时、快速、全球的顶尖服务”的联邦快递学习。但鉴于其本身的实力和拥有的资源，向国内物流业的领导学习会更实际。有鉴于此，组织应该仔细思考标杆管理的目标。与其设定一个好高骛远的目标，结果半途而废，还不如设定一个切合实际的目标，并投入合理的资源从而达到目标。

4. 搜集及分析资讯

第四阶段的标杆管理流程，包括实地搜集及分析标杆管理资讯。这里的假设是你已经确认了标杆管理顾客、顾客需求以及构成你调查核心的具体关键成功因素；你已经选好了标杆管理团队成员，并完成训练；而且你也已经认定了最佳作业典范。这点非常重要，因为很多标杆管理新手在未能谨慎完成流程的初期计划及准备阶段，过于急切地进入搜集资讯的阶段，导致获得资讯没有实效。

在了解另一个组织的作业流程、产品及服务之前，首先要彻底地了解自己本身。所谓“知己知彼”。在这个阶段中必须搜集分析自己的内部作业资讯，了解目前的作业方式并进行检讨，找出需要改进的地方。这个步骤是向外界搜集资料前的准备工作。唯有如此，企业才能正确地评估自己能够改善的程度。况且，如果不曾进行过一次完整的内部分析，可能会错过一些重要的内部标杆管理机会，而永远不会发现组织内部的一些颇具价值的资讯来源及可获得的协助。另外，企业日后在其他组织开始进行资讯搜集活动时，他们可能会问到你的组织在同一领域的活动，你也不会无法对自己的内部作业提出有把握的答案。

一旦你决定了需要搜集的标杆管理资讯类型以及将要调查的资讯来源与组织，下一个议题就是要使用哪一种资料搜集方法。常用的资讯搜集方法有：电话访谈，面谈/现场访谈，问卷调查，出版品/媒体，档案研究。基于时间、资源等多方面的考虑，不同的资讯搜集方法有各自的优缺点。

当资料搜集完毕，必须将所得到的资料整理并做一份摘要以加强资讯的效力与意义。在资料整理、分析的基础上，接下来便是进行作业方式的比较，找出之间关键性的差异是在哪个部分。在进行完比较后，便可根据比较结果订出期望绩效目标，并分析讨论目前绩效与期望绩效间的差距该如何弥补。究竟要改变哪些流程？该如何进行改变？拟出一份改革行动计划书，作为实际在进行改革行动时的蓝图。

5. 采取改革行动

标杆管理的主要目标就是采取行动，以达到或超越标杆。虽然标杆管理是一个调查的流程，但当初展开某项调查的首先动机，绝不是作出一份精美华丽的报告，而是采取行动的欲望、严谨的顾客需求以及认定关键成功要素作为研究调查的焦点。

在这个阶段，企业会根据前一阶段所提出的改革行动计划书来变更实际的流程，这些改变通常会显著而剧烈，甚至能立刻看出成效。在企业进行完改革后的一段时间，必须要进行绩效指标的评估，以检验实行的成果。从开始实行到绩效评估的时间，视企业的反馈速度而定。在评估绩效时，尽量避免其他因素影响了评估的结果。只要整个标杆管理的流程都有严格的依循遵照，评估出来的绩效通常可以看出显著改善。

五、标杆管理存在的问题及其突破方向

标杆管理在世界范围内传播开来，不仅在企业界而且在各行各业也纷纷采用作为提高自身竞争力的有效工具，的确也取得了一定的效果。经过了一段时间的实践，令这些企业感到困惑的是，在生产效率大幅度提高的同时，企业的盈利能力和市场占有率却并未能够随之相应增长。实际上，在效率上升的同时，利润率却在下降。以印刷业为例，美国印刷业在20世纪80年代的利润率维持在7%以上，到1995年已降至4%～6%，并且还有继续下降的趋势。这种情况在其他行业也屡见不鲜。这些企业的管理者发现，他们越跑越快却连停留在原处都很困难。学得越快，竞争优势越不容易保持。由于企业不能将短期成效转变为持续的盈利能力，就在管理者们试图进一步提高运作效率时，他们离自己追求的竞争地位越来越远了。是标杆管理失灵了？环境变化了？还是其他什么原因？

这主要是由两方面的原因所导致：一方面是忽视创新和服务的对象，大量应用标杆管理方法所引起的后果；另一方面是不恰当的观念和操作。这两方面综合使得标杆管理并不像人们想象的能取得那么好的效果。

（一）忽视创新和服务的对象

单纯的标杆管理，缺乏结合自己实际情况的创新导致企业竞争战略趋同。标杆管理的基本思想就是模仿，通过模仿、学习然后实现超越。因此，在实行标杆管理的行业中，可能所有的企业都模仿领先企业，这样必然采用相同或类似的手段，如提供更广泛的产品或服务以吸引所有的顾客、细分市场等类似行动来改进绩效。标杆管理使得单个企业运作效率的绝对水平大幅度提高，而企业之间相对效率差距却日益缩小。普遍采用标杆管理的结果将没有企业能够获得相对竞争优势，全行业平均利润率必然趋于下降，必然使这个行业内各个企业战略趋同，各个企业的流程、产品质量甚至运营的各个环节大同小异，市场竞争更加激烈。在这种性质的市场上，各个企业难以获得足够的成本优势，同时也不能够索取较高的价格，企业将发现利润越来越薄，无力进行长期投资，最终陷入恶性循环。这样，在成本和价格两方面夹击之下，企业生存空间将日渐狭窄。这就是企业做得越来越快，利润率却越来越低的根本原因。例如*IBM*、通用电器和柯达等公司在复印机刚刚问世时，曾以复印机领先者施乐公司为榜样，实施标杆管理，结果*IBM*和通用电器陷入了无休止的追赶游戏之中，无法自拔，最后不得不退出复印机市场。单纯为赶超先进而继续推行标杆管理，则会使企业陷入“落后—基准—又落后—再基准”的“标杆管理陷阱”之中。标杆管理仅仅是一项管理技术，它要为组织的整体发展战略服务，并且应结合自身的实际情况，适当进行创新，不能完全一味地模仿，否则带来的结果往往事与愿违。

（二）认识与操作不当

标杆管理在提高组织效率方面的确会发挥不可忽视的作用，已经成为很多组织竞争方式的一部分。但在实施标杆管理的时候，会踏入一些误区。归纳一下，主要有以下几方面。

1. 混淆标杆管理和调查

组织在相似的产业做调查，这并不是真正的标杆管理。这样的调查虽然会获得一些有价值的数据，但标杆管理却是数字背后隐藏的内在机理。换句话说，基准调查也许会获得组织排位的情况，但它不会帮助改进组织在行业内的位置。

2. 认为预先存在共同的“标杆”

其他组织参照的所谓的“标杆”可能并不适用于另一个组织的市场、顾客或资源水平。坚持辨认自己的标杆对象，从他们那里发现什么是可达到的，从而确定自己的计划。

3. 忽视服务和用户满意

标杆管理实践中往往存在这样的组织，只关注他们提供的产品和服务的成本，从而不考虑顾客，因此顾客流失。

4. 过程太长，过于复杂容易管理失控

组织系统由一系列的过程组成，过程由一系列的任务构成。设法避免标杆一个大系统，它将是非常昂贵而且费时，并且很难保持专注。最好选择大系统部分的一个或几个过程，以它作为开端，然后再逐渐向系统的下一部分推进。

5. 定位不准

选择的标杆管理主题与整体战略和目标不一致。在战略层次上，领导团队需要监督标杆管理项目并确保它与整体战略保持一致。

6. 不了解自身

标杆管理假设，做标杆管理参观之前，应已经完整地分析了自己的过程，知道自己的绩效水平。毕竟，那些信息是必须提供给基准对象以交换信息，获得所需要的他们的相关信息。确定自己的标杆管理团队非常清楚达到标杆管理对象之前，需要学些什么。

7. 基准对象选择不当

许多组织最初都会在本行业内寻找比较目标，但关于竞争组织的信息不易获得。在大多数情况下，理想的比较目标应是完全不同产业的组织，因此，寻找产业外的组织来做比较对象，通常可以得到更有价值的信息。

8. 企图一蹴而就

标杆管理不是一次性的，而是一种持续、渐进的过程。其成效也不可能在一夜间显示出来。每次学完之后，都应该重新检查和审视基准研究的假设、标杆管理的目标和实际效果，分析差距，为下一轮改进打下基础。

本章小结

标杆管理是一项通过衡量比较来提升企业竞争地位的过程，它强调的就是以卓越的公司作为学习的对象，通过持续改善来强化本身的竞争优势。标杆管理的实质是模仿和创新，是一个有目的、有目标的学习过程。通过学习，企业重新思考和设计经营模式，借鉴先进的模式和理念，再进行本土化改造，创造出适合自己的全新最佳经营模式。

现代标杆管理的思想可以追溯到20世纪初泰勒所倡导的科学管理理论，真正意义上的最早的标杆管理活动是在企业层次开始的。标杆管理基本上经历了一个循序渐进、不断深入和提高的发展过程，标杆管理是最受欢迎的五大商业工具之一。一般来说，标杆管理方法具有追求卓越、流程再造、持续改善、塑造核心竞争力、建立学习型组织的作用。标杆管理的类型，可按标的不同、内容不同、信息搜集方法的不同而划分。

标杆管理的导入，要有一定的必要条件，比如高层管理人员的兴趣与支持、接受新观念改变陈旧思维方式的坦诚态度、企业运作与战略目标紧密结合等条件。设计合理的标杆需要考虑战略、流程、时空、前瞻性等因素。标杆管理的推进有一个成熟的五步骤共通模型，即内部研究与初步竞争性的分析、组成标杆管理团队、选定标杆管理伙伴、搜集及分析资讯、采取改革行动。标杆管理在世界范围内传播开来，不仅在企业界而且在各行各业也纷纷采用作为提高自身竞争力的有效工具，的确也取得了一定的效果。但也存在着忽视创新和服务的对象、不恰当的观念和操作等问题。

案例分析

鞍钢矿山公司标杆管理的实践与探讨

受国家资源环境约束增强、化解产能过剩矛盾的影响，钢铁企业降低成本的难度不断加大。中国钢铁工业已经开始由快速成长阶段向低速、平稳发展阶段过渡，许多钢铁企业在微利与亏损之间徘徊。

在残酷的竞争形势下，越来越多的企业选择将标杆管理作为提升管理、降本增效的重要途径。国内钢铁企业通过对标宝钢、浦项等一流企业，寻找技术和管理上的差距，提升企业的整体水平。

鞍钢矿山公司是我国最早建设的大型钢铁联合企业之一，目前已形成跨区域、多基地、国际化的发展格局，粗钢产能 2600 万吨。主要生产工序包括采矿、选矿、烧结、球团、焦化、炼铁、炼钢、轧钢等，拥有热轧板、冷轧板、镀锌板、彩涂板、冷轧硅钢、重轨、无缝钢管、线材及钢绳制品等完整的产品系列。近年来，受全球金融危机和行业低迷影响，企业出现了连续亏损，生产经营一时陷入了困顿。为积极应对钢铁“寒冬”，企业按照“对比标杆找差距，对照差距定措施，对照措施抓考核 ，完善考核促改进”的思路，在全集团开展了创新对标活动。

一、确定指导原则

为保证创新对标活动的顺利开展，集团提出了五项指导原则 ：

1. 先进性与可比性相结合。在对标对象选择上，选择行业认知度好、综合实力强、与本企业有可比性、具有卓越绩效和最佳实践的领先企业。

2. 代表性与前瞻性相结合。在对标指标选取上，围绕企业战略规划，挑选可量化的、对扭亏增效贡献度大的重点指标，及成本竞争力弱、价值创造能力低的短板指标作为对标指标，兼顾指标的发展趋势，体现短期效益与长期价值的有效平衡。

3. 实效性与激励性相结合。在对标方案设计上，综合平衡成本、时间、收益等因素，以此确定对标管理的内容、环节和先后次序 ；按对标指标改善情况实施对标奖励，促进企业主动开展对标管理并取得实效。

4. 过程管理与结果相结合。在对标活动过程中，既要在指标完成值上与先进企业对标，更要深入分析造成指标差距的各种因素，详细了解先进企业的经验做法，结合实际制定具体改进措施，提高对标管理的针对性、有效性。

5. 持续性与动态性相结合。在长效机制构建上，要建立健全对标管理办法及标准，做到对标指标体系化、对标流程标准化、对标活动常态化、对标成果长效化。同时建立动态比较模式，不断更新标杆单位及对标指标，确保标杆的先进性。

二、制定活动方案

集团成立对标活动领导小组，按专业成立了 10 个工作组，并先后到国内外 6 家同行业先进企业进行调研，将先进企业指标与自身历史指标进行比较。在全方位、多角度分析研究的基础上，结合“指标对标为先导、管理对标为核心、绩效提升为目标”的工作思路，制定了对标活动方案，明确了对标项目、基本方法、实施步骤、保证措施等。集团下属各子企业、工厂也成立了相应的领导小组和工作组，进一步承接制定本单位对标活动方案。

三、构建指标体系

创新对标活动领导小组依据世界钢动态（*WSD*）评价钢铁企业的 23 个指标因子，针对制约本企业能力提升的瓶颈与短板，研究制定了集团、子企业、工厂三级对标指标体系。在标杆企业确定上，既选择宝钢、浦项等优秀企业作为标杆企业，又在企业内部发掘树立标杆工厂、标杆作业区、标杆班组，满足不同层次对标需要。

鞍钢围绕整体竞争能力，从战略管理能力、国际化经营能力、成本控制能力等 18 个方面，确定了铁矿石自给率、非钢产业比重、直供产品比例、钢材出口量比例、销售利润率、净资产收益率、主业劳动生产率等 58 项对标指标。

各子企业围绕价值创造能力，在科技创新、盈利能力、质量管理、生产效率等方面，确定了若干项对标指标；其中，集团所属矿业公司基于《中国冶金矿山企业协会重点统计单位》名单上的单位和月份统计数据完整的主要技术经济、成本指标，围绕公司 7 大产品的 32 个主要工序开展对标。其中，采矿单位选取汽车效率、电铲效率、牙轮效率、爆破效率、炸药单耗、柴油单耗、穿孔成本、爆破成本、铲装成本、汽运成本等指标；选矿单位选取磨机效率、磨机作业率、尾矿品位、衬板单耗、电力单耗、破碎成本、磨选成本、过滤成本、尾矿成本等指标。

基层工厂围绕成本控制能力，落实两级公司层面对标指标，重点在成本控制、质量控制、劳动生产率等方面，结合实际情况确定关键对标指标。其中，集团所属炼铁厂以宝钢为标杆，烧结工序选取了固体燃耗、煤气单耗、蒸汽回收、漏风率、碱度稳定率、全铁稳定率等 6 项指标，高炉工序选取了燃料比、焦比、煤比、风温、工序能耗、煤气利用率、焦炭 *M*40 等 7 项指标。

四、实施对标赶超

鞍钢对标工作组按照职责分工和推进计划，分层次、有重点地开展创新对标活动。一是通过中钢协“对标挖潜”数据资料、实地调查、披露报表等多种途径收集标杆企业数据，并对数据进行甄别。二是运用沃尔、杜邦等分析方法和模型对标杆企业的数据进行全面分析，一方面从技术经济指标分析入手，找出直接性的差距；另一方面从资产结构、业务结构、管理模式入手，探察出导致差距的原因，有针对性地提出改进意见和建议。三是制定赶超措施，细化责任落实，优化资源配置，按计划实施赶超。

技术经济指标对标是对标活动的主要方式。如采矿工艺中，鞍钢所属矿业公司针对衬板单耗高的问题，组织管理人员和相关供应商赴首钢矿业考察，深入了解其生产的钢球、衬板的材质和加工工艺，并与供应商展开联合攻关，加速耐磨长寿化材料的推广使用。炼铁工艺中，炼铁工序能耗占企业总能耗的 50%，为有效降低该指标，集团所属炼铁厂通过对标宝钢，将降低炼铁工序能耗纳入攻关项目，成立攻关组，研究制定 3 项措施：一是降低炼铁焦比和喷煤比，二是充分利用好高炉煤气，减少放散和扩大使用范围，三是充分利用高炉煤气余压发电、热风炉废气的余热、冲水渣热量的回收等。攻关组针对每项措施提出多项节能技术，如为降低入炉焦比，采取了提高风温、提高入炉矿含铁品位等节能技术。

管理对标是对标活动的重要方式。管理水平反映出企业各项指标的真实性、科学性和准确性，鞍钢在集团层面从五个方面强化管理对标：一是自上而下建立对标活动组织机构，配备了一批具有专业知识水平的技术人员；二是建立了对标活动方案和实施办法；三是配置所需仪器、设备；四是规范对标口径，严格执行国家和行业的有关规定；五是企业主要领导亲自定期召开对标评价总结会议。集团所属矿业公司通过到首钢矿业等企业考察，与这些企业的财务人员探讨、研究如何将成本核算内容、核算方法及核算口径达到一致、规范，形成了冶金矿山企业成本核算实施细则，该细则经中国会计学会冶金矿山分会会长会议讨论通过，并获得财政部会计司审查备案。

创新对标活动实施以来，企业各项对标指标得到不同程度的提升，少数指标国际领先，部分指标达到国内同行业先进水平。鞍钢从对标活动创效贡献度、对标指标进步幅度、员工参与程度等方面进行综合评价，提出对标奖惩意见。

集团层面 18 个方面 58 个指标中，有 46 个指标实现了赶超目标值，实施了对标奖励，占总指标的 79.3%；有 12 个指标没有达到赶超目标值，作为下一轮对标重点指标，占总指标的 20.7%。

所属矿业公司通过对标活动取得了明显的成效：一是促进了指标改善，该公司多数技术经济指标原先位于同行业中下游水平，如选厂的钢球消耗排在第 8 ~14 位，衬板消耗大都排在第 10 位左右。实施对标活动后，目前有 16 项指标进入国内同行业前三名，8 项指标排名第一。二是成本水平保持领先，该公司的磁、赤铁精矿制造成本原先在全国重点铁矿山联合企业中排名在第 7 ~9 位，目前跃升至前三名，进入了先进行列，有效支撑了集团低成本战略目标的实现。与此同时，鞍钢在实施对标活动过程中，遇到了干部职工观念落后、对标方法理论欠缺、数据口径不统一、对标举措缺乏力度和深度等问题。

（案例来源：李春凯，张东伟. 标杆管理的实践与探讨[*J*]. 企业管理. 2014 年第 9 期.）

问题：

1. 鞍钢的标杆管理的成功具备了哪几个要素？
2. 请根据标杆管理的知识，分析鞍钢公司是否还需要继续推行标杆管理。

思考题：

1. 什么是标杆管理？标杆管理产生的大背景是什么？
2. 标杆管理是如何分类的？实施标杆管理，对企业有什么样的意义？
3. 如何实施标杆管理？推进标杆管理的同时，要特别注意哪些问题？

第十三章　EVA 方法的运用

▶本章学习要点

1. 掌握 EVA 方法的内涵
2. 理解 EVA 方法的特点
3. 熟悉 EVA 方法的作用
4. 掌握 EVA 方法的实施

导入案例

西门子实施 EVA 的启示

1998 年以前，德国西门子公司在经营与财务方面曾出现了一系列问题，如在利息及税前收益、现金流及投资回报方面严重落后于其主要竞争对手；股票价格低于德国 DAX 指数；产品质量问题时有发生；在新兴工业中有滞后的风险。这些问题直接引发了西门子的管理创新——建立以创造经济增加值（EVA）为目标的整体最优化战略，并取得了巨大的成功。2001 年，其销售额上涨了 19 亿欧元，成本降低了 6.7 亿欧元，并取得了 6 亿欧元的 EVA。

西门子推行 EVA 的方法是以公司的管理制度为基础，通过使客户满意来取得正的 EVA，具体措施主要包括 10 个方面：成本节约、销售激励、资产管理、质量、创新、领导力与协作、平衡计分卡、对标、经验共享、电子商务等，不管哪项措施，都以 EVA 作为核心控制目标。如西门子公司采用了平衡计分卡的绩效考核体系，即通过对财务、顾客、内部流程、创新和学习四个方面，各有侧重又相互影响全面进行业绩评价，所设计的平衡计分卡中，EVA 是核心财务指标。为了促进 EVA 的推行，采用了经验共享措施，具体方法是设立商务奖、团队奖和业务价值奖，商务奖的竞赛内容是看谁有最佳的 EVA 推行方案；团队奖下设降低成本、提高销售额、资产管理、质量和合理化建议五个竞赛项目；业务价值奖的评奖内容是看谁取得的业务价值最高，并对获奖人员公开颁奖，使得各分公司好的做法、经验能够在全公司范围内得到推广。

EVA 战略的持续推进，不仅使西门子成为欧洲最大的电器电子公司，也使其成为全球能够持续为股东创造价值的主要公司之一。西门子推行 EVA 的经验给我们带来了很多启示。那么，EVA 的原理是什么，具备什么特点，核心思想又是什么，应该如何运用操作，本章将具体学习这些内容。

第一节　EVA 方法概述

一、EVA 考核方法的含义

EVA(Economy Value Added)指经济增加值，即经济利润，也称剩余收入，它表示的是一个公司扣除资本成本后的资本收益，主要是衡量一个公司在一定时段经营业绩的指标。可以理解为:一个企业只有在其资本收益超过为获取该收益所投入资本的全部资本时才能为企业的股东带来真正的价值。简单来说，就是企业资本收益与资本成本之间的差额，是企业税后经营利润减去债务和权益成本。

EVA 实质上是一种“经济利润”，它是对真正“经济”利润的评价，如果这一差额为正，表明企业的经营收入在扣除所有成本和费用后仍然有剩余，此时，企业创造了价值;反之，则表明企业发生价值损失。与传统会计上描述的利润是有区别的。传统会计主要强调税前收益(EBIT)、息前、税前、折旧及摊销前收益和净收益，而 EVA 则通过对投资资金“机会成本”的测算，突出强调了真正的利润。它强调评估企业是否盈利、创造了财富，重要的是分析企业对股东资本的回报是否超过了资本的“机会成本”。只有在经营者对股东做出承诺，并在计算出正的净现值的基础上做出的投资决定才能被认定为经营人为企业创造了财富。

二、EVA 考核方法的计算公式

1982 年美国的两位学者 Stem 和 Stewart 将 EVA 注册为商标，成立 Stem Stewart 财务咨询公司，专门从事 EVA 的推广、应用与咨询工作，他们将以 EVA 为基础的企业价值管理概括为四个 M:评价指标(Measurement)、管理体系(Management)、激励制度(Motivation)以及理念体系(Mindset)，从此 EVA 开始作为一种科学管理工具出现。

EVA 是全面衡量企业生产经营真正赢利或创造价值的一种方法，用公式表示为:

$$EVA = EBIT \times (1 - T) - KC$$

其中，EBIT 为营业利润，K 为加权平均资本成本，C 为资本占用额(包括股东和债权人投入企业的资本总额)，T 为所得税率。

根据 EVA 的计算公式，使 EVA 增加的途径有三个，即增加投资资本报酬率、降低单位资本成本、扩大资金总额。

EVA 于 20 世纪 90 年代中后期逐渐在美国、英国等国的企业中得到广泛应用，到目前为止，全球已有 400 多家著名大企业相继采用 EVA 来衡量公司业绩，我国也已有多家企业采用 EVA 价值管理，特别是在国有企业中应用较多。EVA 的运用取得了很好的绩效，财富杂志也对之赞不绝口，认为它是“当今最为炙手可热的财务理念”。EVA 理论与实践发展至今，不再是作为一种业绩评价指标，它已发展成为一种较为科学的价值管理模式。

第二节　*EVA* 方法的特点和作用

一、*EVA* 方法的特点

经济增加值作为一种新的业绩评估指标，具有区别于传统业绩评估指标的明显特点。

（一）它用经济利润代替了会计利润

会计核算受到公认会计原则的约束，使会计利润与反映企业创造财富真实情况的经济利润之间产生了偏差。在 *EVA* 的计算过程中，为更真实地反映企业的业绩，对由会计原则导致的在衡量企业创造价值方面的扭曲进行了调整。如研究开发费用、顾客与市场开发、员工技能培训等费用是对未来的竞争力、客户、人力资源方面的投资，公认会计原则将其计入当期的成本，扭曲了利润。*EVA* 的做法是将这些会计处理调整为资本化，即从利润中剔除这一部分费用的影响，并在适当的时期内分期摊销。对于商誉，应该把当前阶段的商誉摊销加到税后净营业利润中，把过去年份已经摊销的商誉加到资本中。其余的财务调整还涉及存货成本、货币贬值、坏账准备金、商誉摊销等诸多方面。同时要求调整数据必须确切，调整后能为非财务主管理解，并能对企业决策起到良好的影响作用。

（二）向管理者灌输资本增值理念

缺乏股权资本成本概念是中国企业管理层的普遍现象。随着资本市场的建立和完善，股东可以自由地将他们投资于企业的资本变现，并将其投资于其他资产，因此股东的投资必须获得回报，而且这种回报是与投资风险相联系的。按照风险与收益匹配的原理，股权资本成本高于债务资本成本。如果他们投资于企业的税后净营业利润低于用同样的资本投资于其他风险相近的有价证券的最低回报，那么这笔投资对他们来说不仅无利可图，甚至是很吃亏的事情。*EVA* 强调了只有在资本投资于现有资产上的实际收益大于资本供应者的预期收益时，才能确认资本增值。

（三）在同一起跑线上评估

EVA 将不同资本规模、不同资本结构、不同经营风险的企业放在同一起跑线上进行业绩评估。

股权资本收益率是股东期望在现有资产上获得的最低收益，对于不同风险的企业，他们所预期的资本收益是不一样的。*EVA* 考虑了所有投入资本的成本，股权资本不再是免费的，资本结构的区别不再会对经营业绩产生影响。因此，*EVA* 能够公平合理地评估不同投资风险、不同资本规模和不同资本结构的企业经营业绩。

（四）将业绩评估与企业价值最大化的目标联系起来

运用 *EVA* 进行业绩评估还可以将业绩评估与企业价值最大化的目标联系起来，使管理者的利益与股东的利益在矛盾和协调中取得一致，并据此建立一种所有权激励报酬，引导管理者注重企业的长远发展。

经济增加值（*EVA*）公式是从西方会计学和经济学的角度推导出来的，但是从我国的会计实践情况看，应该结合中国会计制度的要求将其规范化，具体计算公式可做如下调整：

经济增加值（*EVA*）= 息前税后利润 − 资金总成本

其中，息前税后利润 = 利润总额 - 应交所得税 + 利息支出；资金总成本 = 总资产 × 综合资金成本率。

其中，综合资金成本率 = 平均资本成本率 × 资本构成率 + 平均负债成本率 × 负债构成率。

其中，平均资本成本率 = ∑（各种资本成本率 × 各种资本构成率）；平均负债成本率 = ∑（各种负债成本率 × 各种负债构成率）。

上述各公式所用指标的含义与我国现行财务管理制度和会计制度的规定相一致，这有利于 *EVA* 的正确计算及推广应用。

另外，根据我国会计利润中已经不含利息费用的特点，计算经济增加值也可直接采用下面公式：

经济增加值 = 利润总额 - 应交所得税 - 资本总额 × 平均资本成本率

（五）*EVA* 指标的调节

对于企业规模巨大、经济业务复杂的企业，为了使 *EVA* 在实践中更接近现金流量基础，需要对税后净利润和资本相关基础进行调解，所需要调解的关键项目有：

●经营租赁支出：未记录的经营租赁资产价值是资本基础的一部分，租赁费用应从利润表中剔除。

●研究和开发支出及广告促销费用：这些费用支出的影响常常延续到未来期间，尽管会计准则要求当期予以确认，在调整时，应将这些费用支出（或其摊销部分）从利润表中剔除。

●调整存货价值：若在物价上涨情况下采用后进先出法，则存货价值会被压低，期末存货应以现行较高价值重新表述。

●递延所得税：这是由公司应税利润与会计利润的时间性差异引起。为反映一定期间支付的现金税款，调整时应加上（或减去）递延税款的变化。

●商誉摊销：商誉可以作为资本基础的永久部分，保持不变。

●非经营资产的剥离。

二、*EVA* 方法的作用

（一）对于企业财务目标的作用

财务目标的一个关键问题是财务目标如何符合包括所有者在内的所有相关者的利益。基于代理理论，为了防止经营者背离股东的目标，一般有两种方法：监督和激励。监督，受到合理成本的限制，不可能事事都监督。采用激励报酬支付报酬的方式和数量大小难以掌握。许多学者分析了采用 *EVA* 对公司财务目标的巨大影响。

EVA 作为公司财务目标最能充分地解释公司为股东创造价值的经营过程。因为 *EVA* 的实质是经济利润，市场总是随着经济利润的变动而变动，而不是随着会计利润的变动而变动。用 *EVA* 作为财务目标进行评价时，经营者不仅要注意他们创造的实际收益的大小，还要考虑他们所应用的资产量的大小以及使用该资本的成本大小，促使经营者和股东一样思考和行动，可以在很大程度上缓解因委托——代理关系而产生的道德风险和逆向选择，最终降低全社会的管理成本。同时，为追求更高的 *EVA*，企业的经营者必须关注顾客、员工、供应商、债权人、监管机构等企业利益相关人，这样才能创造价值。

（二）对于投资业绩评价的作用

EVA 方法明确考虑和计算了项目投资的资本成本，使经理和决策者们都意识到资本并不

是免费的，资本的使用要付出相应的机会成本，也就是源于 EVA 理念上的先进性。此外，EVA 方法的另一大优点是它一定是基于税后现金流的分析（NPV 却可以基于税前现金流分析）。实际上，如果不仔细考虑税收效应，企业就不可能对重要的投资项目做出正确的决策。

（三）资金分配、内部考核与决策

在传统财务评价体系下，子公司之间为争取母公司的投资而展开竞争以增加投入获取包括利润增加在内的许多好处，母公司在资金分配上由于缺乏合理的依据往往采取“政策分配”的办法，致使资金闲置或低效使用；而 EVA 方法从根本上解决了这一难题：子公司争取到的资金必须创造正的 EVA，如果 EVA 为负，就需要其他业务的 EVA 或利润来补偿，因此，子公司在没有多大把握实现正的 EVA 的情况下，不会争取母公司的过度投资。公司经理可依据 EVA 指标评价子公司的业绩。

三、EVA 方法的优缺点

具体来说，EVA 方法有以下几种优势：

一是 EVA 真实评价了企业经营绩效。EVA 指标确认和计量了所有资本（包括债务和权益）的实际成本，EVA 是企业从税后净营业利润扣除资本成本之后的剩余利润，这是 EVA 指标最具特点的方面，从而更准确、真实地评价企业的经营绩效，反映企业资产运作效率。另外，在计算 EVA 时也对计算变量进行调整，使 EVA 计算结果更加符合经济实质。

二是 EVA 使企业克服短视行为，使管理者注重企业可持续发展。EVA 指标的设计着眼于长期发展，EVA 鼓励管理者进行能给企业带来长远利益的投资决策，使管理者注重创新和技术进步，如进行新产品的研究和开发、加大市场开拓费用、推动人力资源的培养等。评价一个企业是否优秀，要看企业有没有持续发展的能力，而不是短期利润有多少，这就减少了管理者的短视行为的发生。因此可以提升企业核心竞争力。

三是 EVA 能够建立有效的激励制度。正如前面 EVA 的实质中提到的激励制度所述，EVA 激励机制的优势在于最大限度地激励管理者做出有助于创造企业价值的决策，激发员工的积极性，协调了管理者和员工与股东之间的关系，使他们目标趋于一致。综上所述，目前流行的各种绩效评价方法各有各的优点和固有局限性，企业需根据经营目标选择适合自身和最科学的绩效评价方法。

EVA 方法的优点很突出，但它也有不足之处：EVA 主要运用于企业的高层管理人员，在普通员工中很难普及；EVA 反映的是结果，忽视了对过程的考核；EVA 更多的是考虑股东的权益，忽略了其他利益相关者的权益。

第三节　EVA 方法的实施

一、EVA 方法的实施前提

企业要想推行 EVA 考核方法，需要具备以下前提条件：

（一）合理的公司法人治理制度是推行 EVA 的必要条件

现代企业管理中，合理的公司法人治理制度可以综合地解决国有企业的一系列体制性矛盾，实现出资者所有权与企业法人财产权的分离，有利于政企分开、转换机制，形成科学的决策机制、执行机制和监督机制，有效防范经营风险，促进公司规范运作。目前，许多国有大中型企业建立了法人治理结构，由于体制和企业运行机制等方面的原因，很多公司的运行机制和运转方式并没有发生根本性转变，公司治理结构只是“形备而实不至”。引入 EVA 评价指标后，从理论上讲，企业的经营行为方式会发生转变。经营方式转变的重点是要保障所有权人的利益，一切以所有权人的利益为中心，企业所有者行使股东会和董事会的权利，制约、考核经营者，企业的经营者要树立所有权人股本利益最大化的理念，重视权益资本的有效使用，科学地思考企业的生产经营和发展，提高风险意识，不断创造价值，使所有者利益最大化，最终实现企业效益最大化。经济增加值将股东利益与管理者经营业绩紧密联系在一起，这样能够有效解决两者之间的利益冲突问题，因为增加 EVA 的决策也必然将增加股东的财富。

从实际操作层面上讲，要使 EVA 在实践中得到广泛而有效的应用，必须有与之相适应的企业制度，解决治理结构不完善、董事会职能作用未真正发挥、经理层缺乏独立性等等问题；经营者才能带领企业员工在全新的公司治理结构框架下，建立严格的考核机制自我约束、自我完善、自求发展，这种机制源于自身需要而非迫于外界的强力干涉，并能更好地适应瞬息万变的市场竞争格局，达到体制上、机制上的彻底变革。只有经营者和员工真正地改变了自身行为才会有业绩上的改善，才能充分发挥经济增加值业绩评价指标的作用。合理的公司法人治理制度为 EVA 的推行提供了必要条件，同时 EVA 的实施将会促使企业制度的进一步完善。

（二）完善指标评价体系是实现 EVA 的重要环节

指标是实施企业经营业绩的基础和依据。如何将反映企业经营状况的因素准确地体现在各项指标上，是业绩评价体系设计的重要问题。传统的业绩评价体系是以利润衡量企业经营业绩，管理者在创新发展及建立品牌方面会努力将利润降低，这使他们盲目的扩大生产，促进销售以提高账面价值，容易导致经营者为粉饰业绩而操纵利润。EVA 克服了传统业绩指标存在的缺陷，提供更好的业绩评估标准。首先，EVA 中的资本成本包括了股本资本在内所有资本的成本，克服了传统指标成本计算不完全的缺点，这一概念明确了所有管理者潜意识中已触及的一个重要问题，令管理者更为勤勉，更为明智地利用资本迎接挑战，提高竞争力；其次，EVA 的税后净营业利润一项根据实际财务状况调整，把一些扭曲的财务数据还原成真实的财务业绩，克服了传统指标以会计报表为基础信息失真的缺陷，因为企业只有拥有通过正常生产经营活动创造利润的能力，才能持续地为股东创造价值，非正常业务利润不具有持续性，不能反映企业创造价值的能力，因此必须将非正常业务利润加以剔除。除此之外，单单从量化指标进行调整还不足以准确涵盖企业的全部经营活动，它可以用定量指标反映，也可以用定性指标反映。在 EVA 指标中也应该反映非财务活动，如研究开发、教育培训、品牌建设等，从而能够更准确地评价企业的经营业绩，反映企业的资产运作效率。

虽然 EVA 作为一个全新的不同于传统财务指标的业绩评价指标，它能够连续地度量业绩的提升，用单一衡量指标统一了经营者与所有者的利益和目标，将管理重点放在为股东创造价值上，能够更真实地反映企业创造价值的能力，但一定要明确 EVA 只是体现企业目标的核心指标，需要与反映创造过程和效率的其他指标结合起来运用，并应结合企业自身的特点和情况进行调整，才能充分发挥 EVA 在业绩评价体系中的作用。

（三）注重激励机制的培育是推行 EVA 的有效途径

就当前企业所处环境来看，竞争激烈，环境变化迅速，在这种条件下维持企业生存已属不易。但在维持生存的基础上，企业应该进一步谋求可持续发展，在更大规模上支配资源，取得更大的市场份额，战胜自我，并且企业的可持续发展是一种良性发展，是以不损坏日后的发展潜力为前提的。而 *EVA* 正是不鼓励以牺牲长期业绩为代价来夸大短期效果，也不鼓励削价研究和开发费用的行为。*EVA* 着眼企业的长远发展，鼓励企业经营者进行能给企业带来长远利益的投资决策，如新产品研发、人力资源的培养等，这样就杜绝了企业经营者短期行为的发生。从根本上来说，企业可持续发展的前提是人才可持续的为企业做出贡献，因此，在实施 *EVA* 考核评价时需注重其激励的作用，我国目前激励机制不完善，存在管理层与员工收入差距大；收入未与业绩表现挂钩；计算奖金时运用传统的业绩衡量指标，不能调动人们创造股东价值的积极性等不合理的情况。建立完善奖励制度，有利于 *EVA* 的实施，如在正常范围内的奖金随经济增加值的增长每年向员工支付，但超额的奖金则存储起来以后支付，当经济增加值下降的时候就会被取消。当管理者意识到如果经济增加值下降存储的奖金就会被取消时，他们就不会再盲目追求短期收益而忽视潜在问题了，同时，如果企业的人才想离去的话，就必须放弃存储的奖金，有利于留住人才，为企业可持续发展提供必备条件。在 *EVA* 奖励制度之下，管理人员为自身谋取更多利益的唯一途径就是为股东创造更大的财富。这种奖励没有上限，管理人员创造 *EVA* 越多，就可得到越多的奖励。事实上，*EVA* 制度下，管理人员得到的奖励越多，股东所得的财富也越多，为企业的可持续发展累积雄厚的物质基础。

EVA 指标属于短期财务指标，虽然采用 *EVA* 能有效地防止管理者的短期行为，但管理者在企业都有一定的任期，为了自身的利益，他们可能只关心任期内各年的 *EVA*，然而股东财富最大化依赖于未来各期企业创造的经济增加值。若仅仅以实现的经济增加值作为业绩评定指标，企业管理者从自身利益出发，会对保持或扩大市场份额、降低单位产品成本以及进行必要的研发项目投资缺乏积极性，而这些举措正是保证企业未来经济增加值持续增长的关键因素，是衡量企业业绩的“超前”指标，因此，在评价企业管理者经营业绩及确定他们的报酬时，不但要考虑当前的 *EVA* 指标，还要考虑这些超前指标，这样才能激励管理者将自己的决策行为与股东的利益保持一致。应用 *EVA* 不但符合企业的长远利益，而且也符合知识经济时代的要求，有利于整个社会技术的进步，能够从整体上增加企业的核心竞争力与加快社会产业结构调整，促使企业的可持续发展。

(四)建立全新的企业管理理念是实施 EVA 的保证

管理理念是企业在长期经营管理实践中形成的，对企业行为起规范作用的指导思想。随着知识经济的到来和发展，人们的价值观念发生了深刻的变化，企业的管理理念层出不穷，在企业实施 *EVA* 以后，企业要想获得新的发展，即必须在管理理念上除旧纳新，对传统理念进行扬弃，对外来的先进经验进行吸收，在实践中不断创新。

首先，*EVA* 制度全面贯彻实施以后，*EVA* 财务管理制度和激励制度将使企业文化发生深远变化。在 *EVA* 制度下，所有财务营运功能都以相同的基础为出发点，同时为企业各部门员工提供了一条相互交流的渠道。*EVA* 为各分支部门的交流合作提供了有利条件，为决策部门和营运部门建立了联系渠道，并且根除了部门之间互有成见，互不信任的情况，使各部门目标与整个企业目标一致。因此，把 *EVA* 融入企业文化的关键在于使其成为汇报、计划和决策的共同关注焦点。在企业经营管理中贯穿这种理念，使人们认识到 *EVA* 能够也必须处于高出其他财务和营运指标的地位，并且 *EVA* 指标应贯穿决策过程的始终，树立每个管理人员有责任创造价值的观念，如果 *EVA* 只是作为许多其他业绩衡量指标的附加手段实施，那么混乱的、本可解决的复杂情况仍将继续存在。

其次，*EVA* 既是业绩评价指标，也是一种有效的激励方式。因此要发挥其实际作用，必须在企业管理中充分体现以人为本的思想，管理者要从控制员工转变为指导、激励员工，通过人性化的管理，在利益一致的激励下，发挥企业员工的主动性、积极性、创造性，做到人尽其才的同时，通过工资、福利等“硬”措施和增强归属感、提供业务培训机会等“软”措施来培养人、留住人，满足员工物质、心理与感情的需求。人人关心 *EVA*，使得每增加一个 *EVA*，企业员工都会感到自己努力的一份包含其中，形成所有员工上下一心，团结一致，协同作战的良好局面，积极地追求最好的业绩，来实现企业和人的共同发展。这种企业管理理念的作用对我国企业来说具有极其重要的意义。

二、*EVA* 的实施途径

企业可以从以下六个方面实施 *EVA* 考核方法。

（一）倡导以 *EVA* 为重要参考的企业文化价值观，为 *EVA* 的实施奠定坚实的基础

企业文化是隐形的财富，*EVA* 是一种工具，但更根本上是一种文化理念。在我国股权成本得不到保护的氛围下，企业文化缺乏股权成本的观念。引入 *EVA* 首先要使管理者形成股权成本的理念，让每个人认识到资本是昂贵的，并来规范自己的行为，在企业内建立起珍惜股权成本为基础的企业文化，才能使管理者甚至普通员工保持与股东利益一致，最大限度地开发员工的潜能，共同提高 *EVA*。公司营造以 *EVA* 为基础的企业文化观是一项长期复杂的工作，但只有不断变革创新，才能在激烈的经济环境中立足。

（二）融资时以最优的资本结构为准，避免过度的股权融资

EVA 考核企业业绩时，股权资本承担了比债务资本更高的风险，并且债务资本具有“税盾效应”，因此股权成本也必须高于债权成本。过多的融入股权资本只会增加综合资本成本，减少了 *EVA*，管理者在进行融资策略的选择时，就会按照“啄食顺序理论”，首先选择内部融资，其次为债务融资，最后才是股权融资，使得综合资本成本达到最优资本结构，充分利用财务杠杆效应，获得杠杆收益。同时由于股权资本具有较高成本，公司融资时必须清楚地认识到资本的运用方式，规范了上市公司的融资决策，遏制上市公司的过度融资圈钱的动机。可见对企业的融资决策形成一种硬约束，为扭转上市公司的股权融资偏好提供了途径。

（三）以 *EVA* 衡量投资的可行性，杜绝盲目投资

投资决策是企业决策中最为重要的决策，投资决策决定着企业未来的发展方向，正确的决策会使企业降低风险提高收益。因此，必须运用客观正确的指标对企业投资进行评估。现有的常用的投资决策指标主要有净现值法（*NPV*）、内部收益率法（*ROI*），但它们都有明显的不足。

首先，投资决策的前后衡量指标不一致。*NPV* 决策时采用贴现的现金流量判断项目的可行性，而业绩评价却采用投资报酬率等利润指标，事前预算与事后评价不一致，容易导致内部管理混乱，无法客观评价投资决策，不利于管理政策的延续性及后续评价控制。其次，采用 *ROI* 难以确定决策标准。有时尽管投资项目盈利，但管理者为不降低企业 *ROI*，可能放弃高于资本成本而低于以前 *ROI* 的投资项目，损害了企业整体的利益。

EVA 指标决策评价采用同一指标，只要 EVA >0 即为企业创造了价值，EVA 有利于投资项目统一协调。EVA 计算如下：(1)根据预算计算项目每期的 EVA；(2)对项目每期 EVA 以合理的贴现率进行贴现；(3)计算累计贴现值 NEVA；(4)进行决策。若 NEVA >0 则项目增加企业价值，应进行投资；若 NEVA <0 则会损害企业价值，应放弃此项目投资。在计算每期 EVA 时，由于考虑了股权成本，股权成本得到补偿，每期折现率考虑了相关风险，EVA 决策更加全面可靠。EVA 与绩效挂钩，可对项目管理者进行监督激励，管理者更加关注项目过程，增加了项目的可行性。考虑股权成本后，企业决策就会更加科学谨慎，避免了盲目投资。

(四)建立以 EVA 为核心的业绩考核机制，促进企业可持续发展

EVA 的绩效考核设计必须充分调动管理者积极性。EVA 激励的基本途径是把 EVA 盈余的一定比例作为奖励分配给管理者且金额不设上限。为防止管理者的短期行为，EVA 激励采取应计与支付的分离制，设立专门的管理者奖励账户。EVA >0 时增加激励账户中的金额，EVA <0 时减少了以前管理者创造的应获得金额，使管理者承担了 EVA 亏损的风险。本期 EVA 的支付额为以前期间 EVA 账户的累计金额加本期 EVA 的变动额的一定比例(两者的比例系数可以不同)。若为负值则本年不支付并由以后年度来弥补，发放额 = 以前期间累计额 × 系数 1 + 本期变动额 × 系数 2。

管理者创造的 EVA 越多账户金额越多，本期发放的金额也越多，为以后年度累计也越多，管理者会从长期考虑企业发展，不断促进 EVA 增加，在增加了自己奖金的同时促进股东财富的最大化。EVA 激励真正使管理者像股东一样关心企业的发展状况，站在股东角度并像股东一样共享企业发展的硕果。

(五)EVA 约束股利分配，以现金股利回报投资者

《上市公司监管指引》在章程中明确现金股利在利润分配中的优先地位，同时鼓励现金红利总额占本期归属于上市公司股东的净利润之比不低于 30%。针对现有的企业存在盈利却多年未分发或很少分发现金股利的“铁公鸡”政策，在 EVA 的计算中，可拟将企业留存超过一定比例的利润进行虚拟成本扣除，使得企业意识到留存过多的资本对管理者是有成本的，促使管理者在没有良好投资项目时把多余的资本作为现金股利分发给股东，留存的资本投资收益若高于扣减的 EVA 成本，管理者就会宁愿减少当期的 EVA 的奖励，以期望获得长期 EVA 奖励，在一定程度上，这种成本的扣除会使管理者更加高效利用资本投资。股利的分发降低了股权比重，管理者会更加优化企业资本结构，为企业创造更多的财富，促进企业更有动力进行现金股利分配。

(六)在报表中披露 EVA，为企业树立良好的形象

EVA 作为一个更为精确衡量企业价值变化的指标，为使投资者更加了解企业，可将 EVA 像利润一样列为报表的项目，EVA 总额反映创造的总的价值。为了克服 EVA 作为绝对值指标的缺陷，便于不同规模企业间的比较，企业可计算每股 EVA，反映每股增加的价值，并在报表附注中列明调整项目及计算过程。企业的股利政策及现金的发放情况也应在附注中作为一项长期稳定的政策不得随意变更，健全的披露可为企业树立良好的形象，降低融资成本。

作为一种先进的管理和考核方式，EVA 被国内企业应用程度仍需加强，其发展并不充分。甚至在西方等发达国家中，在 EVA 应用领域同样缺乏统一的理论与规范。从思想理论的方面看，不同专家学者在企业如何运用 EVA 模式的方面也有不同的观点看法。因此，EVA

在思想理论以及实际运用方面都需要长期的发展并逐步完善。

本章小结

EVA 指经济增加值，即经济利润，它表示的是一个公司扣除资本成本后的资本收益，是企业资本收益与资本成本之间的差额，是企业税后经营利润减去债务和权益成本。*EVA* 主要是衡量一个公司在一定时段经营业绩的指标，其实质是一种"经济利润"。

经济增加值作为一种新的业绩评估指标，具有区别于传统业绩评估指标的明显特点。比如它用经济利润代替了会计利润，向管理者灌输资本增值理念，在同一起跑线上评估，将业绩评估与企业价值最大化的目标联系起来，*EVA* 指标调节等。*EVA* 方法在评价企业经营绩效、注重企业可持续发展、建立有效的激励制度等方面的优点很突出，但也对它的不足有清醒的认识。*EVA* 方法对于企业财务目标、投资业绩评价、资金分配、内部考核与决策都具有重要的作用。

企业要想推行 *EVA* 考核方法，需要具备合理的公司法人治理制度、完善指标评价体系、注重激励机制的培育、建立全新的企业管理理念等前提条件。企业可以从六个方面实施 *EVA* 考核方法，即倡导以 *EVA* 为重要参考的企业文化价值观，融资时以最优的资本结构为准，以 *EVA* 衡量投资的可行性，建立以 *EVA* 为核心的业绩考核机制，约束股利分配，在报表中披露 *EVA* 等途径。

案例分析

以青岛啤酒为例的经济增加值评价

2009 年 12 月，国务院国有资产监督管理委员会发布《中央企业负责人经营业绩考核暂行办法》（以下简称《暂行办法》），规定为了切实履行企业国有资产出资人职责，维护所有者权益，落实国有资产保值增值责任，建立有效的激励和约束机制，从 2010 年 1 月 1 日起将经济增加值（简称 *EVA*）与利润总额并列作为央企年度经营业绩考核的基本指标，而在此之前，央企经营者年度业绩考核的基本指标主要是利润总额和净资产收益率。

以国有企业青岛啤酒股份有限公司为例，按照国资委规定细则进行经济增加值的计算，并与传统财务指标进行比较，同时对青岛啤酒公司的经营状况进行评价分析。选取 2007、2008、2009 三个会计年度的财务数据进行经济增加值的计算（相关数据由上市公司年报获得）。计算分析结果如下。

如图 13－1 所示，为青岛啤酒 2007～2009 年净利润。2007 年为 184977543 元，2008 年为 408887808 元，2009 年为 774346239 元。

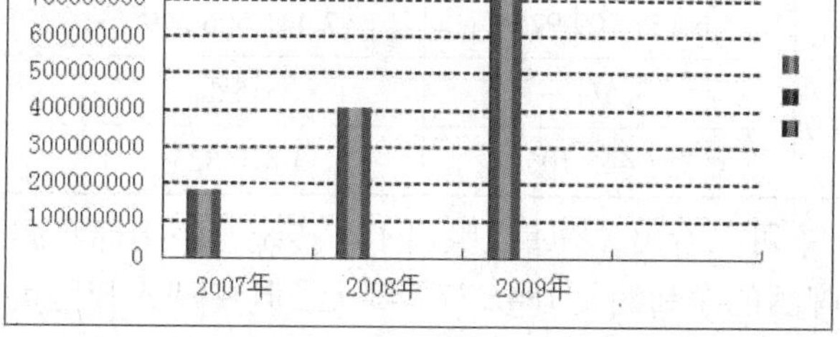

图 13－1　青岛啤酒 2007 年－2009 年净利润

如图 13－2 所示，为青岛啤酒股票 2007～2009 年每股净利润（*EPS*）。2007 年每股净利润 0.4266 元，2008 年 0.5347 元，2009 年为 0.9528 元。

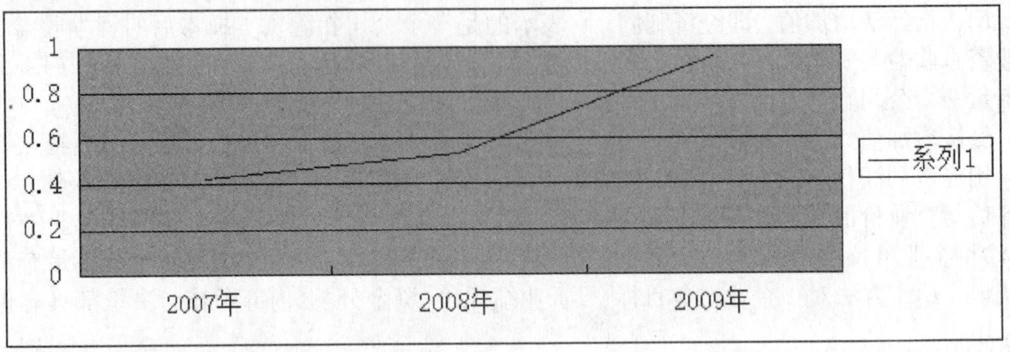

图 13－2　青岛啤酒股票 2007－2009 年每股净利润

资料来源：青岛啤酒公司年报

从净利润指标和 *EPS* 指标可以看出，2007～2009 年青岛啤酒经营业绩良好，净利润和 *EPS* 呈现持续不断增长的趋势。现按照国资委公布的经济增加值计算细则，进行经济增加值指标的计算和评价，如表 13－1 所示。

表 13－1　青岛啤酒 2007 年－2009 年 *EVA*

	2007 年	2008 年	2009 年
净利润	184 977 543	408 887 808	774 346 239
利息支出	–5 883 494	45 613 235	62 853 510
R&D	14 332 000	11 021 000	8 552 000
非经营性项目调整	147 679 951	102 044 798	135 596 794
所有者权益	5 546 022 419	5 946 086 630	7 597 076 750
负债	1 996 728 171	2 704 767 759	3 059 109 706
平均无息负债	1 388 186 976	1 210 595 778	1 491 053 043
平均在建工程	19 853 689	16 752 062	29 427 065
EPS	0.4266	0.5347	0.9528
NOPAT	135 933 941	413 095 685	777 051 574
调整后的资本投入	6 152 709 925	7 441 506 549	9 153 705 549
WACC	5.5%	5.5%	5.5%
经营增加值 *EVA*	207 465 105	3 813 825	274 587 769

经过计算，从表 1 中可以看出，*EVA* 反映出了与传统经济指标利润总额、*EPS* 大不相同的结果。2007 年的青岛啤酒的净利润是 184 977 543 元，但其 *EVA* 却是负值。也就是说 2007 年从投资者的角度来看，青岛啤酒不仅没有像报表反映的那样盈利，相反的股东财富是减少的，并且亏损额度很大。由此分析可以看出，2007 年青岛啤酒虽然报表反映了净利润为 184

977 543 元，但是其中包含了利息收入 5 883 494 元，非经营性项目获益 147 679 951 元，剔除这些因素，2007 年青岛啤酒公司税后营业利润只有 135 933 941 元。这是其 *EVA* 为负值的主要原因。

2008 年青岛啤酒经济增加值为 3 813 825 元，主要是净利润为 408 887 808 元，与 2007 年相比净增长 1. 21 倍，*NOPAT* 增长了 2. 04 倍，2008 年投资者的财富实现了明显增加。2009 年青岛啤酒的经济增加值为 274 587 769 元，增加显著。分析可知，2009 年 *EVA* 实现显著增长的主要原因是净利润的增加，与 2008 年相比，2009 年净利润增加了 3 亿多元，股东财富也实现了大幅的增长。由此可以看出，利用 *EVA* 进行国企经营业绩评价时，能够揭示传统经济指标无法反映的问题，比较客观地反映出股东财富的增减情况。

（案例来源：高亭亭，苏宁. *EVA* 在国有企业业绩评价中应用探索[*J*]. 中国总会计师，2010 年第 08 期）

问题：

1. 结合案例，谈一谈国有企业实行 *EVA* 管理的现实意义。
2. 结合案例及本章知识，请思考应该如何使用 *EVA* 方法，才能创造财富？

思考题：

1. 什么是 *EVA*？*EVA* 方法具有什么样的特点？
2. 任何企业都可以推行 *EVA* 方法吗？如何实施 *EVA* 方法？
3. 请比较 *EVA* 方法与其他几种考核方法。

第十四章 岗位考核方案设计实务

▶本章学习要点

1. 了解不同岗位的绩效考核方案体系
2. 掌握不同岗位的绩效考核指标的设计
3. 比较不同岗位人员绩效考核的相同和不同之处

导入案例

没有方案唱不了戏

刘磊是飞跃公司新来的 *HR*，初到公司，便接到一项重要工作，上级领导让其参与设计今年各岗位的绩效考核方案，具体实施方法可参考公司的绩效管理制度和岗位说明书，关于指标的设置可参考往年的设置情况。

可是，面对一堆资料，刘磊却不知道从何下手，坐在旁边的一名 *HR* 提醒道："你最好是先根据这一堆资料整理出一份岗位绩效考核方案出来，这样不仅可以减轻你的工作量，在真正实施时也不会丢三落四了。"刘磊顿时醒悟，有了灵感。那么，一份完整、有效、科学、可行的岗位绩效考核方案应当包括哪些内容呢？

刘磊通过回忆自己在以前单位中绩效考核的整个流程，认为岗位绩效考核方案应当包括考核目的、考核原则、考核小组成员、绩效考核的具体实施，其中绩效考核的具体实施应当包括考核内容、考核周期、考核办法、考核结果的反馈等内容。

通过这个案例，我们可以看出合理有效的岗位绩效考核方案是企业实施绩效考核的前提和依据。同时，根据刘磊设计岗位绩效考核方案的整个过程，可以概括出岗位绩效考核方案编写所需要的内容包括企业发展战略目标、绩效管理制度、岗位说明书、上一年度绩效考核总结报告等材料。本章将对企业普遍存在的职位种类分五大类，具体地展示绩效管理的方案设计实务。

第一节　岗位绩效考核设计概述

一、岗位绩效目标的设定

设定岗位绩效目标，首先要明确岗位的构成要素及岗位的管理。

（一）岗位的构成要素

岗位构成要素主要包括工作、主持人、环境、职责和职权、激励和约束机制。

工作是岗位的基础要素，是对岗位本质的界定，包括工作的内容、方法、程序和质量要求所做的规定；

主持人是岗位的主导因素，企业岗位管理过程中，必须实现人岗匹配；

环境是岗位的条件因素，是对岗位工作条件的总体概括，包括工作环境、岗位属性、岗位关系及所属培训；

职责和职权是岗位的保证要素。职责包括职责概要、具体职责内容和时间安排；职权是指为尽到岗位职责，必须要具备的工作权利；职责和职权要结合并对等起来；

激励和约束机制是岗位的动力因素，既要保障任务目标的完成，又能使主持人的行为灵活而不脱离岗位运行轨道。

（二）岗位的管理

岗位管理的主体是组织、领导、岗位主持人。岗位管理的客体是岗位，岗位管理过程是岗位管理主体对岗位五大要素分别发生作用的过程。

岗位管理是以企业战略、环境因素、员工因素、企业发展、企业规模、技术因素六大因素为依据，通过岗位分析和设计等过程控制，实现人岗匹配，发挥企业人力资源的作用，谋求生产效率提高的过程。

（三）岗位绩效的目标

岗位绩效的目标主要来源于三个方面，即组织的战略目标和年度发展计划、部门分解目标及岗位职责。

1. 组织的战略目标和年度发展计划。组织的战略目标和年度发展计划是岗位绩效目标设定的最原始资源，岗位一切目标都应当以组织的发展为目的。

2. 部门分解目标。部门按内部岗位的设置情况将部门目标分解到各岗位。

3. 岗位职责。岗位职责是任务分配和目标分解的依据，也是岗位绩效考核的主要参考。

二、岗位关键指标的提取

岗位关键指标是企业对员工工作要求的标准，它是用来衡量某岗位工作人员工作表现的具体量化指标，是对岗位目标完成情况最直接的检验。对岗位关键指标的提取通常采用鱼骨图法和价值树法。如用鱼骨图法分析客户投诉降低率这一指标，用价值树分析投资回报率。

（一）岗位关键指标提取原则

1. 符合 *SMART* 原则。

2. 从时间、成本及效益三个方面考虑各指标的平衡。

3. 避免各指标之间的冲突和重复。

(二)岗位关键指标提取的内容

岗位关键指标的提取，应主要从以下五项内容着手。

1. 目标值。即达到什么样的程度才算完成目标。

2. 责任主体。明确考核对象。

3. 评价标准。即考核方法或者计算公式。

4. 权重。即该指标在整个岗位指标体系中的重要程度。

5. 数据来源。即岗位关键指标所需数据应由谁提供。

三、岗位考核方案的编制

岗位考核方案的编制是将各岗位的考核以制度的形式加以确定下来，确保各岗位考核的规范化。岗位考核方案的编制需要注意以下内容。

(一)岗位考核方案编制的原则

1. 岗位考核方案的编制必须依附于企业整体战略发展计划，以企业绩效考核管理制度为标准。

2. 岗位考核方案的编制应考虑到个体之间的差异性和岗位工作性质的差异性。

3. 岗位考核制度的编制应建立在现有可利用资源的支持之上。

4. 岗位考核的编制应遵循多人参与、多人支持的原则。

(二)岗位考核方案内容的确定

完整的岗位绩效考核方案应当包括绩效考核的目的、绩效考核的原则、绩效考核的适用范围、绩效考核小组成员及绩效考核的实施。在绩效考核实施上，主要有绩效考核指标的确定、绩效考核周期、绩效考核办法、考核结果的应用及考核结果的申诉。

1. 绩效考核指标。绩效考核的指标一般是从工作业绩、工作能力及工作态度三个方面分解出定量和定性指标，并确定各指标的权重。

2. 绩效考核周期。绩效考核周期一般分为季度考核和年度考核，但应当具体根据岗位的特点和工作内容来确定。

3. 绩效考核办法。岗位绩效考核中常用的办法是量表评定法。

4. 考核结果的应用。岗位绩效考核结果主要应用在员工薪酬的调整和职务的变动。

5. 考核结果的申诉。应当明确申诉的处理部门、处理时限等内容。

第二节　高层管理人员绩效考核方案

绩效管理是企业全员参与、全员接受考核的一个过程，高层领导也不例外。相对于基层员工，高层领导掌握着更多的资源，承担更重大的责任，他们工作绩效的好坏，对企业整体绩效起着决定性作用。

一、高层管理人员工作特点

高层管理人员是指对整个组织的管理负有全面责任的人，他们的主要职责是制定组织的总目标、总战略，掌握组织的大政方针，并评价整个组织的绩效。企业高层管理人员的作用主要是参与重大决策和全盘负责某个部门，兼有参谋和主管双重身份。包括董事长、总经理、首席执行官、副总经理及业务总监、总工程师、质量授权人及总经理认定的其他高级管理人员。

企业高层管理人员工作性质有如下特点：

(1)“一人之下，万人之上”，是组织的中坚力量；

(2)上司所提的绩效要求往往是原则性的，而他对下属的指令却必须是具体的、可操作的；

(3)上下信息流动的必经通道；

(4)长期性要求。一方面决策总与长期相联系，另一方面企业不能频繁更换高层管理人员；

(5)工作的付出是体力、智慧、技能和心力的综合，前三者能被外部感知或自己可以对人讲清楚，但心理所承受的压力和疲惫，只有自己知道；

(6)工作绩效并不一定和本人努力成正比，受外部制约和偶然因素的影响较大。

(7)工作类型有两类，企业某一职能的总负责和某一独立经营单位的领导者。

企业高层管理人员工作职责有以下内容：制定公司的任务和战略；确定公司各事业部的任务；按照任务给各部门分配资源；批准各事业部的计划、预算和主要投资；考核各事业部的工作，保证整个公司按照战略规划顺利运作。

在一定期间内科学、动态地衡量高层管理人员工作状况和效果，通过制定有效、客观的考核标准，对高层管理人员在考核期内的工作业绩、态度以及能力的评估，充分了解其工作绩效，并在此基础上制定相应的薪酬调整、股权激励、人事变动等激励手段，以进一步激发高层管理人员的积极性和创造性，提高高层管理人员工作效率和基本素质。

二、考核目的

绩效管理体系应该是一个全员参与、全员考核的过程，因此一个有效的绩效管理体系不仅仅是对基层和中层员工的考核，同时高层管理者也需要考核，它的实现有利于高层管理者更好的实现企业的战略目标，为股东会对总经理和评价领导班子进行管理和监督，有利于高管人员自身的成长和职业生涯规划。

三、考核原则

对高层管理者进行考核要遵循以下几个原则：

1. 目标共存原则

高管人员在考核目标中负有重要责任，必须在董事会领导和总经理带领下，团结一致，扎实工作，把推动企业战略目标实现和确保年度目标完成作为中心任务。

2. 管考一致原则

集团公司按照“管什么考什么、谁主管谁负责”的原则实行目标管理考核，强化高管人员责任意识和执行力。

3. 差异薪酬原则

将高管人员纳入公司职工岗位绩效考核体系。根据高管人员岗位职责拟定考核目标，实行对标考核，严格打分，有奖有罚，奖罚对等，体现个人薪酬差异。

4. 关注长期绩效

高层的绩效涉及到组织的战略，往往牵涉到组织的长远目标和定位，实现程度往往决定一个企业的命运。

四、考核指标

通常来说，高层管理人员的绩效考核体系是由一组既独立又相互关联并能较完整地表达评价要求的考核指标组成的评价系统，考核指标能够真实反映被考核人业绩目标完成情况、工作态度、能力等级，是绩效考核体系的基本单位，通常包括两类：一类是关键业绩指标(*KPI*)，即定期衡量被考核人重要工作的完成情况以及公司整体计划完成情况；一类是非 *KPI* 指标考核内容。一是工作能力考核指标，衡量被考核人完成本职工作具备的各项能力，二是工作态度考核指标，衡量被考核人对待工作的态度、思想意识和工作作风。

(一)高层管理人员关键考核指标(*KPI*)

KPI 即关键业绩考核指标，是衡量高层管理人员整体以及高层管理人员个人贡献的主要依据。*KPI* 应以岗位说明书为基础，详细了解该岗位工作内容并找出主要工作。对高层管理人员整体考核的主要 *KPI* 指标：1. 财务指标 。2. 客户指标。3. 内部运作指标 。4. 学习发展指标。根据 *KPI* 指标对绩效考核影响的大小确定它们各自的权重，*KPI* 权重随着不同阶段的工作重点而进行调整，例如，公司为了引导岗位高层管理人员投入更多的资源开展某项工作，可以加大该项工作的权重。*KPI* 权重通常在年度考核后由考核小组根据本年度考核状况讨论修订。

表 14－1　　　　**总经理绩效考核指标量表**

指标维度	*KPI* 指标	权重	绩效目标值	考核得分
财务类	净资产回报率	15%	考核期内净资产回报率在____%以上	
	主营业务收入	15%	考核期内主营业务收入达到____万元	
	利润额	10%	考核期内利润额达到____万元	
	总资产周转率	5%	考核期内总资产周转率达到____%以上	
	成本费用利润率	5%	考核期内成本费用利润率达到____%以上	
内部运营类	年度发展战略目标完成率	10%	考核期内年度企业发展战略目标完成率达到____%	

续表

	新业务拓展计划完成率	5%	考核期内新业务拓展计划完成率在____%以上	
	投融资计划完成率	10%	考核期内投融资计划完成率在____%以上	
客户类	市场占有率	5%	考核期内市场占有率达到____%以上	
	品牌市场价值增长率	5%	考核期内品牌市场价值增长率在____%以上	
	客户投诉次数	5%	考核期内控制在____%以内	
学习发展类	核心员工保有率	5%	考核期内达到____%	
	员工流失率	5%	考核期内控制在____%以内	
	本次考核总得分			
考核指标说明	1. 成本费用利润率 成本费用利润率 = 利润总额/成本费用总额×100% 2. 品牌市场价值 品牌市场价值数据经第三方权威机构测评获得			
被考核人 签字：日期：		考核人 签字：日期：		复核人 签字：日期：

表 14－2　　**生产总监绩效考核指标量表**

指标维度	*KPI* 指标	权重	绩效目标值	考核得分
财务类	净资产回报率	10%	考核期内净资产回报率在____%以上	
	主营业务收入	10%	考核期内主营业务收入达到____万元	
	生产成本控制	10%	控制在预算之内	

续表

内部运营类	年度发展战略目标完成率	10%	考核期内年度企业发展战略目标完成率达到____%	
	生产计划完成率	10%	考核期内生产计划完成率在____%以上	
	产品质量合格率	10%	考核期内产品质量合格率在____%以上	
	产品废品率	5%	控制在____%以内	
	生产设备完好率	5%	考核期内达到____%	
	劳动生产率	5%	比上一考核周期提高____%	
	生产安全事故发生率	5%	重大安全生产事故为0，一般性安全生产事故控制在____‰以内	
客户类	客户满意率	5%	考核期内客户满意率在____%以上	
	员工满意度	5%	考核期内员工满意度在____分以上	
学习发展类	培训计划完成率	5%	考核期内培训达到100%	
	员工流动率	5%	考核期内控制在____%以内	
	核心员工保有率	5%	达到____%以上	
	本次考核总得分			
考核指标说明	员工满意度指标获得：通过向被评价人发放员工满意度调查问卷，计算员工满意度得分的算术平均值			
被考核人 签字：日期：		考核人 签字：日期：		复核人 签字：日期：

表 14－3　　　　营销总监绩效考核指标量表

指标维度	*KPI* 指标	权重	绩效目标值	考核得分
财务类	净资产回报率	10%	考核期内净资产回报率在____%以上	
	主营业务收入	10%	考核期内主营业务收入达到____万元	
	销售收入	10%	考核期内销售收入达到____万元	
	销售费用	5%	考核期内销售费用控制在预算之内	
	贷款回收率	5%	考核期内贷款回收率达到____%以上	
内部运营类	年度发展战略目标完成率	10%	考核期内年度企业发展战略目标完成率达到____%	
	销售计划完成率	10%	考核期内销售计划完成率在____%以上	
	合同履约率	5%	考核期内合同履约率在____%以上	
	销售增长率	5%	考核期内销售增长率在____%以上	
	市场推广计划完成率	5%	考核期内市场推广计划完成率达到____%	
客户类	市场占有率	5%	考核期内市场占有率达到____%以上	
	客户保有率	5%	考核期内客户保有率在____%以上	
	客户满意率	5%	考核期内客户满意率在____%以内	
学习发展类	培训计划完成率	5%	考核期内培训计划完成率达到100%	
	核心员工保有率	5%	考核期内核心员工保有率在____%以内	
	本次考核总得分			

续表

考核指标说明	销售增长率 =（当期销售额或销售量/上期销售额或销售量 −1）×100%			
被考核人 签字:日期:		考核人 签字:日期:		复核人 签字:日期:

（二）高层管理人员平衡计分卡考核维度

应用平衡计分卡的基本思路是设置财务、客户、内部运营、学习发展四个维度。通过学习发展类、内部运营类、客户类指标的层层驱动，保证财务类指标的最终实现，进而实现公司的战略指标。高层领导平衡计分卡考核维度具体示例如下表所示。

表 14－4　　　　高层领导平衡计分卡考核维度

考核维度	具体示例
财务类	净资产收益率、总资产周转类、净利润、存货周转率
客户类	新客户开发数量、客户保有率、客户投诉率
内部运营类	生产计划完成率、成品检验准确率、设备完好率
学习发展类	培训计划完成率、核心人才流失率 、团队建设成功率

通过将经营、管理、发展等目标或将压力科学分解，责任到人，做到责权利相统一，以调动高管人员的工作积极性和责任心。高层领导目标管理法考核维度，具体示例如下表所示。

表 14－5　　　　高层领导目标管理法考核维度

考核维度	目标实例
经营业绩类	利润指标的完成情况、市场份额、客户满意服务度
战略发展类	公司美誉度、品牌认知度
内部管理与风险控制类	内部管理的规范性、管理流程的顺畅性、风险控制
团队建设率	管理队伍和专业人才队伍的学历、专业、任职资格的达标情况及流失率

五、绩效考核的实施

大型公司可设立薪酬与考核委员会，根据公司实际经营完成情况，审查公司高管人员履行职责的情况，据此对其进行年度绩效考评，并监督薪酬制度的执行情况。

在实践中，企业可根据需求对高层领导人员采取不同的绩效考核方式，常见的有以下三种。

1. 薪酬与考核委员会负责组建考核小组，对公司高管人员进行绩效考核。

2. 依据每一位高管人员的年度述职报告，采取职工民主评议与薪酬考核委员会组织的考核评议相结合的方法进行考核。

3. 公司总经理由董事会按年度生产经营任务的完成情况进行考核和评价。

六、考核等级划分

高级管理人员的绩效考核结果最后以综合评价得分、评价结果类型和类型级别来体现。绩效考核结果与绩效年薪挂钩，不同的考核结果对应绩效年薪不同的发放比例。

综合评价得分为九十分(含九十分，下同)以上的，评价结果类型为*A*。

综合评价得分为八十至九十分的，评价结果类型为*B*，类型级别分为*B*+和*B*级。

综合评价得分为七十至八十分的，评价结果类型为*C*，类型级别分为*C*+和*C*级。

综合评价得分为六十至七十分的，评价结果类型为*D*，类型级别分为*D*+和*D*级。

综合评价得分为六十分以下的，评价结果类型为*E*，类型级别分为*E*和*E*-级。

第三节　职能部门人员绩效考核方案

在此主要介绍财务岗位绩效考核方案。

一、财务部门岗位工作特点

财务人员的工作特点可以从组织定位、角色定位、职责定位三个方面来认识。

1. 组织定位。在公司治理结构层面，财务人员履行的主要是监督职责。财务人员既是企业法人治理结构的重要一环，也是企业经营管理的一个重要组成部分。财务人员参与企业的日常经营管理，肩负着对企业财务运行进行全过程监控的职责。

2. 角色定位。公司的财务管理服务和服从于公司价值最大化这一基本目标，并逐渐聚集在产权、战略和监控这三大基点上。与此相适应，可以将财务人员的角色简洁地概括为财务分析师、管理会计师和注册会计师这三种基本角色。财务人员在公司治理和公司管理中承担着理财、控制和监督职责，其工作可进而归结为价值管理(理财)和行为管理(控制和监督)这两个基本方面。

3. 职责定位。从公司治理层面，财务人员作为企业经营过程和结果信息的汇聚点，有责任代表所有者对经营者进行监督，履行监督职能;同时作为企业执行层中的一员，财务人员又必须抓好会计基础工作的建设，承担起企业的价值管理人角色，全过程地参与企业管理控制系统。

二、考核目的

通过绩效考核，全面评价财务岗位人员的工作表现，明确工作表现与薪酬、晋升的关系，激励财务岗位人员更积极、更卓越地做好本职工作。

三、考核时间

财务岗位的绩效考核分月度考核和年度考核两种，具体时间安排如下：

1. 月度考核时间安排

财务人员将个人“本月工作总结”和“下月工作计划”在当月最后一个工作日交给直接主管，直接主管根据财务人员当月的工作表现进行评价，并于下月5日前将相关资料交给人力资源部，人力资源部于下月15日前完成绩效考核资料汇总，并报总经理审批。

2. 年度考核时间安排

财务人员于每年12月25日前将个人“全年工作总结”和“下年度个人工作计划”交给直接主管，直接主管根据财务人员当月的工作表现进行评价，并于12月30日前交给人力资源部，人力资源部于下一年1月5日前完成对年度绩效考核资料的整理汇总，并报总经理审批。

四、考核内容

财务岗位人员绩效考核的内容及评分标准如下表所示。

表14-6 考核等级与绩效工资发放比例对照表

考核要素		要素说明
分类	名称	
能力	理财能力	主持公司预算工作、制定公司投资、筹资计划的能力
	分析能力	分析财务数据、预测公司财务动态的能力
	沟通能力	在成本控制、资产的管理等方面与其他部门沟通、达成一致意见的能力
	外部协调能力	与财务、审计部门、银行等机构进行协调、沟通的能力
业绩	财务预算	财务预算编制及时、全面、合理，传达及时
	财务核算	财务核算及时、数据准确
	筹资管理	筹资方式恰当，按时完成筹资任务
	投资管理	投资收益达成计划目标
	守法自律	遵守国家法律和公司规章制度，注重自身形象建设
态度	进取敬业	积极进取，追求卓越，工作细致、严谨、恪守职责

五、考核方法

财务人员的绩效考核采用工作总结自我评价和上级主管综合评价相结合的方法开展。

工作总结法是指财务人员每月在规定的时间内提交当月的工作总结，对自己的工作表现进行自我评价；财务人员在每年12月25日前上交当年工作总结，对自己当年的工作表现进行自我评价。

上级评价是指财务人员的直接主管接到下属的月度工作总结或年度工作总结后，按照考核期内计划目标的达成情况、财务人员的工作总结等，对财务人员进行评价，确定最终的绩效考核得分。

六、绩效考核等级划分

财务岗位绩效考核等级划分具体如下表所示。

表 14－7　　财务岗位绩效考核等级划分

等级名称	得分范围	等级说明
A 级	90～100 分	超额完成工作目标
B 级	80～89 分	完成工作目标，且业绩突出
C 级	70～79 分	完成工作目标，但尚有提高的空间
D 级	60～69 分	未完成工作目标，但经过努力很快可以完成
E 级	60 分以下	未完成工作目标，且需要长时间的努力才能完成

七、考核结果应用

（一）月度绩效考核结果应用

财务岗位月度绩效考核结果应用如下表所示。

表 14－8　　财务岗位月度绩效考核结果应用

绩效考核结果	奖惩措施
当月绩效考核等级为 A 级	月奖励 300 元
当月绩效考核等级为 B 级	月奖励 200 元
当月绩效考核等级为 C 级	月奖励 100 元
当月绩效考核等级为 D 级	不奖不罚
当月绩效考核等级为 E 级	月罚款 100 元
全年累计 8～10 次 A 级	年终奖金加 200 元
全年累计超过 10 次 A 级	年终奖金加 300 元
全年累计超过 5 次 E 级	给予辞退处理

（二）年度绩效考核结果应用

财务人员年度绩效考核结果应用具体如下表所示。

表 14－9　　财务岗位年度绩效考核结果应用

绩效考核结果	奖惩措施
年度绩效考核等级为 *A* 级	加发一个月的基本工资
年度绩效考核等级为 *B* 级	加发半个月的基本工资
年度绩效考核等级为 *C* 级	年终不奖不罚
年度绩效考核等级为 *D* 级	给予留用察看两个月处理
年度绩效考核等级为 *E* 级	给予辞退处理

八、考核结果申诉

财务人员对绩效考核结果持有异议时，可以向人力资源部提出申诉。人力资源部处理申诉的过程和要点如下：

1. 受理申诉

人力资源部认真仔细地分析申诉要点，把握申诉人员的申诉态度和希望得到的结果，做好申诉记录，并确定申诉处理的期限。

2. 申诉调查

人力资源部按照对事不对人的原则进行申诉调查，找出发生问题的原因。

3. 申诉处理

人力资源部根据调查结果制定申诉处理方案，并按时将处理方案和问题的原因告知申诉人员，同时提出解决问题、改善绩效考核的方法。

第四节　销售岗位绩效考核方案

作为企业业务发展龙头的销售（营销）部门，是企业利润的创造者，其工作是企业经营管理活动中最重要的环节之一。直接创造价值的营销人员的绩效考核方案的设计，在企业绩效激励设计工作中更是居重要地位，它将在很大程度上直接影响企业的业绩与未来的发展。

一、销售人员工作特点

与公司其他人员的工作相比，营销人员的业务主要具有以下六个特点：

1. 工作时间相对自由。营销人员为满足客户要求，经常需要外出拜访老客户，发展新客户。营销人员的工作时间不像其他岗位一样，不必坚持每天 8 小时坐班，在时间安排上具有一定的自由和弹性。

2. 工作方式灵活。营销工作所面临的外部环境时刻在发生变化，这就导致营销人员的工作没有固定的流程和套路。营销人员应当根据情况的不同，做出不同的反应。通常，营销人员工作是基于个人的知识、经验、社会关系及销售技巧来开展工作。因此，对销售人员进行考核时，就无法从行为开展，而是更注重结果的量化。

3. 具有明确的工作业绩指标。营销人员的工作绩效可以用具体成果来衡量，其指标标准也非常明确，如销售数量、销售额市场占有率、客户投诉率、客户保有率、销售利润及售后服务等。

4. 工作具有不稳定性。营销人员的工作业绩会受到主观因素和客观因素的影响。主观因素包括营销人员的知识、经验，特别是营销策略的选择直接关系到营销的成败；客观因素受宏观政策影响较大，也会受地域、产品的季节性等因素的影响。所以，营销人员的付出和工作结果并不是总是成正比，每个阶段的工作业绩也可能有天壤之别。

5. 职位进入壁垒较低。职位进入壁垒是指非本岗位人员转换到本岗位并从事本岗位工作的难易程度。基层营销人员职位与其他职位相比，无太多的专业性限制。

6. 管理相对松散。营销业务的特点决定了其工作时间和工作方式具有很大的弹性。因此，管理人员很难对销售人员进行全面的监督。

二、考核目的和原则

（一）考核的目的

促使销售人员明确自己的工作任务和努力方向，让销售管理人员充分了解下属的工作状况，同时促进销售系统工作效率的提高，保证公司销售任务的顺利完成。

（二）考核的原则

1. 定量原则

尽量采用可衡量的量化指标进行考核，减少主观评价。

2. 公开原则

考核标准的制定是通过协商和讨论完成的。

3. 时效性原则

绩效考核是对考核期内工作成果的综合评价，不应将本考核期之前的行为强加于本次的考核结果中，也不能取近期的业绩或比较突出的一两个成果来代替整个考核期的业绩。

4. 相对公平原则

对于销售人员的绩效考核将力求体现公正的原则，但实际工作中不可能有绝对的公平，所以绩效考评体现的是相对公平。

四、考核周期

（一）月度考核

每月进行一次，考核销售人员当月的销售业绩情况。

（二）年度考核

一年开展一次，考核销售人员当年 1 ~ 12 月的工作业绩。

五、考核机构

1. 销售人员考核标准的制定、考核和奖惩的归口管理部门是集团销售总部。

2. 各销售分公司、部门对销售人员进行考核，考核结果上报销售总部经理或营销总监审批后生效。

六、绩效考核的内容和指标

对销售人员的考核主要包括工作绩效、工作能力、工作态度三部分内容，其权重分别设置为：工作绩效占70%；工作能力占20%；工作态度占10%。其具体评价标准如下表所示。

表 14－10　　销售人员绩效考核表

考核项目	考核指标	权重	评价标准	评分
工作绩效	销售额完成率	25%	1. 计算公式：实际销售完成额/计划销售完成额 ×100% 2. 考核标准为100%，每低于5%，扣除该项1分；高于5%另行规定	
	销售增长率	10%	与上一月度或年度的销售业绩相比，每增加1%，加1分，出现负增长不扣分	
	销售回款率	15%	1. 超过规定标准以上，以5%为一档，每超过一档，加1分； 2. 低于规定标准的，记0分	
	新客户开发	10%	考核期内每增加一个新客户，加2分	
	市场信息收集	2%	1. 在规定时间内完成市场信息的收集，加1分，否则记0分 2. 每月收集有效信息不得低于 ____ 条，每少1条扣1分	
	报告提交	3%	1. 在规定的时间之内将相关报告交到指定处，加1分，否则记0分 2. 报告的质量评分为2分，达到此标准者，加1分，否则记0分	
	销售制度执行	2%	每违规一次，扣1分	
	团队协作	3%	因个人原因而影响整个团队工作的情况出现一次，扣除该项3分	

续表

工作能力	专业知识	5%	1. 了解公司产品基本知识 2. 熟悉本行业及本公司的产品 3. 熟练掌握本岗位所具备的专业知识，但对其他相关知识了解不多 4. 熟练掌握业务知识及其他相关知识	
	分析判断能力	5%	1. 较弱，不能及时地做出正确的分析与判断 2. 一般，能对问题进行简单的分析和判断 3. 较强，能对复杂的问题进行分析和判断，但不能灵活运用到实际工作中来 4. 非常强，能迅速地对客观环境做出较正确的判断，并能灵活运用到实际工作中，取得较好的销售业绩	
	沟通能力	5%	1. 能较清晰地表达自己的想法 2. 有一定的说服能力 3. 能有效地化解矛盾 4. 能灵活运用多种谈话技巧和他人进行沟通	
	灵活应变能力	5%	1. 思想比较保守，应变能力较弱；有一定的灵活应变能力 2. 应变能力较强，能根据客观环境的变化灵活地采取相应的措施	
工作态度	员工出勤率	2%	1. 员工月度出勤率达到100%，得满分 2. 迟到一次扣1分（3次及以内） 3. 月度累计迟到三次以上者，该项得分为0	
	日常行为规范	2%	违反一次，扣2分	
	责任感	3%	1. 工作马虎，不能保质保量地完成工作任务且工作态度极不认真 2. 自觉地完成工作任务，但对工作中的失误有时推卸责任 3. 自觉地完成工作任务且对自己的行为负责 4. 除了做好自己的本职工作外，还主动承担公司内部额外的工作	
	服务意识	3%	出现一次客户投诉，扣3分	

七、考核主体和步骤

1. 由集团销售总部安排相关人员在考核期之前，向各销售分公司、相关部门发放“销售人员绩效考核表”，对销售人员进行评估。

2. 考核期结束后的第三个工作日，各销售分公司、相关部门向销售总部提交“销售人员的绩效考核表”。

3. 考核期结束后的第5个工作日，销售总部完成考核表的统一汇总，并发给销售人员本人进行确认，如有异议由销售总部经理进行再确认。确认工作必须在考核期结束后的第7个工作日完成。

4. 考核期结束后的第8个工作日，销售总部完成个人考核表的汇总统计。

5. 考核期结束后的第10个工作日，将个人考核结果发给其上级主管，将整体统计表提交销售公司总经理和财务部门，财务部门依据考核结果按照《销售人员薪酬激励制度》进行薪金发放。

6. 如果需要对绩效考核指标和方案进行修订，上报总经理批准后，在考核期结束后的第15个工作日，由集团销售部完成修订工作。

八、考核结果的运用

根据销售人员的年度绩效考核的总得分，企业对不同绩效的销售人员进行销售级别与薪资的调整，具体调整方案如下表所示。

表14-11　　销售人员考核结果的运用

考核得分	薪资调整	销售级别调整
90(含)以上	基本工资+基本工资×2.0	建议升2级
80(含)~90分	基本工资+基本工资×1.5	建议升1级或不变
60(含)~80分	基本工资+基本工资×1.0	建议不变
50(含)~60分	基本工资-基本工资×0.2	建议降级，给予一定考察期
50分以下	基本工资-基本工资×0.4	建议辞退

第五节　研发岗位绩效考核方案

研发人员负责新产品的研发、产品功能的完善、对公司产品实行技术指导、规范工艺流程、制定技术标准、抓好技术管理、实施技术监督与协调等工作。在设计研发人员的绩效考核方案时，应当首先了解研发人员的业务特点。

一、研发人员的业务特点

研发人员的业务特点主要体现在以下四个方面。

1. 创新性强。研发人员工作的主要目标就是实现技术和产品的不断创新，取得更高层次的创新成果。

2. 工作过程难以监控。研发人员的工作主要是通过脑力劳动来进行，劳动过程是无形的，没有固定的流程和步骤。对研发人员的考核，主要是通过工作结果来衡量。

3. 工作需要特定的技术和经验。研发人员的工作队技术水平要求很高，需要接受系统专业的学习，应当受过专门的培训，而且能够很好地将知识融入到研发工作中来。

4. 工作压力大，强度高。如果研发任务非常紧迫，一般都会加班加点，再加上高智商的工作要求，研发人员面临的压力巨大。研发项目通常由几个人共同负责完成，一个人速度跟不上，必然会影响整个项目的进度，来自团队合作的压力也是导致研发人员压力的原因。

二、考核目的及指标设计

（一）考核目的

为了全面并简洁地评价公司研发人员的工作成绩，贯彻公司发展战略，综合技术研发人员的工作特点，制定本方案。

（二）考核指标及考核周期

针对技术研发人员的工作性质，将技术研发人员的考核内容划分为工作业绩、工作态度、工作能力考核，具体考核周期如下表所示。

表 14－12　　考核周期分布表

考核指标类型	工作业绩	工作态度	工作能力
考核周期	项目结束/年度	月/季/年度	月/季/年度

三、考核内容设计

（一）工作业绩考核指标

表 14－13　　工作业绩考核指标

人员类型	关键业绩指标	考核目标值	权重	得分
研发人员	新产品开发周期	实际开发周期比计划周期提前 __ 天	30%	
	技术评审合格率	技术评审合格率达到 100%	25%	
	项目计划完成率	项目计划完成率达到 100%	20%	
	设计的可生产性	成果不能投入生产情况发生的次数少于__次	15%	
	研发成本降低率	研发成本降低率达到 __ %以上	10%	
技术人员	技术设计完成及时率	技术设计完成及时率达到 __ %以上	30%	
	技术方案采用率	技术方案采用率达到 __ %以上	25%	
	技术改造费用控制率	技术改造费用控制率达到 __ %以上	25%	
	技术服务满意度	相关部门对技术服务满意度评价的评分在 __ 分以上	10%	
	技术资料归档及时率	技术资料归档及时率达到 100%	10%	

（二）工作态度考核指标

表 14－14　工作态度考核指标

指标名称	考核标准								总分	得分
	优		良		中		差			
	标准	得分	标准	得分	标准	得分	标准	得分		
工作责任心	强烈	30	有	24	一般	18	无	6	30	
工作积极性	非常高	25	很高	20	一般	15	无	5	25	
团队意识	强烈	25	有	20	一般	15	无	5	25	
学习意识	强烈	20	有	16	一般	12	无	4	20	

（三）工作能力考核指标

表 14－15　工作能力考核指标

指标名称	考核标准								总分	得分
	优		良		中		差			
	标准	得分	标准	得分	标准	得分	标准	得分		
分析能力	非常强	20	较强	16	一般	12	较弱	4	20	
判断能力	非常强	20	较强	16	一般	12	较弱	4	20	
计划能力	非常强	20	较强	16	一般	12	较弱	4	20	
创新能力	非常强	15	较强	12	一般	8	较弱	3	15	
学习能力	非常强	15	较强	12	一般	8	较弱	3	15	
应变能力	非常强	10	较强	8	一般	6	较弱	2	10	
理解能力	非常强	10	较强	8	一般	6	较弱	2	10	

（四）年度绩效考核指标

表 14－16　年度绩效考核表

被考核者		部门		岗位	
考核者		部门		岗位	
指标类型	平均得分	权重	折合分数		
工作业绩		70%			
工作态度		15%			

续表

<table>
<tr><td>工作能力</td><td></td><td>15%</td><td colspan="2"></td></tr>
<tr><td colspan="2">合计</td><td>100%</td><td colspan="2"></td></tr>
<tr><td colspan="3">特别加分事项</td><td>分数</td><td>证明人</td></tr>
<tr><td colspan="3"></td><td></td><td></td></tr>
<tr><td colspan="3"></td><td></td><td></td></tr>
<tr><td colspan="3"></td><td></td><td></td></tr>
<tr><td colspan="5">注:特别加分事项需要附相关证明材料</td></tr>
<tr><td colspan="5">绩效考核总评</td></tr>
<tr><td colspan="5">绩效改进意见</td></tr>
<tr><td colspan="5">期末评价</td></tr>
<tr><td colspan="2">优秀:出色完成</td><td>符合要求:
完成</td><td colspan="2">尚待改进:与工作目标相比有差距</td></tr>
<tr><td colspan="2">考核者:</td><td colspan="3">被考核者:</td></tr>
<tr><td colspan="5">××年××月××日</td></tr>
</table>

五、考核实施步骤

技术研发人员的考核过程分为三个阶段，构成完整的考核管理循环。这三个阶段分别是计划沟通阶段、计划实施阶段和考核阶段。

(一)计划沟通阶段

1. 考核者和被考核者进行上一个考核期目标完成情况和绩效考核情况回顾。

2. 考核者和被考核者明确考核期内的工作任务、工作重点、需要完成的目标。

(二)计划实施阶段

1. 被考核者按照本考核期的工作计划开展工作，达成工作目标。

2. 考核者根据工作计划、指导、监督、协调下属员工的工作进程，并记录重要的工作表现。

(三)考核阶段

1. 绩效评估

考核者根据被考核者在考核期内的工作表现和考核标准，对被考核者评分。

2. 结果审核

人力资源部和考核者的直接上级对考核结果进行审核，并负责处理考核评估过程中所发生的争议。

3. 结果反馈

人力资源部将审核后的结果反馈给考核者，由考核者和被考核者进行沟通，并讨论绩效改进的方式和途径。

六、绩效结果运用

(一)绩效面谈

考评者对被考评者的工作绩效进行总结，并根据被考评者有待改进的地方，提出改进、提高的期望与措施，同时共同制定下一阶段的绩效目标。

(二)绩效结果运用

1. 薪酬调整

技术研发人员工资与绩效考核结果直接挂钩，具体有以下标准：

(1)年度绩效考核得分在95分以上，薪资等级上调两个等级，但不超过本职位薪资等级的上限。

(2)年度绩效考核得分在80~95分(含)，薪资等级上调一个等级，但不超过本职位薪资等级的上限。

(3)年度绩效考核得分在60~80分(含)，薪资等级不变。

(4)年度绩效考核得分在60分以下，薪资等级下降一个等级，但不低于本职位薪资等级的下限。

2. 培训

年度绩效考核得分在80分(含)以上的员工，有资格享受公司安排的提升培训。年度绩效考核得分在70分(含)以上的员工，可以申请相关培训，经人力资源部批准后参加。年度绩效考核得分在60分(含)以下的员工，必须参加由公司安排的适职培训。

七、绩效申诉

(一)申诉受理

被考核人如对考核结果不清楚或持有异议，可以以书面形式向人力资源部绩效考核管理人员申诉。

(二)提交申诉书

员工以书面形式提交申诉书。申诉书内容包括申诉人姓名、所在部门、申诉事项、申诉理由。

(三)申诉受理

人力资源部绩效考核管理人员接到员工申诉后，应在三个工作日作出是否受理的答复。对于申诉事项无客观事实依据，仅凭主观臆断的申诉不予受理。

受理的申诉事件，首先由所在部门考核管理负责人对员工申诉内容进行调查，然后与员工直接上级、共同上级、所在部门负责人进行协调、沟通。不能协调的，上报公司人力资源部进行协调。

(四)申诉处理答复

人力资源部应在接到申诉申请书的10个工作日内明确答复申诉人。

第六节 生产岗位绩效考核方案

科学合理的生产员工的绩效考评体系可以极大地提高生产员工工作的积极性和主动性，稳定员工的队伍，进而实现企业的生产目标和总体战略目标。

一、生产人员工作特点

生产人员的工作特点主要体现在以下四个方面：

1. 订单驱动。生产人员在开展工作时，都是严格按照订单规定的数量和标准执行。任一生产标准出现差错，都有可能导致客户验收不合格，给企业造成严重损失。以订单驱动进行生产，会产生生产的淡季和旺季。

2. 分工协作。同一件产品会采用不同的工序，上一道工序出现问题会影响下一道工序的进度或者产品质量。因此，在生产人员工作分配时，需要将员工按照职责的重要性和承担的具体职责分为一般工序生产员工、关键工序生产员工、多能力生产员工。一件产品的完成需要不同层次的员工协作完成。

3. 体力劳动，重复性强。生产型工作主要是通过操作设备或手工操作来完成，要求生产人员具有较好的体力。工作的重复性要求员工必须严格遵守职位工作的操作规范，按照操作要求来进行。

4. 安全生产要求高。生产型工作一般会使用大型设备，对人员安全、企业安全都有非常大的影响，这就对安全生产提出很高的标准。

二、考核目的及原则

（一）考核目的

对生产一线员工进行绩效考核的目的，总的来说，就是要客观、公正对他们的工作情况进行评价，改善员工的工作业绩、态度及提升员工的能力，从而顺利达成公司的生产经营目标。

（二）考核原则

1. 公平、公开原则

（1）人事考评标准、考评程序和考评责任都应当有明确的规定且对企业全体员工公开。

（2）考评一定要建立在客观事实的基础上进行实施，尽量避免掺入主观感情色彩。

（3）同一岗位的考核标准相同。

2. 制度化与定期化原则

绩效考核制度作为人力资源管理的一项重要制度，企业所有员工都要遵照执行。

3. 定量化与定期化原则

生产岗位绩效考核指标分为定性和定量两种，定性指标权重为40%，定量指标权重为60%。

4. 沟通与反馈原则

绩效考核结果要反馈给被考核者，并向其解释考核指标的含义。

三、考核内容及考核实施办法

生产岗位的考核，主要从工作业绩、工作能力和工作态度三个方面来进行，不同的考核内容，采用的方法也有所不同。具体考核内容和实施方法如下表所示。

表 14 - 17　生产岗位的绩效考核

考核内容	权重	内容简介	考核实施方法
工作业绩	60%	工作任务的完成情况 岗位职责的履行情况	目标管理法工作总结法
工作能力	30%	组织协调能力、创新能力、沟通能力	量表评定法
工作态度	10%	纪律性、主动性、责任心、合作性	量表评定法

四、考核实施

(一)季度考核流程

1. 收集数据

每个月的 1 ~2 日，绩效考核小组收集被考核者的业绩、态度及能力等相关数据。

2. 考核实施

每个月的 2 –4 日，绩效考核小组根据收集的数据对被考核者进行考核。

3. 业绩考核沟通

每个月的 4 –5 日，绩效考核小组针对考核结果与被考核者充分沟通。

4. 提交考核表格，整理考核资料

每个月的 6 –7 日，绩效考核小组提交考核表格，整理考核资料。

5. 核算薪酬

每个月的 8 –10 日，人力资源部根据考核结果出具员工绩效薪资，交付财务部及工资核算部门，作为工资发放的依据。

(二)年度考核流程

1. 收集数据

每年 1 月的 5 –8 日，绩效考核小组收集被考核者的业绩、态度及能力等相关数据。

2. 考核实施

每年 1 月的 9 –12 日，绩效考核小组根据收集的数据对被考核者进行考核。

3. 业绩考核沟通

每个月的 13 –15 日，绩效考核小组针对考核结果与被考核者充分沟通。

4. 提交考核表格，整理考核资料

每个月的 16 日，绩效考核小组提交考核表格，整理考核资料。

5. 核算薪酬、职位变动

每个月的 17 –20 日，人力资源部根据考核结果出具员工绩效薪资及职位阶层变动的通知，交付财务部及工资核算部门，作为工资发放的依据。

6. 考核实施工具

生产岗位的考核工具主要是各种评定量表，具体如表 14－18、表 14－19、表 14－20 所示。

表 14－18　　生产岗位考核评定量表 1

考核内容	考核标准	考核者评分
产品产量	达到生产计划规定的标准，该项得满分；若每超出(低于)计划产量的 1%，另加 2(扣)分	
产品质量	产品合格率低于企业规定标准的情况每出现一次，扣 5 分	
生产设备管理	设备完好率大于等于 85%，低于该标准，扣 3 分	
使用设备和理性	设备因使用不恰当造成损坏率每出现 1 次，扣 5 分	

表 14－19　　生产岗位考核评定量表 2

考核内容	考核标准			
	优	良	中	差
岗位技能	全部掌握本岗位技能，每项技能都达三星	掌握本岗位三项以上技能，三项技能都达三星	掌握本岗位两项以上技能，两项技能都达三星	掌握本岗位一项以上技能，此项技能达三星
对质量方针，质量目标及质量要求的理解程度	深刻理解	基本理解	有一部分不理解	不了解

表 14－20　　生产岗位考核评定量表 3

考核内容	考核标准				
	差(0 分)	一般(1 分)	好(2 分)	良(3 分)	优秀(4 分)
工作纪律性	经常迟到、早退且不服从领导工作上的安排	较少情况下迟到、早退，基本上服从领导工作上的安排	经常迟到、早退且不服从领导工作上的安排	偶尔迟到、早退服从领导工作上的安排	经常加班，积极服从领导工作上的安排
工作责任感	工作敷衍，当工作出现失误时，极力地推卸责任	工作上满足于基本完成任务，当工作出现失误时，能意识到自己的错误	工作中主动承担责任	工作中主动承担责任且积极需求解决问题的办法	对他人起到榜样的作用
合作性	缺乏合作精神	经协调能与他人合作	能主动与他人合作	积极与他人合作且乐于帮助同事解决问题	能够与他人积极有效地工作并共同完成本组织工作目标

五、考核结果运用

绩效考核结果将作为生产人员异动(包括调岗、转岗、晋升、降职、降级、辞退等)的重要参考和依据。

本章小结

本章主要围绕岗位绩效展开，对岗位绩效的管理应当首先明确岗位目标，根据目标进行关键指标的提取，最后将岗位绩效考核的实施流程以方案的形式加以确定。

岗位绩效的目标主要来源于三个方面，即组织的战略目标和年度发展计划、部门分解目标及岗位职责。

岗位关键指标的提取应主要从目标值、责任主体、评价标准、权重和数据来源等五个方面着手，提取要符合 *SMART* 原则，从时间、成本及效益三个方面考虑各指标的平衡，避免各指标之间的冲突和重复，而且指标一般应当具有稳定性。

编制岗位考核方案，主要有绩效考核指标的确定、绩效考核周期、绩效考核办法、考核结果的应用及考核结果的申诉等方面的内容。

案例分析

FY 公司生产一线员工绩效考核体系

一、*FY* 公司的概况

FY 公司 2007 年在广西壮族自治区南宁市成立，拥有大型的现代化厂房，总面积达到 30 000平方米，2012 年产值达 18 亿元人民币，而 2013 年产值有望突破 22 亿元人民币，目前在职员工达到 12000 多人，专业技术人员超过 400 人。其主要业务是制造和销售手机用扬声器，为众多世界知名的手机品牌提供个性化服务，并通过香港等地转销日本、美国等国家。自成立以来，其依靠先进的机器设备，过硬的技术能力，优质的产品质量，经济收益一年上一个台阶，在为当地财政收入做出贡献的同时，也解决了当地部分剩余劳动力的就业问题，多次获得广西进出口贸易先进企业、纳税大户等荣誉，在当地也享有了一定的知名度和美誉度。虽然有以上优势，但由于企业是代加工性质，受到客户订单的影响，其对劳动力依赖程度过高，造成用工需求量变化大。另外，由于这些年南宁市有美国波尔公司、富士康、台湾麦斯鞋业集团、珠江啤酒等一大批的知名企业进驻，加入到了对当地有限人才资源的争夺，这对 *FY* 公司造成了一定威胁。最后，南宁最低工资标准也在不断提升，用工成本不断攀升。公司领导意识到危机后，通过改善员工的生活和工作环境，提高员工的工资和福利，加大生产自动化的研发投入等手段来提升企业的竞争力，并希望在绩效考核方面能有所改善，激励广大员工做出更大贡献。

FY 公司生产部门的组织结构是这样安排的，生产部设部长，下设生产一科、生产二科及工程课，设科长管理下面各科。生产一、二科下面有生产小组，设主任管理各个组，组下面有班，由班长管理各个班，班下面的员工每天三班倒 8 小时工作制；工程科下有革新组和技术

组,革新组下有革新班，革新人员上正常班8小时，技术组下设设备班和维修班，按照操作工和设备情况配置相应设备人员和维修人员，设备人员和维修人员也是三班倒8小时工作制。另外,品检部在每个班配一名品质检验人员进行协助，其部长向副总经理汇报工作。

从组织结构来看，生产部除了要管好生产一、二科的绩效水平，提高员工积极性外，还要做好辅助生产的工程科人员管理，并提高其积极性，从而使整个与生产相关部门的人员都能按同一目标努力，达成公司生产的最终的目标。此外,也需要重视品检部门的质检人员，因为从组织图上看，质检人员分属另一个部长来管理，需要两个部门之间进行良好沟通来统一方向，以避免内耗降低生产效率。

二、*FY* 公司生产一线员工基本情况及工作特征

目前公司生产部共有员工11032人，其中生产管理人员400人，一线员工9159人(包括男员工401人，女员工8758人),其他为工程科人员。公司生产部按照生产工艺的流程主要划分为发音器组装工程、振动板工程、准备工程、耳机组装工程等四大工程，分别设生产一组、二组、三组、四组进行对应，操作工岗位细分为外观类(3793人)、打胶类(2114人)、辉锡类(1664人)、听音类(700人)、电线处理类(472人)、成型类(416人)等六大类岗位。生产一线员工中本科学历2人(全公司51人);大专学历323人，高中和中专学历1768人，初中7066人。生产一线员工的年龄段主要分布在18岁-30岁之间，占整个生产一线员工总数70%以上。

要做好生产一线员工的管理，了解生产一线员工的特征就显得尤为重要。综合来说，*FY* 公司生产一线员工有以下主要特征:

(1)80后、90后成为生产一线员工主力

由于生产线工作以体力劳动为主,18-30岁年龄段的人员是主要的劳动力来源。这决定了80后、90后年龄段的人是生产一线员工的主体。但是针对在生产制造型企业中具有危险性因素或体力劳动强度比较大的工作，80后、90后一般都不情愿选择,而由60、70后等群体去承担。与上一代农民工相比较，新生代农民工的受教育水平稍高，渴望融入到城市，重视社会保障，维权的意识更强。

(2)文化程度整体不高

由于从事的是生产一线工作，重复性较强，对脑力的要求不高，进入门滥比较低，因此初中、高中、中专、技校等低学历人群基本满足需要。尽管新一代农民工比上一代教育水平有所提升，但与城市同龄孩子相比，他们学业不精，缺乏高等教育的机会，很多人初中一毕业就开始打工。再加上生产一线工作在企业中基本属于低收入，因此，对大专以上学历的人群吸引力不够。除了一些比较知名的制造型企业，由于薪资、福利待遇相对比较高，也可吸引到大专及以上学历的人员担任生产一线员工。

(3)体力劳动为主、工作内容单一、缺乏自主性

生产一线员工在组织层次中处于操作层，他们的工作以体力劳动为主，比较单一，机械的重复生产或维修检测类工作。他们经常处于被管理状态，在工作方法、工作安排和工作标准上很少能自行控制与自行决定，被动的去接受指令，进行机械设备的运作，受制于生产条

件的约束，工作内容相对其他岗位较简单。

(4)注重物质待遇等方面的激励

生产型员工与其他类型的员工相比，更注重企业提供的物质待遇等方面的福利，例如企业食堂饭菜质量、企业宿舍住宿条件、加班薪资等。工作收到的激励因素含量较少，高层次的需求难以获得满足，处于欠激励状态。

(5)讲究实干

生产一线员工在企业中属于操作层面，日常的工作主要是完成上级主管下达的工作任务，这种工作一般可以量化。因此,把自己的工作做好，就是位好员工。所以，在生产制造部门，员工要想服众，一般需要成为技术能手或生产骨干。如果其上级管理者只是表面夸夸其谈、不能够实干，一般是不能够赢取生产一线员工的信任和服从。

(6)对企业认同感不强

国内的制造型企业，一般很难像日本的丰田汽车那样对生产一线员工给予具有保障作用的工资和充分的尊重，导致多数生产一线员工认为自己只是一个普通打工者，很难形成强烈的认同感。这使得一线员工不太爱惜产品，对质量的关注不够，这也是国内制造型企业产品质量普遍不高的重要原因。

(7)工作稳定性不高

随着社会物质文化水平的提高，人们对生活的追求也在不断提高。生产一线员工中多以农民工为主，由于受到工作压力大、家庭、薪资和福利低等因素的影响，这类人员的流动性比较大，尤其是新一代的农民工，他们希望未来有所发展，希望有一天能摆脱老一辈重复性的劳动，能过上幸福美好的生活和进行体面的工作，加上不少企业的存活期也不长，更是加剧了此类人员对工作稳定的担忧。

三、*FY* 公司生产一线员工绩效考核指标

当前，*FY* 公司对公司的所有人员考核均采取统一模板，采用关键绩效指标和 360°考核相结合的考核方法。该绩效考核体系中考核维度有三项，以工作能力考核为核心，并考虑员工的工作表现和劳动纪律，并在考核指标体系中对以上项目细分成 10 个指标，且分配给每个指标的权重相同，形成以劳动纪律、专门知识、逻辑思维能力等指标的绩效考核指标体系。目前，*FY* 公司生产一线员工的绩效考核指标主要如表 1 所示：

表 1　　**FY 公司生产一线员工考核指标表**

考核维度	考核指标	满分标准说明	权重	分数
劳动纪律	出勤率	无迟到/早退/矿工现象	10%	0 ~ 10 分
工作能力	专门知识	对其负责的工作有充分了解和具备相关知识	10%	0 ~ 10 分
	逻辑思维能力	在没有先例和准则下，仍能综合客观条件，制定相应对策及解决问题;能加入个人判断和灵活性	10%	0 ~ 10 分
	人际关系和沟通能力	纵使对方立场、见解、想法均截然不同，仍能做出协调来解决问题	10%	0 ~ 10 分
	革新能力	能找出问题，主动提出改善或进步的方法	10%	0 ~ 10 分
	自我提升	面对崭新或困难的工作，仍能勇于接受挑战，积极发挥个人长处	10%	0 ~ 10 分
工作表现	工作量	工作量充足，工作内容多样而丰富	10%	0 ~ 10 分
	工作效率	发挥良好时间效率(成果 ÷ 投放时间)、人力效率(成果 ÷ 投放人力)	10%	0 ~ 10 分
	可靠性	能务实执行工作，工作内容、成效令人满意	10%	0 ~ 10 分
	业务改善成效	能提出改善工作的方案和意见，并付诸行动	10%	0 ~ 10 分

FY 公司在制订以上指标时主要出于以下方面的考虑：

(1) 出勤率

一线员工的业绩很大程度受出勤方面影响。出勤率很低时会极大影响到生产任务的完成情况，尤其是公司生产繁忙季节，会时常发生因为缺勤人数多而导致一些生产线开动不了的情况，这成为了 *FY* 公司考核生产一线员工的一项内容。

(2) 专门知识

FY 公司在对生产一线员工入职后会进行有关岗位技能方面的培训，只有培训合格方能上岗，因此,在从事有关生产一线岗位工作过程中，具备专门知识也是有必要的。

(3) 逻辑思维能力

在生产工作中会遇到一些问题，需要考核员工解决问题的逻辑思维能力，因此把在没有先例和准则下，仍能综合客观条件,制定相应对策及解决问题;能加入个人判断和灵活性。

(4) 人际关系和沟通能力

在生产流水线作业中，一个人的工作能力毕竟有限，单凭一个人独立工作是无法完成整个耳机制造的，需要多方合作和沟通，并协调解决生产中遇到的问题。

(5)革新能力

*FY*公司从2010年开始提出"革新、革新、不断创新"的口号，每个季度都会对那些被采纳的创新方案进行物质奖励，期望能进一步改良生产工艺和设备，节约生产和人工成本，并取得了一定成效。

(6)自我提升

*FY*公司提出了在公司发展的同时，员工也要面对崭新或困难的工作，仍能勇于接受挑战，积极发挥个人长处的要求。

(7)工作量

生产一线员工的主要工作是面对耳机的生产，工作任务量完成了，才能顺利达成公司生产目标，并最终顺利完成公司的经营计划。*FY*公司采用了是否工作量充足，工作内容多样而丰富来评定。

(8)工作效率

员工的工作效率是工作投入和工作产出之比，对生产的影响众所周知，尤其是生产忙碌季节，*FY*公司还专门展开生产竞赛的活动来激励员工提高效率，来达成在交货期内完成订单的目的，此外，提高工作效率也是缓解招聘用人压力的一种途径。公司采用两个指标来对工作效率做评价：①时间效率＝成果÷投放时间；②人力效率＝成果÷投放人力。

(9)可靠性

公司希望员工能务实执行工作，工作内容、成效令人满意，由此来判断员工的表现。

(10)业务改善成效

公司希望员工在工作过程中能提出改善工作的方案和意见，并付诸行动。

四、*FY*公司生产一线员工绩效考核主体

*FY*公司过去对生产一线员工的绩效考核主体选择上有侧重，除了本人自评外，考评者加入了直属上司(班长)、主任或科长、部长等三级人员进行考核。考核主体所占权重均为25%，以所有考评者评分的平均分作为考评最终得分。考评完毕，生产部统一将汇总结果报副总经理审批，审批通过后给人事部备案。

五、*FY*公司生产一线员工绩效考核周期

*FY*公司生产一线员工绩效考核周期为每年考评一次，年度考核是把上年度考评表中所有考评项目进行评价，考评时间范围从上年4月1日至次年3月31日，年度考核要求是在次年的4月10日前完成。

六、*FY*公司生产一线员工考核结果运用

*FY*公司生产一线员工的绩效考核结果将按照最终得分进行强制分布，分成5个等级，主要运用在薪资调整上。每年3月份，由公司董事、各部门最高管理者根据当年的生产经营情况、同行其他公司薪资调整情况，结合公司的发展需要，确定需要调整公司上浮当月的人数比例及薪资调整幅度。2011～2012年度整个公司有6137人参与了年度考评，其中，符合考评条件人员中，生产一线员工有5585人，占整个公司参评人员的91%。公司只对5585中评分排名前80%给予薪资调整。具体如表2所示：

表 2　*FY* 公司生产一线员工 2011～2012 年度加薪汇总表

序号	考评等级	生产一线员工考评人数（人）	总金额（元/月）	占所考评生产一线员工比例	人均提薪
1	*A*(90～100)	279	41850	5%	150 元/人
2	*B*(80～89)	839	83800	15%	100 元/人
3	*C*(70～79)	3351	234570	60%	70 元/人
4	*D*、*E*(0～69)	1117	0	20%	0 元/人
合计		5585	360220	100%	

七、*FY* 公司生产一线员工绩效考核体系问卷调查

为深入地了解 *FY* 公司生产一线员工绩效考核体系存在的问题，该公司人事部采取随机抽样问卷调查的形式，对生产部的管理人员和生产一线员工当前的绩效考核满意度进行抽样调查。同时还对分管副总经理及人事部相关人员也进行了调查。问卷共设计了 15 个问题，内容涉及性别、年龄、工作年限、考核主体、考核指标等方面，采用匿名填写形式。在调查问卷设计后，通过 *FY* 人事部到各个班发放调查问卷，并且对接受调查的人员进行问卷讲解然后填写，当场回收。发放了 916 份问卷调查公司生产一线员工，其中，发放到生产四个组均为 229 份，具体到外观类岗位 379 份、打胶类岗位 212 份、焊锡类岗位 166 份、听音类岗位 70 份、电线处理类岗位 47 份、成型类岗位 42 份。另外，发放给生产部管理人员问卷 40 份，分管副总经理 1 份，人事部相关人员 3 份。合计发放问卷共 960 份。最后收回的问卷调查有 916 份，回收率是 100%，无效问卷 0 份。

收回调查问卷后，针对问卷中的每个问题和选择人数以及该选项的选择人数占比进行了统计分析，可以得出结论：

1. 考核指标部分进行了量化处理，有部分生产一线员工对考核的公平性认同度较高，根据调查问卷可知，接受调查的总人数中有 551 人认为达到了基本公平以上，占的比例为 57. 4%，但是，依然有42. 6%的人依然认为并没有达到他们期望的基本公平。

2. *FY* 公司现行的生产一线员工绩效考核体系并未能深得人心，调查数据要求改变当前绩效考核体系的期望比较高，从调查问卷中可知，接受调查的总人数中有 325 人认为基本需要对现有的一线绩效考核体系进行修改，所占的比例为 33. 9%，有 322 人认为完全需要修改，占的比例为 33. 5%。

3. *FY* 公司现行的绩效管理制度尚不健全，有 618 人认为绩效考核后没有进行绩效面谈，占的比例为 64. 4%，有 650 人希望公开绩效考核结果，占的比例为 67. 7%。

此外，在做问卷调查外，笔者还对部分生产管理人员和生产一线员工进行了访谈，了解到生产一线员工比较关注考核的内容主要集中在两个方面：①考核是否能客观公正体现个人业绩和能力。②考核是否可以带来加薪。而且他们建议由于生产一线员工学历偏低，在考核过程中最好能让书面的考核表及相关材料通俗易懂，使每个员工都能明白。

（资料来源：沈斌. *FY* 公司生产一线员工绩效考核体系完善研究[*D*]. 广西大学. 2013）

思考题：

1. *FY* 公司生产一线员工绩效考核体系存在的主要问题是什么？
2. *FY* 公司生产一线员工绩效考核体系的完善对策是什么？

读者反馈意见

亲爱的读者:

感谢您对《绩效管理》的支持和热爱，为了今后为您提供更好的服务，请您抽出宝贵的时间来填写下面的意见反馈表，以便我们更好地对本教材做进一步的改进，同时如果您在使用本教材的过程中遇到了什么问题，或者有什么好的建议，也请您来信、来电告诉我们。

地址:中国商业出版社第一编辑部

电话:010 - 83794590/83794403

电子邮箱:*caikai6223@263.net*　　*QQ*:649319527　1694299827

网址:*WWW.KFHWH.CN*

教材名称:《绩效管理》

个人资料:

姓名:__________年龄:__________所在院校/专业________________

文化程度:____________通讯地址:__________________________

联系电话:____________电子信箱:__________________________

您使用本书是作为:□指定教材□选用教材□辅导教材

您对封面设计的满意度:

□很满意□满意□一般□不满意□改进建议__________________

您对本书印刷质量的满意度:

□很满意□满意□一般□不满意□改进建议__________________

您对本书的总体满意度:

从语言质量角度看:□很满意□满意□一般□不满意□

从科技含量角度看:□很满意□满意□一般□不满意□

本书最令您满意的是:

□指导明确□内容充实□讲解详尽□实例丰富

您认为本书在哪些地方应进行修改?(可附页)

____

____

您希望本书在哪些方面可进行改进?(可附页)

____

____